光电领域专利审查研究

白光清　主编

田虹　于行洲　郭强　副主编

知识产权出版社
全国百佳图书出版单位

图书在版编目（CIP）数据

光电领域专利审查研究/白光清主编. —北京：知识产权出版社，2017.9
ISBN 978-7-5130-5145-3

Ⅰ.①光… Ⅱ.①白… Ⅲ.①光电子—专利—检查—研究—中国 Ⅳ.①D923.424

中国版本图书馆 CIP 数据核字（2017）第 226256 号

内容提要

随着 IT 技术和信息技术的发展，光电领域的专利申请也成为近年的热点。本书分为审查实务、技术综述、专利保护和前沿技术四大板块，对光电领域的相关专利进行了深入的研究和探讨，以期为我国相关企业和科研机构的专利布局提供借鉴。

责任编辑：王玉茂　　**责任校对**：谷　洋
装帧设计：吴晓磊　　**责任出版**：刘译文

光电领域专利审查研究

白光清　主编

田　虹　于行洲　郭　强　副主编

出版发行：知识产权出版社有限责任公司　　**网　　址**：http：//www.ipph.cn
社　　址：北京市海淀区气象路 50 号院　　**邮　　编**：100081
责编电话：010－82000860 转 8541　　**责编邮箱**：wangyumao@cnipr.com
发行电话：010－82000860 转 8101/8102　　**发行传真**：010－82000893/82005070/82000270
印　　刷：北京中献拓方科技发展有限公司　　**经　　销**：各大网上书店、新华书店及相关专业书店
开　　本：720mm×1000mm　1/16　　**印　　张**：23
版　　次：2017 年 9 月第 1 版　　**印　　次**：2017 年 9 月第 1 次印刷
字　　数：436 千字　　**定　　价**：70.00 元

ISBN 978-7-5130-5145-3

编 委 会

前　言

光电领域涉及光学、光电材料、自动控制、测控测量、语音技术等多个交叉学科。近年来，光电领域技术发展日新月异，专利的申请和运用非常活跃。为了促进专利审查质量提升、提高社会服务水平，国家知识产权局专利局专利审查协作北京中心将光电领域审查员近年来完成的学术研究成果结集出版，以飨同道。

本书共分为四个部分：第一部分审查实务篇、第二部分技术综述篇、第三部分专利保护篇和第四部分技术前沿篇。本书收录的论文，以专利创造、管理、运用、保护为视角，不揣浅陋，对于近年来光电领域知识产权热点问题和实质审查工作中的难点问题多有涉及。

技术发展一日千里，本书不敢奢求成为潮头尖兵，唯望抛砖引玉，以备与业内各界朋友共同探讨。如果本书能够为审查实践提供些许指引，为知识产权运用提供些许借鉴，则善莫大焉。疏漏与不当之处，恳请读者不吝赐教。

本书编委会

2017 年 7 月

目　录

审查实务

技术综述

专利保护

技术前沿

审查实务

浅议无效程序中的明显错误修正

冉小燕　胡金云*

摘　要：本文从专利无效案例出发，结合《专利法》第33条、《专利法实施细则》第69条、《专利审查指南2010》以及从2017年4月1日开始施行的新的专利审查指南，对无效程序中的明显错误修正的要求进行了一些浅显的分析和探讨。

关键词：无效　专利　明显错误修正

引　言

虽然发明专利在授权之前已经经过了实质审查，但在授权文本中有时仍然不免会存在一些错误，有些错误甚至导致该专利被他人提起无效诉讼，而当专利权人在无效程序中试图对这些错误进行更正时，由于现行专利法、专利法实施细则和《专利审查指南2010》对更正方式的限制，使得有些错误无法进行更正，虽然，从2017年4月1日开始施行的新的《专利审查指南2010（修订版）》扩大了无效程序中的修改方式，包括允许进行"明显错误的修正"，但其也没有明确什么样的错误可以被认为是"明显错误"。因此，本文围绕一个实际案例展开讨论，对无效程序中的明显错误修正的要求进行了一些浅显的分析和探讨。

一、案情介绍

无效请求案涉及专利号为ZL00112814.0的发明专利，为克服实审审查员指出的不清楚的缺陷，申请人在答复一通时进行了如下修改：

原始的独立权利要求1	修改后的独立权利要求1
与CO↑合成制取浓度为	与CO气体合成制取浓度为
<u>370～420g/L</u>的合成液	<u>6.6～7.5mol/L</u>的合成液

审查员据此授权。随后，请求人针对该专利提出了无效宣告请求，其中一个无效理由是：上述修改超范围，不符合《专利法》第33条的规定。

针对上述无效宣告请求理由，专利权人在答复无效宣告请求时，对授权时的

---

* 第二作者对本文的贡献等同于第一作者。

独立权利要求1进行了修改，将“6.6～7.5mol/L”修改为“4.4～5mol/L”；且专利权人认为：首先，申请人之所以会在答复一通时进行上述修改，是为了克服审查意见通知书中指出的缺陷。其次，在答复一通时，之所以会将“370～420g/L”修改为“6.6～7.5mol/L”，是因为：在将g/L换算为mol/L的时候，应当除以甲酸钾HCOOK的分子量84，即应当修改为“4.4～5mol/L”，但是在实际换算的时候，申请人却误除以氢氧化钾KOH的分子量56，所以才误修改为了“6.6～7.5mol/L”，故专利权人认为该处修改是一个笔误，应当允许修改。

但是，无效宣告请求人却认为，将“370～420g/L”修改为“6.6～7.5mol/L”不能算是笔误，而是一个错误，这种修改毫无疑问也必然超出了原申请文件记载的范围，不符合《专利法》第33条的规定。

在专利复审委员会的无效宣告请求决定中认定：将“370～420g/L”修改为“6.6～7.5mol/L”不符合《专利法》第33条的规定，以此宣告该专利无效。

专利权人不服，向北京市第一中级人民法院提起了行政诉讼。北京市第一中级人民法院维持了无效决定；专利权人又向北京市高级人民法院提起了上诉，北京市高级人民法院终审维持了该判决；最后，专利权人还向最高人民法院提出了再审，最终最高人民法院驳回了再审请求；至此，此案终于尘埃落定。

二、提出问题

对于这个无效案例，最引人注目的一点是：申请人在针对审查意见进行答复时，进行了错误的修改，最终导致了整件专利的无效。其实无论发明专利或实用新型专利，授权文本中均可能存在错误，其错误来源主要有两种[1]：

第一种错误是：原始申请文件就存在的，比如实用新型专利，由于没有实质审查，可能其中存在错误；对于发明专利，即使其有实质审查，但也可能存在审查员、代理人和申请人都没有发现的错误。由于这些因素的存在，使得在授权的专利文件中难免存在错误，由此就可能对社会公众造成误导，进而使得任何人可以根据《专利法》第26条第3款的相关规定以说明书不清楚、不完整或技术手段含糊不清进而无法实施发明或实用新型为由对该专利提起无效宣告请求，或者以专利文件中存在错误可能导致权利要求保护范围不清楚，不符合《专利法》第26条第4款为由进行无效，例如：说明书和权利要求书中的公式推导过程存在笔误、说明书和权利要求书的上下文存在矛盾之处等错误。

第二种错误是：在审查过程中，申请人在对申请文件进行修改时引入的错误，比如在发明专利实质审查过程中，审查员在对专利申请是否符合授予专利权的实质性条件所进行的审查中，通常会指出专利申请中存在不符合专利法及其实施细则的相关缺陷，申请人在针对这些缺陷进行修改时引入了错误，但审查员在处理答复意见的时候却没有发现该错误，并就此进行了授权，例如：将原说明书和权利要求书中记载的 A 特征均修改成了 B 特征，而 B 特征在原申请文件中并未记载。在这种情况下，任何人除了可能以不符合《专利法》第 26 条第 3 款或者第 26 条第 4 款的情况提出无效外，还可能以修改后的内容不能从原申请文件中直接地、毫无疑义地确定，进而不符合《专利法》第 33 条的规定为由对该专利提出无效宣告请求。

从上面的分析中可以得知，无论什么原因导致授权文本中出现错误，如果专利权人没有机会对这些错误或缺陷进行更正或修正的话，则很有可能导致该专利被宣告无效。那么，在现有的《专利法》《专利法实施细则》《专利审查指南2010》以及《专利审查指南 2010（修订版）》中，究竟是否允许专利权人在无效宣告请求阶段对这些错误进行更正或修正呢?

三、分析问题

从我国《专利法》《专利法实施细则》及《专利审查指南 2010》中关于专利文件的修改的规定中可以看出，专利权授予后，专利权人是不能主动修改其专利文件的，只能在专利无效宣告程序中进行修改，而且对修改的范围、方式等均有相应的限制性规定。具体内容如下：

《专利法》第 33 条规定："申请人可以对其专利申请文件进行修改，但是，对发明和实用新型专利申请文件的修改不得超出原说明书和权利要求书记载的范围，对外观设计专利申请文件的修改不得超出原图片或者照片表示的范围。"该条款对专利申请文件的修改进行了原则性的规定，它充分体现了：在对专利文件进行修改时不能随心所欲，而是要兼顾专利申请人或专利权人的合法权益与社会公众利益之间的平衡。《专利法》第 33 条之所以规定修改不得超出原说明书和权利要求书记载的范围，是因为我国专利制度采用的是先申请原则，如果允许申请人对专利申请文件的修改超出原始提交的说明书和权利要求书记载的范围，将违背这一原则，进而造成对其他申请人的不公平[2]，由此将打破上述平衡，理由是：如果没有《专利法》第 33 条，那么申请人就可以对申请文件进行随意修改，通过这些修改，申请人很有可能把未记载在原始申请文件中的新内容加入权利要求书中，这样就使得在后提交的这些新内容获得了更早的申请日。

《专利法实施细则》第 69 条规定："在无效宣告请求的审查过程中，发明或者实用新型专利的专利权人可以修改其权利要求书，但是不得扩大原专利的保护范围。发明或者实用新型专利的专利权人不得修改专利说明书和附图，外观设计专利的专利权人不得修改图片、照片和简要说明。”

在《专利审查指南 2010》第四部分第三章第 4.6 节中，对专利权人修改专利文件时所应遵循的修改原则、修改方式以及修改方式的限制作出了具体规定：

4.6.1 修改原则

发明或者实用新型专利文件的修改仅限于权利要求书，其原则是：

(1) 不得改变原权利要求的主题名称。

(2) 与授权的权利要求书相比，不得扩大原专利的保护范围。

(3) 不得超出原说明书和权利要求书记载的范围。

(4) 一般不得增加未包含在授权的权利要求书中的技术特征。

外观设计专利的专利权人不得修改其专利文件。

4.6.2 修改方式

在满足上述修改原则的前提下，修改权利要求书的具体方式一般限于权利要求的删除、合并和技术方案的删除。

权利要求的删除是指从权利要求书中去掉某项或者某些项权利要求，例如独立权利要求或者从属权利要求。

权利要求的合并是指两项或者两项以上相互无从属关系但在授权公告文本中从属于同一独立权利要求的权利要求的合并。在此情况下，所合并的从属权利要求的技术特征组合在一起形成新的权利要求。该新的权利要求应当包含被合并的从属权利要求中的全部技术特征。在独立权利要求未作修改的情况下，不允许对其从属权利要求进行合并式修改。

技术方案的删除是指从同一权利要求中并列的两种以上技术方案中删除一种或者一种以上技术方案。

4.6.3 修改方式的限制

在专利复审委员会作出审查决定之前，专利权人可以删除权利要求或者权利要求中包括的技术方案。

仅在下列三种情形的答复期限内，专利权人可以以合并的方式修改权利要求书：

(1) 针对无效宣告请求书。

(2) 针对请求人增加的无效宣告理由或者补充的证据。

(3) 针对专利复审委员会引入的请求人未提及的无效宣告理由或者证据。

从上述规定可以看出，在《专利审查指南 2010》中对于无效程序的“修改方式”仅仅是“一般限于”权利要求的删除、合并和技术方案的删除。

为什么现行的法律和《专利审查指南2010》要这么严格规定呢？众所周知，专利授权文本是经国家职能部门审查、批准、公告的法律文件，其应当具有严肃性和稳定性。一件专利申请一旦授权，那么其权利要求书中表明的范围就是国家给予专利权人的保护范围，且该专利权是以国家强制力为后盾的；如果他人未经专利权人许可而实施的技术方案落入授权的范围内，那么通常就构成专利侵权行为。此外，对于社会公众来说，他们负有不侵犯该专利权的义务，社会公众可以根据权利要求书预测自己的哪些行为可能侵犯该专利权、哪些行为不会侵犯该专利权；也就是说，授权后的专利文件将直接关系到社会公众利用技术的自由度，如果授权后对专利文件进行了修改，那么也将直接影响到这一自由度；因此，在无效期间，修改的自由度不宜放得过宽，否则带来的权利不确定性对于社会公众来说将是不公平的。就该案而言，如果允许在无效过程中对授权文本进行上述修改，那么对社会公众而言将是不公平的，由于社会公众信赖已经授权的文本，故社会公众会认为实施4.4~5mol/L这一方案并不会侵犯该专利的专利权，如果允许专利权人在无效程序中将授权时的6.6~7.5mol/L修改为4.4~5mol/L，那么就将突然导致社会公众在实施4.4~5mol/L这一方案时面临着被诉侵权的风险。故如果在无效程序中允许对上述错误进行更正，将容易使得社会公众产生这样一个印象：授权的权利要求的保护范围事实上也是很难确定的；进而使得社会公众无法准确地得知：什么情况下侵权，什么情况下不侵权，最终将导致社会公众无所适从。也就是说，如果无效过程中允许错误更正会使得权利要求的保护范围发生变化，则将会出现以下后果：权利要求的保护范围存在不确定性，极大地损坏社会公众的利益以及破坏专利文件的严肃性和稳定性；反之，则不会出现这些后果。

由此可见，按照现行的法律和《专利审查指南2010》中明确给出的修改方式，对于授权的权利要求书中存在的某些错误是不能被更正或修正的，因为这些错误本身是无法通过“删除或合并”来克服的，例如，公式推导过程中存在的笔误，上下文存在的矛盾之处，将原权利要求书中记载的A特征误修改成了B特征而B特征在原申请文件中并未记载，以及一些语法错误、打印错误等。

该案的专利权人也曾经提出：“《专利审查指南2010》第四部分第三章第4.6.1节的修改方式中虽然限定了两种修改方式（删除和合并权利要求），但其说的是‘一般限于’，并没有绝对排除其他修改方式”。站在专利权人的角度来看，专利权人的上述意见有一定道理，但由于现行法律和规定的上述限制，使得授权权利要求中的上述错误在实际操作中还没有其他更正方式可供选择。故对于这些错误，有必要引入其他更正或修正方式来进行克服。

可喜的是，在《专利审查指南2010（修订版）》中适度放开了无效程序中的修改方式，具体改变是将《专利审查指南2010》第4.6.2节规定的“修改权利要求书的具体方式一般限于权利要求的删除、合并和技术方案的删除”修改为“在满足上述修改原则的前提下，修改权利要求书的具体方式一般限于权利要求的删除、技术方案的删除、权利要求的进一步限定、明显错误的修正。”

那么，什么样的错误才可以被认为是无效程序中的明显错误呢？

笔者认为，我们可以结合实审程序中关于错误更正的具体规定来制定无效程序中允许修改的明显错误的具体要求。《专利审查指南2010》第二部分第八章第5.2.2.2节中对实审程序中的错误更正作出了如下要求：“修改由所属技术领域的技术人员能够识别出的明显错误，即语法错误、文字错误和打印错误。对这些错误的修改必须是所属技术领域的技术人员能从说明书的整体及上下文看出的唯一的正确答案”。在无效程序中，由于修改受到更为严格的限制，故对于允许修改或澄清的错误的要求，就必然不可能突破实审阶段的限制。因此，笔者认为，结合现行《专利法》《专利法实施细则》中关于无效的规定，对于无效程序中允许修改的明显错误，必须同时满足以下两点：

第一，错误应当仅限于权利要求中出现的错误。其主要依据在于：《专利法实施细则》第69条的规定——“在无效宣告请求的审查过程中，发明或者实用新型专利的专利权人可以修改其权利要求书，但是不得扩大原专利的保护范围。发明或者实用新型专利的专利权人不得修改专利说明书和附图，外观设计专利的专利权人不得修改图片、照片和简要说明。”

第二，错误必须是明显的。对于明显错误，应当同时满足两个条件，条件一，明显错误应当是本领域技术人员根据包含错误的权利要求本身和公知常识能够立即发现的错误。条件二，明显错误应当是本领域技术人员从包含错误的权利要求本身和公知常识能够立即知道如何改正的错误，且修正后的内容是从修正前的内容中能够直接地、毫无意义地得出的唯一正确的答案，其依据是《专利法》第33条和《专利法实施细则》第69条。

四、案例论证

结合上述分析，笔者认为：该案中，虽然申请人声称上述错误是由于申请人计算错误导致的，但是该错误不属于允许修改的明显错误，因为它不满足明显错误的两个条件：

第一，本领域技术人员仅根据该案授权的权利要求和公知常识并不能够立即发现的该案授权的权利要求中的“6.6～7.5mol/L”是错误的。本领域技术人员只有将该案的申请文本和该案的授权文本进行比对后，才能够发现授权文本中的“6.6～7.5mol/L”存在错误。

第二，本领域技术人员根据授权文本以及本领域的公知常识，也不能直接地、毫无疑义地立即唯一地确定出如何修改“6.6～7.5mol/L”。

因此，不允许对“6.6～7.5mol/L”进行修改。

五、结束语

笔者从一个无效案例入手，分析了明显错误的来源，并结合新旧审查指南的规定，尝试提出了无效程序中允许修改的明显错误应满足的两个条件：（1）错误修正仅限于针对权利要求；（2）明显错误必须是本领域技术人员根据包含错误的权利要求本身和公知常识能够立即发现的错误，本领域技术人员从包含错误的权利要求本身和公知常识能够立即知道如何改正的错误，且修正后的内容是从修正前的内容中能够直接地、毫无意义地得出的唯一正确的答案。

此外，该案也提醒我们，审查员在实质审查过程中，应仔细阅读申请文件、认真核对修改文本，以使得申请人可以获得一个尽可能稳定的专利权。

参考文献

[1] 吴贵明. 谈专利无效宣告程序中专利文件的修改［J］. 电子知识产权，2011，（Z1）：118－120.

[2] 国家知识产权局条法司. 新专利法详解［M］. 北京：知识产权出版社，2008：228－229.

从最高人民法院再审案件浅析专利法第33条判断时对于申请人意见陈述的考虑

杨　婧　张　靳*

摘　要：本文从最高人民法院再审案件中涉及《专利法》第33条的两件典型案例出发，探讨了实质审查阶段在判断修改是否超范围时，如何合理地考虑申请人的意见陈述，作出合法、合理的判断，以符合《专利法》第33条的立法本意。

关键词：超范围　申请人意见陈述　最高人民法院

引　言

《中华人民共和国专利法》（以下简称《专利法》）第33条规定："申请人可以对其专利申请文件进行修改，但是，对发明和实用新型专利申请文件的修改不得超出原说明书和权利要求书记载的范围"。《专利审查指南2010》规定：原说明书和权利要求书记载的范围包括原说明书和权利要求书文字记载的内容和根据原说明书和权利要求书文字记载的内容以及说明书附图能直接地、毫无疑义地确定的内容。《专利法》第33条的立法本意实际上是基于申请人与社会公众的权益关系的产生始于申请日，需要且必须通过申请日提交的申请文件表达、固定申请人在申请日完成的发明创造，从而确定划分申请人与社会公众之间权益界限的基础。简而言之，允许申请人基于其在申请日的真实意思表示对专利申请文件进行修改，但不得通过修改使得申请人不当获利，损害依赖于原始申请文件的社会公众的法律安全性[1]。

在实质审查过程中，"根据原说明书和权利要求书文字记载的内容以及说明书附图能直接地、毫无疑义地确定的内容"需要站在本领域技术人员的角度，从申请人真实意思表示的角度来判断。而申请人的意见陈述通常能体现其真实意思表示，因而如何考虑申请人的意见陈述以作出符合立法本意的判断，实现专利申请人的利益与社会公众利益之间的平衡非常重要。

鉴于此，笔者从最高人民法院两个再审案例出发，对于涉及的几种典型修改

* 第二作者对本文的贡献等同于第一作者。

情形给出了在实质审查中如何考虑申请人的意见陈述的建议，希望能引发同行的思考。

一、最高人民法院判决实例及分析

（一）精工爱普生“墨盒”案

1. 案情介绍[2]

精工爱普生是名称为“墨盒”的第 00131800.4 号发明专利的申请人和权利人。该案专利申请是第 99800780.3 号发明专利申请的分案申请。第 99800780.3 号发明专利申请公开文本的权利要求书及说明书中并未出现“记忆装置”的记载，而是使用了“半导体存储装置”的概念。精工爱普生提出分案申请时提交了主动修改文件，修改文件的权利要求书中引入新术语“记忆装置安装部分”，并在后续修改的独立权利要求 12 中使用了“记忆装置”的用语。精工爱普生在针对修改的意见陈述中指出：“记忆装置”是指说明书及附图中记载的电路板及设置在其上的半导体存储装置。争议焦点为：从“半导体存储装置”修改为“记忆装置”是否符合《专利法》第 33 条的规定。

最高人民法院认为：“记忆装置”的内容既非原申请文件明确表达的内容，又非本领域普通技术人员在阅读原申请文件后通过综合原说明书及其附图和权利要求书可以直接、明确推导出来的内容。“记忆装置”的修改不符合《专利法》第 33 条的规定。

针对申请人的意见陈述，最高人民法院认为，判断专利申请文件修改是否合法时，当事人的意见陈述通常只能作为理解说明书以及权利要求书含义的参考，而不是决定性依据[3]。当事人的意见陈述参考价值的大小取决于该意见陈述的具体内容及其与说明书和权利要求书的关系。如果当事人意见陈述的内容超出了原说明书和权利要求书中记载的范围，不能参考该意见陈述对说明书或者权利要求书进行解释。

2. 案例分析与思考

在该案的超范围判断中，申请人意见陈述的作用主要体现在解释修改后的权利要求。申请人陈述修改后的独立权利要求 12 中“记忆装置”这一笼统概念应解释为“电路板及设置在其上的半导体存储装置”这一具体概念，这种解释脱离了原申请文件记载的范围。并且独立权利要求 12 的从属权利要求 13、14 中“记忆装置”则不仅包括基片和存储装置，还包括设于基片上的端子，申请人的意见陈述本身与从属权利要求也是相互冲突的。因而最高人民法院认为其意见陈述不宜作为解释权利要求的依据。

众所周知，对于权利要求的解释规则在授权程序和确权程序中存在差异，如该案中，最高人民法院所持观点：解释规则的差异突出体现在当事人意见陈述的作用上。从利益平衡角度考虑，一般情况下，当事人修改专利申请文件尺度的大小应当与允许解释的尺度成反比。允许修改的尺度越大，允许解释的幅度就应当越小；相反，允许修改的尺度越小，允许解释的幅度就应当越大[4]。授权程序相对于确权程序，由于允许修改的方式和尺度比较大，因而解释的尺度也就相对较小。在实质审查过程中，如果将特定概念或术语修改为上位概念或通用概念，而采用意见陈述将其限缩为下位概念或说明书的特定含义，那么就不利于申请人在授权阶段界定明确的范围，权利要求的公示作用也会大打折扣。尤其是如果该解释性的内容超出了原申请文件记载的范围，或者与原申请文件中相应的内容不相符，那么该意见陈述就不具备参考的作用，不能参考其对权利要求的范围进行解释。但是如果该解释性的内容基于原申请的特定技术背景，紧密结合原申请文件的技术内容，未超出原申请文件中相应技术方案的范围，那么可参考其解释内容对权利要求的范围加以理解，但不能作为判断超范围的决定性依据，最终仍应以权利要求实际记载的范围与原始记载的范围进行比较以作出合法判断。

（二）曾关生“单位换算”案

1. 案情介绍[5]

国家知识产权局于2004年8月6日向曾关生发出第二次审查意见通知书中指出：“‘水银八两、明矾八两、牙硝（硝石）十两、硼砂五分’属于未使用本领域的标准国际计量单位。”曾关生据此将其原专利申请配方中水银、明矾、硝石、硼砂的计量单位由“两”换算成“克”。申请人意见陈述中指出根据本申请所属的中药领域的特点，必然限定了采用“一斤＝十六两”旧制，不应当采用“一斤＝十两”的新制，同时也统一限定了换算后尾数的取舍方式，曾关生在意见陈述时还提交了用于证明换算关系的《中药学》《矿物本草》《中药药剂学》《方剂学》等申请日之前的证据。争议焦点为：将配方中的水银、明矾、牙硝、硼砂分别由八两、八两、十两、五分修改为240g、240g、300～330g、1.5g，即采用一两＝30克的换算关系是否符合《专利法》第33条的规定。

最高人民法院认为：在判断专利申请人对专利申请文件的修改是否超出原说明书和权利要求书记载的范围时，应当充分考虑专利申请所属技术领域的特点，不能脱离本领域技术人员的知识水平。本领域技术人员结合该案专利申请的背景技术、发明内容以及本领域的常识，能够确定在该案专利申请中的“两”与“克”的换算应当采用“一斤＝十六两”旧制，不应当采用“一斤＝十两”的新制。从申请人提交的《中药学》《矿物本草》《中药药剂学》《方剂学》等教科书证据来看，亦均采用“一两 =30 克”的换算关系。即使在以旧制进行换算时还存在以其他方式舍去尾数，或者不舍去尾数的情形，亦应认识到这种尾数省略方式的不唯一性是由于中药配方领域的技术特点所决定的。在实践中，本领域技术人员可以根据具体的情况和要求，选择特定的尾数省略方式，而且一旦选择了特定的省略方式，本领域技术人员即会在一项中药配方中予以统一适用，不会也不应出现在同一配方中适用不同省略方式的情形。因此，在旧制的基础上选择特定的尾数省略方式，均属于本领域技术人员能够直接、毫无疑义地确定的内容，并不会引入新的技术内容，上述修改符合《专利法》第 33 条的规定[6]。

2. 案例分析与思考

在该案的超范围判断中，申请人意见陈述的作用主要体现在说明申请人的真实意思表示，用于判断原始记载的范围。该案原申请文件未记载“两”与“克”的换算是选择新制还是旧制，以及选择旧制时尾数如何省略，存在瑕疵和需要澄清之处。最高人民法院充分考虑了该案的技术领域、申请人的意见陈述及提交的证据，结合申请的背景技术、发明内容以及本领域现有技术的常识，认为本领域技术人员可以根据具体的情况和要求，选择合理的修改方式属于本领域技术人员能够直接、毫无疑义地确定的内容。该案在澄清式修改中，为了使得真正有创造性的发明创造能够取得授权和获得保护，申请人可以通过修改的方式，消除前面撰写时的缺陷，提高专利申请文件的准确性，同时一旦结合本申请所属领域的具体情况和要求，选择了一种合理的方式，其便会在整个方案中适用这种选择，并未损害社会公众的利益，符合《专利法》第 33 条的立法本意。

对于这类澄清式的修改，修改方式通常不止一种可能性，且与技术方案所在领域的技术特点密切相关，因而也是争议较大的一类情况。但是这种情形通常是撰写缺陷导致，即申请人无心之失。其意见陈述有助于还原申请人的真实意思表示，实质审查中应当充分考虑申请人的意见来探寻申请人的真实意思表示。具体可以结合申请人的意见陈述以及其所提供的有针对性的证据，充分了解申请所属技术领域的特点。对于修改方式存在的多种可能性，从技术问题、发明目的等多维度考虑其是否选择了符合本申请发明构思的一种合理的方式，不同的选择是否导致方案发生了实质性的改变，进而判断是否引入了新的技术内容。

二、小　结

在修改超范围的判断中，申请人的意见陈述的作用体现在不同的方面：有时原始记载的范围是相对清楚的，意见陈述主要用于解释修改后的内容，有时原始记载的范围存在需要澄清之处，意见陈述主要用于帮助还原申请人的真实意思表示，即判断直接地、毫无疑义确定的内容。有些情形下则可能在两方面都发挥作用。在授权过程中，即实质审查过程中，能否接受申请人的意见陈述对于修改后的内容的解释，既不能一刀切，比如认为权利要求是清楚的就不需要考虑，也不能盲目接受而使申请人“两头获利”。需要综合考虑该意见陈述是否超出了原申请文件记载的范围、是否和其他地方的记载相互矛盾等方面来综合判断，尽量督促申请人把明确的解释在撰写申请时修改到权利要求或说明书中，避免在后续的程序中发生争议，也有利于权利人和社会公众之间利益的平衡。而能否认可申请人的意见陈述对于原始记载范围的澄清，需要充分考虑申请人的意见陈述以及其提供的证据是否具有针对性，是否与本技术领域的特点紧密相关。当修改方式存在多种可能性的时候，还需判断不同的选择是否导致技术方案发生实质性的改变，进而判断申请人所作出的澄清是否是符合其发明本意的合理选择。特别注意，不能将“直接地、毫无疑义地确定的内容”机械地理解为数理逻辑上的唯一。

正如最高人民法院在案例一中所强调“判断专利申请文件修改是否合法时，当事人的意见陈述通常只能作为理解说明书以及权利要求书含义的参考，而不是决定性依据”，但是其对于我们判断原始记载的范围、修改后的范围以及两者之间的关系很多时候起到重要的作用。笔者分享上述思考，希望有助于在适用《专利法》第33条立足于其立法本意，既给予申请人合理的修改机会使得真正的发明创造获得保护也不损害社会公众的利益。

参考文献

[1] 温丽萍．专利法第三十三条的理解和典型适用［J］．中国知识产权报．2013.

[2] 中华人民共和国最高人民法院（2010）知行字第53－1号行政裁定书，该案涉及多处修改，为了集中争议焦点，本文只介绍了关于“记忆装置”的修改．

[3] 最高人民法院知识产权案件年度报告摘要［N］．人民法院报，2014－04－24．一、专利案件审判：（二）专利行政案件审判：7．权利要求的解释方法在专利授权确权程序和民事侵权程序中的异同．

[4] 任晓兰．授权、确权和侵权程序中权利要求解释规则的异同［J］．中国专利与商标，2016，（3）：30－35.

[5] 中华人民共和国最高人民法院（2011）知行字第27号行政裁定书．

[6] 最高人民法院知识产权案件年度报告［N］．人民法院报，2012－04－19．一、专利案件审判：（二）专利行政案件审判：10．判断专利申请文件的修改是否超出原说明书和权利要求书记载的范围应当充分考虑专利申请所属技术领域的特点．

浅析功能性限定的权利要求

徐秋杰　徐翠平*　赵晓春

摘　要：功能性限定的权利要求的保护范围已成为权利要求保护范围解释的突出法律问题。本文从司法审判案例出发，针对我国目前在专利审查和专利侵权过程中解释方式不一致的问题，结合国外的相关规定，建议我国对功能性限定的使用条件进行限制，以实现平衡申请人和公众利益的目的。

关键词：专利　权利要求　功能性限定　解释　保护范围

一、什么是功能性特征

"功能"的含义是指：事物或方法所发挥的有利作用、效能。一般来说，一项产品权利要求应由反映该产品的结构或组成的技术特征组成，一项方法权利要求应由实施该方法的具体步骤或操作方式的技术特征组成。如果在一项权利要求中不是采用结构特征或者操作步骤特征来定义发明，而是采用零部件或步骤在发明中所起的作用、功能或者产生的效果来限定发明，则称为功能性限定特征[1]。

由此可知，功能性特征是指不以具体的部件结构、连接关系或者方法步骤，而是以功能、作用或者所能达到的技术效果表述的技术特征。

二、问题的提出

1. 典型案例

除臭吸汗鞋垫案：原告"曾展翅"诉"珍誉公司"侵犯专利案。原告享有第01207388.1号的实用新型专利的专利权，权利要求1为：

1. 一种除臭吸汗鞋垫，其特征是它是由两层防滑层于相对的内面各附设一单向渗透层，其间再叠置黏结吸汗层、透气层、除臭层组成，吸汗层与透气层相邻。

在说明书中，专利权人对"单向渗透层"仅举出了一个具体实施方式，即一种具有漏斗状孔隙的布面。

被告河北珍誉工贸有限公司（以下简称"珍誉公司"）生产、销售了一种除臭吸汗鞋垫，该鞋垫也具有防滑层、单向渗透层、吸汗层、透气层和除臭层，其结构与曾展翅的专利产品一致。唯一区别在于：珍誉公司的产品中，单向渗透层

* 第二作者对本文的贡献等同于第一作者。

是通过一层非织造布和吸汗层两层结构实现单向渗透功能，而非第 01207388.1 号专利中的具有漏斗状孔隙的布面。

该案争议焦点在于：对“单向渗透层”这一功能性限定特征的解释，理解为它是包含了所有能够实现单向渗透这一功能的所有实施方式，还是受到说明书内容的限制，仅仅包含具有漏斗状空隙的布面及其等同方式?

一审法院认为：“实施例是申请人选择的一种公开、充分的表现形式，其效果相当于举例说明，在不违反禁止反悔原则的前提下，实施例不能理解为是对必要技术特征的限定。因此，对单向渗透层的保护范围应确定为能够实现水分单向渗透的层面”，即一审法院认为：“单向渗透层”解释为实现该功能的所有实施方式，所有能够实现该功能的具体实施方式都应落在该专利权的保护范围内，即一审法院采取了与《专利审查指南 2010》中规定一致的解释，因此，一审法院认定珍誉公司构成侵权[2]。

2. 我国的审查规定

《专利审查指南 2010》规定：“通常，对产品权利要求来说，应该尽量避免使用功能或者效果特征来限定发明。只有在某一技术特征无法用结构特征来限定，或者技术特征用结构特征限定不如用功能或效果特征来限定更为恰当，而且该功能或者效果能通过说明书中规定的实验或者操作或者所属技术领域的惯用手段直接和肯定地验证的情况下，使用功能或者效果特征来限定发明才可能是允许的。对于权利要求中包含的功能性限定的技术特征，应当理解为覆盖了所有能够实现所述功能的实施方式。”[3]

在某些特定情况下，发明创造难以用结构性特征或步骤特征来加以描述，此时，只能通过功能性特征的撰写方式来界定其保护边界。

根据《专利法》第 59 条的规定“发明或实用新型专利权保护范围以权利要求书的内容为准，说明书和附图可以用于解释权利要求。”因此，每一项权利要求的保护范围由记载在该权利要求书中所有技术特征予以界定，这些技术特征的总和构成了该项权利要求所要保护的技术方案。当权利要求中每一技术特征含义确定，权利要求保护范围清楚的时候，应该按照权利要求的内容来确定保护范围，此时，不应该受到说明书内容的限制和影响，不应将说明书中记载的具体实施方式以任何形式“读入”到权利要求中。

基于上述规定和理解，国家知识产权局、专利复审委员会在专利审查过程中，以及部分法院在专利侵权诉讼中，都将功能性限定解释覆盖了所有能够实现所述功能的实施方式。

3. 最高人民法院对含有功能性限定特征权利要求保护范围理解的规定

对于功能性限定特征的解释方式，一直以来还有另一种解释方式，即认为功能性特征限定仅仅覆盖了说明书中记载的具体实施方式及其等同方式。

最高人民法院于2009年12月28日发布的《最高人民法院关于审理侵犯专利权纠纷案件应用法律若干问题的解释》第4条规定："对于权利要求中以功能或者效果描述的技术特征，人民法院应当结合说明书和附图描述的该功能或者效果的具体实施方式及其等同的实施，确定该技术特征的内容"。

前述规定的法律依据也是《专利法》第59条。该条中规定了"说明书和附图可以用于解释权利要求"，因此，不仅应当从技术特征的字面含义来理解技术特征，还应当充分利用说明书和附图所记载的内容来理解技术特征的含义，从而明确认定由所有技术特征所构成的技术方案。申请人通过权利要求对所要求保护的技术方案进行界定，权利要求是确定专利权保护范围的依据，但是，无论是相对简单的技术方案还是较为复杂的技术方案，在现实生活中没有人仅通过阅读权利要求书就能够确定所要求保护的技术方案的准确含义和范围。绝大多数人都体会到，仅仅通过阅读权利要求书对于发明的理解与阅读完整个专利文件之后对发明的理解往往有很大的不同。这是因为，发明所要求保护的技术方案是由具体步骤、具体部件或具体连接关系等具体事物组成的，而文字在描述上述具体事物时，与事物本身总会有一些或多或少的差别，尤其是权利要求这样概括性较强且撰写时又要求"简要"的文字描述，这种差别可能更明显。

基于上面的理解和规定，在众多的侵权判定中，法院往往采取了功能性限定特征的含义受到说明书中所公开内容的限制，即"结合说明书和附图描述的该功能或者效果的具体实施方式及其等同的实施方式，确定该技术特征的内容"的解释方式。

例如，原告曾展翅诉珍誉公司侵权诉讼中，二审法院认为，对于采用功能性限定特征的权利要求，不应当按照其字面含义解释为涵盖了能够实现该功能的所有方式，而是应当受到专利说明书中记载的实现该功能的具体方式的限制。具体而言，在侵权判断中，应当对功能性限定特征解释为仅仅涵盖了说明书中记载的具体实现方式及其等同方式。从该案专利权利要求1的必要技术特征看，均采用功能性限定特征，因此，在对该权利要求进行解释时，应当考虑说明书中记载的具体实现方式，说明书中对单向渗透层明确指明"为一种具有漏斗状孔隙的布面"，而涉案被控侵权产品单向渗透层采用的是非织造布，并非是与具有漏斗状孔隙的布面相同或相等同的技术特征，因此，被控侵权产品没有落入涉案专利权的保护范围。原审法院关于单向渗透层的保护范围应确定为能够实现水分单向渗透的层面的认定有误，不适当地扩大了曾展翅专利权的保护范围，原审法院予以纠正。[4]

同样矛盾的审判案例还有比克电池案，其涉及对限位装置的解释。限位装置应当解释为一审法院所认定的所有能够实现限定下滑块的运动极限位置的装置。[5]根据说明书中所给出的唯一的实施例及其附图认为，限位装置应当解释为“具有U形结构的固定结构，该U形结构两臂的内壁可以限制斜楔形滑块的运动极限位置”。[6]二审法院也明确表示“对于权利要求中功能性限定的解释应当受专利说明书中记载的实现该功能的具体方式的限制，不应当解释为覆盖了能够实现该功能的任何方式”。[7]

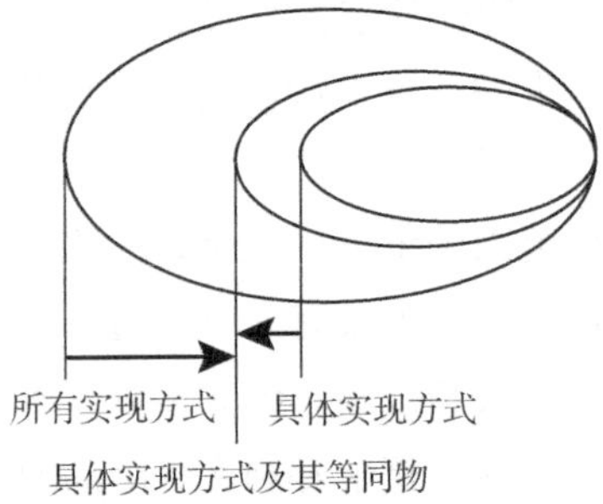

图1 解释原则

由此可以看出，对同一个功能性限定存在两种解释原则，一是将其理解为所有能够实现该功能的方式的最宽解释原则；二是将其理解为涵盖了说明书中记载的具体实施方式及其等同方式的限制性解释原则（见图1）。对于功能性限定特征在不同的审查阶段存在的不同解释方式，导致了权利要求保护范围的巨大差异，从而带来了巨大的困惑。

三、功能性限定在各个国家的使用

（一）美　国

1. 规　定

功能性特征限定特征最早源于美国。在20世纪50年代之前，美国联邦最高法院不赞成权利要求中使用功能性限定特征，其认为，对于一项发明的核心部分，尤其是组合发明来说，应该采用表述如何实现的措辞，而不是采用表述物理特性的措辞。虽然这样可以很好地保护公众利益，防止专利权被滥用，但遭到了专利权人和律师界的强烈反对。专利权人认为，这样的规定妨碍了专利权人得到更切实有效的专利权保护。于是，美国国会在1952年修改专利法时，听取了律师界和专利权人的建议，加入了第112条第6款的规定：

对于针对组合的权利要求（a claim for combination）来说，其特征可以采用“用于实现某种特定功能的机构或者步骤”的方式来撰写，而不必写出实现其功能的具体结构、材料或者动作。采用这种方式撰写的权利要求应当被解释为覆盖了说明书中记载的相应结构、材料或者动作以及其等同物。

由此，美国专利法明确规定，允许在权利要求中采用功能性限定，这种“手段+功能”（means + function或step + function）的撰写方式，正式被允许出现在权利要求中。这一规定确定了使用功能性限定权利要求的合法性。

2. 解释方法

美国对于含有功能性限定特征权利要求保护范围的解释经历了由宽泛到严格的过程。

从1952年出现美国专利法第112条第6款允许在权利要求中采用功能性限定特征开始，美国专利商标局将含有功能性限定特征的权利要求保护范围理解成不仅覆盖了其说明书中记载的具体实施方式，而且还覆盖了任何能够实现该功能的其他方式（最宽解释原则）。

但在之后的40年中，对功能性限定权利要求保护范围的确定却一直存在争议。美国专利商标局和美国联邦法院的解释不统一。美国联邦法院则认为，权利要求中的功能性特征仅仅覆盖了说明书中所记载的具体结构、材料、步骤及其等同物（限制性解释原则）。

不同时期，美国专利商标局和法院采取了不同的确定规则。解释立场的不一致，给美国公众带来了困惑。公众强烈要求专利局和法院在如何解释功能性限定特征方面进行协调。

直到1994年2月14日，美国联邦法院在In Re Donaldson案的判决中明确表明，应当将功能性限定权利要求的保护范围解释为说明书中所记载的相应结构、材料、步骤及其等同物的原则，要求美国专利商标局向该法院立场靠拢。判决作出之后，美国专利商标局迅速作出反应，对含有功能性限定特征的权利要求的审查标准和审查步骤作出了新规定，改变了对功能性限定特征保护范围的理解方式，调整到与美国联邦法院一致的立场上来，此时，二者将功能性限定权利要求的保护范围解释规则统一起来。

（二）欧　　洲

关于功能性限定特征，欧洲专利局的专利审查指南作了如下规定，并非每一特征都必须以结构限定的方式表达，如果熟悉该项技术的人不需要运用创造性的技能就可以毫无困难地提供实施该功能的方法，该技术的权利要求可以包含功能性特征。一项专利权利要求可以仅根据其功能性特征概括地定义其范围，即使在说明书中仅提供了一个有关这一特征的实例，只要熟悉该项技术的人知道利用其他方法也可以得到相同的功能即可。然而，如果整个申请的内容给人的印象是该特定的功能是以或只能以一种特定的方式来实施，而没有任何其他的选择，则该申请可能会遭到驳回；如果说明书中仅以含糊的方式描述了其他替代方式也可能适用，但对所属领域的技术人员来说，并不清楚这些替代方式是什么或者怎样应用这些替代方式，则是不充分的。

（三）日　　本

日本特许厅的实用指南中指出，当专利权利要求中包含通过功能界定物的记载时，本领域普通技术人员通过参考专利权利要求以外的说明书、附图以及申请时的技术常识，该权利要求有关的发明外延仍不明确的情况下，也就是说，对于该权利要求的外延是否包括某一具体物（限于申请时本领域技术人员可以明确理解的物）无法作出判断时，这一权利要求就违反了日本专利法第 36 条第 6 款之（二）的规定。而 1994 年版日本专利法第 36 条第 6 款之（二）的规定为："专利权利要求应当记载申请人认为将发明特定化时所必需的全部事项，并且专利权利要求应当明确、简洁"。同时，日本特许厅专利审查标准第 2.2.2.1 条规定："违反专利法第 36 条第 6 款之（二）的典型情形包括：通过功能或特点来定义产品，使发明的范围变得不清楚"。

日本的法院系统中，将功能性限定特征的保护范围解释为说明书的具体实施方式，本领域普通技术人员可以从说明书公开的具体结构很容易想到的等同替代方式。这和日本特许厅解释为覆盖所有实施方式的规定不同。也就是说，日本法院系统是采用"具体实施例加等同"（限制性解释原则）的方式解释功能性限定。

（四）《专利合作条约》（PCT）的规定

PCT 现在已经成为专利领域最重要的国际条约之一，其法律规范对于中国专利制度的影响越来越强。

PCT 审查指南（2007 年试用版）规定如下：

4.11 为了充分满足条约第 5 条和细则第 5.1（a）（iii）和（v）条的各项要求，如果各部件的功能特征不是一目了然的，则不仅应从发明的结构特征，而且还应从其功能特征方面进行描述。实际上，在某些技术领域（例如，计算机），清楚地描述功能可能比过于详细地描述结构更为合适。

5.04 权利要求必须用"发明的技术特征"来撰写，这意味着其中不应当包括任何涉及如商业效益或其他非技术内容的说明，但是对发明目的的描述如果有助于限定发明，则应当允许写入权利要求中，权利要求的每一特征不需要全用结构特征限定。由于该问题属于国内法范围，所以一般情况下，只要所属领域技术人员不需花费创造性劳动就能找到实现该功能的某种方式，或者只要这种方式在该申请中已经充分公开，审查员就不应当反对在权利要求中包含功能性限定。正如权利要求的任何其他限定那样，功能性限定因其用在上下文中清楚地传达给所属领域技术人员，因而必须被评价和考虑涉及技术应用的用途发明的权利要求是可以允许的。

（五）各国对功能性限定的对比

1. 功能性限定存在的价值和意义

功能性限定的存在具有合理性。第一，在某些情况下，功能性限定的确比结构性限定更方便、更有效率，权利要求的撰写更简单明了。第二，有些情况下，的确无法用结构或组成来对技术特征进行表征，尤其在计算机领域，如果完全杜绝功能性限定的使用，则权利要求将几乎无法撰写。

2. 各局的规定

美国对功能性限定权利要求在审查过程和侵权判定中采取的是完全相同的解释标准，即限制性的解释标准："这种权利要求应被解释为包含了说明书中所记载的实现该功能的相应结构、材料或动作及其等同物"。该标准缩小了权利要求的保护范围，并由此避免了前后程序中采用不一致的标准带来的各种矛盾。该标准对功能性限定权利要求规定了标识性词汇"means""step"这一特殊的撰写方式。

欧洲专利局审查指南中并未直接涉及功能性技术特征的保护范围解释，但是，根据"即使在说明书中仅提供了一个有关这一特征的实例，只要使熟悉该项技术的人知道利用其他方法也可以得到相同功能即可"，可见，欧洲专利局采用"涵盖实现该功能的所有方式"的观点。

日本在授权（确权）阶段中，功能性限定特征的保护范围解释为"覆盖了所有能够实现所述功能的实施方式"。在侵权判定阶段中，以本领域普通技术人员通过阅读说明书等专利文件能够实施的范围为基准。这和我国现阶段的情况类似。

3. 经验借鉴

美国和欧洲国家都已形成自己的成熟做法。美国技术发达，与我国的国情不同，若要建立起一套与美国类似的做法，在我国也缺乏基础。

欧洲专利局是世界三大强局之一，中国与它的审查模式构架最相似，审查指南的规定也比较接近，都没有对功能性限定的审查要求进行特殊规定，因而，在该问题上，欧洲专利局的做法对我们有很好的借鉴性。

欧洲专利局采用折中原则，将功能性的适用范围限制在已知且常见的技术问题上。该种做法排除了对发明点的功能性限定，如果是对发明点进行的功能性限定，则该功能必然具有一定的特殊性。因而，申请人若想要获得专利权，则必须在说明书中明确记载实现该功能的具体结构。通过限定其使用范围，能很好地防止将申请日之后的技术纳入其保护范围，将其保护范围限制在一个合理的范围内。如果是对非发明点进行的功能性限定，则该功能性限定则是本领域技术人员在"可预见"范围内的一种概括。该领域的技术人员能很明了地理解除实施例之外，还能有什么方式完成。

四、小　结

在我国，关于功能性限定保护范围的确定，一审法院认为只有不清楚时才需要解释，说明书的作用仅在于此，其观点接近《欧洲专利公约》对第69（1）条的议定书中所要避免的“说明书和附图仅仅用于解释权利要求中的含糊不清之处”，审判依据主要来自于《专利侵权判定若干问题的意见（试行）》中规定的“1. 发明或者实用新型专利权的保护范围以其权利要求的内容为准，说明书及附图可以用于解释权利要求。但说明书及附图的内容不能引入权利要求……15. 仅记载在专利说明书及附图中，而未反映在专利权利要求书中的技术方案，不能纳入专利权保护范围。即不能以说明书及附图为依据，确定专利权的保护范围”。而二审法院则认为，解释是为了扩大或缩小保护范围，其观点接近《欧洲专利公约》第69（1）条的议定书中所倡议的“这一条款应当被理解为定义了上述两种极端之间的一种中间立场折中原则”。审判依据主要来自于《专利侵权判定若干问题的意见（试行）》中规定的“11. 专利说明书及附图可以用于对专利权利要求字面所限定的技术方案的保护范围做出公平的扩大或者缩小的解释，即把与必要技术特征等同的特征解释到专利权保护范围，或者以专利说明书及附图限定某些必要技术特征。……17. 当专利权利要求中引用了附图标记时，不应以附图中所反映出的具体结构来限定专利权利要求中的技术特征。专利保护的范围也不应完全受说明书中公开的具体实施例的限制”。

不同的解释原则各有利弊，欧洲专利局的解释方式使得保护范围的边界界限更清晰。因此，本文建议我国在该问题上也采用折中的做法，限制功能性限定的使用条件，将功能性限定解释为“本领域技术人员在申请日之前能够想到的所有实施方式”，并区分发明点和非发明点的解释方式，以避免对“等同”扩大的二次获利，从而平衡申请人和公众的利益。并且，这种解释方法在不同的审级之间都具有可操作性，能够尽可能地实现对功能性限定解释原则的统一。

参考文献

[1] 尹新天. 专利权的保护［M］. 2版. 北京：知识产权出版社，2005：321.
[2] 北京市第二中级人民法院（2005）二中民初字第11450号民事判决书。
[3] 国家知识产权局. 专利审查指南2010［M］. 北京：知识产权出版社，2010.
[4] 北京市高级人民法院（2006）高民终字第367号民事判决书。
[5] 北京市第一中级人民法院（2005）一中行初字第607号行政判决书。
[6] 国家知识产权局专利复审委员会第6990号无效宣告请求审查决定。
[7] 北京市高级人民法院（2006）高行终字第00179号行政裁定书。

案说实用性审查中技术领域对“积极效果”判断的影响

胡金云　张　筠*

摘　要： 在专利审查过程中，判断是否具有实用性，除了需要判断是否能够制造或者使用之外，还需要判断是否能够产生积极效果，两个因素缺一不可。而是否能够产生积极效果的判断标准，与具体的技术领域息息相关，本文结合具体案例对于实用性审查中积极效果的判断进行了分析，以便对实用性的审查提供参考。

关键词： 实用性　积极效果　技术领域

引　言

《专利法》第22条第1款和第4款分别规定：“授予专利权的发明和实用新型，应当具备新颖性、创造性和实用性”，“实用性，是指该发明或者实用新型能够制造或者使用，并且能够产生积极效果”。以往的审查实践和案例研讨更多集中在发明或者实用新型专利申请是否能够制造或者使用，例如，违背自然规律的申请，在审查过程中会以不能制造或者使用为由提出违反《专利法》第22条第4款的审查意见。但是，对于该款后半句“能够产生积极效果”却少有探讨，作为该款的组成部分，“能够产生积极效果”也是发明或者实用新型专利申请所必需满足的条件之一。

以下案例就是能够制造或者使用，但并不能够产生积极效果的发明。

一、案情简介

该案例涉及一种循环使用光能与电能的能量管理方法，其独立权利要求描述如下：

一种循环使用光能与电能的能量管理方法（以下简称“光电能管理方法”），其特征在于包括如下步骤：

提供一启动光源；

---

* 第二作者对本文的贡献等同于第一作者。

利用一光电转换模块接收该启动光源的光线并进行光电转换以产生电力，且进一步传输电力至一效率发光单元与一负载，该效率发光单元接收电力而产生一人造光源，该负载接收电力而运行；其中

导引该人造光源的光线至该光电转换模块以继续产生电力，而产生的电力再次传输至该效率发光单元与该负载进行使用，并且如此周而复始地循环使用光能与电能。

为表述方便，将该案例的附图列出，如图1所示。

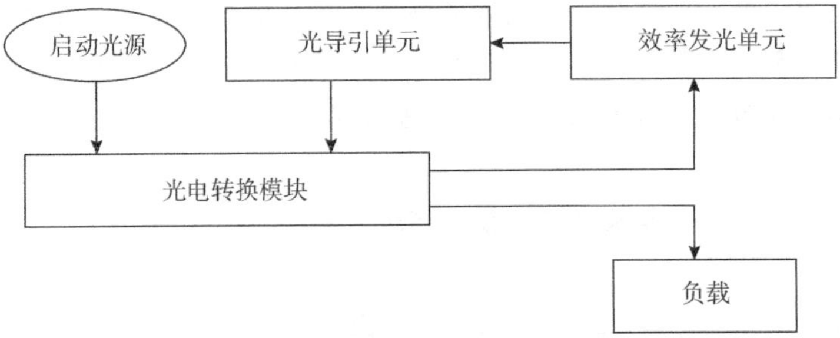

图1

独立权利要求1的表述中提到了“周而复始地循环使用光能与电能”，而启动光源仅仅对系统进行短暂照射使其启动，之后系统自行“周而复始地”运行一段长时间（该“一段长时间”是由申请人后经解释并增加进权利要求书，经复审流程确认并不超出原始申请文件记载的范围）。实审过程中初始认定，该申请涉及的装置一旦进入工作状态之后，没有其他任何能量来源，违背“能量守恒定律”，从而不符合《专利法》有关“实用性，是指该发明或者实用新型能够制造或者使用”的有关规定。后经申请人适当修改并陈述意见，启动光源启动装置运行，并非持续运行下去，而只是“运行一段长时间”，随着启动光源输入的能量消耗殆尽，装置将停止工作，由此可见修改后的独立权利要求至少不违背“能量守恒定律”。这样看来，貌似已经符合了授权条件，但是，仔细审视《专利法》第22条第4款，满足“能够制造或者使用”的条件，是否“能够产生积极效果”呢？

二、实用性的概念和判断

首先来看《欧洲专利公约》第57条，将实用性相应的概念称为“工业实用性”，其规定了：“如果一项发明能够在包括农业在内的任何工业产业中制造或者使用，则具备工业实用性”。与我国的《专利法》相比，区别在于：第一，我

国没有写明在任何产业中予以应用；第二，增加了要能够产生积极效果的要求。

能够在产业中“应用”，是指能够制造出来（产品），或者能够在实际中予以使用（方法），并能够产生预期的效果。能够产生“积极效果”，是指发明或者实用新型制造、使用后，与现有技术相比具有有益的效果。积极效果的要求，并非是指毫无缺陷，只要存在的缺点没有严重到使有关技术方案根本无法实施，或者根本无法实现其发明目的的程度，就不能因为存在缺点或者不足之处，否认该技术方案具备实用性。因此，能够被认定为不能产生积极效果的发明或者实用新型是那些不但明显无益，而且带来不良影响的发明或者实用新型[1]。

《专利审查指南2010》第二部分第五章第3节中规定，在判断实用性时，通常会采用如下基准：①无再现性；②违背自然规律；③利用独一无二的自然条件的产品；④人体或者动物体的非治疗目的的外科手术方法；⑤测量人体或者动物体在极限情况下的生理参数的方法；⑥无积极效果。而对于第6点“无积极效果”，《专利审查指南2010》中仅仅指出，明显无益、脱离社会需要的技术方案不具备实用性[2]。

三、案例分析

针对该案，明显排除上述判断标准中的③～⑤，主要判断是否符合①、②、⑥，经过审查过程中与申请人的沟通，按照申请人对方案的解释已经明确，该案在技术上能够实现，具有再现性，并且也不违背能量守恒的自然规律，现在具体讨论是否具有积极效果。

《专利审查指南2010》中对“积极效果”的描述比较简洁，规定了仅是“明显无益、脱离社会需要”认定为无积极效果，没有进一步的解释说明，也并未提供案例支持，部分学者认为，能够产生积极效果的条件比较容易得到满足，但是笔者认为，这样的结论不应妄下。

首先来看另一个案例，在机械领域，存在一种牛顿摆，由一列多条细绳或者细钢丝，每条悬挂一个钢球构成，如图2所示。在启动时，手持任意一端的一个钢球，拉起一段距离，放手任其自由落下，则钢球碰撞相邻钢球，会依次传递能量给下一个钢球，最终导致另一端的钢球弹起，另一端弹起的钢球再次落下，传递能量回到最初拉起的钢球，再

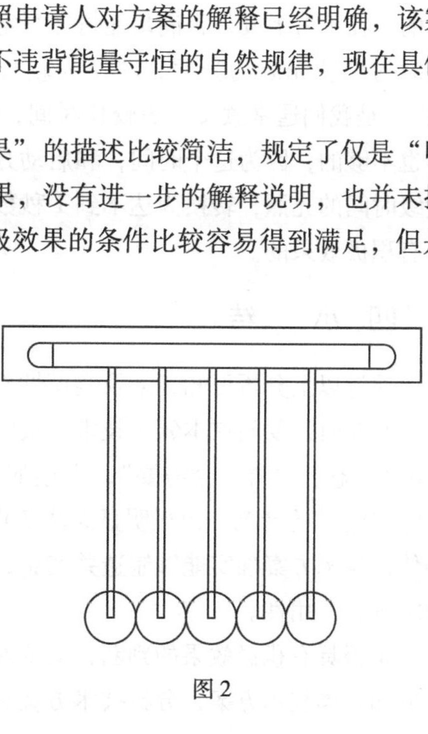

图2

行弹起，如此循环往复，因为过程中主要的能量损失仅在于空气阻力，由于钢球密度较大，即质量大，体积小，空气阻力做功导致的能量损失相对于钢球本身具备的动能而言微乎其微，因此该牛顿摆能够持续运行很长时间。

在牛顿摆运行过程中，每个循环取出一小部分能量，用于他处，也是可行的，并且，只要取出使用的能量较少，整个牛顿摆也还是能够持续运行较长一段时间。笔者相信，上述光电能管理方法的发明人，也是受了类似的启发，提出了“给初始能量—系统循环运行一段时间—每个循环周期取出一部分能量使用”的构思的技术方案。按照这个思路，发明人有理由认为，自己的技术方案能够实现周而复始地运行一段长时间的目的。

但是发明人忽略了一点——时间，牛顿摆一个循环周期耗时0.5～1s，而光电能管理方法一个循环的“光—电—光”转换周期远远达不到这个数量级。首先，光电效应的响应时间不超过10^{-9}秒，如果该方案使用的电路在正常尺寸范围内的话，电流传播所需时间也大致是这个数量级，因此，一个转换周期所需时间不会超过10^{-8}秒，即使在电路电阻等损耗非常小的前提下，由于还有能量的使用，循环次数必定不可能太多，从启动光源照射，到能量消耗殆尽，总时间也超不过1秒，真可谓转瞬即逝。

为了更清楚地解释光电能管理方法有无积极效果，还有必要了解一下其发明目的，在不考虑其是否满足能量守恒定律的前提下，该方案的发明目的在于，将瞬时的启动光源的光照，转换为较长时间的能量均匀输出，而这个“较长时间”，是我们通常意义上的较长时间，换个说法，不超过1秒的时间，是无论如何也不够的，因为这个时间，和启动光源照射的时间相差无几。总之，将1秒数量级时间的光照，转换为达不到1秒数量级时间的电能输出，是无论如何也称不上有积极效果的。

四、小　结

通过以上分析可知，涉及实用性判断中的“积极效果”，与技术内容息息相关，判断时需要站在本领域技术人员的角度，结合具体技术领域，衡量是否属于“明显无益、脱离社会需要”，上述的光电能管理方法案例，虽然不属于“根本无法实施”的情况，但很明显无法实现其发明目的，属于“明显无益”的情形。即使该技术方案确实能够制造并实施，我们也需要判断其是否具有积极效果，进而审查其实用性。

是否具有积极效果的判断，需要站位本领域技术人员的角度，综合考虑技术领域和整体技术方案，分析技术方案是否能够产生积极效果，审查中需要具备整体理解和把握申请文件的能力，对本领域现有技术的掌握要求较高，需要审查员在审查实践中不断提高判断能力，补充相关技术知识，方能做到准确判断，公正评价。

参考文献

[1] 尹新天. 中国专利法详解 [M]. 北京：知识产权出版社，2011：244－274.
[2] 国家知识产权局. 专利审查指南2010 [M]. 北京：知识产权出版社，2010：153－184.

浅谈创造性结合启示的判断

钟　杰　张然兮*　张　靳　陈旭红

摘　要： 创造性结合启示的判断一直是创造性评判的重点和难点，本文通过引入一个历经终审判决的实际案例，重点论述了在结合两篇（含）以上对比文件评判发明的创造性时，应从整体上把握发明的实质，并站在本领域普通技术人员的高度和角度深入理解技术细节，从而对创造性的结合启示作出准确合理的判断。本文还具体探讨了可从准确理解发明和对比文件，综合考虑多个技术特征之间的关联。基于这种关联，重新确定发明实际解决的技术问题和客观考虑发明的技术效果等方面从整体上把握发明的实质。

关键词： 创造性　结合启示　本领域技术人员　理解发明　发明构思　技术效果

引　言

发明的创造性评价是专利审查工作的重点，采用两篇（含）以上对比文件相结合又是创造性评价中最为常见的情形，其中分析对比文件之间是否具有结合的启示是创造性判断的重点和难点。

判断发明相对于现有技术是否显而易见通常采取以下三个步骤，即“三步法”[1]：（1）确定最接近的现有技术；（2）确定发明的区别特征和发明实际解决的技术问题；（3）对本领域的技术人员来说判断要求保护的发明是否显而易见，即确定现有技术整体上是否存在某种技术启示，将区别特征应用到最接近的现有技术以解决其存在的技术问题。这种启示使本领域技术人员在面对所述技术问题时，有动机改进该最接近的现有技术并获得要求保护的发明。其中，第（1）步和第（2）步中对于区别技术特征的认定较为客观，容易实施；从第（2）步的基于区别技术特征重新确定发明实际解决的技术问题开始，容易出现割裂、孤立的判断，过于上位或者过于具体地确定技术问题等情况；而第（3）步有关“是否显而易见”的判断更是相对模糊和主观的标准，由于理解上的差异，不同人基于相同的对比文件，对于“现有技术整体上是否存在某种技术启示”也可能得

---

* 第二作者对本文的贡献等同于第一作者。

出不同的结论。

本文通过分析一个实际案例来探讨对于采用两篇（含）以上对比文件相结合评价创造性的情况，应当怎样判断是否具有结合启示。

一、案例分析

（一）案情简介

该案（申请号为200610059024.X，复审决定号为第19037号，判决书号为（2011）高行终字658号）涉及一种“塑料截止阀”（见图1），权利要求1为：一种塑料截止阀，具有阀盖（1）、阀瓣（2）、阀杆（3）和塑料阀体（4），所述阀杆（3）穿过阀盖（1），在塑料阀体（4）内设置有阀座（5），所述阀座（5）具有阀座开口（6），所述阀座开口（6）与位于阀杆（3）底部的阀瓣（2）相对，所述塑料阀体（4）的两端分别具有与阀座开口（6）相连通的进流口（7）和出流口（8），所述塑料阀体（4）的顶部具有与阀盖（1）相配合的阀盖连接口（9），所述阀盖（1）与阀盖连接口（9）相连接，其特征是所述阀座（5）由聚烯烃材料制成，所述阀瓣（2）与阀座（5）相接触部位（10）由金属材料制成。

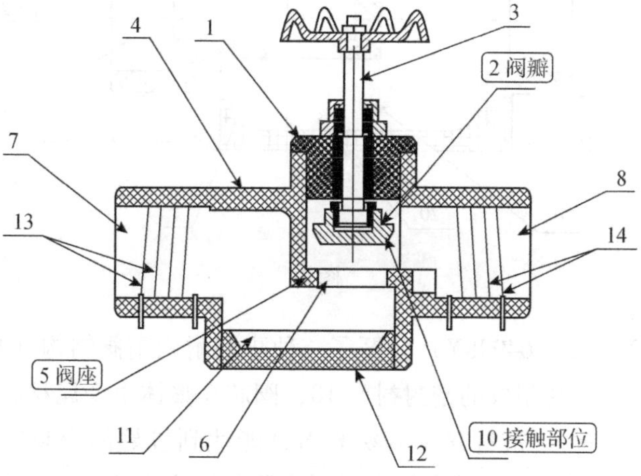

图1

（二）争议焦点

1. 实审审查员和专利复审委员会的审查意见

实审审查员和专利复审委员会在对比文件1（CN1563753A）的基础上，结合对比文件2（CN2464998Y）披露的“由金属和塑料构成阀芯和阀座密封副的特征”和认定的“将闸阀中的适用的耐磨损的密封副结构用于类似的截止阀中”，评价了上述权利要求 1 的创造性。结论如下。

对比文件 1 公开了一种塑料截止阀（见图 2）：具有阀盖、阀瓣 1、阀杆 2 和塑料阀体 3，阀杆 2 穿过阀盖，在塑料阀体 3 内设置有阀座 6，阀座 6 具有阀座开口 7，阀座开口 7 和位于阀杆 2 底部的阀瓣 1 相对，塑料阀体 3 的两端分别具有与阀座开口 7 相连通的进流口 8 和出流口 9，塑料阀体 3 的顶部具有与阀盖基体 4 相配合的阀盖连接口 10，阀盖基体 4 插置于阀盖连接口 10 内，阀座（为塑料阀体 3 整体的一部分）采用聚烯烃塑料制成。权利要求 1 相对于对比文件 1 的区别技术特征在于：阀瓣的与阀座相接触的部位由金属材料制成。

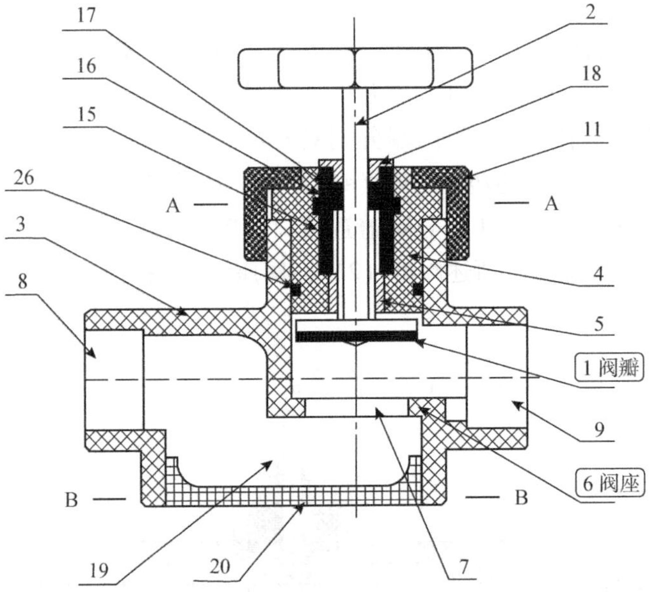

图 2

对比文件 2（CN2464998Y）公开了一种防漏耐用闸阀结构（见图 3）：阀座 8 两端衬有由工程塑料制成的密封衬套 10，阀芯 6 整体由金属材料制成，一般选用铜，这种“软—硬”密封方式不易磨损且能达到较好的密封效果。因此，对比文件 2 不仅给出了软、硬结合的密封副这种上位的技术启示，而且公开了分别采用金属和工程塑料构成阀芯和阀座的密封副的这种具体的密封方式，并且该密封方式在对比文件 2 所起的作用也是改善了密封副的耐磨性和密封性。

该案各级审查/审判主体和申请人对于上述区别技术特征的认定和对比文件 2 公开了采用金属制造阀芯的事实均无异议。争议焦点在于：对比文件 2 是否给出了阀瓣与聚烯烃制成的阀座相接触的部位采用金属材料制成的技术启示。

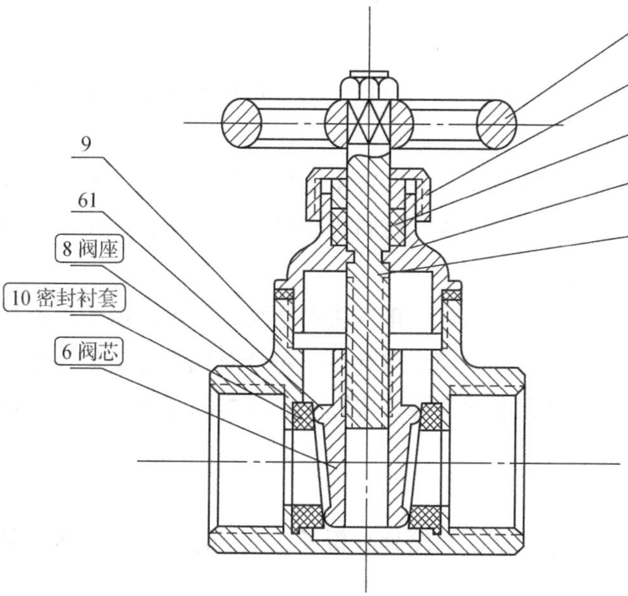

图 3

2. 申请人的上诉理由

申请人不认可实审审查员和专利复审委员会的上述意见。其提出上诉的理由主要包括以下两点。①现有技术并没有给出由金属和聚烯烃塑料构成阀芯和阀座的密封副的技术启示。对比文件 2 公开的是由金属和“工程塑料”构成阀芯和阀座的密封副的密封方式，而“工程塑料”并不包含聚烯烃塑料。②该案的技术方案克服了技术偏见，且取得了意想不到的技术效果。按照本领域的技术人员的理解，由聚烯烃塑料构成的阀座的强度太弱，不但不能承受巨量的开关次数，甚至不能满足国家标准和手册的最低开关次数的要求。对比文件 2 正是出于这样的考虑，才特别选取了“工程塑料”作为阀座的材料，并将其他塑料（包括聚烯烃塑料）排除在外。但该案的技术方案依照 JB/T 8859—2004 标准《截止阀静压寿命试验规程》进行试验，能够达到使用寿命 25 年、开关次数 5000 次的关于截止阀的技术指标，所述技术方案远远超出了人们预期的想象，取得了意想不到的技术效果。

3. 司法判决的结论

一审判决支持了申请人的意见，认定现有技术并没有给出由金属和聚烯烃塑料构成阀芯和阀座的密封副的技术启示。虽然对比文件 2 公开了由金属和工程塑料构成阀芯和阀座的密封副的密封方式，但该案权利要求 1 中的聚烯烃并非“工程塑料”。且其抗压强度、硬度等性能指标均低于“工程塑料”，本领域技术人员在对比文件 2 技术方案的基础上，没有动机用抗压强度、硬度等性能指标更低的聚烯烃材料替换“工程塑料”。至此，分歧集中在对比文件 2 中使用的工程塑料是否排斥聚烯烃材料这一点上。

实审审查员和专利复审委员会在终审上诉中认为：工程塑料只是对比文件 2 列出的最佳实施方式，部分聚烯烃材料可以作为工程塑料应用，因此不能得出排斥聚烯烃材料的结论。

但北京市高级人民法院认可一审判决的意见，指出：由于聚烯烃与工程塑料在强度和硬度上有较大差异，使用聚烯烃不符合对比文件 2 使用强度和硬度较大的塑料的技术构思，因此对比文件 2 实际上隐含排除了对聚烯烃材料的使用。

二、案例思考

笔者基于对案情的理解，简略地分析了产生上述争议的原因，从以下三个层次考虑：

（一）割裂地理解各个技术特征

仅关注权利要求 1 与对比文件 1 的区别技术特征“所述阀瓣的与阀座相接触部位由金属材料制成”而忽视阀瓣的上述部位材料的选取与阀座的材料是相关联的，并因此认定发明实际要解决的技术问题是提高阀瓣的耐磨损性。按照这种割裂的方式考虑，会认为对比文件 1 已经公开了采用聚烯烃制作阀座，对比文件 2 已经公开了采用金属材料制作阀芯（相当于阀瓣），且其作用也是为了增加阀芯的耐磨损性能，从而很自然地认定对比文件 2 具有结合启示。

（二）基于文字表面的理解

该案中实审审查员和专利审委员会没有采用上述孤立割裂的方式来看待区别技术特征，也注意到了阀瓣与阀座共同形成密封副的关联性，认为对比文件 2 已经公开了分别由金属和塑料构成阀芯和阀座的密封副的密封方式，并教导了这种“软—硬”密封方式不易磨损且能达到较好的密封效果。因此认定，在对比文件 2 的启示下，本领域技术人员能够显而易见地将对比文件 2 所公开的上述密封方式应用于对比文件 1，且这种应用并不会产生意想不到的技术效果。

（三）站位本领域，整体把握技术方案，准确理解发明和对比文件公开的内容

1. 把握申请的发明构思和设计来源

该案说明书提到，本领域技术人员通常的认识是“应当在阀瓣的与阀座相接触部位设置质地较软且具有弹性的橡胶软垫，否则会造成阀瓣与阀座磨损太快、密闭不严（参见说明书第 3 页第 1 段）”，且现有技术存在因在阀瓣上设置橡胶软

垫而带来的软垫连接部渗漏、软垫脱落、软垫翘曲等诸多弊病（参见说明书第3页第3段）。由于对比文件2所公开的技术方案特征在于阀芯与阀座之中至少有一个衬套有由工程塑料制成的密封衬套（相当于软垫，参见权利要求1和说明书第2页倒数第2段），因此属于该案说明书提到的存在上述弊病的情况。而该案实质解决的技术问题和取得的技术效果是：由于将阀瓣与阀座相接触部位直接由金属材料制作，不在阀瓣的与阀座相接触部位设置橡胶软垫，可以简化产品结构，降低产品造价（参见说明书第3页第2段），且可以免去在出现上述弊病时对塑料截止阀的拆卸和维修（参见说明书第3页第3段）。由此可见，对比文件2公开的技术内容与该案的发明构思相悖，其采用金属制造阀芯的目的与该案的发明目的不同，所起的作用也不相同。

2. 充分了解现有技术，深入理解技术细节

对比文件2公开的材料是工程塑料，根据工程塑料行业市场调查分析报告显示，工程塑料是一类可以代替金属作为工程材料制造机械零部件用的高性能塑料，其具有优良的综合性能，刚性大、蠕变小、机械强度高、耐热性好，在较宽的温度范围内能承受较强的机械应力，是能在较为苛刻的化学物理环境中使用的高性能的高分子材料。而该案采用的聚烯烃通常来说属于通用塑料，其抗压强度、硬度等性能指标相对较低，聚乙烯对于环境应力（化学与机械作业）敏感，耐热老化性差。因此，从通常的定义解释上看，鉴于两者在强度、机械模数、潜变性、耐冲击性、耐热性、硬度及抗老化性等方面具有的性能差异，普通聚乙烯（改性的除外）材料不在工程塑料涵盖的范围内。

北京市第一中级人民法院和北京市高级人民法院也正是基于这样的理解，认定聚烯烃并非“工程塑料”，且对比文件2实际给出的技术启示是：作为软材料的工程塑料，其抗压强度、硬度等指标越高越好，因此本领域技术人员没有动机用抗压强度、硬度等性能指标更低的聚烯烃材料替换“工程塑料”。

3. 仔细解读对比文件，正确认定公开事实

对比文件2中的阀座是金属材料制成的，只是其两端衬有由工程塑料制成的密封衬套10，即对比文件2没有公开采用塑料构成阀座，且对比文件2的阀芯虽然是采用金属制造的，但其阀芯并非直接与阀座接触。因此，严格来说，对比文件2并未公开上述区别技术特征“所述阀瓣与阀座相接触部位由金属材料制成”。

另外，对比文件2的说明书在有关密封衬套使用的工程塑料的选取上，记载的是：“为达到最佳的密封效果，所述密封衬套所采用的工程塑料应当具有以下特点，即热变形温度高，耐热性好，在高温下抗蠕变性能强，无冷流，尺寸稳定性好；因此以采用抗压强度高、硬度大、耐磨、抗老化性能优、耐酸碱介质腐

蚀、耐高温水分解、耐溶剂油、在高低温下机械性能优秀的特殊工程塑料或超级工程塑料为最佳，如 PAI、PPS、LCP 等”（参见说明书第 3 页第 1 段）。由于此处使用的词语是具有确定性含义的“应当”而不是具有选择性含义的“可以”，因此可知，对比文件 2 对“工程塑料”的选择确实排除了不具有上述特点的“聚烯烃材料”。统观对比文件 2 公开的内容，“特殊工程塑料”或“超级工程塑料”才是其优选方式，并非“工程塑料”本身是一种优选的软材料。

综合以上三点更深层次的分析可知，对比文件 2 并未给出如下技术启示：当阀座采用聚烯烃材料制作时，阀瓣与阀座相接触的部位由金属材料制成，其在提高阀瓣耐磨性的同时，免除现有技术因在阀瓣与阀座之间使用软垫而导致的弊病。

三、案例启示

该案透视了从整体上把握发明实质和准确站位本领域普通技术人员的高度对创造性结合启示的判断的重要性。

那么如何才能做到整体上把握发明实质和准确站位本领域普通技术人员的高度呢？笔者试着结合该案从以下四方面进行探讨。

（一）站位本领域，准确理解发明和对比文件

理解发明既要精准地把握发明点，又要整体地把握发明构思；要客观准确地认定对比文件公开的技术特征的含义、作用等事实。

“发明构思”是基于特定技术领域，为解决现有技术中存在的特定技术问题而采用的由一组必不可少的技术特征构成的一个完整的技术方案。因此，需要结合发明本身和现有技术，从技术手段、技术问题和技术效果等多方面来综合理解和表达发明构思。正确理解发明构思需要对相关的技术背景、现有技术有深入且整体的了解和掌握，把握申请人实际要解决的技术问题，理解申请人解决该技术问题的原因，了解为解决该技术问题所采用的技术手段，并判断所能达到的技术效果。只有遵循发明构思形成的逻辑过程，才能正确地重塑和还原发明过程，才能完整客观地反映发明创造的前因后果，准确把握发明的实质[2]。

结合该案，现有技术中塑料截止阀的阀瓣与阀座相接触部位由一橡胶片充当，因此构成的密封副耐磨性较差，且存在软垫连接部渗漏、软垫脱落、软垫翘曲的弊病，而本领域存在如果不使用具有弹性的橡胶软垫就会造成阀瓣与阀座磨损太快、密闭不严的通常认识。因此，其发明构思是克服上述常识，不再设置橡胶软垫，直接让阀瓣的与阀座相接触部位由金属材料制作，从而在提高密封副耐磨性的同时，克服了对塑料截止阀拆卸和维修时存在的上述弊病。对比文件 1 公

开的塑料截止阀的阀瓣和阀座均采用塑料制作，未考虑耐磨损的问题，是该案在背景技术中提及的现有技术。对比文件 2 公开的实质上是一种金属匣阀结构，其阀芯和阀座均采用金属制作，而在两者接触的部分设置了相对金属较软的工程塑料制成的密封衬套，其密封衬套的作用与该案提到的另一类现有技术中使用的软垫的作用相同。可见，对比文件 1 和对比文件 2 与该案的发明构思均不相同或相似，且属于该案已经考虑到的现有技术。

而在分析该案对比文件 2 公开的技术特征“工程塑料”是否包含“聚烯烃塑料”，以及是否排斥采用“聚烯烃塑料”来替换其“工程塑料”时，经过充分检索和了解现有技术，准确站位本领域普通技术人员的高度，确定聚烯烃材料不属于工程塑料，再通过仔细阅读对比文件 2 的说明书，发现其说明书在有关密封衬套使用的工程塑料的选取上，记载的是“为达到最佳的密封效果，所述密封衬套所采用的工程塑料应当具有以下特点”，此处使用的词语是具有确定性含义的“应当”而不是具有选择性含义的“可以”。通过上述深入分析才能得出不能将“工程塑料”替换为“聚乙烯材料”的正确结论。

（二）综合考虑多个技术特征之间的关联

例如，该案相对于对比文件 1 的区别技术特征“所述阀瓣与阀座相接触部位由金属材料制成”就不能单独看待，而要将其放到整个技术方案中，充分认识其与其他技术特征（阀座采用聚烯烃塑料制作等）的关联性。

（三）基于该关联重新准确地确定发明实际解决的技术问题

在该案中，当认识到所述阀瓣与阀座相接触部位由金属材料制成，与阀座采用聚烯烃塑料制作，以及阀瓣直接与阀座接触等特征之间的关联性之后，就能够重新准确地确定该案发明实质上解决的技术问题是：在提高密封副耐磨性的同时，克服对塑料截止阀拆卸和维修时存在的软垫连接部渗漏、软垫脱落、软垫翘曲等弊病。

而对比文件 1 和对比文件 2 均未认识到上述技术问题，只是建议通过直接使用耐磨性较好的阀瓣，免去在阀瓣和阀座之间设置密封部件来解决上述技术问题。

（四）客观考虑发明对现有技术的贡献

根据《专利审查指南 2010》的记载，如果发明确实克服了技术偏见，或产生了难以预料的技术效果，对其创造性应予以肯定，此时不再机械孤立地分析各技术特征是否容易想到[1]。

该案中，申请人声称克服了本技术领域关于“如果不使用具有弹性的橡胶软垫会造成阀瓣与阀座磨损太快，密闭不严”的常识，并且依照中华人民共和国的

《截止阀静压寿命试验规程》（JB/T 8859—2004 标准）进行试验，在采用聚丙烯材料制作阀座，采用铸铝黄铜型铜合金或不锈钢制作整个阀瓣时，在截止阀的开关次数达到 10 万次时，塑料截止阀均能够正常使用且无泄漏，此后，将该塑料截止阀卸开并对阀座部位进行切片检测，未发现有破损现象。这证明了塑料截止阀与一般的金属阀门相比，具有非常优秀的品质。

通过对申请人进行检索，可以了解到其大致的申请状况和研发能力。该案申请人在截止阀领域有一定数量的申请，且大多已经授权，这些申请的时间跨度较大，可以看出该案申请人在该领域进行了长期深入的研究工作，并且具有相当高的技术能力。实际上，该案所使用的最接近的现有技术也是申请人本人已授权的专利。另外，该案说明书对于相关技术效果的描述较为客观和详细，因此具有较高的可信度，在创造性评价和结合启示的判断中，应该给予一定的考虑。

四、小　结

通过以上对该案进行的详细分析可知：在创造性评价中，判断对比文件是否给出了结合启示时，不能割裂地分别看待各个单独的技术特征，而应该综合考虑各技术特征之间的关联性，基于这种关联，准确认定发明实际所解决的技术问题，做到从整体上理解和把握发明构思。当对比文件公开了相同或者相似的技术特征时，仍需站在本领域普通技术人员的高度与角度，既要从整体上考虑对比文件所公开的技术方案，又要深入了解技术细节，正确合理地理解发明和对比文件公开的技术内容，还应充分客观地考虑发明技术方案所具有的技术效果和对现有技术的贡献。

参考文献

[1] 国家知识产权局. 专利审查指南 2010 [M]. 北京：知识产权出版社，2010：170－182.

[2] 董艳红，徐寅. 发明构思在食品领域创造性判断中的把握与应用 [J]. 审查业务通讯，2015，21（10）：31－32.

浅议涉及“感官评价”案件的实用性审查

张　筠　冉小燕*

摘　要：本文基于复审案例，从实用性的法理和再现性的三个要素这两个角度出发，探讨了涉及感官评价方法的实用性判断标准，对相关领域的实用性审查提供参考。

关键词：感官评价　感官分析　实用性　再现性　人为因素

引　言

在食品、饮料、烟草等领域，有较多涉及“感官评价”的专利申请。一提到感官评价，很多人容易想到人为因素，倾向于认为该方案不具有再现性，不具备《专利法》第22条第4款规定的实用性。笔者试图从一个复审案例出发，分析实用性的判断标准，为涉及感官评价的案件审查提供一些思路。

一、案例介绍

该案涉及一种识别与预测肉新鲜度的方法。现有技术中，进行肉品新鲜度的评定普遍采用感官审评、挥发性盐基氮含量检测和微生物含量检测。由于这些方法都是有损的，并且检测成本较高，因此，该申请提出采用电子鼻装置对肉样品挥发的气体进行检测。通过数学模型建立电子鼻的数据与感官评价、挥发性盐基氮测定和微生物含量的检测结果的对应关系，此后，就可以直接通过电子鼻的测量得到肉的新鲜度判断。

该案的权利要求1如下：

1. 一种识别与预测肉新鲜度的方法，其特征在于它的步骤如下：

1）把质量为M的肉样品放置在体积为V的密闭容器内，密闭时间为T，容器顶空气体达到平衡以后，通过电子鼻内置泵将顶空气体吸附入传感器阵列通道内，传感器阵列与顶空气体发生反应得到响应信号；传感器响应信号是传感器接触到顶空气体后的电导率C与传感器在经过洁净空气时的电导率G0的比值，即

* 第二作者对本文的贡献等同于第一作者。

G/G0；采样时间为60s；传感器阵列中每个传感器每1s采集一次数据，采样时，样品气体通过电子鼻内置泵以400ml/min的速率被吸附到传感器通道中，经过传感器阵列后由出口排出；

2）电子鼻检测后，马上对检测过的样品进行感官评价、挥发性盐基氮测定和微生物含量检测；

3）提取第50s电子鼻响应信号作为原始数据，利用主成分分析和逐步判别分析对原始数据矩阵进行特征选择和特征提取，从而减少冗余数据，达到降维作用以提高数据处理效率；

4）以原始数据以及上述步骤3）处理后的数据作为特征值，采用神经网络建立电子鼻响应信号与肉样品的储藏时间、感官得分、挥发性盐基氮含量和微生物含量之间关系的数学模型，从而达到仅利用电子鼻就能有效识别与预测肉新鲜度的目的。

驳回决定中认为：权利要求1及其从属权利要求2～5要求保护的技术方案不符合《专利法》第22条第4款有关实用性的规定。上述权利要求所要求保护的是一种识别与预测肉新鲜度的方法，根据申请文件中记载的内容，其包括对检测过的样品进行感官评价的步骤。具体地，感官评价由事先经过培训的8位专业人员从色泽、弹性、黏度和气味四方面进行评分，评分标准参考国家标准GB/T 5009.44—2003，每一项指标最新鲜为5分，次新鲜为3分，开始明显腐败为1分。感官评价检测时间与电子鼻检测时间一致，其实质是依赖个体的经验、专业技能等对待测样品进行感官评价，易受个体因素影响，无再现性，不仅无法利用工业手段生产，而且也不可能在产业上应用，因而不具备实用性。

复审请求人在复审请求中认为，感官评价在食品检测领域是一种非常重要的评价方法，我国制定了详细的国家标准对感官评价的各方面进行了详细的规定，认为该申请具备《专利法》第22条第4款规定的实用性。

审查员和复审请求人的理由都貌似有理，但却得出相互矛盾的两种结论。笔者试图从以下几个方面进行分析和阐述，从而对该案作出合理的判断。

二、从实用性的法条理解来看

我国《专利法》第22条第4款规定："实用性，是指该发明或者实用新型能够制造或使用，并且能够产生积极效果。"

《专利审查指南2010》第二部分第五章对实用性作出了进一步的解释[1]："授予专利权的发明或者实用新型，必须是能够解决技术问题，并且能够应用的发明或者实用新型。"换句话说，如果申请的是一种产品（包括发明和实用新型），那么，该产品必须在产业中能够制造，并且能够解决技术问题；如果申请的是一种方法（仅限发明），那么，这种方法必须在产业中能够使用，并且能够解决技术问题。只有满足上述条件的产品或者方法，专利申请才可能被授予专利权。也就是说，具备实用性的发明创造，必须能够在产业中应用，并获得有益的经济、社会或技术效果。

具体到“感官评价”，20 世纪初，食品、饮料和化妆品的工业发展，产生了专业的品尝员和评价员。为了客观、公正地反映感官评价结果，科学家引入了统计学、心理学、生理学等，使得“感官评价”发展成为一种正式的、有结构的方法学[2]。ISO 标准和我国国家标准中，均对感官分析的方法学、一般导则、评价员选择以及茶叶、粮油、白酒、烟草等具体领域的评价标准[3-5]进行了明确的规定。因此，感官评价方法能够在食品、饮料、化妆品等工业领域使用，并且具有实际的经济效果和社会效果。从这一角度来看，武断地认定涉及感官评价的发明不具备实用性不符合实用性的立法精神。

三、从无再现性的判断方法来看

无再现性是《专利审查指南 2010》列举的不具备实用性的主要情形之一，无再现性的发明或者实用新型专利申请主题不具备实用性。再现性，是指所属技术领域的技术人员，根据公开的技术内容，能够重复实施专利申请中为解决技术问题所采用的技术方案。这种重复实施不得依赖任何随机的因素，并且实施结果应该是相同的。

也就是说，再现性的本质就是“重复实施”。“重复实施”具有三个要素：实施的主体（所属技术领域的技术人员）、实施的条件（不得依赖任何随机的因素）以及实施结果（实施结果应该是相同的）。

（一）实施主体

技术方案可重复实施的主体应当是所属技术领域的技术人员，而不是具有特殊技能的专业人士。但此处的技术方案应当指整个技术方案，而非其中的部分步骤。因此，如果整个技术方案并不需要特定的技能，仅仅由所属领域的普通技术人员即可实施，那么，就不应当因为其中感官评价的内容需要特定的专业人士实施而直接否定该方案不能重复实施。

具体到该案，从说明书的记载可知，识别与预测肉新鲜度的方法中的步骤 1）、3）、4）都是所属技术领域的普通技术人员即可实施的，并不需要具备特定的技能。因此，判断的难点在于步骤 2）中的感官识别，即是否可以由普通技术人员实施。该案的说明书明确记载：“具体地，感官评价由事先经过培训的 8 位专业人员从色泽、弹性、黏度和气味四方面进行评分，评分标准参考国家标准 GB/T 5009.44—2003，每一项指标最新鲜为 5 分，次新鲜为 3 分，开始明显腐败为1分，感官评价检测时间与电子鼻检测时间一致”。也就是说，该感官评价步骤是经过专业培训、具备特定技能的专业人士在执行。那么，这是否就可以由此认定该案不能由所属技术领域的技术人员实施，进而得出该申请不具备再现性?

首先，该案的感官评价是利用人类的感官对肉类作出一个认知评价，即由人给出评价数据。该感官评价的数据与挥发性盐基氮测定数据、微生物含量检测数据一起，形成一个电子鼻建模的数据库。从数据来源的角度看，感官评价可以被认为是一种传感器探测方法，该方法使用了特殊的传感器，即我们人类本身的感官。具备正常的视觉、嗅觉、判断能力以及日常生活常识的普通人，对于肉是否新鲜都能作出一个基本的认知评价，属于灵敏度较低的“传感器”。而经过训练的具备特定技能的专业人士，能够对肉类新鲜程度作出更细致的区分，就可以看作是高灵敏度的“传感器”。因此，步骤2）中的专业人士，实质上相当于一种能够执行感官评价的特殊的高精度“传感器”。而所属技术领域的技术人员执行的是从上述传感器中收集其输出的评价参数，执行感官评价步骤的主体仍然是所属技术领域的技术人员。因此，该案的感官评价步骤中，对进行感官评价的人员作了限定，也应当理解为是对所使用的传感器类型的具体限定。不会因为选择了高精度的传感器，就直接认定其不能重复实施。

（二）随机因素

重复试验不得依赖任何随机因素是指重复的试验结果并不是由随机的因素产生的，随机的因素并不具有与试验结果的必然因果关系。

众所周知，在菜肴制作中，依赖于厨师的技术、创作等不确定因素不能重复实施的烹调方法不适于产业上应用，因此不具备实用性。不同的厨师实施该烹饪方法，会得到不同口味的菜肴。厨师的个人技术直接决定了烹饪方法的实施结果，两者之间存在必然的因果关系。对于感官评价来讲，每个人的感官敏感程度、爱好、心情等多种人为因素，会导致每个人针对同一事物的感官评价结果可能是随机的，感官评价的结果可能具有不确定性。但是，在该案的感官评价方法中，评价结果是需要多位经过培训的专业人士按照国家标准作出的，这样的设置就是为了从统计学的角度消除人为因素对评价结果的影响，保证评价结果在一定误差范围内的一致性。此处的人为因素并不影响综合感官评价结果的可重复性，两者之间不具有必然的因果关系。因此，在感官评价中虽然涉及人的因素，但还是应当分析人为因素是否与实施结果存在必然的因果关系，而不应当武断地直接认定出现了人的因素，结果就不可重复。

（三）实施结果的相同

重复实施的目的是取得相同的实施结果，这也是判断能否重复实施的最终条件。实施结果相同，不应当理解为绝对的相同。在多次实施过程中，出现些许不同是不可避免的，也是符合客观规律的。实施结果被认为是“相同”与所属技术的具体领域、所属领域的认识水平相关联[6]。

对于感官评价，其实施结果的相同应当考虑感官评价所针对的具体领域是否能够由特定群体获得统计学上相同的判断。例如，对于该案中肉类新鲜与否的鉴定，大多数人基于常识，对于肉类新鲜程度有基本相同的判断，新鲜的牛肉应当颜色红润，腐败的肉会变得暗沉。这个领域判断相同的标准比较低，大部分具有正常色觉和常识的普通人就能够作出一致性的判断。采用专业的评价人士，只是为了得到更高精度、更可靠的评价数据。而对于烟草香型、白酒口感等需要精细评价的领域，普通人的判断结果就变得不可靠，就像传感器的精度达不到要求一样，此时，需要经过专业训练的品鉴师，但也仅仅是提升了传感器的精度。符合要求的品鉴师依然可以作出在误差精度内相同的判断。而对于像心理愉悦程度等严重受个人喜好影响的评价领域，由于难以形成具有统计意义的判断标准，因此，也就无法得到统计意义上相同的判断结果。

具体到该案，从再现性的判断，其请求保护的技术方案是所属技术领域的技术人员根据公开的技术内容能够重复实施的，因此，具备再现性的，不应当以不具备再现性作出不具备实用性的结论。

四、小　结

本文从实用性的法理和再现性的三个要素、两个角度出发，论述了感官评价方法是否具备实用性的判断标准和方法。判断无再现性时，应当立足于评定的具体领域，判断所属技术领域技术人员在实施该感官评价方法时能否得到统计学意义上的相同结果。在基于上述再现性判断方法得出不具备实用性的推论时，审查员还应当从立法本意出发，审视结论是否合理，特别是对于已经形成一定产业，甚至已经建立了完善的国家标准和行业标准的领域，更要慎重作出不具备实用性的结论。

参考文献

[1] 国家知识产权局. 专利审查指南 2010 [M]. 北京：知识产权出版社，2010：185－186.

[2] 吉喆，范畅，王维基. 感官分析方法 [M]. 乌鲁木齐：新疆科技卫生出版社，1994：1－3.

[3] 国家技术监督局. 感官分析方法总论 GB 10220—88 [S]. 北京：中国标准出版社，1988.

[4] 中华人民共和国国家质量监督检验检疫总局，中国国家标注化管理委员会. 感官分析建

立感官分析实验室的一般导则 GB/T 13868—2009/ISO 8589：2007 [S]. 北京：中国标准出版社，2009.

[5] 国家质量监督检验检疫总局，中国国家标注化管理委员会. 肉与肉制品感官评定规范 GB/T 22210—2008 [S]. 北京：中国标准出版社，2008.

[6] 王澄. 从实用性的法理渊源看水产养殖类申请的审查标准 [R]. 国家知识产权局 2009 年度一般课题研究报告，2010. 课题编号：Y090101.

从复审案例看专利审查过程中的权利要求解读

汤利容　高　虹*　王志远　宋　洁　李小矛

摘　要： 本文通过复审案例聚焦驳回决定与申请人之间的争议焦点，分析了在专利审查过程中对权利要求进行解读时，以本领域技术人员的眼光，善意还原技术方案内容，达到与申请人在撰写专利文件时相同的视角来阅读和理解专利文件，有助于提高评述的信服力。

关键词： 专利审查　权利要求的解读　善意还原　相同视角

引　言

在专利审查过程中，需要判断申请人要求保护的技术内容是否达到授权的标准。在判断之前，首先要确定申请人要求保护的技术内容，专利授权程序中权利要求的解读就是为了理解和确定权利要求保护的技术内容，以便为审查员针对该技术内容判定其相对于现有技术是否符合新颖性和创造性的评判做准备。

我国授权权利要求的理解标准概括为“通常含义理解”原则，其以本领域技术人员为主体，以申请日时的现有技术状态为背景，以权利要求所限定的主题为依据，以说明书中的描述为辅助，将权利要求的术语理解为本领域的通常含义。

需要注意的是，作为阅读专利文件的读者，审查员或社会公众均应当以本领域技术人员的眼光来看待和理解这些术语，善意地通过专利文件的文字表达来还原其技术方案内容，避免错误地将脱离发明进行扩大化的理解，从而得到过于宽泛的、没有技术意义的理解。准确站位本领域技术人员来理解权利要求，应当以申请日时的客观技术状态作为背景，这些客观技术状态包括申请日之前公开的教科书、工具书或现有技术文献所定义的术语含义及其使用方法，依据这些定义和使用方法，可以达到与专利权人在撰写专利文件时相同的视角来阅读和理解专利文件[1]。

如何理解善意地通过专利文件的文字表达来还原其技术方案内容，避免错误

---

* 第二作者对本文的贡献等同于第一作者。

地将脱离发明进行扩大化的理解？什么是达到与专利权人在撰写专利文件时相同的视角来阅读和理解专利文件？下面以复审案例加以浅析。

一、案情介绍

专利申请CN2010800256018涉及一种医疗器具，具体为在进行药液注入或体液采集等情况下使用的注射针组装体1，如图1所示。该注射针组装体1具备中空的针管2和保持针管2的针座3。通过将注射器9与注射针组装体1的针座3相连接，构成药剂注射装置。针管2包括针管主体4、与该针管主体4一体形成的鼓出部5，在该针管主体4的一端形成有用于使针尖形成锐角的刃面4a。鼓出部5设于针管主体4的任意位置，通过沿轴线方向冲压加工针管主体4，将该鼓出部5形成沿针管主体4的周向连续的环状突部。针座3表示用于保持针管2的保持构件，包括针保持部8。该针保持部8包裹针管2的中间部而固定针管2。

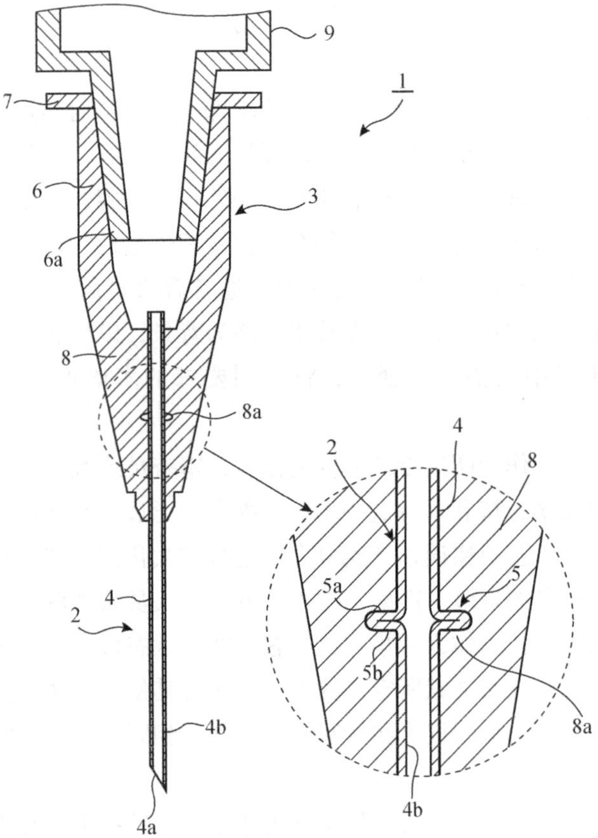

图1

针保持部 8 的中间部形成与针管 2 的鼓出部 5 紧密接触而卡合的卡合部 8a。通过使针管 2 的鼓出部 5 与卡合部 8a 卡合，能够阻止针管 2 相对于针保持部 8 移动，从而能够防止针管 2 自针座 3 脱落。

该医疗器具涉及的背景技术如下：由于针管的表面是光滑的，因此针管自保持构件容易脱落。现有技术对针管实施表面处理来提高针管与保持构件的密合性，但该工艺使作业工时增加，导致生产效率下降。而且在使用黏合剂固定针管和保持构件的情况下，也需要对针管或保持构件实施用于提高黏合剂的黏着性的表面处理。该申请的目的在于提供一种保持针管的保持构件实施表面处理，也能防止针管自保持构件脱落的技术。

请求保护的权利要求 1 如下：

1. 一种医疗器具，其特征在于，该医疗器具包括：针管主体，其设有能穿刺生物体的针尖；环状的鼓出部，其通过沿轴线方向对上述针管主体进行冲压加工而形成，沿上述针管主体的周向连续；保持构件，其具有能够与上述鼓出部卡合的卡合部，用于保持上述针管。

对比文件 1（US5217025A）公开了一种血液采集和注射装置，如图 2 所示，

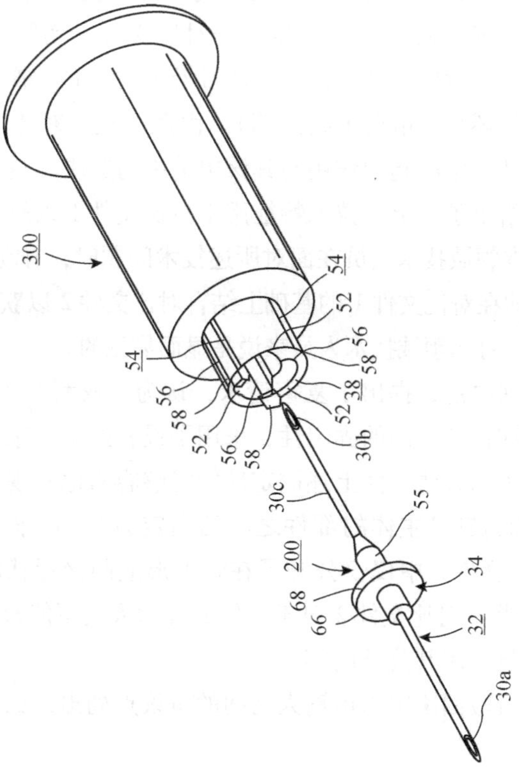

图 2

该装置包括：针体 32、能穿刺生物体的针尖 30a 的针 200，针体 32 上安有具有径向凸起部的针座 34；使用时供使用者抓握的中空圆柱支撑体 300，其具有与针座 34 卡合的卡合部。

对比文件 2（JP 昭 56—114568A）公开了一种通过沿轴向方向对管 8 进行冲压加工形成周向连续的鼓出环 9 的方法，如图 3 所示。

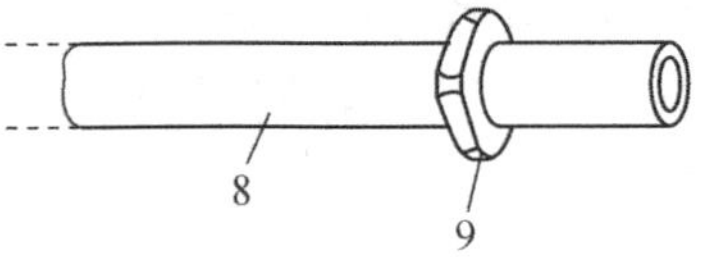

图 3

二、双方争议点

驳回决定认为：对比文件 1 中环状的针座 34 相当于该申请的鼓出部，附图标记 300 所示部件相当于该申请的保持构件，用于保持针管。因此权利要求与对比文件 1 的区别在于：鼓出部通过沿轴线方向对针管主体进行冲压加工而形成。基于上述区别技术特征，权利要求 1 相对于对比文件 1 实际要解决的技术问题是：如何形成鼓出部。对比文件 2 公开了通过沿轴向方向对管 8 进行冲压加工形成周向连续的鼓出的环 9（相当于鼓出部）。由此可见，对比文件 2 公开的上述技术特征在对比文件 2 中所起的作用与其该申请中为解决其技术问题所起的作用相同，对比文件 2 给出了将上述技术特征用于对比文件 1 以解决其技术问题的启示，这种启示会使本领域技术人员在面对所述技术问题时，有动机改进对比文件 1 所述的技术方案，即在对比文件 1 的基础上结合对比文件 2 以获得权利要求 1 所请求保护的技术方案，对本领域技术人员来说是显而易见的。

申请人不服驳回决定，提出了复审请求，认为：权利要求 1 的技术方案是，为了提高针管主体和针座之间的固定性，采用了设置鼓出部来实现固定性，并且以能简便地进行加工的方法，使上述固定性能能够容易地实现。该申请的目的是“提高针管主体和保持针管主体的部件之间的固定力”，并非是“如何形成鼓出部”。而且，在对比文件 2 中仅仅公开了在管上形成凸缘形状的方法，没有涉及“提高固定力”。因此，对比文件 2 对于本领域技术人员不能教导为了提高固定力而使本领域技术人员应用其公开内容。

为便于对照，将驳回决定与申请人之间的争议点列出，如表 1 所示。

表 1 驳回决定与申请人的争议点汇总

	驳回决定	申请人意见
对比文件 1 公开的内容	针管 200、保持件 300，环状鼓出部 34，鼓出部 34 与保持件 300 之间进行卡合	针 200 通过设置在针管 32 上的针座 34 进行安装
与对比文件 1 之间的区别	通过轴线方向对针管主体进行冲压加工而形成鼓出部	针管包括环状鼓出部，其通过沿轴线方向对针管主体进行冲压加工而形成，沿针管主体的周向连续；保持构件，具有与鼓出部卡合的卡合部，用于保持针管
实际解决的技术问题	如何形成鼓出部	提高针管和针座主体之间的固定性
关于对比文件 2 的结合启示	对比文件 2 公开了对管体进行沿轴向的冲压加工而在管件上形成凸缘部的技术，有结合启示	对比文件 2 仅是单纯为了在管上形成凸缘部而使用冲压加工，未涉及提高固定力的技术内容，没有结合启示
权利要求 1 的创造性	无	有

三、分析思考

造成双方观点差异的主要原因在于对权利要求的解读上。

在授权程序中，审查的重点是权利要求书，审查遵循最大合理解释原则来界定权利要求的含义。从该申请权利要求中的限定可知，保持构件用于保持针管。对比文件 1 中，支撑体 300 所示的中空支撑圆柱体实际上卡合的是针座 34，针座上安有针管，使得支撑体 300 所示的部件对针管有间接的保持作用。从这个角度来看，驳回决定中将支撑体 300 所示部件相当于保持构件，鼓出的针座 34 相当于鼓出部的这种特征比对方式也有一定道理。那么权利要求 1 与对比文件 1 之间的区别也就变成了鼓出部的具体形成方式是在针管本体上直接形成还是在针管本体上套接部件形成，其实际所要解决的技术问题相应地成为如何形成鼓出部。

但如果我们善意地通过专利文件的文字表达来还原其技术方案内容：权利要求 1 中限定保持构件用于保持针管，结合该申请说明书中的内容进一步可知，该申请的目的是避免针管从保持构件脱落；具体手段是通过针管上的鼓出部和保持构件上的卡合部相配合加以实现。

站在本领域技术人员的立场上，从与申请人在撰写专利文件时相同的视角来看待：对比文件 1 中，支撑体 300 所示的中空支撑圆柱体实际上卡合的是针座 34，虽然支撑体 300 所示的部件对针管有间接的保持作用，但其直接作用对象是针座34，也就是说其直接保持的是针座34，相应地，其也是避免针座从部件300脱落。本领域技术人员对比该申请和对比文件1的附图可知，该申请中也有与针座相配合的部件，即注射器9。针管2通过针座3与注射器9相连接，对比文件1中针管32通过针座34与中空支撑圆柱体300相连接。在此角度上，对比文件1与该申请的背景技术颇为接近。

因此，笔者认为，从与申请人在撰写专利文件时相同的视角来看待，采用以下的特征对比方式更为中肯一些。对比文件1中用于保持针管32的针座34相当于保持构件，权利要求1与对比文件1相比，其区别技术特征是：针管还包括环状的鼓出部，其通过在轴线方向对针管主体进行冲压加工而形成，沿上述针管主体的周向连续；保持构件上具有能够与上述鼓出部卡合的卡合部，用于保持上述针管。基于上述区别技术特征，权利要求1实际解决的技术问题是：防止针管主体从保持构件上脱落。

针对上述区别，对于本领域技术人员来说，由于针管主体用于施加在患者身上以完成注射等操作，在使用过程中应保证注射装置安全、稳定，为此，应确保针管主体不易脱落，否则将对患者构成危险。因此，防止针管主体从保持构件上脱落是本领域公知的技术需求。而在需要相互保持的两个部件上设置鼓出部和与之配合的卡合部是本领域人员为实现防脱落的技术效果所常用的技术手段。因此，本领域技术人员有动机在现有技术中寻求鼓出部的设置方式，将其用于对比文件1的针管和针座的连接上。对比文件2公开了为在管状主体8上形成环状凸缘部9而使用冲压加工的技术手段，尽管未明确公开其进行冲压加工的对象是医用针管，但是医用针管主体也是常见的管状主体。当本领域技术人员基于前述动机，在现有技术中寻求在针管主体上设置鼓出部的方式时，容易想到从对管状主体表面进行冲压加工形成鼓出部的对比文件2中获取技术启示，将对比文件2中公开的管状主体上形成环状鼓出部的方法结合到对比文件1中，在对比文件1的针管主体上通过冲压加工形成沿管主体的周向连续的鼓出部，及相应地在对比文件1的针座上设置能够与鼓出部卡合的卡合部，从而得到权利要求1的技术方案。因此，对本领域技术人员而言，权利要求1相对于对比文件1、对比文件2和公知常识的结合显而易见。

四、小　结

该案在复审阶段时，合议组即采取了上述评述方式。在发出复审意见通知书后，申请人逾期未予答复，视为撤回。因为善意地还原了权利要求1的技术方案内容，采取了与申请人在撰写专利文件时相同的视角来将权利要求1与对比文件

1进行对比，虽然相对于驳回决定的评述而言加入了一些公知常识的说理，但申请人更容易接受一些。

如果在实质审查阶段对权利要求进行解读时，审查员能以本领域技术人员的眼光善意地通过专利文件的文字表达来还原其技术方案内容，达到与申请人在撰写专利文件时相同的视角来阅读和理解专利文件，在此基础上检索到真正接近的现有技术来进行评述，相信申请人会更为信服，这样有助于提高审查效率，节约审查程序。

参考文献

[1] 崔哲勇．对专利授权确权审查程序中权利要求的理解［J］．知识产权，2016（10）：75－82.

关于医疗领域缺少用途限定的主题是否能够得到说明书支持的探讨

郝玉兰　宋　洁　王志远

摘　要： 在确定权利要求的保护范围时，权利要求的所有特征均应予以考虑，而每一个特征的实际限定作用应当最终体现在该权利要求所要求保护的主题名称上。该文通过对审查过程中遇到的两个医疗领域案件的介绍和评析，对比欧洲专利局（EPO）与中国国家知识产权局（SIPO）对权利要求中缺少用途限定的主题名称的不同要求，以期对"权利要求是否以说明书为依据""如何判断权利要求是否得到说明书支持"等给出一定的参考。

关键词： 权利要求　说明书　主题名称　支持

引　言

权利要求是专利权保护范围的具体体现，是专利权人的利益和社会公众利益的临界点。撰写出恰当和合理的权利要求是专利法利益平衡中的重要基础。权利要求按照性质划分为两种基本类型，即物的权利要求和活动的权利要求。第一种基本类型的权利要求包括人类技术生产的物（产品、设备）；第二种基本类型的权利要求包括有时间过程要素的活动（方法、用途）。对于产品类型的权利要求，其主题名称中通常会出现性能或用途特征，通过性能或用途对产品主题进行描述。但是，主题中所体现的用途或性能，并不意味着这些描述对产品的结构或组成产生影响，也不一定意味着对产品的使用范围产生限定。例如，对于主题名称是组合物的权利要求："用于……的化合物 X"，如果其中"用于……"对化合物 X 本身没有带来任何影响，其用途限定对权利要求的保护范围没有限定作用[1]。然而，在实际审查过程中，很少考虑没有任何性能或用途限定主题名称的产品类型权利要求是否一定能够得到说明书支持的问题。本文从审查过程中遇到的医疗领域的案件进行分析和梳理，发现 EPO 与 SIPO 对于主题名称的撰写导致权利要求是否符合相关法条中有关权利要求要得到说明书支持的规定有不同的审查意见。在此，对该问题进行了深入分析，希望引起进一步的思考与讨论，以求对实质审查工作有所裨益。

一、典型案例与分析

关于权利要求书和说明书的关系，《欧洲专利公约》第 84 条规定：“权利要求应当限定要求保护的主题。权利要求应当清楚、简要，并得到说明书的支持”。中国《专利法》第 26 条第 4 款规定：“权利要求书应当以说明书为依据，清楚、简要地限定要求专利保护的范围。”

案例 1：申请号为“2012800189455”，发明名称为“包胶模制的旋转联接组件”。

具体案情：该申请涉及在用于将气体流输送至患者的气道的导管中使用的包胶模制的旋转联接组件，解决的技术问题是：现有的以扣合联接的旋转联接器存在间隙，容易藏有污垢或生物制剂难以消毒。权利要求 1 记载：

“一种组件，包括：

第一部件；

第二部件，所述第二部件以可移动方式联接到所述第一部件，其中所述第二部件通过包胶模制方法围绕所述第一部件的至少一部分形成且联接至所述第一部件的该至少一部分。”

该申请的说明书第［0004］段记载：“本发明涉及包胶模制的旋转联接组件。更具体地说，本发明涉及在用于将气体流输送至患者的气道的导管中使用的包胶模制的旋转联接组件”。

EPO 的审查过程：EPO 给出的国际检索单位书面意见中指出，权利要求 1 的技术方案得不到说明书的支持，超出了说明书和说明书附图的记载范围，理由如下：说明书和说明书附图仅提供旋转联接组件在呼吸设备领域中一个实施例（联接加压气体流导管和患者界面装置），权利要求 1 的范围扩展到许多的其他领域。进入 EPO 实质审查中，EPO 首先发出了国际初审报告的复印件，指出权利要求 1 的技术方案得不到说明书的支持，申请人基于该审查意见对权利要求 1 进行了修改，将组件的具体联接方式进行了限定：“一端联接到载送来自压力产生装置的加压气体流的导管，另一端适合于联接到联接至患者界面装置的导管”。

SIPO 的审查过程：SIPO 在整个专利审查过程中，未质疑权利要求 1 是否能够得到说明书支持。

案例 2：申请号为“2013800253530”，发明名称为“抗窒息阀组件”。

具体案情：该申请涉及用于构造成将呼吸气体流输送给用户以治疗睡眠紊乱呼吸状况的用户界面装置中的抗窒息阀。解决的技术问题是：现有的抗窒息阀组件无法同时实现有效流动面积的平衡和较小包装轮廓。权利要求 1 记载：

“一种阀组件，包括：

第一外壳；

隔板构件，所述隔板构件联接到所述第一外壳的端部，所述隔板构件具有多个独立可枢转的密封构件；和

第二外壳，所述第二外壳在所述隔板构件上方联接到所述第一外壳的所述端部，所述第二外壳具有延伸穿过所述第二外壳并且围绕所述第二外壳间隔开的多个端口，

其特征在于，……”

该申请的说明书第［0003］、［0063］段记载“本发明涉及一种用于控制流体流量（而不限于用于界面装置中的呼吸气体流）的阀组件，并且，在一个或多个特定实施例中，涉及用于被构造成将呼吸气体流输送给用户以治疗睡眠紊乱呼吸状况的用户界面装置中的抗窒息阀”“由于本文中所描述的阀组件实施例基于非常基本的流体动力学原理而致动，其还可用于工业中，举例来说但不限于，用作如果不施加直接系统压力，那么空气循环可能需要进入大气的组合止回阀/放压阀。目标工业应用将是较小的和低压的空气控制系统，如 HVAC、炉空气控制系统或自动泄压系统。”

EPO 的审查过程：EPO 给出的国际检索单位书面意见中指出，权利要求 1 的技术方案得不到说明书的支持，超出了说明书和说明书附图的记载范围，理由如下：权利要求 1 限定一种（非常普遍的）阀组件，然而，在说明书中仅公开用于向患者传递呼吸气体的阀组件的实施例，特别是一种抗窒息阀（正如申请的发明名称）。进入 EPO 实质审查中，EPO 首先发出了国际初审报告的复印件，指出权利要求 1 的技术方案得不到说明书的支持，申请人基于该审查意见对权利要求 1 进行了修改，将“一种阀组件”修改为“一种抗窒息阀组件”。

SIPO 的审查过程：第一次审查意见通知书上指出权利要求的形式问题，并未质疑权利要求 1 是否能够得到说明书支持。

二、讨　论

通过上述两个案例发现，对于一些医疗领域中没有任何用途限定的产品权利要求，EPO 会指出由于主题名称缺少具体限定导致该权利要求得不到说明书的支持。

对于“以说明书为依据”的概念，EPO 专利审查指南的规定包括两层含义。一是给出以说明书为依据的法律条款的解释：权利要求应当得到说明书的支持。也就是说在说明书中对每一项权利要求的主题内容应当有依据，且权利要求的范

围不应当比说明书和附图给出的合理程度以及已有技术的贡献更宽。二是对权利要求概括程度的限定：多数权利要求是由一个或多个具体实施例概括而成。对每一件申请，审查员应当结合相关已有技术来判断概括程度可否被允许。一项全新技术领域的开拓性发明比起已知技术领域的改进发明，允许有更宽的概括范围。一项概括恰当的权利要求既不应宽到超出发明本身，也不应窄到损害申请人公开其发明而应获得的正当权益。应当允许申请人覆盖其所述说明书公开内容的所有明显变型、等同变换，及其使用[2]。

对于医疗领域的产品权利要求，EPO 可能是出于技术贡献的考虑来评价的。专利制度通过给作出了技术贡献的发明人授予与其技术贡献相适应的排他性权利。技术贡献与专利权进行交换的基本原则是：有技术贡献，才可能获得专利权；有多大技术贡献，才可能获得多大的专利权。从技术贡献的视角来看，要求保护的范围是否与说明书公开的技术贡献相匹配是权利要求书能否得到说明书支持的关键。审查应当以发明人在说明书公开的技术信息作为判断其是否实际作出技术贡献的依据。具体到案例 1，通过说明书的记载来看，发明人在申请日之前并没有实际确定其要求保护除呼吸设备领域以外的旋转联接组件的技术方案能够实现其声称的技术效果，因此，不能认为其已经作出了上述技术贡献。“一种组件”涵盖了任何领域中的组件，其要求保护的范围与说明书公开的技术贡献不匹配，因此，权利要求 1 的技术方案得不到说明书的支持。至于案例 2，虽然说明书发明内容已经部分记载了阀组件可以用于控制流体流量，且不限于用于界面装置中的呼吸气体流，并举例说明了可以在一些工业中应用；然而，上述举例性描述并不足以说明阀组件可以应用到除呼吸领域以外的任何领域。将权利要求 1 的主题名称撰写为“一种阀组件”涵盖了可以应用的任何领域中的阀组件，将权利要求的范围扩大到任何领域，本领域技术人员有理由怀疑该装置在其他领域的应用是否可行。上述限定大于其本身对社会作出的技术贡献，因此，权利要求 1 的技术方案得不到说明书支持。

对于上述案件，SIPO 通常不会质疑权利要求是否得到说明书支持的具体原因分析如下。

发明的实质内容和申请人的切身利益集中体现在权利要求书中，该条款是对权利要求的要求，同时也规范了权利要求书与说明书之间的关系。专利申请允许权利要求对说明书的一个或多个实施方式或实施例进行合理的上位概括，“合理”体现为专利审查对专利权人与社会公众之间二者利益的平衡。判断一项权利要求是否得到说明书的支持，我们要站在本领域技术人员的角度上，将权利要求概括的技术方案与说明书充分公开的内容进行对比，判断从说明书充分公开的内容扩展到权利要求所概括的范围是否包含了申请人推测的，其效果难以预先确定的内容。

对于权利要求概括得是否恰当，需要根据发明的具体情况和所属技术领域的特点，并参照与之相关的现有技术进行判断。对于由上位概念概括或并列选择方式概括的权利要求，如果所属技术领域的技术人员无法确定其中所包含的一种或多种下位概念或方式不能实现，则不能直接断定概括的权利要求得不到说明书的支持。具体到案例1，基于说明书的记载内容，所属技术领域的技术人员无法确定除医疗领域以外的组件不能实现该申请声称的技术效果，也不能举出至少一种其他领域的组件不能实现，通常医疗领域的产品具有其特殊性，出于使用安全的考虑，其使用的材料或者结构会比工业或者其他通用领域的产品的要求更高。一般情况下，通用领域的产品在医疗领域不一定能够使用；而医疗领域的产品在其他领域我们通常认为是能够使用的，所以，我们不能直接断定包含任何领域的组件的权利要求得不到说明书的支持。至于案例2，该申请说明书中已经记载了阀组件可以用于工业中，如 HVAC、炉空气控制系统或自动泄压系统，也就是说，该阀组件具有多个用途，该申请虽然仅描述了阀组件用于抗窒息，仅是示例性的列举，所属技术领域技术人员无法确定包含阀组件的其他领域不能实现该申请的技术效果，因此，缺少性能或用途限定的主题名称“一种阀组件”的权利要求能够得到说明书的支持。

三、小　结

通过以上分析可以看出，对于医疗领域中的产品权利要求，缺少用途限定的主题名称的撰写方式是否导致权利要求得不到说明书的支持，EPO 和 SIPO 有着不同的观点。不同于其他领域，医疗领域的主题名称的用途限定通常是整个权利要求的重要组成要素，通用领域的产品在医疗领域不一定能够适用，那么从专利制度“公开换保护”的实质看，我们在采用“如果所属技术领域的技术人员无法确定其中所包含的一种或多种下位概念或方式不能实现，则不能直接断定概括的权利要求得不到说明书的支持”的审查原则来判断权利要求书是否以说明书为依据时，是否应当借鉴欧洲专利局的审查过程。考虑发明人在说明书公开的技术信息实际作出的技术贡献，当发明人在说明书仅公开在医疗领域的实施例时，质疑是否得到说明书支持，而不应该单纯以无法确定其中所包含的一种或多种其他领域不能实现为标准直接断定其权利要求得到说明书的支持。在实际审查过程中，我们应当根据具体案情具体分析。本文通过比较 EPO 和 SIPO 在处理同一类案件的不同意见，以期加深对《专利法》第 26 条第 4 款中“以说明书为依据”

的理解，并引起大家进一步的思考和讨论。

参考文献

[1] 国家知识产权局．专利审查指南 2010 [M]．北京：知识产权出版社，2010：130－132.
[2] 朱晓琳，等．合理借鉴他局审查信息 [R]．国家知识产权局学术委员会，2009 年度自主课题研究报告（A090103）。

技术问题在权利要求技术术语解释中的影响分析

胡子琦　张超然*

摘　要：在对权利要求中的技术术语进行解释时，应当按照本领域的通常含义理解。但是当技术术语具有多个通常含义时，需要进一步结合说明书中的技术问题对技术术语的含义进行明确。此外，当技术术语本身较上位时，应当充分考虑说明书中的技术问题，若基于技术术语的通常含义理解已经可以解决技术问题，那么应当将以通常含义来理解该技术术语，否则应当以能够解决技术问题的下位概念优先理解，同时指出权利要求得不到说明书支持的缺陷。

关键词：权利要求　保护范围　技术术语　技术问题

一、引言

权利要求保护范围的确定是专利审查的第一步，同时也是对后续新颖性、创造性的评判过程起到决定性作用的重要一步。由于权利要求都是由技术特征组合而成，而对技术特征进行描述时又往往离不开技术术语的使用，因此权利要求保护范围确定的重点和难点即在于如何赋予这些技术术语一个明确且合理的含义[1]。

《专利法》第59条第1款明确规定："发明或者实用新型专利权的保护范围以其权利要求的内容为准，说明书和附图可以用于解释权利要求的内容"。《最高人民法院关于审理侵犯专利权纠纷案件应用法律若干问题的解释》（2010年1月1日起施行）第2条规定："人民法院应当根据权利要求的记载，结合本领域普通技术人员阅读说明书及附图后对权利要求的理解，确定《专利法》第59条第1款规定的权利要求的内容"；第3条规定："人民法院对于权利要求，可以运用内部证据（包括说明书及附图、权利要求书中的相关权利要求、专利审查档案）进行解释，在仍不能明确权利要求含义的，可以结合外部证据（包括工具书、教科书等公知文献）以及本领域普通技术人员的通常理解进行解释"。

由此可以看出，正确解释技术术语的内在含义、准确界定权利要求的保护范围在授权和确权程序都是十分重要。然而由于权利要求中技术术语本身撰写时的

---

* 第二作者对本文的贡献等同于第一作者。

缺陷性，以及审查员与本领域技术人员之间或多或少的差异性，导致在对技术术语进行解读时存在一些争议。如何在众说纷纭的窘境下找到对技术术语最为合理、客观的解释规则显得尤为迫切和重要。

二、权利要求中技术术语的解读分析

由于中文词汇的词义相对复杂，导致在对技术术语进行解读时会变得更加困难，很多时候会我们会碰到一个已知的技术术语存在多种含义，或者技术术语本身是个泛泛的上位概念的情况。此时，为了正确地解读技术术语，我们应当充分发挥说明书的解释作用。笔者认为，其中的关键在于要站位本领域技术人员，结合其所要解决的技术问题对技术术语进行解读。下面，笔者就两个实际审查案例，来探讨技术术语的解读问题。

（一）已知术语的通常含义不唯一

该案（申请号：201280041565.3）涉及一种薄膜型压力传感器，其权利要求1中包括技术特征：传感器具有形成端子对的阻抗组合，该端子对的阻抗组合代表与压力传感器有关的编码信息。该案的争议焦点在于如何理解权利要求中的技术术语“编码”以及如何界定权利要求的保护范围。

在本领域内，“编码”属于一个已知的技术术语，对于一个已知的技术术语应当按照其通常含义进行理解。根据《新华词典》记载，“编码”一词包括的含义为：（1）将信息、数据转换成规定的电脉冲信号；（2）用预先规定的方法将文字、数字或其他对象编成数码。

当采用第（1）种含义进行理解时，由于电脉冲即是一种电压，因此传感器本身具有的将“压力”转换为“电压”的过程即对应将信息转换为规定的电脉冲信号的过程。此时，只要是压力传感器都具有编码功能，而压力传感器输出的电压信号则可以理解为与压力传感器相关的编码信息，权利要求的保护范围为一个可以实现压力测量的传感器。当采用第（2）种含义进行理解时，由于数码代表的一种离散的0与1的数字组合，因此压力传感器在实现压力测量时输出的连续的电压信号不再属于数码范畴。此时，要想让压力传感器输出编码信息，就需要为压力传感器设置额外的部件，权利要求的保护范围为一个既可以实现压力测量又可以输出离散数码的传感器。

由此可以看出，如果仅仅基于通常含义对“编码”一词进行理解，必然导致不同的含义下有不同的保护范围。笔者认为，由于中文词汇的多义性，会出现同一个技术术语的通常含义并不唯一的特殊情况，若将所有的含义都归结到权利要求的保护范围中，可能造成对技术方案的误解。此时正确的做法应当是充分发挥说明书对权利要求的解释作用，站在本领域技术人员的角度把握申请人的发明构思，找准发明贡献所在，根据其所要解决的技术问题来判断到底采用哪一种含义。

具体到该案，说明书中记载了其所采用的编码信息事实上应该是一种能够对压力传感器进行识别的身份信息，该编码信息能够很容易被后续的评估电路识别，评估电路识别该编码信息后可以自动进行配置，由此避免手动适配时的操作失误，实现了不同薄膜型压力传感器电接口与不同评估电路的自动兼容。基于说明书的记载可以看出，该编码信息实际上代表的是压力传感器的身份特征。而压力传感器输出的测量值只能代表压力大小，并不能代表压力传感器的身份。若采用第（1）种含义进行理解，会导致权利要求所记载的技术方案仅仅能够解决压力测量问题，而根本无法解决其要解决的兼容问题，丢失了发明创造最基本的发明构思和技术贡献。这种理解方式会造成对该案不合理的曲解，既不客观也缺少善意。因此笔者认为，基于发明的技术实质，应当将权利要求中的“编码”理解为第（2）种含义，即认为该案的编码信息是不同于压力传感器输出电压的额外离散信息，该离散信息额外隐藏了压力传感器的身份特征，基于该身份特征压力传感器与后续的评估电路之间不仅可以实现电压信号的传输，还可以做到自动兼容。这样，不仅能够还原申请人的发明构思，还可以准确界定权利要求的保护范围，有利于后续司法程序的操作。

（二）已知术语的通常含义为上位概念

该案（申请号：2015105343089）涉及一种发光装置、投影显示装置和灯具，其权利要求中包括技术特征：“第一外壳由至少两个第一外壳组件拼装而成，用于将激光源和光学系统封闭在其内部；第二外壳由至少两个第二外壳组件拼装而成，用于将第一外壳和波长转换转盘封闭在其内部。”该案的争议焦点在于如何理解权利要求中的技术术语“封闭”以及如何界定权利要求的保护范围。

在本领域内，“封闭”属于一个已知的、上位的技术术语。打个比方，在人乘坐厢式电梯时，由于电梯在前、后、左、右、上、下六个方位上均对人进行了阻挡，因此可以理解为电梯内部形成了一个封闭的空间。也就是说按照通常含义进行理解时，“封闭”代表的仅仅是对某个物体实现空间上的阻挡。但是有观点认为，由于在不同的情况下需要封闭的程度也会有所不同，而封闭程度的不同可能进一步导致封闭的含义不同，因此仅仅按照通常含义进行理解有失偏颇。假如在某些情况下需要对内部空间封闭到气密的程度，那么此时就应当赋予封闭气密的含义，即将其理解为更加下位的概念。

由此可以看出，对一个较为上位的技术术语进行解读时，可能由于主观理解方式的不同导致其最终界定的保护范围不同。笔者认为，到底采用其本身的通常含义还是将其理解为具体下位的概念，要归结于案件本身要解决的技术问题。若技术术语本身的通常含义能够解决其要解决的技术问题，那么还是应当忠于技术术语本身的含义。若本领技术人员通过分析后确认只有某个具体下位概念才可以解决其要解决的技术问题，进而达到其能够达到的技术效果，那么应当以具体的下位概念为优先，只有这样才能够不违背案件的发明构思。此时，出于平衡专利权人和社会公众利益的考虑，应同时指出权利要求得不到说明书支持的缺陷。

具体到该案，权利要求所涉及的技术方案实质为使用第一壳体封闭激光源和光学系统，使用第二壳体封闭第一壳体和色轮，说明书中记载通过采用两次封闭的技术手段能够解决对光源和光学系统更好的防尘的技术问题。而在面对防尘这个技术问题时，本领域技术人员应当知晓空间上的阻挡即可实现防尘。例如，容纳处理器的电脑主机机箱，虽然其并不是气密的，但由于机箱的阻挡，同样能够解决主机防尘的技术问题。同理，对于该案而言，在按照通常含义对“封闭”一词进行解读时，权利要求中的第一壳体和第二壳体的两次封闭即是在空间上对激光源和光学系统实现了两次阻挡，而这种空间上的两次阻挡已经可以解决防尘的技术问题，并达到更好的防尘效果，因此这种时候没有必要将封闭进一步理解为下位概念的气密。如果将“封闭”理解为下位概念的气密，会为权利要求增添了一些本不属于其技术贡献点的多余的信息，这样的理解方式会打破权利与贡献之间的平衡，不利于后续的研发创造。只有从技术问题的角度出发，才能够为权利要求的保护范围划定一个客观公正的边界，避免过大或过小地确定权利要求保护范围。

三、思考与总结

在实际的实质审查过程中，常常会遇到技术术语含义不唯一或技术术语较上位的情况。在面对不同领域、不同权利要求和说明书时，为了保证准确地解读技术术语，我们应当注意要始终站位本领域技术人员，充分了解背景技术，准确理解本发明的发明构思，尤其是其要解决的技术问题。结合技术问题对权利要求中难以把握内在含义的技术术语进行解读，赋予技术术语一个明确且合理的含义。

对于技术术语含义不唯一的情况，我们应当逐一将各个含义带入该技术术语中，并基于本领域技术人员的知识能力和水平判断各个含义下的技术方案是否能够解决其要解决的技术问题。最终该技术术语应当包含可以解决技术问题的那些含义，同时排除不能够解决技术问题的那些含义。

对于技术术语较上位的情况，我们首先应当判断基于技术术语的通常含义进行理解时是否能够解决其要解决的技术问题。若基于技术术语的通常含义理解已经可以解决技术问题，并不存在任何不能解决技术问题的情况，那么应当将该技术术语按照通常含义来理解。若基于本领域技术人员的知识能力和水平能够明确判断出只有技术术语的某些下位概念才能够解决其要解决的技术问题，考虑到善意审查的原则，此时应当以该下位概念的含义优先对技术术语进行解释。当然，出于平衡专利权人和社会公众利益的考虑，应同时指出权利要求得不到说明书支持的缺陷。

正确解读权利要求中的特定技术术语以确定保护范围对于实质审查工作至关重要。在对权利要求进行解读时，既要避免对技术方案的歪曲理解，又要避免将不属于发明技术贡献的内容纳入权利要求的保护范围。只有在正确解读权利要求的前提下，审查员才能基于一个确切的保护范围来进行“三性”的评判、保证专利权人所获得的权利与其所付出的贡献相吻合，同时也有利于后续的司法程序对于权利要求的准确理解。

参考文献

[1] 高莉. 专利权利要求解释规则研究 [M]. 北京：知识产权出版社，2015：50-55.

自动控制领域方法类权利要求的关键词提取策略

董 妍 纵 浩

摘 要： 本文针对自动控制领域中的方法类权利要求，根据其自身特点予以分类，分别介绍了各种情况下相应的检索策略，并结合实际案例进行了具体分析。通过归纳行之有效的检索策略，克服了以往自动控制领域方法类权利要求检索要素不易确定的困难，提高了该类权利要求的检索效率。

关键词： 方法类权利要求　控制领域　关键词提取

引　言

相较于其他领域而言，自动控制领域的专利申请具有其特殊性。由于该领域的发明点通常集中于某种控制原理/控制算法的改进或者应用，而相应的改进或者应用往往渗透于各行业的生产控制之中，可见控制领域的专利申请基本上覆盖了人类工业生产领域的各个分支。由于涉及领域的多样化，种种控制方式也不一而足，因此控制领域并不像一般领域具有本领域专利申请的共性，通常情况下，需要根据每件申请的具体情况进行具体分析，根据该申请的个体特性制定适于其的检索策略，在很大程度上增加了检索需要耗费的时间和检索难度。

控制领域专利申请通常包括产品类权利要求和方法类权利要求。顾名思义，产品类权利要求通常涉及控制装置的组成、构造，其具有相应的实体结构，由于不涉及具体的控制方法，在审查时，根据各个实体部件进行相应检索即可。方法类权利要求通常涉及控制算法、控制原理、操作流程，即使是对同一对象进行控制，根据不同的控制需求相应的方法也千变万化，并且由于涉及大量的学术原理性内容，其对比文件大都集中于非专利文献库中，难以用分类号进行检索，因此，如何筛选检索必需的关键词，从浩如烟海的现有技术中选出最为相近的对比文件，就成为实现方法类权利要求的高效检索所不可忽视必由之路。

然而，控制领域方法类权利要求的关键词筛选涉及了控制算法、控制原理、操作流程的多样性而存在种种困难。很多技术方案或者对控制理论的概括过于抽象或上位，或者对操作步骤存在大量的细节性描述，或者在控制流程中用到了较多的公式，这些问题使得审查员在检索时面对大量方法特征而无从着手。因此，对于控制领域方法类权利要求检索实践中所面临的上述诸多困难，需要研究和探寻与该领域相匹配的快速高效的检索策略，同时亦有利于进一步提高自动控制领域的检索水平，具有重要的实践意义。

一、不同类别权利要求的关键词提取策略

（一）抽象和上位型权利要求

在自动控制领域方法类的权利要求，特别是独立权利要求中，对于控制方法的概括常常较为抽象或者上位，即这类权利要求通常仅包含概括性或者原理性的方法技术特征，能够大体上反映出其所应用的技术领域，但是不包含具体、明确的控制流程或者方法步骤的限定。仅从这类权利要求字面中提取关键词，所得到的检索结果往往数目庞大、难以筛选。针对上述特点，可采用如下检索策略。

（1）提取出表示该方法所应用领域的关键词，虽然权利要求中包含的信息较少，但其往往涉及某一具体领域的控制方法，可通过确定代表其领域的检索关键词，缩小检索范围。

（2）采用领域和涉及控制原理的关键词进行初步检索，关注其现有技术状态。对于现有技术文献量较大的情况，可以进一步阅读其他权利要求、说明书、说明书附图。因为在独立权利要求过于抽象或上位的情况下，发明点往往体现在上述部分中，可从中寻找该申请的关键技术点，提取额外的关键词进行进一步限定。

（3）对于现有技术文献量较少的情况，控制原理相同并且在技术方案中所起的作用也相同时，可以考虑对应用的领域进行扩展，在相近似的领域中或者跨领域进行检索。

【案例1】

权利要求：1. 一种通过学习提高批量生产中数控机床进给运动精度的方法，其特征在于包括以下过程：

（1）进行批量生产中，将学习装置安装于数控系统和运动驱动器之间，数控系统输出的控制信号经过学习装置处理后再输送给运动驱动器，其中学习装置利用中断程序每0.1～10ms执行一次，完成相应的学习过程；

（2）在进行第一个零件的加工过程中，利用学习装置读取数控系统输出的控制信号 $u_0(k)$ 和控制信号与实际位置的误差信号 $e_0(k)$，其中 k 为采样时刻，将上述控制信号 $u_0(k)$ 和误差信号 $e_0(k)$ 存储于存储器中；

（3）在第二个及之后的零件加工时，利用学习装置，根据学习策略，计算得到相应采样时刻的控制信号 $u_{j+1}(k)$ 并输送给运动驱动器，并且刷新存储器中

的控制信号 $u_{j+1}(k)$ 和误差信号 $e_{j+1}(k)$，其中学习算法为：

$$u_{j+1}(k) = Q(q)[u_j(k) + L(q)e_j(k)] \quad (1)$$

式中：k 为采样时间；j 为重复学习控制的次数；u_j 为上次控制信号；e_j 为上次误差信号；u_{j+1} 为本次控制信号；$Q(q)$ 为保证学习过程稳定的滤波器；$L(q)$ 为学习策略。

提取关键词：权利要求的技术方案概括比较上位，对于算法仅仅提及采用学习策略，其技术领域为数控机床的批量生产，由此可推出检索关键词为：数控、机床、重复、学习。在 GOOGLE 中检索“数控 and 机床 and 重复 and 学习”，检索结果高达 1 200 多篇，因此，需加入其他关键词进行限定以缩小浏览范围。

通过阅读说明书发现，学习策略用于控制机床的轨迹运动且通过不断的迭代算法得到最终结果，因此，根据说明书内容加入关键词：轨迹、迭代。和上述关键词相“与”后，在 GOOGLE 搜索中最终仅有 51 篇相关文献，该数目适于逐篇浏览。

最终检索式：GOOGLE 学术搜索“数控 and 机床 and 重复 and 学习 and 轨迹 and 迭代”，第 1 页第 6 篇即为 X 文献（可直接采用［PDF］格式进行网页浏览）：重复轨迹运动迭代学习控制的频域分析，《工业仪表与自动化装置》。

结果分析：当独立权利要求概括范围过大或者信息量不全面，造成检索结果较多，不便于寻找时，可以总结从属权利要求或者说明书中的重要信息点，为检索提供额外的关键词进行进一步的限定，从而获取最优的检索结果。例如该案中，独立权利要求并未言明该方法用于控制机床的运动轨迹，也未记载学习策略中的迭代算法，但是通过增加说明书中提取的关键词，最终能够有效地缩小检索范围，快速获得检索结果。

（二）较长型权利要求

控制领域方法类权利要求中还存在一类较长型的权利要求，这类权利要求通常对控制方法的每一个步骤都进行详尽的细节性描述，整个权利要求长达数百字，仅通过权利要求即可全面、完整地反映出该发明技术方案的所有技术要点。针对上述特点，可采用如下检索策略。

1. “领域 + 控制原理”组合检索

对于一部分较长型的权利要求，其对于技术方案的描述通常极为详细，仅通过权利要求本身即可全面、完整地反映出该发明技术方案的所有技术要点，基本无需再阅读说明书就能够获取足够的检索信息。对于这类权利要求，首先可以提取出表示该方法所应用领域的关键词。虽然权利要求中包含的信息较为繁复，但其技术方案通常要涉及某一具体的应用领域，该领域可通过代表其领域的检索关键词而加以确定，由此，可有效地缩小检索范围。其次，需理解权利要求中记载的各个流程步骤，寻找其中的核心控制原理，提炼出代表其控制思想的核心关键词，并与上述代表领域的关键词相结合进行检索。这样，对于技术方案所涉及的技术领域较窄，对相应控制原理较为有限的权利要求，即可采用上述“领域＋控制原理”的关键词组合策略对对比文件进行快速定位。

2. “领域＋具体算法”组合检索

对于应用领域涵盖广泛的较长型权利要求，仅采用领域进行限定并不能有效减少检索结果。同时，对于研究开发较为成熟的领域，同一控制原理下往往存在很多种类的分支算法，仅采用上位的控制原理进行限定后，噪声依然较大，审查员仍需浏览大量的对比文件。此时，需要对权利要求中所涉及的控制原理进行进一步分析，从具体的控制算法中寻找要点、发掘细节。

在较长型权利要求中，通常整个控制算法的每个流程均逐一存在大量的细节性描述，而最终对检索起到决定性的核心关键词，往往隐藏在冗长的细节特征中。此类权利要求通常可分为两种情况：①核心步骤仅为一步或几步，其他步骤均为辅助作用；②核心控制算法由多个步骤相互牵连而整体形成。对于第1种情况，可以通过聚焦于承载主要发明点的核心步骤来定位关键词。其核心步骤往往具有区别于其他辅助步骤的特征，例如，存在原理性的公式表达、主要控制算法的细节性术语描述等。这样，通过在这些关键步骤中提取重要信息点，就可快速准确地获得相应的关键词，即采用“领域＋具体算法”的策略进行检索。对于第2种情况，由于其核心控制算法由多个步骤组成，信息点较为分散，各步骤的重要程度难以辨识，因此，其检索存在一定的难度。这时，需要认真分析各个步骤，提取出每个步骤中具有代表意义的关键词，通过多个关键词的排列组合寻找最佳的对比文件，采用“固定的领域关键词＋可替换的具体算法关键词”进行不断变换的交叉检索，以保证检索的全面性，防止漏检。

此外，在权利要求的内容没有完整体现发明点的情况下，可以进一步阅读说明书或说明书附图。说明书或说明书附图对于技术方案的描述相对于权利要求必然更为详尽，且发明点往往体现在该部分中。检索时，可从中寻找该申请的关键技术点，提取额外的关键词并根据上述方式进行进一步限定。

【案例2】

权利要求：1. 一种处理钢铁企业彩涂涂机组生产扰动的工艺方法，其特征在于：基于匹配模型，用全局优化的观点来同时修复初始生产作业方案中所有由生产扰动所导致的时间缝隙，共包括以下六个步骤：

第一步：对生产扰动出现时的系统进行近似描述，在彩涂机组出现生产扰动时，假设初始生产作业方案中出现问题的板卷的集合为 $M = \{1,2,\cdots,m\}$，此时候选板卷集合为 $N = \{1,2,\cdots,n\}$，注意彩涂前库中所有的过渡卷也包含在 N 中，并且将其他的板卷称为有合同板卷；基于匹配模型，将所考虑的彩涂机组生产扰动优化处理问题近似描述为：

s. t.

$$Minimize \sum_{i \in N} \sum_{j \in M} c_{ij} x_{ij} \quad (1) \qquad \sum_{j \in M} x_{ij} \leq 1, \forall i \in N \quad (2)$$

$$\sum_{i \in N} x_{ij} = 1, \forall j \in M \quad (3) \quad x_{ij} \in \{0,1\}, \forall i \in N, \forall j \in M \quad (4)$$

在目标函数（1）中，c_{ij}是候选板卷 i 与问题板卷 j 之间的匹配费用，包括它们之间在宽度、厚度、重量、处理时间、涂层颜色、交货期和到达时间上的差异的惩罚值的加权和；x_{ij}表示候选板卷 i 与问题板卷 j 之间的匹配关系，即如果用候选板卷 i 替代问题板卷 j，则 $x_{ij}=1$，否则 $x_{ij}=0$；约束（2）和（3）为系统自身的工艺和运行约束条件，约束（2）保证每个候选板卷最多只能够匹配一个问题板卷；约束（3）保证每个问题板卷必须匹配上一个候选板卷；约束（4）保证决策变量 x_{ij}只能取 0 或 1；由于前库中过渡卷的数量总是比较多，假设 $n \geqslant m$，则由式（1）～（4）所确定的数学模型是一个非平衡的匹配模型；

第二步：将上述第一步中所建立的模型转化为平衡模型，通过向问题板卷集合 M 中引入 $n-m$ 个虚拟的问题板卷从而得到新的问题板卷集合 $M' = M \cup \{m+1,\cdots,n\}$，并设这些虚拟的问题板卷与候选板卷之间的匹配费用为 L，一个很大的数，则上面的非平衡匹配问题模型可以 变为一个平衡问题模型，即 $|M'| = |N|$：

s. t.

$$Minimize \sum_{i \in N} \sum_{j \in M} c_{ij} x_{ij} (5) \qquad \sum_{j \in M'} x_{ij} = 1, \forall i \in N (6)$$

$$\sum_{i \in N} x_{ij} = 1, \forall j \in M' (7) \quad x_{ij} \in \{0,1\}, \forall i \in N, \forall j \in M' (8)$$

第三步：求解平衡匹配模型

使用最短增加路算法（shortest augmenting path algorithm）来求解此平衡匹配问题，并根据所得到的最优解对初始生产作业方案进行局部调整；通常情况下，由式（5）～式（8）所确定的数学模型所得到的新生产作业方案是可行的；

第四步：对调整后的生产作业方案进行可行性检查与修复；

第五步：使用禁忌搜索算法对新的生产作业方案进行改进；

第六步：由彩涂机组的生产自动控制系统执行最后所得到的新的生产作业方案。

提取关键词：该权利要求涉及的领域非常明确，涉及钢铁企业彩涂工艺领域，因此，首先可以提取出代表领域的关键词：彩涂。其特征部分的工艺步骤较多，通过阅读理解可知，其主要控制流程是建立彩涂机组扰动的匹配模型并对其求解，因此，该发明的核心步骤在于匹配模型的建立，由此可推出第二个关键词：模型。

由于该权利要求较长且涉及领域为彩涂领域，范围较窄，因此，相关文献量较少，仅采用“彩涂 * 模型”，对应英文为“color-coating and model”在中英文数据库中检索即可。

最终检索式：GOOGLE 学术搜索“color-coating and model”，第 1 页第 6 篇即为 X 文献（可直接采用［PDF］格式进行网页浏览）：A predictive reactive scheduling method for color-coating production in steel industry，《Int J Adv Manuf Technol》。

结果分析：对于控制方法类权利要求，其往往涉及某一具体领域的控制方法，可通过确定代表其领域的检索关键词，缩小检索范围。

理解权利要求的工艺流程，重点关注工艺流程中的关键步骤或者核心控制思想，提取在工艺中发挥核心作用的关键词，进行有效检索。

检索中需特别注意申请人在国外发表的文章和论文，重视外文非专利文献的检索。

（三）公式类权利要求

控制领域中另一类鲜明的特点即为含有公式的方法权利要求。由于涉及控制算法或控制原理，很多权利要求中不可避免会出现体现上述算法或者原理的计算公式。这些计算公式有些是原理性的通用公式，有些是带入了具体数值的计算性公式，还有一些是通过对现有公式进行推导或变换而最终获得的公式。针对公式类权利要求的上述特点，可采用如下检索策略。

（1）并非完全一样的公式才能够用于评述新颖性或创造性，需注意公式的组合与拆分。对比文件公开的公式可能是该申请中几个公式的组合结果，或者是该申请中某一个公式的拆分结果，需要对这种简单的推导变换提高检索敏感度。

（2）对于公式的检索，可以侧重于“应用领域 + 控制原理”的组合检索方式，通常情况下，当应用领域与控制原理均相同时，往往能够检索到非常近似的公式。

（3）采用通用公式的控制算法往往可以应用于不同领域中，因此，当权利要求所涉及的领域过窄，难以获取对比文件的情况下，可以考虑在相近领域中或者跨领域中检索体现相同控制算法的通用公式。

（4）很多情况下，数学或者物理公式实际包含比字面上更为丰富的信息，考虑对公式本身隐含或者暗示的关键词进行所有可能的扩展，例如，对其涉及的算法名称进行中英文同义词扩展、对具体算法步骤进行学术性概括等。

【案例3】

权利要求：1. 闪光对焊位置伺服系统控制装置，其特征在于：该装置由硬件部分和控制程序部分组成；

其中硬件部分包括：……；

二次型控制方法是基于状态方程 $\dot{x} = Ax + Bu$，在选定最优加权矩阵 Q、R 的基础上，确定最优控制输入 $u(t) = -Kx(t) + R - 1BTg(t)$ 的最优反馈增益矩阵 K 以及前置滤波函数 $g(t)$，使系统的输出向量 $Y(t)$ 尽量接近期望输出向量 $Yr(t)$，即使误差向量 $e(t) = Yr(t) - Y(t)$ 尽量小，同时也要求控制变量满足实际物理系统的功率要求。因此，选定二次型性能指标函数 $J = \int_0^{\infty}(e^TQe + u^TRu)\mathrm{d}t$，$Q$ = diag[10 0 0]，$R=1$，能使泛函 J 达到极小值的 $u(t)$ 就是最优控制输入。

利用 MatLab 求解代数 Riccati 方程，公式为 [K,P] = lqr(A,B,Q,R)，可以求出反馈阵。式中 A 为系统矩阵，B 为控制矩阵，K 为状态反馈向量，P 为 Riccati 方程的解，Q、R 是根据系统要求的跟踪精度和系统的输出功率选定的最佳权矩阵；

前置滤波器函数 $g(t)$ 应满足下列矢量微分方程：

$$\dot{g}(t) = -[A - BR^{-1}B^TP]^Tg - C^TQ\eta$$

代入 A，B，C，R，Q，η 可得前置滤波器函数 $g(t)$ 的微分方程组：

$$\begin{cases} -\dot{g}_1 = 293.3g_1 + g_2 \\ -\dot{g}_2 = -2932.7g_1 + g_3 \\ -\dot{g}_3 = -g_1 + \eta(t) \end{cases}$$

式中 $\eta(t)$ 为输入：$\eta(t) = 0.0005t2$

解方程组得：$g_3(t) = \eta(t) \times 3.1623 + \dot{\eta}(t) \times 588.1878 + \ddot{\eta}(t) \times 36.6827$

即前置滤波器函数为：$G(s) = 3.1623 + 588.1878s + 36.6827s2$；

上述控制程序存储于上述硬件部分的工业控制计算机的硬盘中。

提取关键词：权利要求中包含硬件结构以及控制方法两部分特征，其中硬件结构涉及闪光对焊位置伺服系统，而控制方法涉及二次型控制方法。闪光对焊位置伺服系统中词频出现最高的主要关键词为：电液、液压、伺服，而二次型控制方法的核心思想为选定最优加权矩阵，确定最优控制输入的最优反馈增益矩阵以及前置滤波函数，使系统的输出向量尽量接近期望输出向量，由此可确定其关键词为：二次型、最优+最佳、矩阵。

最终检索式：CNKI 数据库：“（电压 or 液压） and 伺服 and 二次型 and（最优 or 最佳）”，得到 X 文献：电液控制系统基于 LQR 的最优控制研究，《液压与气动》。

上述权利要求中的公式：$\dot{x} = Ax + Bu$、$J = \int_0^\infty (e^T Qe + u^T Ru)dt$、$\dot{g}(t) = -[A - BR^{-1}B^T P]^T g - C^T Q\eta$ 均被其公开。

经验总结：权利要求中出现的公式往往都是控制原理或者数学计算原理类的公式，或者是将具体的数据带入通用公式所获得的结果。对于公式的检索，可以重点侧重于其应用领域以及控制原理，通常情况下当应用领域与控制原理均相同时，就能够检索到完全一致的公式。例如该案的二次型控制方法，其基本数学思想源于线性代数，并由此形成了通用的计算最优加权矩阵的二次型控制方法；而在权利要求中，其应用于电液伺服系统。因而将检索结果限制在“电液伺服系统＋二次型控制方法”的范围内时，通过逐篇浏览即可获取公开了同样公式的对比文件。

此外，在控制领域中，往往也可以将同样的控制策略/控制算法用于不同的领域中，例如该案的线性二次型控制方法，就能够用于多种控制系统，尽管其应用领域不同，但思想是一致的。在检索中，当应用领域过窄，难以获取公开其公式的对比文件时，一旦找到了公开其控制思想的对比文件，往往可以将其结合至相近领域的控制方案中。

二、小　结

针对控制领域中的方法类权利要求，本文就其不同类型分别介绍了相应的关键词提取策略，并给出实际案例进行了具体分析。通过上述策略，克服了以往检索过程中关键词不易确定的困难，更为有效地实现了对于控制领域方法类权利要求的检索。

参考文献

[1] 周胜生. 关键词在专利文献检索中的应用 [J]. 情报理论与实践，2010 (5)：67－70.
[2] 洪兵. 专利性检索的策略分析 [J]. 中国发明与专利，2010 (8)：78－80.

EI Village 数据库在 G02 领域检索技巧初探

于子江　王海峰*　张然兮　房元锋　刘　畅　张　靳

摘　要：本文介绍了 EI Village 数据库（以下简称"EI 数据库"）在 G02 领域的检索应用，重点介绍了 EI 数据库中利用普通检索和 EI 分类号（Ei Classification Code）检索相结合的方式进行检索的方法。采用上述检索方式，相较于光学领域其他常用的英文非专利数据库（ISI、SCI、SPIE 等），可以大大降低检索噪音，提高检索效果。

关键词：EI 数据库　G02　光学　EI 分类号

引　言

G02 分类主要涉及光导、透镜、控制光的装置三大主要部分，其中具体涉及了光纤及光纤通信系统中的重要部件，如复用器、滤波器等，还有各种变焦透镜及液晶显示装置。由于该领域的技术创新更新迅速，专利工业转化率和产业化率高，申请量持续增长，因此，对该领域的检索研究显得尤为重要。

据统计，该领域中，全球范围内的高校、研究机构以及研发能力较强的公司的专利申请占了近半比重，在该领域的技术创新过程中，影响因子较高的外文期刊的相关文献通常具有很高的参考价值，因此，对于 G02 领域的申请，审查员应当将非专利文献，尤其是英文非专利文献的检索列为检索重点，而 EI 数据库作为世界四大科技检索工具（EI、SCI、ISTP、ISR）之一，涵盖了 190 个应用科学和工程类别，其中包括了照明和光学技术，审查员在对英文非专利文献检索时，应当对 EI 数据库进行详细检索[1]。

一、EI 数据库简介

《工程索引》（The Engineering Index，EI）创刊于 1884 年，是美国工程信息公司（Engineering Information Inc.）出版的著名工程技术类综合性检索工具。EI Village（Engineering Village 2）数据库主要收录工程领域文章，其收录门槛相对

* 第二作者对本文的贡献等同于第一作者。

研究型数据库（Science、Nature）较低，更利于对一些发明点不高、偏向应用的测量装置或方法进行检索。其本身包括 Compendex、INSPEC、Compendex & INSPEC 联合检索、CRC ENGnetBASE、Techstreet 标准、Scirus、USPTO Patents、esp@ cenet 等多种数据库和检索入口，但我国国家知识产权局能够使用的仅限于 Compendex 数据库。

Compendex 数据库是目前全球最全面的工程检索二次文献数据库，收录了从 1970 年至今的选自 5000 多种工程类期刊、会议论文集和技术报告的接近 7000000 篇论文的文献和摘要。Compendex 数据库涵盖了工程和应用科学领域的各个学科，涉及核技术、生物工程、交通运输、化学和工艺工程、照明和光学技术、农业工程和食品技术、计算机和数据处理、应用物理、电子和通信、控制工程、土木工程、机械工程、材料工程、石油工程、宇航工程、汽车工程以及这些领域的子学科与其他主要的工程领域。数据库每年增选超过 175 个学科和工程专业的大约 250000 条新记录。Compendex 数据库每周更新数据。

二、检索方式及技巧简介

Compendex 数据库提供了 3 种检索方式：快速检索（quick search）、专家检索（expert search）和叙词检索（thesaurus search）。

（1）常用检索字段及语法

字段：All fields，Subject/Title/Abstract，Author，Title。

语法：AND，OR，NOT，$，*，?，{}，WN，NEAR。

（2）EI 特色分类号检索

Ei Classification Code 为 EI 数据库所特有，Ei Classification Code 和 IPC 分类体系类似，采用多级分类方式。从 EI 叙词表中可以获得分类，方法如下：进入 EI 首页，点击导航条上的“Thesaurus”打开叙词表；输入叙词，点击“submit”显示该叙词所在的页面；点击页面上的 i 图标，获得相应的分类号。另外，从馆藏目录中可查到纸质的 EI 主题词表（1993 年版和 1998 年版），从中获得分类号。当某术语在不同的语境中含义不同时，分类号能说明该术语在某一行业的特定含义或用法。例如，Bragg grating 用在光学设备和系统中的分类号为 741.3。按分类号检索是一种不需要用同义词，但可检索大量相关结果的极佳方法[2]。

（3）检索分析

EI 数据库提供了 Refine Results 模块，用户进行检索时，可通过 Refine Results 模块进行简单的关键词搜索，即可快速获得所涉及领域的研究方向以及发明人或者研发人员分布等信息，因此可以大大提高检索效率。

三、EI 数据库在 G02 领域检索案例分析

【案例 1】申请号：2004100048755

发明名称：二维光子晶体腔及通路加/减滤波器。

权利要求 1：一种由二维光子晶体内的点缺陷组成的腔，该腔在一种二维光子晶体中，该晶体由折射率小于切片的低折射率材料以限定在切片中的具有同一尺寸和形状的二维点阵分布构成，其特征在于所述的点缺陷包含所述点阵中的彼此相邻的多个阵点，并且在所述的多个阵点中所述分布不包含所述低折射率材料；和在所述的分布中，至少一种低折射率材料从至少一个最接近所述点缺陷的阵点移开预定的距离，其中所述的至少一种低折射率材料在其他情况下应是对应于那些最接近点缺陷的阵点中的至少一个地分布。

检索思路：该申请涉及一种光纤晶体。申请人为京都大学长、住友电气工业株式会社，属于高校和公司合作申请。首先，以申请人作为检索入口，均未检索到相应的对比文件；接着，通过对该申请权利要求的理解和发明内容的分析，确定检索要素为二维、光子晶体、滤波器、点缺陷。将上述关键词进行 AND 运算，检索到 136 篇文献，浏览前 50 篇均未发现合适的对比文件。在关键词结构化检索遇到障碍时，考虑分别去除“点缺陷”和“滤波器”关键词，进行 AND 运算，分别检索到 532 篇和 364 篇文献，浏览前 50 篇，同样未发现合适的对比文件。检索进行到此，似乎在 EI 数据库中无法进行下去，这时想到了 Ei Classification Code 作为 EI 数据库中特有的分类体系，该申请涉及的光子晶体实质上为一种光波导结构，EI 叙词表中输入关键词“waveguide”即获得该关键词对应的分类号 714. 1。该分类号涉及波导，于是将二维、光子晶体和分类号 714. 1 作为检索要素，对上述检索要素进行 AND 运算，得到 115 篇文献，经过浏览发现，第 4 篇（Optical and Confinement Properties of Two-Dimensional Photonic Crystals, H. Benisty etal.，JOURNAL OF LIGHTWAVE TECHNOLOGY）即为影响该申请新颖性、创造性的有效对比文件。

【案例 2】申请号：2011102992900

发明名称：基于高双折射光子晶体光纤萨格纳克环的全光纤热补偿标准具。

权利要求 1：一种基于高双折射光子晶体光纤萨格纳克环的全光纤热补偿标准具，其特征在于：该标准具包括单模 3dB 耦合器、偏振控制器、高双折射光子晶体光纤和热敏感材料；所述的偏振控制器和高双折射光子晶体光纤熔接在 3dB 耦合器同一侧的两端构成光纤萨格纳克环，高双折射光子晶体光纤的一段用强力胶粘贴在热敏感材料上，所述的热敏感材料为热膨胀系数较高的金属材料。

检索思路：该申请涉及一种全光纤热补偿标准具，用于光纤传感系统中对波长的精确标定，主要原理是利用光子晶体光纤高双折射特性产生小波长间隔干涉条纹的特点，以及温度对其干涉条纹波长的影响极小的特点，使用高双折射光子晶体光纤构成萨格纳克环。通过合理计算，利用热敏感材料受热拉伸和受冷收缩对光纤施加应变，产生与温度效应相反的波长漂移从而实现自动补偿，实现萨格纳克环干涉条纹的热不敏感特性。

首先，该申请申请人为南开大学，作为高校申请，首先，以作者、作者单位作为检索入口，均未检索到相应的对比文件；其次，通过对该申请权利要求的理解和发明内容的分析，确定检索要素为光子晶体光纤、萨格纳克（环）、热（温度）补偿。确定了检索要素后，就需要继续确定出表达出各个检索要素的关键词。对于光子晶体光纤和萨格纳克环，本领域均具有相对简单明确的单词：photon crystal fiber（fibre）和 sagnac（ring）。而对于热（温度）补偿，虽然具有相应明确的单词，如 heat、thermal、temperature、compensation；但在本领域中，尤其是在该申请中，热（温度）补偿可以有多个类似的技术术语进行替代，如热（温度）感应、热（温度）灵敏性、热（温度）敏感性、热（温度）测量、热（温度）监测等，其中涉及的表示有：sensor、sensitive、measure、inspect 等。即便使用 EI 检索运算符进行取词根（$）、截词符（*），它们组合起来的表述方式也有不下 8 种之多。为了便于表述，采用分类号 641（涉及热传递、热动力）来代替上述关键词。该申请的发明构思正在于，利用热敏感材料受热拉伸和受冷收缩对光纤施加应变，产生与温度效应相反的波长漂移从而实现自动补偿，其中涉及热感应，即热传导以及导致的应变（热动力）。

检索过程及比较分析如下。

（1）将 photon crystal fiber（fibre）和 sagnac（ring）作为关键词，在 EI 数据库中的检索式如下：(((photon * crystal *) wn ky) and (sagnac wn ky))，进行检索，得到 128 篇文献；然后使用相关度进行排序，在前 20 位的文献中，未发现能够影响该申请新颖性、创造性的文献。

（2）将 photon crystal fiber（fibre）和 sagnac（ring）作为关键词，并配合相应 EI 分类体系中涉及热传递、热动力的分类号 641，在 EI 数据库中的检索式如下：(((photon * crystal *) wn ky) and (sagnac wn ky) and ((641) wn cl))，进行检索，得到 3 篇文献；其中排在第 1 位的文献（Temperature-insensitive strain sensor with polarization-maintaining photonic crystal fiber based Sagnac interferometer, xinyong dong et al, APPLIED PHYSICS LETTERS）经过核实，可以单独作为对比文件 1 评价权利要求 1 的创造性。

（3）将 photon crystal fiber（fibre），sagnac（ring）以及 heat temperature 作为关键词，在 EI 数据库中的检索式如下：(((photon＊ crystal＊) wn ky) and (sagnac wn ky) and ((heat or temperature) wn ky))，进行检索，得到 58 篇文献；其中对比文件 1 排在第 15 位。

通过以上两个案例，笔者总结该领域中的检索思路可以按照图 1 所示流程进行。

四、小　结

（1）EI 数据库偏重工程应用领域，收录门槛较低，更新速度较快。在 G02 领域，审查员可以在 EI 数据库中对作者、作者单位进行追踪，可大大提高检索效率，即使不能找到对比文件，也能对该技术发展的前后进行迅速的了解，以便深入检索。

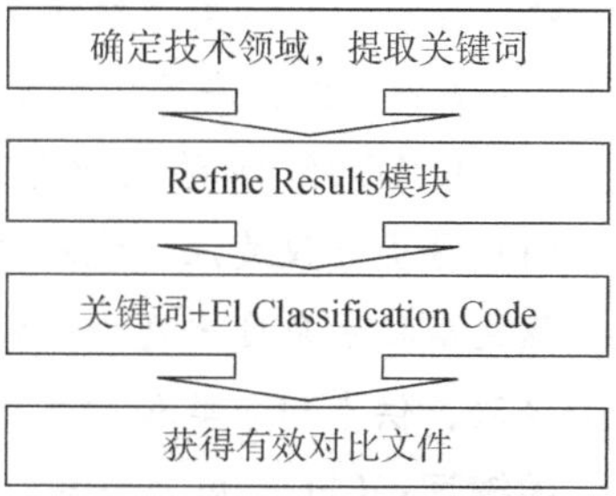

图 1

（2）在 EI 数据库进行检索时，利用 EI 数据库所特有的分类号（Ei Classification Code）可大大降低检索结果中的噪音，提高检索效率和准确度。

（3）EI 数据库提供了 Refine Results 模块可用于统计作者、作者单位、受控词等信息，利于用户修正检索式，继续进行进一步的深入检索。

由于篇幅有限，笔者仅以 G02 领域为例介绍了 EI 数据库检索的适用性和检索技巧。需要说明的是，EI 数据库同样可以应用于其他领域的文献检索。例如专利申请内容偏重工程应用，或专利申请有较为明确的技术主题，或申请人为高校、科研院所，或检索结果过多，或关键词表达形式多样时，均可以考虑采用 EI 数据库进行检索，并结合案情选择 EI 数据库相应的特色检索手段。

参考文献

[1] 韩冰，达文欣，王京阳，等. EI 数据库在材料分析和测试领域检索中的应用 [J]. 审查业务通讯，2013 (1)：104-107.

[2] 慈丽燕. 计算机领域外文非专利文献检索案例及分析 [J]. 审查业务通讯，2011 (8)：55-59.

浅谈 CPC 分类表中 G21C 15/18 的技术细分

黄　伟　王艳妮

摘　要：CPC 分类系统是美国专利商标局和欧洲专利局合作开发的，其虽以 ECLA 为基础，但在许多技术分支中未能体现出明显优于 ECLA 的性能，亟待更新升级。G21C 15/18 涉及核电厂安全领域，同时与反应堆应急冷却技术密切相关，CPC 分类号仅关注了能动技术的细分，未能进一步对非能动技术提供细分位置。该文从技术角度出发力争提供多种分类位置框架的分析，并结合 FI 分类号细分经验，供专利分类和相关从业人员参考。

关键词：CPC　应急冷却　非能动　FI

引　言

自 2011 年 3 月日本福岛核电站严重事故发生以来，人们对于核电安全越发关注，相应地，研究人员对核电站抵御极端条件下的事故控制或缓解能力进行了持续且深入地研究。在核电厂冷却技术高速发展时期，分析人员具有通过对相关专利技术剖析获得产业发展状况的需求。分类表常作为高效检索手段，不限于此，其对专利的统一管理使得公众利用专利技术、了解技术领域发展、获得法律信息都更为便捷。分类表也有助于专利从业者对相关分类号下的申请有更为深入的认识，因而探讨该领域分类表的细分很有必要。

一、应急冷却技术分类现状

自 2000 年第 7 版国际分类表（IPC）至今，涉及应急冷却装置和排出停堆余热的专利均分入 G21C 15/18，截至 2017 年 5 月 10 日，基于国家知识产权局 S 系统的 VEN 数据库统计，由 G21C 15/00 下的一点组申请量可以看出（见图 1），G21C 15/18 下申请量为 5970 余件，明显大于临近的多个一点组申请量规模，而申请量次多的一点组 G21C 15/02 下实际上还有多个两点组以及三点组，将其下位组申请量并入可达 5991 件，这与 G21C 15/18 数量十分接近，由此可以看出，G21C 15/18 下囤积了大量专利申请且与邻近小组文献数量不等称。

从全球范围的申请量趋势来看，2011 年开启了全球核电厂应急冷却技术新

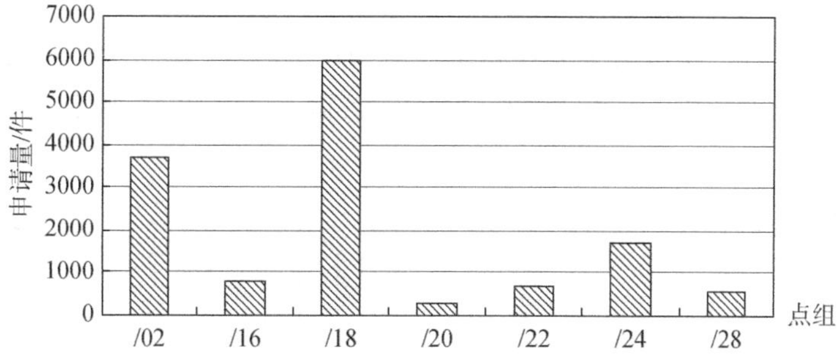

图1　G21C 15/00 下一点组申请总量分布情况

一轮研究热潮（见图2），这一趋势也恰恰印证了日本福岛核电站事故后，人们对于核电安全的关注。2016 年后的申请量急速下降可能与部分申请未公开有关。

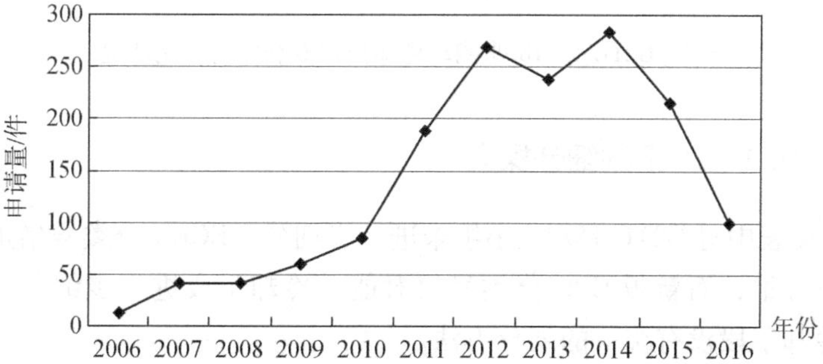

图2　G21C 15/18 全球申请趋势情况

CPC 分类系统作为目前世界上最精细的专利文件分类系统[1]，其在 ECLA 分类表的基础上将 G21C 15/18P 标记为 G21C 15/182 并进一步细分，即由“主干分类号 +2000”形成两个细分位置 G21C 2015/185 和 G21C 2015/187，其在 CPC 分类表中具体结构如下：

G21C 15/18　…　Emergency cooling arrangements；Removing shut-down heat

G21C 15/182　…　{comprising powered means，e. g. pumps}

G21C 2015/185　…　{using energy stored in reactor system}

G21C 2015/187　…　{using energy from the electric grid}

不仅如此，在欧洲专利局门户网站分类号搜索①中，目前已替换为 CPC 分类号检索，其对 G21C 15/18 作了解释说明：该位置包括使用非能动系统等，该类系统不需要使用像泵这样的能动设备，例如利用自然循环、重力等。虽然，CPC

① 欧洲专利局官网［EB/OL］. https://worldwide. espacenet. com/classification.

分类号在制定时已经注意到了非能动技术的存在，但其仅区分出了采用能动手段的冷却方式，并进一步细分为采用核电厂自身供电和采用市电两种方式供能；实际上，非能动的方式进行应急冷却已经占比甚高（见图3），因其可以在全厂断电事故工况下，实现对堆芯余热的持续排出。

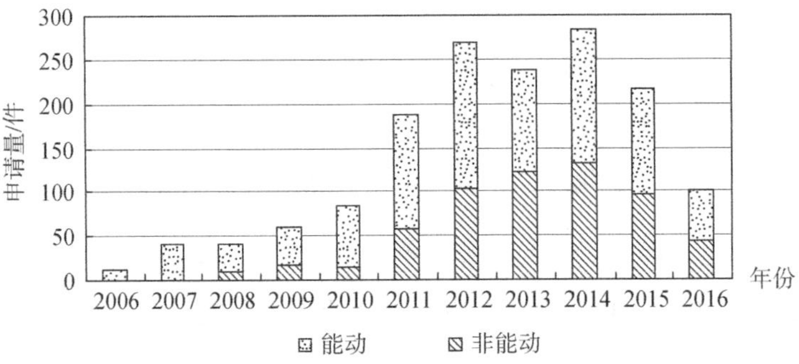

图3 G21C 15/18 非能动冷却技术专利申请占比情况

二、G21C 15/18 下的细分探究

IPC 分类表中对 G21C 15/18 小组未进一步细分，ECLA 分类号增加了采用能动技术的下位组，而新版 CPC 分类号仅对能动冷却手段进一步细分，使得非能动的应急冷却手段没有统一的划分方法。

由于非能动技术在反应堆应急冷却和余热排出系统中日渐受到关注，因而单纯从反应堆冷却技术是否采用能动技术出发细分是十分不完善的；应从技术角度和检索实用性角度考虑，对相关专利申请尝试探究其细分可能。

（一）针对核电安全事故类型不同

专利保护的技术方案能够解决提出的技术问题，而 G21C 15/18 分类号下的技术主要应对正常或事故工况下的余热排出，也可衍化为以安全停堆或事故应急为目的的核电站热量排出技术。然而，安全停堆属于一个广义概念，各国标准不一，但这类情形下，核电厂至少能够无损地将停堆余热持续导出；而事故情况则千差万别，常见的情形有失流事故、失去热阱事故、冷却剂丧失事故、主蒸汽管道破裂事故等。上述事故一旦发生热量积累，可能导致堆芯受到严重破坏，当破坏安全壳完整性时，则可称作严重事故[2]。

通过对本领域专利简单梳理可以发现，专利技术方案应对的事故类型不易确定：专利说明书中记载的“防止某种事故发生”可能与记载的“某种事故发生后的应急处理系统/方法”的技术方案完全不同，尽管都提到了“事故”，但前者是对系统的常规改进，不针对可能发生的安全事故应急响应。

综上所述，虽然按事故区分应急冷却技术简明有效，但可能因为技术方案难以快速准确命中事故类型，而失去了实操性。

（二）针对应急冷却的对象不同

由于担心各种安全事故可能导致放射性泄漏，因而研究者极度重视核岛内各部分产生事故后的非能动应急冷却。根据上文所述，大多数专利文献在说明书中未清晰表明该技术方案主要针对什么类型的事故，因而笔者尝试从应急措施针对对象（装置或回路）进行划分。

每种核电厂事故都是源起核电设备故障或破损。一般而言，一种故障引发某种类型的事故，当然，若首故障严重，应急措施不完善也可能导致严重事故。核电厂在运行中，堆芯点火后发生链式反应，堆芯开始燃烧，由一回路主泵驱动冷却剂持续带走堆芯热量（见表1），若主泵未正常运行或停止工作均会引发失流事故，同样，在申请文本中出现“全厂断电”“失电”的一般是针对上述事故的应急冷却方案。

表1　故障对象—回路—事故对应汇总

对象	回路	可能事故	对象	回路	可能事故
主泵	一	失流	主给水	二	失去热阱
管道破口	一	冷却剂丧失	蒸汽发生器	二	主蒸汽管道破裂
阀门误开	一	冷却剂丧失	堆芯熔化	一	严重事故

冷却剂在一回路中封闭循环，若是一回路管道破裂或阀门被误打开，其回路中冷却剂总量便会减少，导致冷却剂丧失事故，也称失水事故；冷却剂流经蒸汽发生器，与二回路交换热量，二回路蒸汽或给水管道故障，相应产生主蒸汽管道破裂事故和失去热阱事故；最终，堆芯热量积聚难以排出时，会导致熔堆等严重事故。

基于上述过程，根据对某一对象进行冷却的技术方案进行分类，可按回路细分，亦可根据堆芯、主管道、蒸汽发生器等主要核电厂设备进行细分。其中，按回路细分较为笼统，但实操性强；而按涉及的主设备细分往往需要深入技术方案才能准确把握，因而实操性略输一筹。

（三）针对采用的非能动冷却手段不同

CPC 分类系统以 ECLA 分类体系为基础，却在格式上与 IPC 分类表保持了一致，能够沿用 IPC 分类系统中的“发明信息”和“附加信息”[3]。一般而言，分类位置的细分常对应于专利技术方案中的附加技术特征，细分的过程正是技术方案完善的过程。

非能动技术采用的类型大体上可分为12种[4]，其中，自然循环、重力作用、惯性作用、温差传递、材料效应等是核电厂非能动应急冷却技术中常见类型。就非能动安全壳冷却系统而言，其顶部大水箱便是典型的自然循环系统，能够实现事故工况下的长期冷却，涉及上述技术的申请不在少数；就一回路而言，安注箱或补水箱等常采用高位设置，利用重力实现应急情况下的非能动事故缓解。

上述这些技术手段基本囊括了G21C 15/18分类号下所有涉及非能动技术专利的发明点，其变化仅仅是采用多种类型进行组合或在不同的堆型上改进沿用，一旦多种手段同时出现，会使得分类员确认发明点以及进一步细分的难度大大增加，实操性一般。

（四）不拘泥于形式的发明点细分

每个审查员都是最好的分类员，然而，将单个审查案件的分类号修改为最佳，并不是审查员工作的必经步骤，在工作中，丰富分类体系更是难以进行。

然而，日本特许厅（JPO）开发的FI（File Indexing）分类系统将分类位置细化为现行IPC分类系统类目的近3倍，且保持着一年两次的更新频率。FI分类号基于IPC分类体系，仅在分类号末端添加罗马字母A～Z中的任意一个（I、O除外）来标记细分位置，统称该字母为“文件识别符”[5]。

JPO官网向大众提供了FI分类号查询入口，并进一步给出IPC-FI-CPC平行对照浏览页面①。就G21C 15/18而言，FI分类号将其细分并给出了多达20个分类位置（见表2）。从分类位置和排列顺序看，FI分类未拘泥于严格的逻辑关系，尊重了专利库中专利文献所涉及发明点的实际情况；从细分特征来看，其选择了更容易被分类员或分析人员接受的表面特征，因此识别较为容易，不涉及内部复杂的系统特征提取，实操性较强。

表2 FI分类表中的G21C 15/18细分

小　类	内　容
G21C 15/18	应急冷却装置；排出停堆余热
G21C 15/18 A	应急冷却装置
G21C 15/18 V	应急冷却装置（与控制相关的）
G21C 15/18 M	排出停堆热的冷却装置
G21C 15/18 Y	排出停堆热的冷却装置（与控制相关的）

① JPO官网［EB/OL］. http://www.jpo.go.jp/cgi/cgi-bin/search-portal/narabe_tool_e/narabe_e.cgi.

续表

小　类	内　容
G21C 15/18 K	与热、延缓、水封和测试相关
G21C 15/18 B	与卸压方式有关 (如自动卸压系统、蒸汽冷凝、蒸汽释放)
G21C 15/18 L	以冷却剂注射方式为特征 (重力倾倒、压力积累注射、非能动注射方法)
G21C 15/18 W	以水源为特征
G21C 15/18 T	以管线和阀门为特征
G21C 15/18 F	以冷却剂进出口及外围区域为特征
G21C 15/18 C	以压力容器的冷却结构为特征
G21C 15/18 E	以堆芯的冷却结构为特征
G21C 15/18 H	以喷淋管和喷淋分布设置为特征
G21C 15/18 J	以喷淋嘴为特征
G21C 15/18 P	以泵结构及相似物位特征
G21C 15/18 R	以热交换通路为特征
G21C 15/18 U	空气冷却器
G21C 15/18 G	以纯化装置通路为特征
G21C 15/18 S	与增加装置和海水冷却系统有关
G21C 15/18 Z	其他

以国家知识产权局 S 系统中的 VEN 数据库为例，对涉及 G21C 15/18 + 分类位置的专利文献量进行简单统计发现：FI 分类号下的文献量较 CPC 分类号下的略少，却与 IPC 分类号下的相差甚远，即便是近 20 年的数据，这一差距还是较为明显（见图 4）。该现象源于 FI 分类号受到文献标引范围的局限[6]。

目前，JPO 还未确认参与 CPC 分类体系，可能与其 FI 分类系统更具优越性有关，因为 FI 分类系统的分类位置更详细，在诸多领域都有竞争优势。由于 JPO 主要针对日本专利文献进行系统的 FI 分类，单纯依靠其进行 G21C 15/18 领域的专利分析并不现实，但其细分组的详尽程度确实是 CPC 分类系统在之后的修改中可以参考借鉴的。

三、小　结

G21C 15/18 涉及核电厂安全领域。自福岛核泄漏事故后，核相关专利呈现爆发式申请态势。然而，CPC 分类号仅关注了反应堆冷却技术中涉及能动方式的

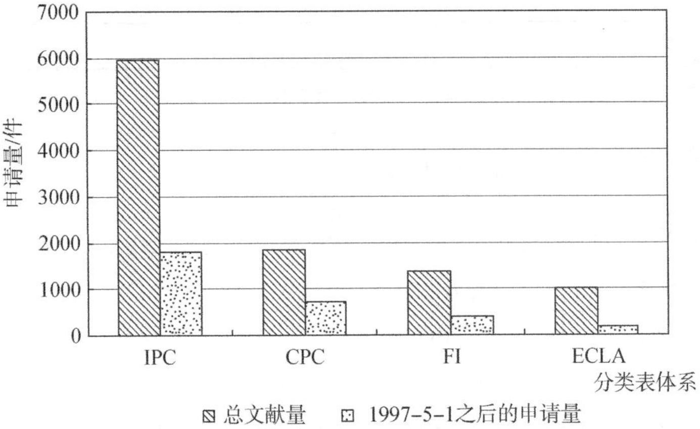

图4　各分类体系涉及 G21C 15/18 + 文献量比较

细分，未能进一步对非能动技术提供细分参考。

经过多角度地将非能动冷却技术进行拆解，可以归纳出本文提及的前三种细分方式，但其各有特点且难以兼顾科学性和实操性；进而参考 FI 分类号的细分经验，分析发现，其在扩充 G21C 15/18 下位组时，放弃了系统性的技术分支拆解方式，而是采用更为灵活的以改进对象差异或包含某种特征为主线的区分方式，以此对 G21C 15/18 技术领域进行更为有效的细分。

综上所述，为了充分发挥 CPC 分类号的优势，应对涉及 G21C 15/18 下的文献进行更为精确的划分，使得 CPC 分类号的使用更加准确高效。

参考文献

[1] 郭青. 浅析 CPC 分类体系 [J]. 中国发明与专利，2016 (1)：90 - 94.

[2] 俞冀阳，俞尔俊. 核电厂事故分析 [M]. 北京：清华大学出版社，2012：17 - 18.

[3] 朱雅琛，黄非. CPC 分类系统：开创专利分类体系新纪元 [J]. 中国发明与专利，2013 (2)：39 - 43.

[4] 周涛，李精精，泷小龙，等. 核电机组非能动技术的应用及其发展 [J]. 中国机电工程学报，2013 (8)：81 - 89.

[5] 霍翠婷，蒋勇青，凌峰，等. 日本 FI/F - term 分类体系在专利技术/功效矩阵中的应用研究 [J]. 情报杂志，2013 (11)：140 - 144.

[6] 佟婧怡，温娟，周荣振，等. CPC 与 FT 在水处理领域专利文献检索中的比较研究 [J]. 中国发明与专利，2014 (1)：86 - 89.

浅析 CPC 分类号在图形用户界面交互中的检索应用

肖 薇 肖亦然*

摘 要：图形用户界面交互（GUI）领域下的 CPC 与 IPC 具有很好的对应性，分类体系结构清晰，覆盖了 GUI 中的多个技术领域。本文对 GUI 领域（G06F 3/048）相关的 IPC 和 CPC 分类号进行了介绍和比较，并结合实际案例的检索过程，探讨了 CPC 分类号在 GUI 领域实践中的应用。

关键词：CPC 分类号 GUI 检索

引 言

联合专利分类体系（Cooperative Patent Classification，CPC）是欧洲专利局和美国专利商标局在 IPC 架构的基础上共同创建的新的专利分类体系，其以 ECLA 为基础，融入 UC 的部分内容，从而比原有的 ECLA 和 UC 更加详细和准确[1]。CPC 作为最接近 IPC 的专利分类体系，又兼具欧洲专利局和美国专利商标局的分类实践经验，具有分类较细、多重分类、更新及时等特点，使得利用 CPC 检索不仅能够提高检索效率，还能够提高检索质量[2]。

在 GUI 领域，特别是对于 G06F 3/048 领域的专利申请，由于 IPC 分类不够准确、更新速度落后于技术的发展等缺点，在检索时常常只能利用关键词进行检索；但关键词检索的准确性和全面性较差，此时，利用准确的 CPC 进行检索，往往能够较快找到对比文件。然而，要具备 CPC 分类和检索的能力，首先需要深入学习 CPC 分类表、分类定义和分类规则等内容，以便进行准确、全面地分类，以及合理确定检索时需要使用的主要分类号及其关联分类号，从而提高检索的效率、精确度和全面性。

本文对 GUI 领域（G06F 3/048 及其下点组）的部分 IPC 分类号和 CPC 分类号进行了研究，分析了该领域 CPC 分类号相对于 IPC 分类号的优势，并结合实际案例探讨了 CPC 分类号在检索中的重要作用。

---

* 第二作者对本文的贡献等同于第一作者。

一、GUI 领域的检索难点及 IPC 分类现状

（一）触摸屏领域的检索难点

GUI 领域是一个大而杂的分类领域，各种交互技术所基于的操作对象有所不同，所面临的主要技术问题也不尽相同，采用的技术手段更是千差万别，因此，涉及不同类型交互技术的专利申请的检索难点和重点也有差异，该领域的检索存在以下难题。

（1）交互技术与其他技术领域具有交叉性，其技术领域涉及界面显示、图像、通信等领域，因此，全面、准确地制定检索策略比较困难。

（2）GUI 相关的申请关键词提取困难。GUI 领域的申请量大且大部分申请文件的改进点较细，其中，操作对象以及操作手段都很难进行关键词的提取和扩展。因此，如何制定有效的检索策略以克服噪声并能有效地获取有用的对比文件是难点。

（3）常用专利分类体系更新滞后于技术发展，用分类号准确表达与发明点关联的检索要素存在困难，增加了检索的难度。

（二）触摸屏领域的 IPC 分类现状

在 IPC 第 8 版中，触摸屏主要分布在二点组 G06F 3/048 下，这些分类号在 IPC 分类中的含义及关系如下所示。

G06F 3/048 · 基于图形用户界面的交互技术［GUIs］〔8，2013.01〕。

G06F 3/0481 · 基于显示交互对象的特定属性或一个基于隐喻的环境，例如，类似窗口或图标的桌面组件的交互，或通过光标的特性或外观的改变辅助的〔2013.01〕。

G06F 3/0482 · 与可选项列表的交互，例如，菜单〔2013.01〕。

G06F 3/0483 · 与结构化页面环境的交互，例如，书的隐喻〔2013.01〕。

G06F 3/0484 · 用于特定功能或操作的控制，例如，选择或操作一个对象或图像，设置一个参数值或选择一个范围〔2013.01〕。

G06F 3/0485 · 滚动或平移〔2013.01〕。

G06F 3/0486 · 拖放〔2013.01〕。

G06F 3/0487 · 使用输入装置所提供的特定功能，例如，具有双传感装置的鼠标旋转控制功能或输入装置的特性；基于数字转换器检测压力的按压手势〔2013.01〕。

G06F 3/0488 · 使用触摸屏或数字转换器，例如，通过跟踪手势输入命令的〔2013.01〕。

G06F 3/0489 · 使用专用键盘或其组合的〔2013.01〕。

从分类号的构成来看，对 G06F 3/048 下面的小组，主要有三类：第一类是 G06F 3/0481 ~ G06F 3/0483，这一类均是基于显示对象的交互（窗口、图标、菜单项、列表、图像、文件夹等显示对象）；第二类是 G06F 3/0484 ~ G06F 3/0486，这一类中侧重于对对象执行某一种特定控制（执行滚动、删除、拖动等控制）；第三类是 G06F 3/0487 ~ G06F 3/0489，这一类主要是通过用户的控制操作实现输入操作（解锁、手势控制、手写输入等）。其中 G06F 3/048 下的各个小组，每个组下面的文献量都非常大，因此，该领域的检索异常困难。

二、触摸屏领域的 CPC 分类现状

本节将对 G06F 3/048 下的 CPC 分类表及分类定义进行分析，包括分类体系结构、CPC 与 IPC 相比的修改之处以及分类定义在分类及检索中的作用（文中使用目前 CPC 官网最新公布的分类号版本：2015.10）。

（一）G06F 3/048 下的 CPC 分类表相比于 IPC 分类表的变化

在 CPC 分类体系中，GUI 领域主要分布在 G06F 3/048，相比于 IPC 分类号，CPC 分类号保留了 IPC 分类号下的分组，因此，二者具有较好的对应性。CPC 分类号对 IPC 分类号进行了显著的扩增和修改。在 IPC 分类体系下，除了与 IPC 分类号相对应的 9 个小组（G06F 3/0481 ~ G06F 3/0489）外，还对 G06F 3/0481、G06F 3/0484、G06F 3/0485、G06F 3/0488、G06F 3/0481 作了进一步的细分，这有利于根据技术领域对专利文献进行筛选，具体如下。

（1）G06F 3/0481 下的新增细分条目：

└ G06F 3/04812 … {基于受当前显示对象影响的光标外观或行为的交互技术，例如，在通过光标外观与图形用户界面的元件交互作用期间，视觉反馈，对显示物约束操作或吸引/排斥}；

└ G06F 3/04815 … {与三维环境交互，例如：环境内导航的焦点控制}；

└ G06F 3/04817 … {利用图标的（用于软件的产生入 G06F 8/34 ）}。

（2）G06F 3/0484 下的新增细分条目：

└ G06F 3/04842 … {选择一个显示对象（G06F 3/0482 优先）}；

└ G06F 3/04845 … {用于图像处理，例如拖拽，旋转}；

└ G06F 3/04847 … {用于控制参数设定的交互技术，例如同滑动块，拨号盘的交互}

（3）G06F 3/0485 下的新增细分条目：

└ G06F 3/04855 … {同滚动条的交互}。

(4) G06F 3/0488 下的新增细分条目:

└ G06F 3/04883 … {用于输入手写数据，例如手势，文本};

└ G06F 3/04886 … {通过将屏幕或者写字板分割为独立的控制区域，例如虚拟键盘，菜单（G06F 3/04883 优先）}。

(5) G06F 3/0489 下的新增细分条目:

└ G06F 3/04892 … {基于光标从一个离散位置移动到另一个位置的代码指示来控制光标位置的装置，例如，利用与不同指示相关联的光标控制键或利用TAB 键（基于坐标信号来控制光标位置的装置入 G06F 3/038）};

└ G06F 3/04895 … {在键入操作过程中指示的，例如提示（帮助系统入G06F 9/4446）};

└ G06F 3/04897 … {为改进显示性能的特殊输入装置和命令}。

（二）新增“2000”系列的垂直引得码，进一步完善 CPC 分类体系

在 CPC 分类体系中，新增与其主干的分类路线（G06F 3/048）相关联的垂直引得码，即一点组 G06F 2203/048，其下涉及 9 个二点组来标识已使用主干分类号分类的发明技术主题信息的其他要素，使用下述引得码分类可以反映出发明主题的另一方面。

G06F 2203/04801 …光标的检索辅助，即视觉方面的修改、闪烁、色彩变化、放大或其他视觉提示，以帮助用户在图形用户界面上找到光标。

G06F 2203/04802 …三维信息对象，信息被显示在三维操纵的对象的内部或外部表面上，例如在通过用户可旋转的立方体的表面上。

G06F 2203/04803 …分割画面，即细分显示区域或窗口区域为单独的子区域。

G06F 2203/04804 …透明度，例如透明或半透明的窗口。

G06F 2203/04805 …虚拟放大镜，即窗口或框架可在显示信息顶端移动以放大信息帮助更好的阅读和选择。

G06F 2203/04806 …缩放，即用于控制缩放操作的交互技术或交互器。

G06F 2203/04807 …笔操作菜单。

G06F 2203/04808 …多个接触、手势触发特定的功能，例如滚动、缩放、右击。当用户同时与表面建立多个接触时，例如使用多个手指或手指和笔的组合。

G06F 2203/04809 …有纹理的表面识别触摸区域，例如用于虚拟键盘的覆盖结构。

三、触摸屏领域的 CPC 分类的实际案例

在实际检索中，我们可以通过 IPC 分类号，寻找更准确的 CPC 分类号（包括主分类号及其关联分类号），从而代替某些关键词的检索，提高检索的效率、精确度和全面性。

【案例 1】申请号为 2012800555305。

发明名称：用于显示信息和用于操作电子装置的方法与设备。

权利要求：在具有触摸灵敏的表面（15，17）的显示面（14，16）上显示多个列表元素（L1，L2，L3，L4，L5），

检测借助操纵对象（24）在所述触摸灵敏的表面（15，17）上对列表元素（L1）的触摸或者操纵对象（24）对所述列表元素（L1）的接近，随后激活所述列表元素（L1），以及

在激活所述列表元素（L1）之后检测所述操纵对象（24）在所述触摸灵敏的表面（15，17）上或附近的第一擦拭运动，以及

与所述操纵对象（24）的第一擦拭运动的检测一起或者在其之后，至少将未激活列表元素（L2，L3，L4，L5）从所述显示面（14，16）推出并且将分配给已激活列表元素（L1）的多媒体附加元素（C1）推入所述显示面中。

权利要求分析：该技术方案通过用户对音乐列表对象的选择和拖拽操作，实现由列表项的显示过渡到对某一音乐对象多媒体附加元素的显示。涉及对列表项的操作，因此 IPC 分类号为 G06F 3/0482。

该申请给出的主分类号为 G06F 3/0482，基于对本领域的理解，认为分类号 G06F 3/0488 更能体现本申请的发明点。

在查看了 CPC 分类表之后，G06F 3/0488 有一个细分：

G06F 3/04883 ⋯ {for entering handwritten data，e. g. gestures，text} 用于输入手写数据，例如手势，文本。

该申请是根据用户对歌曲列表元素的触摸和擦拭操作，打开所选列表元素的多媒体附加元素。该申请的操作对象是对歌曲列表的操，且该申请对歌曲列表的显示、多媒体附加元素的显示状态均作了详细的描述。在使用 list、touch、drag 等词均没有很好的收获的时候，从技术方案本身出发，关键词“song”也能体现该申请的操作对象，即时更换关键词。

序号	数据库	检索结果	检索式
1	SIPOABS33887	G06F 3/04883 /cpc	
2	SIPOABS	7	song? and 1（找到对比文件 US2010058253A1）

通过得出的 7 条结果进行浏览，可以找到 X 类文献 US2010058253A1。

在认定国际检索报告的对比文件不好用时，并没有盲从同族审查过程。通过理解发明，从本领域出发，找到准确的 CPC 分类号和关键词进行检索。在简单检索没有收获的时候，即时调整检索思路，更换关键词，快速地找到对比文件。

【案例 2】申请号为 2011104106745。

发明名称：一种软键盘

权利要求：一种软键盘，其特征在于在中文输入法状态下，将软键盘，包括 PC 键盘、希腊语、俄语设置在一个输入框内。

权利要求分析：该技术方案通过设置虚拟键盘时，将各种不同的语言、数字、字符均能在同一个输入显示框中。

该申请给出的分类号是 G06F 3/0488。在 CPC 中，对虚拟键盘有专门的一个细分：

G06F 3/04886 … {通过将屏幕或者写字板分割为独立的控制区域，例如虚拟键盘，菜单（G06F 3/04883 优先）}。

序号	数据库	检索结果	检索式
1	SIPOABS	22005	/cpc G06F 3/04886
2	SIPOABS	86	language? and number? and 1

通过得出的结果进行浏览，可以找到 X 类文献 WO2011133986A1。

回过头来分析该申请，其发明点在于将虚拟键盘中的显示界面进行设定，在统一界面中能显示出多种语言供用户输入。但是，在 G06F 3/0488 分类号下面，大部分分类号都是基于用户的触摸输入实现响应功能的，与该申请的发明点不同；而 CPC 中 G06F 3/04886 是专门针对虚拟键盘的一个细分，因此，与该申请的发明点更接近一些，能够反映该申请的发明点。故在检索时，要找准发明点入手，找到最好用的分类号，可以事半功倍。

【案例 3】申请号为 2012800227156。

发明名称：基于注视的内容显示器。

权利要求：一种在电子装置上显示内容的计算机实施方法，其包括：

在用可执行指令配置的一个或多个计算系统的控制下，

在电子装置的显示元件上显示内容的第一视图；

判定使用者相对于所述电子装置的注视方向；和

至少部分基于所述所判定的注视方向在所述显示元件上显示内容的至少第二视图，

其中所述使用者能够透过所述使用者相对于所述电子装置的注视方向的变化

而调整所述显示元件上的所述内容显示。

权利要求分析：该技术方案中，根据用户注视的方向来对显示内容进行调整。给的分类号是 G06F 3/0485，是对对象进行滚动或平移。而 CPC 中，对于此分类号只有一个细分：G06F 3/04855 … {同滚动条的交互}。但由于该申请不涉及滚动条，因此，使用 CPC 检索时，应使用其上点组，即 G06F 3/0485。

1 SIPOABS 13685 /cpc G06F 3/0485

2 SIPOABS 83 gaze and 1

很快，通过浏览命中的文献，找到了 X 类文献：US6886137B2。

该案通过准确的分类号和关键词"gaze"快速地找到了对比文件。

通过以上 3 个案例的分析，可以得出，在检索时，找到体现发明构思的 CPC 分类号可以有效加快检索效率，同时，对于关键词不好扩展的 GUI 领域来说，可以使用准确的 CPC 加上少量体现发明构思的关键词，能快速地找到对比文件。因此，审查员应该加强对 CPC 分类体系的深入研究和灵活应用，从而进一步提高专利检索效率。

四、小　结

本文分别介绍了触摸屏领域在 IPC 分类体系及 CPC 分类体系中的分类现状及差异，并通过实际案例进一步证明了 CPC 分类号在检索中的优势。纵观各局对 CPC 的重视程度，不难发现，CPC 的作用和影响会逐渐接近，甚至替代 IPC[3]，因此，国家知识产权局也顺应时代，引入了 CPC 分类体系并逐渐采用 CPC 分类体系对专利文献进行分类标引的专项计划，对审查员也提出了使用 CPC 分类号进行专利文献检索的要求。因此，广大审查员应该重视对 CPC 分类体系的学习，掌握这一检索利器，进而提升审查质量。

参考文献

[1] 王林娜，王丽，招阳，等. 从一个实际案例的检索浅谈 CPC 分类体系 [J]. 中国发明与专利，2014 (8)：90-93.

[2] 于德华. 浅谈 CPC 分类体系中的功能分类与应用分类 [J]. 中国科技信息，2015 (23)：91-93.

[3] 朱雅琛，黄非，等. CPC 分类系统：开创专利分类体系新纪元 [J]. 中国发明与专利，2013 (2)：39-43.

液晶显示装置构造元件领域的 CPC 检索应用

王　珏　陈　飞*

摘　要： 液晶显示装置，特别是涉及显示装置相关的构造元件，其整体结构复杂，包括结构、材料、制备方法等多重限定因素。在实际检索过程中，采用常规的 IPC 分类号结合关键词进行检索存在关键词归纳困难、文献阅读量大等情况。使用 CPC 分类号并结合其他适当检索手段，能够有效地缩小文献阅读量，提高检索效率。

关键词： 液晶　构造元件　CPC 分类号

引　言

显示领域包括液晶显示、等离子显示、电致发光显示以及显示属性控制等相关技术领域。在当前的显示领域专利申请中，液晶显示类申请，尤其是涉及装置构造元件的申请占据了较大比重。实际检索过程中，采用现有的 IPC 分类号往往难以准确对应涉及结构、材料、制备方法等多重技术线索的显示装置具体构造，因此研究 CPC 分类体系在显示装置构造元件领域检索中的应用具有重要的意义。

一、IPC 与 CPC 分类对比

CPC 分类体系虽然与 IPC 分类体系的基本结构框架相类似，并且大体沿用了 IPC 在分类层次、分类规则等方面的整体标准，但 CPC 分类体系通过对 ECLA、USPC 以及 ICO 引得码等不同分类体系、要素的融合，实现了对分类对象的高度细化[1]。对于液晶显示领域，考虑到该领域具备涉及商业热点、技术发展迅速、整体结构复杂等特点，特别是在液晶显示装置构造元件领域，其涉及元件的结构、材料、制备方法等多重属性分支、技术线索。因此，在实际检索过程中，即便是采用液晶领域细分程度已经较高的 IPC 分类号，仍然会影响检索效率，并有可能造成漏检。

举例来说，在 IPC 分类号中，对应液晶显示构造元件的分类号 G02F 1/1333

* 第二作者对本文的贡献等同于第一作者。

下细分的五点组 G02F 1/1343，其在 CPC 分类号中被扩展至两个六点组，而进一步 CPC 分类号中的六点组 G02F 1/13409 又被细分至 7 个七点组。

IPC：

[G02F 1/1333] …构造上的设备（G02F 1/135，G02F 1/136 优先）；

[G02F 1/1343] …电极。

CPC：

[G02F 1/1333] …构造上的设备{制造方法}（…）（G02F 1/135，G02F 1/136 优先）；

[G02F 1/1343] …电极{（…）（反射电极入 G02F 1/133553）}；

[G02F 1/134309] …{通过它们的几何布置区分的（…）（G09F 9/302 优先）}；

[G02F 1/134327] ……{分段的，例如：阿尔法数字显示}；

[G02F 1/134336] ……{矩阵}；

[G02F 1/134363] ……{用于施加平行于基片的电场，即共面切换（…）（IPS）}；

[G02F 2001/134318] ……具有图案化的公共电极；

[G02F 2001/134345] ……分段像素，例如灰度，冗余；

[G02F 2001/134372] ……用于边缘场开关［FFS］的，其中公共电极未图案化，例如平面的；

[G02F 2001/134381] ……混合切换模式，即用于向平行和垂直于基板施加一个电场；

[G02F 1/13439] …{通过它们的电的，光的，物理的特性区分的；相应的材料，制造方法区分的}；

如图 1 所示，像素电极分支 13A 与对置电极 15 的位置关系，使两者之间产生了由平行和垂直基板方向复合而成的曲线状电场。利用上表中的 CPC 分类号 G02F 2001/134381，就可以更为准确地描述该种曲线型电场的液晶面板电极结构，从而避免了在检索中对该类型电极进行过多的关键词限定。

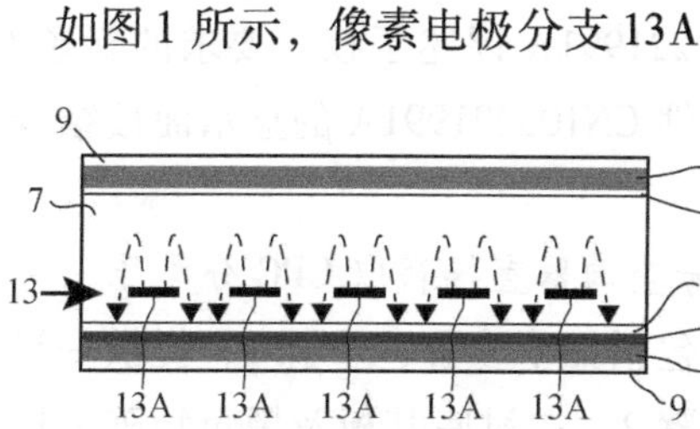

图 1　液晶面板及其电极

由上述比较可知，加强对 CPC 分类体系的分析和运用，能够在实际检索过程中针对性地对液晶显示装置的构造元件进行有效检索，缩小文献阅览数量，有利于进一步提高检索效率。

二、检索实例

结合上述分类体系对比能够发现，CPC 分类号在液晶显示领域的细分层次、条目较多，在实际检索过程中，首先需要在分类表中找到与申请文件准确对应的分类描述。以下结合实际检索案例，具体分析说明如何准确获取恰当的 CPC 分类号，并结合常规的检索策略实现更为有效的检索。

（一）追踪获取：通过追踪检索获取 CPC 分类号

权利要求：一种显示面板，划分为显示区以及在所述显示区外围包围所述显示区的非显示区，所述显示面板包括：显示基板；上层基板，其设置于所述显示基板的显示侧，并与所述显示基板对盒设置；以及粘接层，其设置在所述上层基板与所述显示基板之间，其中，所述显示面板还包括薄膜层，其设置于所述上层基板的远离所述显示基板一侧，所述薄膜层的对应于所述非显示区的区域为不透明区，对应于所述显示区的区域为透明区。

检索思路及策略：首先对发明人、申请人进行追踪，并利用追踪获得的与该申请相关的文献进行二次追踪；在此基础上获得了多篇相关背景技术文件，在阅览上述多篇相关背景技术文件后，发现对液晶显示封装面板结构相关对应的 CPC 分类号为：G02F 1/133308（液晶显示器有关的支撑结构，例如前框和后框），进一步通过查表发现，该 CPC 分类号下属的 2000 系列分类号对液晶显示器的盒结构框体进行了全面的细分，其中，G02F 2001/133331（玻璃盖）与该申请发明点所涉及的“上层基板”所对应。因此，在 VEN 中利用该 CPC 分类号，并结合转库方法在英文全文库利用关键词“black UV”二次限定，获得 3 篇 X 文献：CN103221991A、CN104216155A、CN103210438A。这 3 篇文献均公开了与申请完全一致的上层基板薄膜结构，其包括透明区、不透明区，均起到了简化玻璃盖板制作工艺的作用。最终采用对比文件 CN103221991A 评述了权利要求的新颖性。其中，权利要求中的显示面板结构与对比文件 CN103221991A 的显示面板结构对比如图 2 所示。

（二）直接查表：通过 S 系统附带分类号查询器直接获取 CPC 分类号

权利要求：一种彩膜基板的制作方法，包括如下步骤：步骤 1，提供一衬底基板，在所述衬底基板上形成黑色矩阵；步骤 2，在衬底基板及黑色矩阵上形成彩色滤光层；步骤 3，在所述彩色滤光层及黑色矩阵上涂布一层负型光刻胶，形成光刻胶层；步骤 4，从衬底基板的下方对所述光刻胶层进行背面曝光，曝光光线穿过衬底基板和彩色滤光层照射到所述光刻胶层上，使所述光刻胶层靠近衬底基板的部分固化；步骤 5，提供一光罩，利用所述光罩从衬底基板的上方对所述

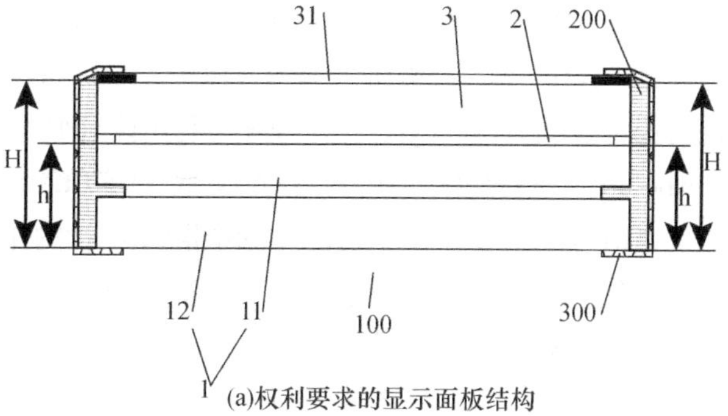

(a)权利要求的显示面板结构

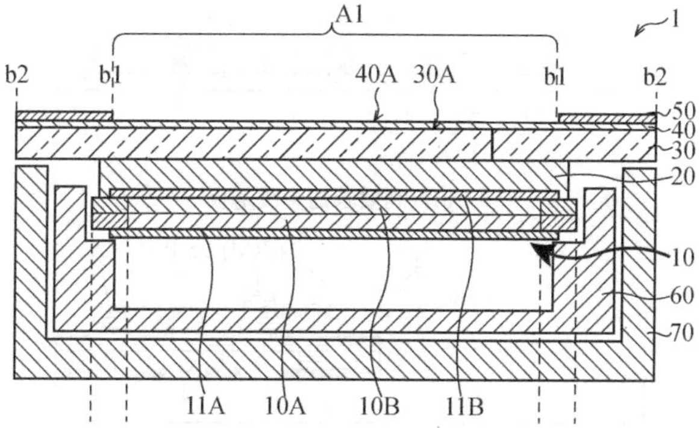

(b)CN103221991A对比文件的显示面板结构

图 2 显示面板对比图

光刻胶层进行正面曝光，使所述光刻胶层上对应所述光罩上的图案的部分固化；步骤 6，对所述光刻胶层进行显影，将所述光刻胶层上未固化的部分去除，得到平坦化层及位于所述平坦化层上的隔垫物。所述平坦化层为所述光刻胶层在步骤 4 中所固化的部分；所述隔垫物为所述光刻胶层在步骤 5 中对应所述光罩上的图案所固化的部分。

检索思路及策略：首先，采用 IPC 分类号结合关键词，检索到一篇 Y 文献（KR1020070057463A），其公开了背侧曝光形成平坦化层的技术特征，但该文献未公开形成隔垫物的技术特征。对于隔垫物的技术特征，其既要求一次成型，又要求具有多重形态的结构，而前述常规检索中未检索到合适对比文件。进一步考虑到，该权利要求着重于平坦化层修饰这一技术细节，于是将检索思路转向 CPC 分类号，基于前期阅览的现有技术能够发现，该权利要求的发明点在于平坦化层有支撑、平坦化双重功能，而常规追踪检索未收集到有效的 CPC 分类号，于是直接通过 S 系统附带的分类号查询器进行查找。首先发现分类号 G02F 1/133514（液晶显示装置的光学装置，颜色过滤器）与该申请的主题“彩膜基板”所对应；进一步阅览，发现该 CPC 分类号下属的 2000 系列分类号对颜色过滤器的结构细节进行了进一步的细分，其中，G02F 2001/133519（保护涂层）与该申请发明点所涉及的“对平坦层进行修饰”相对应。因此，在 VEN 中利用该 CPC 分类号结合关键词“mask”“back”“exposure”进行检索，获得一篇 Y 文献（US2012057111A1），其公开了与申请相同的隔垫物结构，起到了一次曝光形成不同隔垫结构的作用。最终采用上述两篇 Y 文献结合，评述了权利要求的创造性。权利要求的彩膜基板与对比文件 US2012057111A1 的彩膜基板对比如图 3 所示。

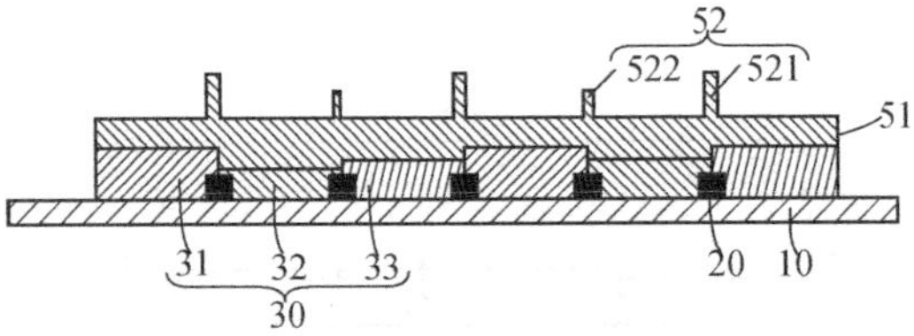

(a)权利要求的彩膜基板

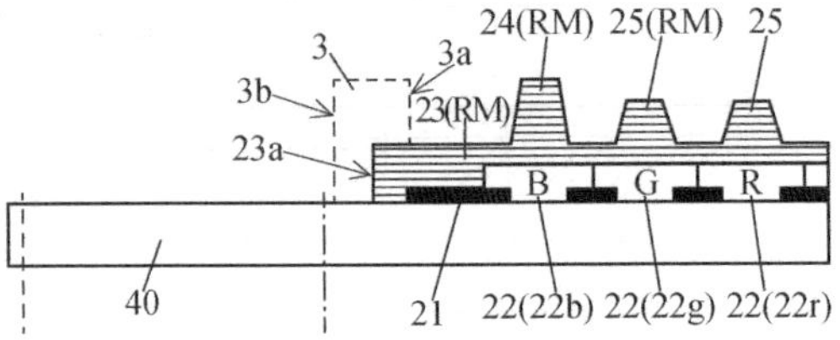

(b)对比文件US2012057111A1的彩膜基板

图 3　彩膜基板对比图

三、小　结

在 CPC 分类号被系统化利用之前，针对液晶显示装置构造元件领域需要使用多重检索手段，需要了解不同分类体系的相关分类规则，并分次检索。现在，在逐步掌握 CPC 分类体系后，使用 CPC 分类号结合其他适当检索手段就能够检索覆盖到绝大部分美国、欧洲的专利文献。由本文对液晶显示装置构造元件领域的检索实例可以看出，使用 CPC 分类号可以进一步加强对申请发明点的针对性检索，避免过多地使用关键词对发明点进行描述而造成漏检，从而进一步提高检索效率。

参考文献

[1] 朱雅琛，黄非 . CPC 分类体系：开创专利分类体系新纪元 [J]. 中国发明与专利，2013 (2)：39 - 43.

技术综述

列车控制系统应答器技术领域专利分析

杜 洋

摘 要：随着我国高速铁路事业以及城市轨道交通行业的不断发展，对于列车控制系统的要求也不断提高，应答器作为列车控制系统中实现“车—地”通信的重要环节，对列车定位以及信息的下发起到了重要的作用。本文对国内应答器领域的专利进行了检索，对该领域专利申请的国际专利分类号、申请态势、涉及的技术主题以及主要申请人进行了总结归纳，并对国内主要申请人的重点专利进行了分析梳理，为相关企业以及科研单位今后的研究方向提供参考。

关键词：列车控制系统 应答器 专利

引 言

随着我国高速铁路事业以及城市轨道交通行业的不断发展，对于铁路与地铁的要求也逐步提升，不论是高速铁路所追求的列车运行速度越来越快，还是面对巨大客流压力的地铁所追求的行车间隔越来越小，其背后对于安全的要求仍然是第一要务。在保证安全的前提下不断提高运行效率，是高速铁路发展的方向，这就为列车运行控制系统提出了更高的要求。

一、列车控制系统简介

列车控制系统是运用信号技术控制列车，是列车的“中枢神经”和“大脑”，列车控制系统的主要体系[1]如图 1 所示。按照相关设备放置的位置可以分为车载设备和地面设备两大类。地面设备主要包括轨道电路（或计轴设备）、应答器、无线闭塞中心（RBC）以及无线传输设备；车载设备包括车载安全计算机、测速测距传感器、监控记录设备和人机界面，其中，车载安全计算机是整个系统的核心。

列车控制系统的车载设备和地面设备之间需要相互“关联”，通过实时的“车—地”通信完成控制信息的下发与车辆信息的反馈，从而实现整个系统的闭环稳定控制。无论是欧洲列车控制系统（ETCS）还是我国的列车控制系统（CTCS），都将应答器作为“车—地”通信的重要环节。利用应答器为列车 ATP

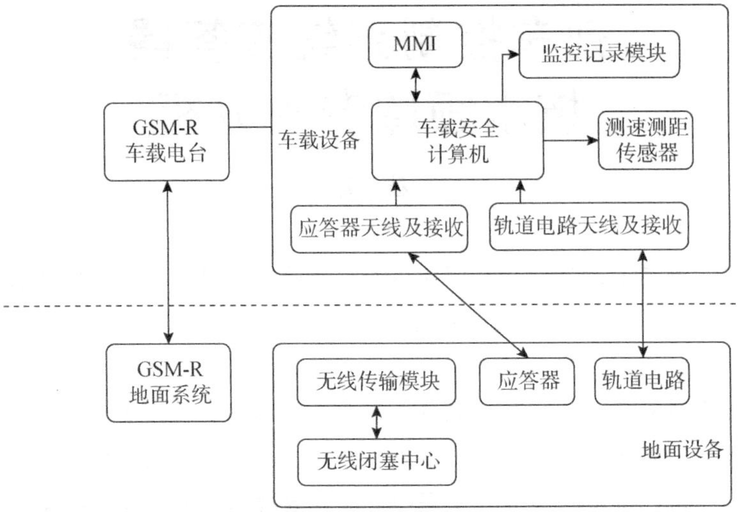

图1 列车控制系统主要体系

运行提供各种点式信息，如线路信息、道岔信息、进站信息、限速信息、定位信息等。

点式应答器由地面系统和车载系统组成。地面系统主要由地面应答器和地面电子单元（LEU）组成，车载系统主要由列车控制单元、车载传输模块，应答器传输单元（BTM）以及车载天线组成。当列车经过地面应答器上方时，应答器接收到列车控制系统车载设备点式信息接收天线发送的电磁能量后，应答器将能量转换为工作电源，启动电子电路工作，把预先存储或 LEU 传送的应答器传输报文循环发送出去，直至电磁能量消失。点式应答器系统的组成如图 2 所示[2]。

二、应答器专利申请概况

为分析我国应答器领域的专利情况，首先对 1985 ~ 2016 年中国的专利申请进行检索，共得到 205 件与技术主题密切相关的专利文件，将其作为本次专利分析的基本数据。

在国内应答器领域的申请中，以国际专利分类号（IPC）进行划分，其内容涵盖了铁路交通管理、数字信息传输以及数据识别等多个技术领域，各技术领域的分布情况如表 1 所示。

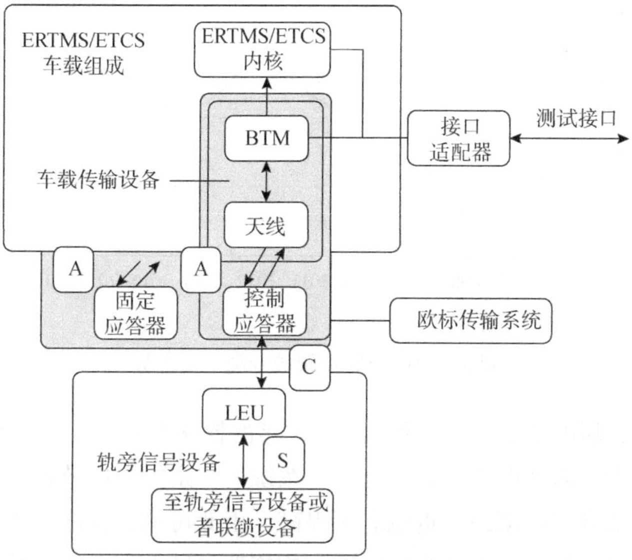

图2 点式应答器的组成

表1 技术领域 IPC 分类对照表

分类号	技术领域
B61L	铁路交通管理；保证铁路交通安全
H04B	传输
H04L	数字信息的传输，例如电报通信
G05B	一般的控制或调节系统；这种系统的功能单元；用于这种系统或单元的监视或测试装置
H04W	无线通信网络
H01B	电缆；导体；绝缘体；导电、绝缘或介电材料的选择
B61C	机车；机动有轨车
G06K	数据识别；数据表示；记录载体；记录载体的处理

如图3所示，2007年之前，国内应答器领域的申请较少且基本上是国外公司的同族专利。2007年之后，随着我国铁路的几次提速以及国内主要城市加大了轨道交通的发展力度，应答器领域的国内申请量开始逐步提升。2010年至今，随着我国进入高速铁路时代，应答器领域的申请量基本保持在每年20件以上。

申请主题方面，国内初期有关应答器的专利申请大多涉及应答器的外围电路、接口、车载天线的安装、电缆的选择等方面，也涉及一些外观设计专利，但

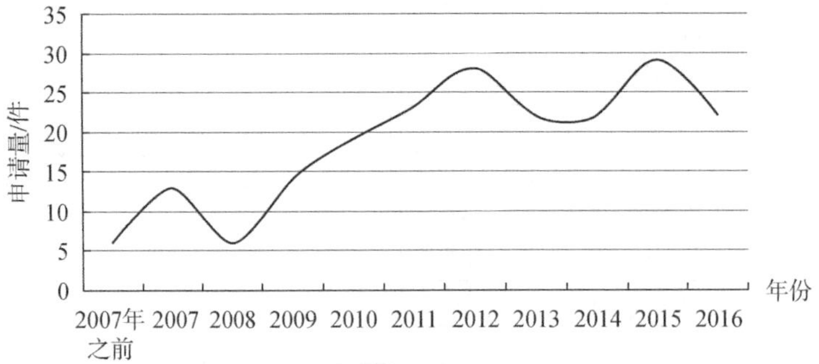

图 3　中国应答器领域专利申请态势

大多未涉及该领域的核心技术。经过 4 ~ 5 年的探索与研发，近几年，该领域的专利申请主题涉及内部电路、信号处理、系统的冗余结构以及报文的格式等诸多核心技术且发明专利申请的比重也有所提高，由此可见，我国在该领域的技术创新能力提升显著，并且向各主题中渗透。应答器领域专利申请的技术主题大致可以分为以下五个方面[3]：应答器及其系统、LEU、BTM、报文、天线。按照上述技术主题对检索的专利申请进行分类筛选，得到各技术主题的分布情况如图 4 所示。

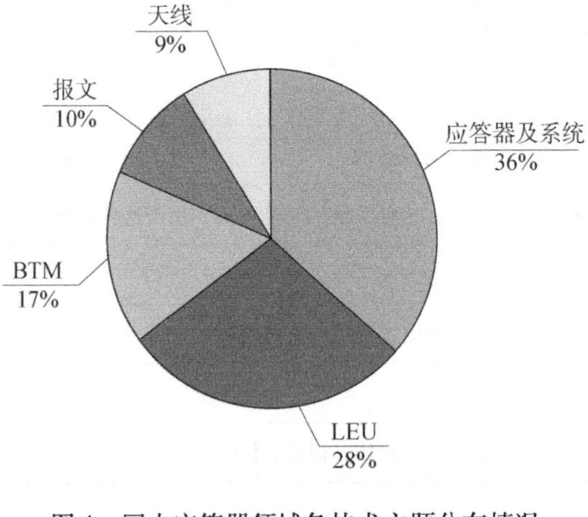

图 4　国内应答器领域各技术主题分布情况

在应答器领域的国内申请中，申请量排名靠前的申请人有：北京交大思诺科技有限公司（简称“交大思诺”）、北京交控科技有限公司（简称“交控科技”）、北京交通大学、北京全路通信信号研究设计院、中国铁道科学研究院、株洲中车/南车时代电气股份有限公司、沈阳铁路信号有限责任公司、北京佳讯飞鸿电气股份有限公司、西门子信号有限公司（简称“西门子”）以及华为技术有限公司等。其中，交大思诺申请量最多，涉及的技术主题全面，专利申请的质量和技术水平较高。

三、应答器技术领域重要申请人分析

（一）交大思诺

交大思诺的最早专利申请于2009年提出，虽然起步时间较国外相关申请人晚，但是其专利申请的数量增长迅速，目前，检索到的密切相关的专利申请达54件，包括发明专利申请和实用新型专利申请以及两项外观设计专利，其中发明专利申请和实用新型专利申请共包含专利族37件，专利的主题涉及应答器及其系统的为17件，涉及LEU的4件，涉及BTM的5件，涉及车载天线的4件，涉及报文读写装置的7件，专利布局较为全面。

在交大思诺所有涉及应答器领域的专利申请中，有关BTM方面的改进较多，初期的专利申请主要涉及对BTM设备的维护、监控以及故障分析，如申请号为CN201110099456.4、名称为“BTM专用记录器及数据记录存储方法”以及申请号为CN201110439268.1、名称为“BTM设备的监测系统”的专利申请等。随后，交大思诺在BTM系统的结构冗余方面做了很多改进，如申请号为CN201110437806.3、名称为“双套自动切换的BTM设备及其实现方法”的专利申请，采用了双套自动切换的BTM设备。当BTM设备中的某个模块出现故障时，可以自动切换至正常的相同模块继续工作，保证了BTM设备的可靠性，进而确保了列车的行车安全。图5给出了双套自动切换BTM设备的结构示意图，交大思诺的典型应答器产品Y·BTM采用了双通道冗余结构，可提高设备的可用性，与其专利技术一致。

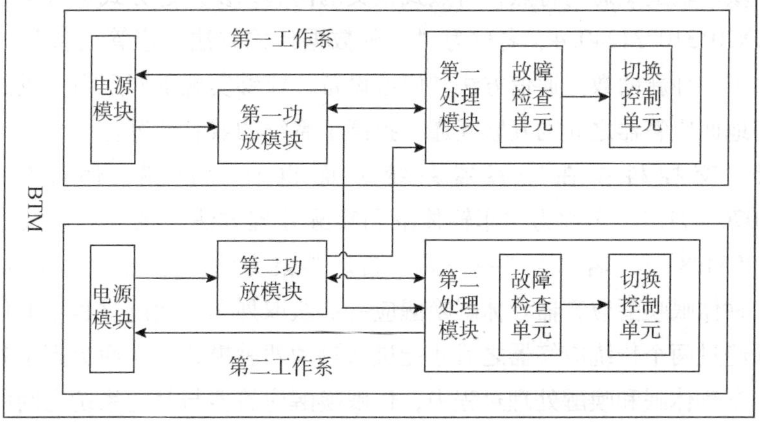

图5　双套自动切换BTM设备结构示意图

在 LEU 以及报文读写方面，初期的专利申请大多只涉及系统的接口以及测试，并未涉及核心的技术，如申请号为 CN201210142663.8、名称为“应答器报文读写装置”的专利申请。近两年来，交大思诺在 BTM 中报文的解码方法以及输出可控性等方面进行了研究，如申请号为 CN201310282011.9、名称为“长短报文自适应协处理的解码方法与解码器”的专利申请中，设置了第一、第二处理模块，通过第一、第二处理模块的协同控制，在保证解码安全性的前提下，用协处理的办法大幅提高了 BTM 设备中解码器的处理速率，使 BTM 设备能更好地适应有长短报文、有复杂干扰环境的现场应用。再例如申请号为 CN201610168335.3、名称为“报文输出可控的应答器系统及其控制方法”的专利申请中，提出了可控应答器的概念，利用开关指令控制驱动器处于打开或关闭状态，从而控制应答器是否向外发出编码报文，避免了尚未允许开通的应答器收到列车的激发能量后发出默认报文，导致列车意外停车，影响行车安全及行车效率的问题。

（二）交控科技

交控科技于 2009 年成立，是国内唯一一家掌握自主 CBTC 信号系统核心技术的高科技公司。交控科技于 2012 年开始涉足应答器领域，专利申请共 34 件，其主题主要涉及应答器系统以及报文的收发装置。

交控科技的产品主要面向城市轨道交通领域，由于我国的城市轨道交通起步晚，城市轨道交通的信号系统多数为大铁路领域的供货商针对既有的成熟产品进行了简单调整后的产物，但既有的铁路信号产品不能很好地适应城市轨道交通的需求，因此，交控科技在既有产品的基础上，进行了适应性的改进。例如申请号为 CN201310714088.9、名称为“一种报文格式生成方法及生成设备”的专利申请，根据城市轨道交通的特点，对点式报文的内容以及发送方式进行了改进，申请号为 CN201310731240.4、名称为“一种数据传输方法及应答设备”的专利申请，提供了一种新的数据通信方法和应答设备，能够实现不同厂商提供的列车控制设备与地面应答器之间的互联互通，提高了系统的兼容性等。

此外，交控科技在应答器系统方面也有所涉猎，例如申请号为 CN201310703491.1、名称为“车辆休眠和唤醒处理方法”的专利以及申请号为 CN201410554984.8、名称为“一种列车自动唤醒方法及系统”的专利申请中，提出了一种休眠唤醒应答器。休眠唤醒应答器获取列车在唤醒过程中的位置，使列车无须经过两个传统应答器之后才能进入自动驾驶模式，从而提高了列车运行的效率，车辆休眠和唤醒处理过程中，休眠唤醒应答器与其他系统之间的信息交互流程如图 6 所示。

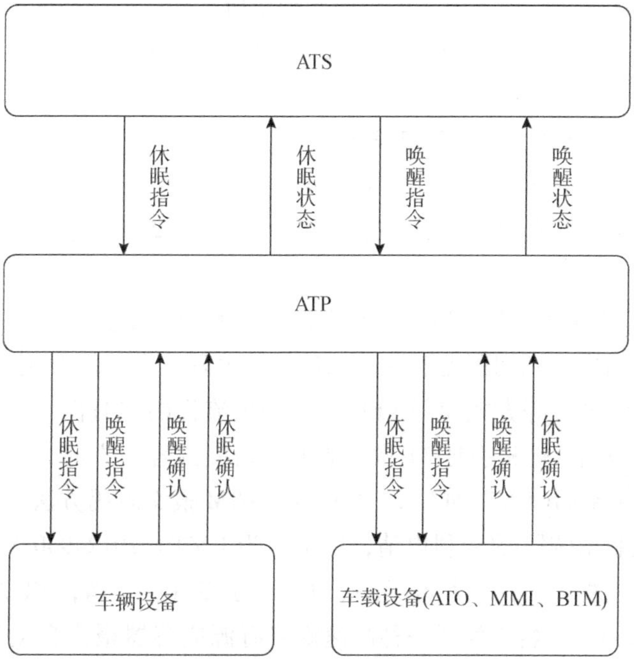

图6　车辆休眠和唤醒处理方法的整体示意图

（三）北京交通大学

北京交通大学拥有轨道交通控制与安全国家重点实验室，研究方向主要集中在列车运行控制系统、列车运行图编制、机车信号以及 GSM－R 无线通信等，相较于前文所述的两家企业而言，在应答器领域的专利申请量较少，但其中不乏亮点。

如申请号为 CN201010152938.7、名称为“一种虚拟应答器的实现方法”的专利申请，提出了虚拟应答器的概念，其以较低的成本实现了应答器的功能，无须轨旁设备，通过软件处理实现列车的定位。北京交通大学在 2016 年提出了申请号为 CN201610119042、名称为“一种虚实混合应答器传输系统及其应答器传输方法”的专利申请，大大减少了应答器的铺设数量，降低了应答器发送报文的数据量，在降低成本的同时，为铁路的提速预留了“车—地”信息传输的提升空间。

对于 BTM 设备使用过程中存在的电磁干扰问题，北京交通大学也进行了研究，申请号为 CN201210559816.9、名称为“一种列车车载应答器传输单元无线链路干扰监测装置”的专利申请采用耦合装置对电磁干扰进行了在线监测与记录，便于进行客观评价。申请号为 CN201511001109.8、名称为“基于干扰对消算法的一体化点式应答器天线系统”的专利申请，提供了一种算法，在不增加经济负担的情况下，启用主/备 BTM 天线，消除干扰，保护车载设备，确保列车行驶的安全。

（四）北京全路通信信号研究设计院

北京全路通信信号研究设计院的研发重点主要涉及 LEU 的报文发送、处理方法，所申请的 7 件发明专利中，有 5 件授权，仅有 2 件被驳回，专利申请质量较高。

申请号为 CN201010234719.3、名称为“一种列控报文处理方法、装置和系统”的专利申请中，利用预先条件、BCH 计算过程，设置缓存机制及并行运算，构造反向查询字母表等方式使得 LEU 报文处理流程的实时性大幅度增强。虽然该专利申请被驳回，但被引证 11 次，表明其研究内容与方向有一定的价值。此外，申请号为 CN201010272947.X、名称为“BTM 报文解码方法、装置及基于应答器的列车控制系统”的专利申请，申请号为 CN201110124940.8、名称为“应答器报文发送方法、设备和系统”的专利申请，以及申请号为 CN201310134185.0、名称为“一种高速铁路有源应答器报文自动校验方法及系统”的专利申请，分别对 BTM 报文解码方式、生成方式以及校验方式进行了改进，提升了系统的实时性与可靠性，这 3 件专利申请均获得授权。

（五）中国铁道科学研究院

中国铁道科学研究院是国际铁路联盟会员单位，国际标准化组织（ISO）铁路应用技术委员会的中国技术对口单位。与上述企业以及科研单位不同，中国铁道科学研究院的业务类型涉及咨询监理以及检测认证，因此，所申请的涉及应答器领域的相关专利也多为设备性能的检测装置。如申请号为 CN201110125516.5、名称为“应答器报文闭关检测系统及方法”的专利申请，申请号为 CN201210459028.2、名称为“一种应答器传输模块的检测方法及装置”的专利申请，申请号为 CN201410682728.7、名称为“一种车载应答器外观检测装置”的专利申请，申请号为 CN201510122719.7、名称为“大容量 BTM 自动检测装置”以及申请号为 CN201510122995.3、名称为“应答器自动检测装置”的专利申请等，这些申请对应答器系统的各组成部件进行检测，确保系统的正常运行，为行车安全提供了保障。

另外，中国铁道科学研究院在应答器系统以及报文传送方面也有相关的专利申请，如申请号为 CN200810246816.7、名称为“应答器”的专利申请中，通过改进应答器内部电路结构，设置了应答器信息回送接口模块，通过该模块产生低频信号，使得轨旁设备可以准确监测应答器的状态。同时，由于采用了低频信号，通信距离增加至1～4km。再如申请号为CN201110126526.0、名称为“应答器报文实时生成与发送方法、列控中心设备和系统”的专利申请中，提出了报文实时生成与发送的方法，实现了临时限速命令的任意下达，解决了存储容量限制的问题，提高了铁路运输的效率。

（六）西门子

从全球专利申请来看，西门子在应答器领域的申请量是最多的，但是，其在中国的专利申请量却不算大，检索到与应答器领域密切相关的专利申请11件，其中多数涉及应答器的结构设置，仅两篇涉及报文的传递及校验核心技术。如申请号为CN201210332751.4、名称为“用于循环冗余校验的装置和方法”的专利申请以及申请号为CN201310222171.4、名称为“一种传递报文信息的方法、装置和系统”的专利申请。由此可见，在我国的应答器领域的市场中，西门子专利布局并不全面。

（七）其他申请人

北京佳讯飞鸿电气股份有限公司涉及应答器领域的专利申请共有9件，其中实用新型专利1件，发明专利申请8件，且均已授权，涉及主题包括应答器的报文编码方法、应答器监测方法以及应答器的防盗系统，专利质量很高。如申请号为CN200710176440.2、名称为“列车控制系统动态报文编码方法”的专利申请，将既有列控中心的静态编码、存储以及选择发送的方式变为动态的方式，提高了列车运行的效率。但该公司的专利申请集中在2007～2008年，此后便没有进一步的申请。

与此类似的是华为技术有限公司。2012年之前其在应答器领域申请了多件与应答器报文处理方法及检测方法的相关专利，例如申请号为CN20121039008.6、名称为“应答器报文处理方法及车载设备”的专利申请以及申请号为CN201180000507、名称为“应答器检测方法和应答器检测系统”的专利申请，但之后便没有进一步的申请。

四、小　结

我国高速铁路大规模的“走出去”，将极大地推动国内应答器领域核心技术的研究，也使得该领域有着前所未有的巨大发展空间。对于应答器领域的专利申请已经逐步由早期的外壳、支架、端口等外围技术向LEU、BTM、应答器的内部电路以及报文收发方法等核心技术转变。建议相关企业和科研单位能够通过原始创新、集成创新以及引进、消化、吸收再创新等途径，将生产与研发有机结合，研制出具有完全自主知识产权的应答器产品，使中国高铁的“走出去”更有底气。

参考文献

[1] 韩燕. 浅析列车运行控制系统 [J]. 甘肃科技, 2008, 24 (9): 75-76.
[2] 田仕赵. 应答器报文的研究及实现 [D]. 成都: 西南交通大学, 2008.
[3] 叶诚, 严伟光, 唐纯捷. 列车运行控制领域应答器行业综述 [J]. 科技情报开发与经济, 2014, 24 (22): 152-154.

心血管支架领域专利技术分析

郝 星 王 玮 於 锦 姜佩杰

摘 要：心血管疾病已成为全球人类的主要死因之一，介入治疗是近年来逐步发展起来的治疗心血管疾病的一种治疗方法。支架作为介入治疗中的一个重要手段，对治疗效果有着举足轻重的影响。本文针对心血管支架领域从中国专利申请的申请趋势、区域分布、领域分布、全球主要产业机构、主要申请人技术分布进行统计分析，并根据冠状动脉药物洗脱支架领域的全球专利申请进行技术功效分析，得到目前该领域内的技术热点、技术空白等方面的信息，同时对我国相关企业提出了建议。

关键词：心血管支架 专利分析 态势 技术功效分析

引 言

介入治疗是近些年兴起的介于外科和内科治疗之间的治疗方法，包括血管内介入治疗和非血管介入治疗，尤其以血管内介入治疗应用最为广泛。介入治疗中最为重要的部分就是植入支架，临床医生通过特定的医疗器械，如输送导管，将支架植入血管病变部位，支架的植入能够为血管提供支撑，使已经堵塞或狭窄的血管完成血运重建，从而恢复其正常的生理功能。介入治疗具有疗程短、创伤小、疗效显著的优点，已成为目前治疗血管疾病的最有效方法之一。近几年来，我国对介入医疗核心产品的需求不断增加，冠状动脉介入术（PCI）手术病例逐年增加。冠状动脉介入治疗技术最早始于 20 世纪 70 年代。经过几十年的发展，目前已发展扩大到冠状动脉介入术（PCI），并以此建立了介入心脏病学。迄今为止，冠状动脉介入术（PCI）的发展经历了 3 个阶段：经皮冠状动脉腔内成形术（PTCA）、冠状动脉血管内支架植入术（BM STENTING）、药物洗脱支架（DES）。支架作为介入治疗系统的重要组成部分，在介入治疗中发挥着至关重要的作用。

本文利用中国专利文摘数据库（CNABS）、外文数据库（VEN）对心血管支架领域的专利申请进行了检索，对心血管支架领域的中国专利申请，国内外主要心血管支架生产研究机构在华专利申请以及冠状动脉药物洗脱支架领域的全球专利申请进行分析研究，以期对我国相关企业和科研机构的专利布局提供参考。

一、心血管支架领域专利申请状况

本文针对心血管支架领域的中国专利申请进行了分析，通过对专利申请量的统计分析研究专利申请的发展趋势，通过对比国内外专利申请数量，获知该领域在中国的专利申请的分布局势，并通过技术功效分析了解该领域的技术热点和技术空白，旨在了解国内外心血管支架行业的专利技术发展状况及趋势，为我国心血管支架领域的专利发展战略提供些许参考。

（一）专利申请趋势

选取 1986 ~ 2016 年的心血管支架领域中国专利申请进行检索（检索时间截至 2016 年底），其申请量按照年度的分布以及国内、国外申请所占比例的情况如图 1 所示。

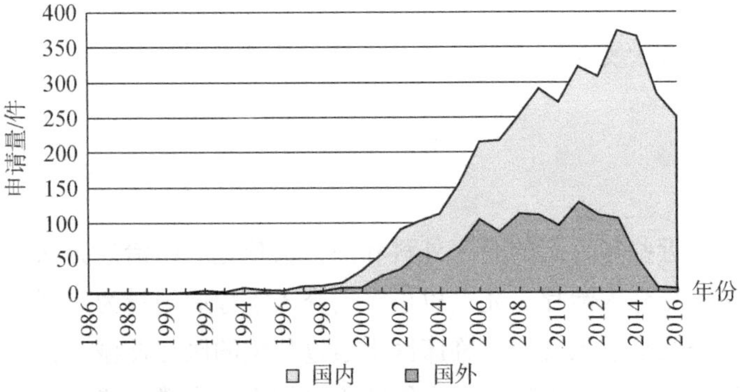

图 1　1986 ~ 2016 年心血管支架领域中国专利申请发展趋势

从图 1 中可以看出，从 1985 年中国专利制度建立之初就已经有关于心血管支架的专利申请。经过 30 年的发展，心血管支架在中国的专利申请趋势可大致分为以下几个阶段。①第一阶段（1986 ~ 1991 年）。这一阶段属于介入治疗的萌芽阶段，国际上关于支架的研究也处于起步摸索时期，此阶段的支架专利申请量基本都维持在一年一件的水平上。②第二阶段（1992 ~ 1999 年）。在这一阶段，国际上已有成品支架成功问世，国外专利申请也在这一阶段开始进入中国，国内支架技术则处于摸索研究阶段，年申请量相比第一阶段有了一定增长，但最高也仅有 10 件左右。③第三阶段（2000 年至今）。进入 21 世纪之后，心血管支架技术取得突飞猛进的发展，专利申请量也呈现出直线式增长。在 2003 年，申请量就突破了 100 件，相当于 2000 年申请量的 3.2 倍；在 2006 年突破 200 件。从图 1 中可以看出，2014 ~ 2016 年，专利申请量明显下滑。其主要原因为一定数量的专利申请还未公开，导致目前所统计的申请量与实际申请量存在一定差异。总的来说，从申请量曲线的走向可以预计，心血管支架领域的专利申请量在以后较长时间内仍将快速增长。

在2000年以前，中国的心血管支架专利的国内和来华专利申请量较为接近，且均呈逐渐上升趋势。2000年以后，国内专利申请量呈直线式增长；在2001～2006年，国内申请量和国外申请量均呈快速增长趋势且申请量较为接近；2006年之后，国内申请量仍稳步增长，国外申请量则呈现出平稳震荡的状态；而在2011年之后，国外申请量逐渐呈现出下滑趋势，这可能与国外申请从申请到公开所需时间较长有直接关系。总的来看，2000年以后，国内申请人在心血管支架领域的研究热情空前高涨，取得了相当多的研究成果，并积极要求专利保护。

（二）申请人的区域分布

从图2中可以看出，国外在华的申请量占申请总量的35%，而国内申请量占总申请量的65%，所占份额远超过国外申请，这也印证了目前国内支架逐渐在市场上占据主导地位的结论。国外在华专利申请中，美国的申请量最多，占总申请量的20%，其次为德国（3%）、日本（2%）、瑞士（2%）。我国心血管病患者逐年激增的大背景推动了心血管介入治疗的发展，激发了国内研发机构的研究热情；随着国内申请人的专利申请意识逐渐增强，在该领域，国内专利申请占据了优势地位。国外在华专利申请，尤其是美国，占据了20%的申请量，说明在国内，对于心血管支架技术重视的同时，越来越多的国外申请进入中国，争夺中国市场。但是，近年来，国外在华申请量相较于国内申请一直维持在一个相对较低的水平，说明国外申请人在华专利布局并不是高度密集，但这些国外申请人往往都是技术实力雄厚的国际大型企业，其专利申请中可能包括了较多的核心技术，专利申请质量较高，因此，仍不能忽视国外在华专利申请的影响。

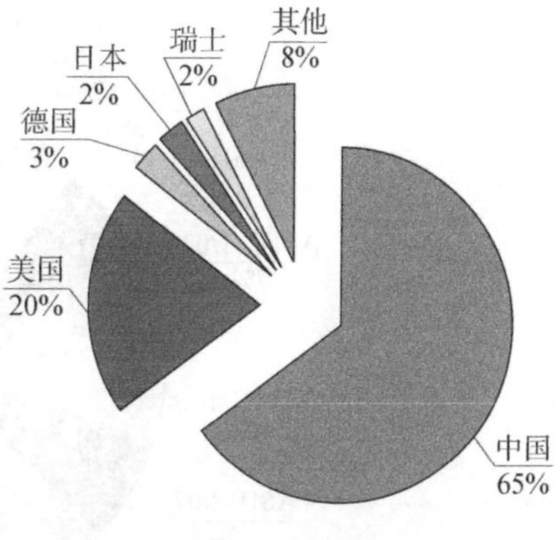

图2　心血管技术领域国内以及国外来华的专利申请量分布

（三）相关中国专利申请的领域分布

将检索的相关中国专利申请按IPC分类，申请量位居前列的IPC分类号依次是：

A61F 2/06（能植入血管内的假体），368件。

A61F 2/82（为人体管状结构提供开口或防止塌陷的装置，如支架），

331 件。

A61L 31/16（生物活性物质，例如治疗物质），235 件。

A61F 2/90（用形成网构造的线状元件形成的支架），234 件。

A61F 2/24（心脏瓣膜），210 件。

A61F 2/07（支架移植物），166 件。

A61L 31/10（大分子材料），157 件。

A61L 31/02（无机材料），152 件。

A61L 31/14（以其功能或物理性质为特征的材料），139 件。

A61B 17/00（外科器械、装置或方法），120 件。

A61M 29/00（带或不带引入介质，如药物的扩张器），117 件。

由于心血管支架领域所涉及的技术较多且杂，目前还没有较为细致的 IPC 分类，所以统计结果多是关于支架本身的 IPC 分类，但从图 3 所示的 IPC 分布不难看出，心血管支架领域的研究热点包括心脏瓣膜、材料以及药物洗脱。

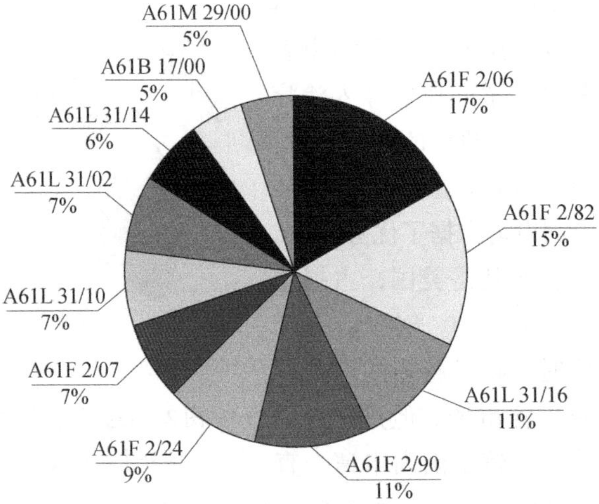

图 3　心血管支架领域中国专利申请的 IPC 分布

（四）主要申请人

目前，世界上生产心脑血管介入器械的国外公司有几十余家，其中以美国强生（科迪斯）公司、美国美敦力公司、美国波士顿科技公司和美国雅培公司规模最大；国内的主要心脑血管介入器械公司包括上海微创公司、北京乐普公司、山东吉威公司等。一直以来，高端医疗器械 80% 左右的市场被外资所占据，在心血管支架领域，雅培、强生和美敦力等外资公司是最初的引领者，中国医疗器械公司一开始处于明显下风，经过 10 多年的发展，以上海微创为代表的中国医疗器械公司，实现了从起步、跟随到超越的巨大转变，并牢牢占据70%左右的国内市场。

图4显示的是心血管支架领域主要申请人在中国专利申请量的年度分布状况。从图4中可以看出，该领域中国专利申请集中在2005年以后，国内申请人以上海微创为代表，首先在中国申请相关专利；且专利申请量持续增加，专利布局密集，国外申请人则主要在2005年之后逐渐开始在中国进行相关专利布局，其中以强生（科迪斯）表现最为突出。强生在20世纪90年代通过收购兼并CORDIS公司引入了血管支架业务，并于1995年前后推出第一个裸支架，引发了强烈反响。随着雅培、美敦力、波士顿等的陆续加入，支架市场竞争日益激烈，强生所占市场份额逐步下滑。2015年，强生出售其旗下心血管医疗器械制造部分科迪斯公司，宣布退出心血管支架领域。

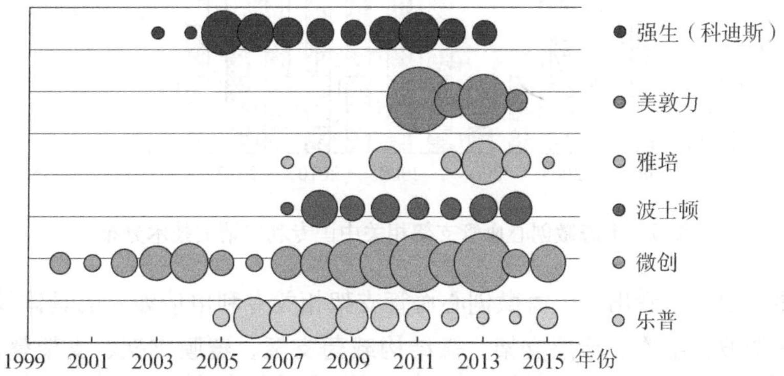

图4 心血管支架领域主要申请人的专利申请量年度分布

注：圆圈大小表示申请量多少。

虽然中国心血管支架企业的迅猛发展对国外企业在中国的市场产生了不容小觑的影响，国内申请人在中国也进行了密集的专利布局，但国内专利布局主要体现在申请量和时间跨度上，所构建的专利壁垒并不够坚固。从专利申请所涉及的技术分支来看，国外申请人的专利申请主要集中于支架输送装置、心脏瓣膜支架等较为复杂的分支，而国内申请人的申请则集中于支架结构、药物洗脱支架等相对较为成熟的分支，在临床应用中也形成国内企业赢得了市场而国外企业赢得了口碑的局面。从申请量年度分布来看，国外主要申请人近几年的申请量仍然保持稳定发展态势，这也警示国内相关企业和科研机构要提高警惕，继续加大研发投入，仍需在技术突破上多下功夫，进一步完善加固专利壁垒，做到实质上的核心的专利布局。

（五）主要申请人的技术分布

在中国心血管支架领域的专利申请中，上海微创无论在时间跨度还是申请量上均处于领先地位，相比之下，其他申请人的专利申请较为分散，所涵盖的技术面较窄，因此，选择以上海微创为代表，对其技术分布进行分析，如图5所示。

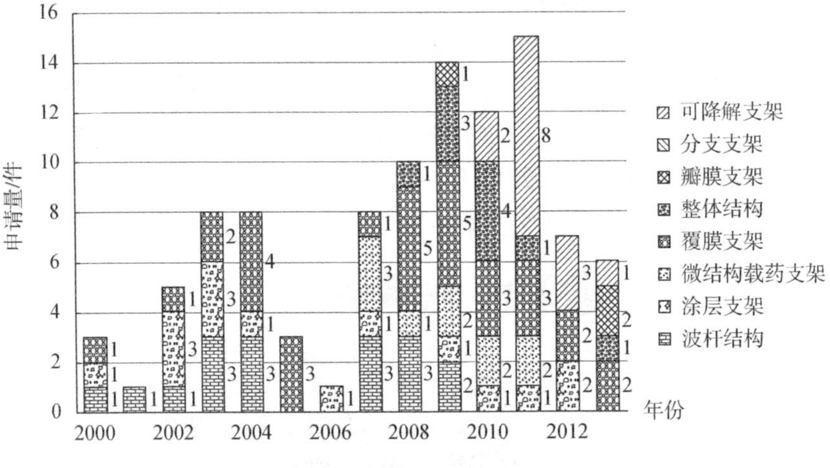

图5　上海微创心血管支架相关中国专利申请的技术分布

从图5中可以看出，上海微创心血管支架相关专利申请涉及的具体技术分支涵盖了支架波杆结构、涂层支架、微结构载药支架、覆膜支架、支架整体结构、可降解支架等多个方面，专利布局相对全面。其中，支架波杆结构、涂层支架和覆膜支架相关方面的专利申请几乎覆盖了整个时间周期，其中覆膜支架相关专利申请在各个时期的申请量均相对较为突出，说明上海微创在覆膜支架这一分支投入了较多的研发精力，覆膜支架系统也成为上海微创的代表性大动脉介入产品。而微结构载药、支架整体结构及可降解支架相关方面的专利申请在2007年后逐渐出现。

（六）专利申请技术手段及技术效果分析

冠状动脉粥样硬化是较为常见的心血管疾病，介入治疗也成为治疗该疾病的有效手段，其中，药物洗脱支架（DES）的出现大幅降低了冠状动脉介入术的再狭窄发生率，逐步成为冠状动脉介入术应用的主流。基于此，下文以冠状动脉药物洗脱支架为研究对象，检索收集全球冠状动脉药物洗脱支架相关专利申请并对其进行技术—功效分析。

根据图6中的技术—功效分布，在对冠状动脉药物洗脱支架的研究中，对涂层的改进主要目的在于防止再狭窄、防止涂层脱落和控制药物释放；对药物的研究则单纯集中于防止再狭窄；对药物和载体的改进主要防止再狭窄和控制药物释放；对支架表面修饰的研究集中于防止涂层脱落；对支架结构进行改进，能够防止涂层脱落、增加载药量并控制药物释放。从另一个角度讲，主要通过支架结构、支架修饰以及涂层构成的改进来防止支架脱落；通过支架结构、涂层结构和涂层构成的改进来增加载药量；通过涂层构成、涂层结构以及药物载体的改进来控制药物释放；通过药物、涂层构成以及载体的改进来防止再狭窄。目前的研究热点在于，通过改进涂层构成以及药物来防止再狭窄的发生；研究多集中在如何防止再狭窄和控制药物释放，其次是如何防止脱落；研究的技术分支则集中在涂层、载体、支架结构以及药物。我国企业如若在这些分支进行专利申请，需要进行充分调研，避免陷入专利纠纷。而在改进载体来增加载药量、通过支架修饰来防止再狭窄、控制释放、增加药量等方面，属于技术空白区，我国相关企业应该积极创新，加大研发力度，争取主动权。

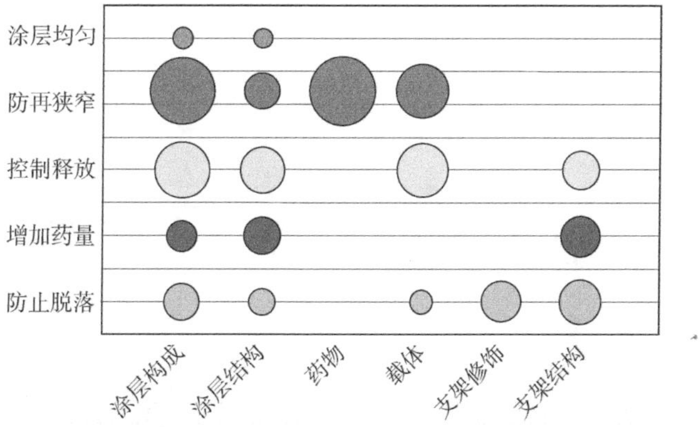

图 6 冠状动脉药物洗脱支架领域全球专利申请的技术—功效分布

注：圆圈大小表示申请量多少。

二、小 结

通过本文的统计和分析可以看出，在心血管支架领域，在华专利申请中，国内申请一直占据主导地位；而在支架市场上，国外产品曾长时期居于垄断地位。近些年，随着市场需求的急速增加和国内支架技术的发展进步，国产支架产品才逐渐得到广泛应用。专利申请和实际市场中的国内外差异并不完全相符，这种局面反而有利于国内支架技术的发展。因此，建议我国相关企业单位在加强对心血管支架进行研发或产业化的同时，还应继续加强对科研成果的保护，及时申请专利和进行专利布局，在研发、生产中合理利用现有的专利技术，进而提升自身创新能力。

虽然国外主要申请人在华申请数量不多，但其近年来仍保持稳定发展态势，且国外主要申请人多为实力雄厚的大型国际企业，其在心血管支架领域的专利申请多涉及支架输送装置和心脏瓣膜等复杂技术分支，包含较多的核心技术，专利申请质量高，对国内申请的影响仍不容小觑。国内企业在关注技术热点的同时，还应在改进载体来增加载药量，通过支架修饰来防止再狭窄，控制释放，增加药量等冷门技术分支积极探索创新，力争掌握核心技术，在竞争中占据主动权。

浅谈拓扑绝缘体领域中国专利申请状况

刘京徽

摘　要： 拓扑绝缘体是一种全新的量子物质形态，它不同于传统意义上的“金属”或“绝缘体”，这种物质形态的内部电子态是有能隙的绝缘体，而其表面则是无隙且稳定的金属态。鉴于拓扑绝缘体独特的电子态结构使得其在未来电子技术、非线性光学中具有很好的应用前景。目前，拓扑绝缘体作为一个研究热点，被世界各国政府、各科研机构、各大公司重视、研发并应用。本文通过对拓扑绝缘体中国专利申请进行统计分析，从多个角度解读该领域的专利申请发展态势。

关键词： 拓扑绝缘体　制备　应用　专利布局

引　言

2005 年，拓扑绝缘体的概念被提出，但这一概念最早只是一个理论预言。2009 年，中国科学院物理研究所与美国斯坦福大学深入合作，从理论上预言了一类三维拓扑绝缘体的存在（Bi_2Se_3、Bi_2Te_3和 Sb_2Te_3），他们从理论和计算上系统地探讨了这类强拓扑绝缘体的物理机制，给出了这类材料表面态中只有一个狄拉克点存在，是最简单的强拓扑绝缘体。在理论研究的同时，美国普林斯顿大学在 Bi_2Se_3中观察到了表面狄拉克点的存在。随后，清华大学和中国科学院物理研究所组成的实验研究团队，在国际上首先发展了三维拓扑绝缘体的分子外延生长技术，制备出了高质量的薄膜。

拓扑绝缘体这种具有特异结构的材料，在电子学器件、磁存储器件、能源技术、非线性光学，甚至是拓扑量子计算机等领域展示了广阔的应用前景。目前，中国、美国、欧洲、德国和日本已制定了一系列计划，致力于对拓扑绝缘体材料的研发。由于拓扑绝缘体研究发展的时间不长，在已公开的专利数量上，中国专利申请位于世界第一，专利权人主要以科研院校为主，但也不乏有京东方科技集团股份有限公司、中芯国际集成电路有限公司、台湾积体电路制造股份有限公司等大型企业。

因此，我们有必要对拓扑绝缘体的中国专利申请进行统计，并比较相关重要申请人的专利布局情况、技术发展动向，为国内申请人规避或合理借鉴现有专利技术，从而提高拓扑绝缘体的研发效率。

一、拓扑绝缘体领域中国专利申请状况

本文针对中国专利文摘数据库（CNABS）、中国专利全文库（CNTXT）和VEN外文虚拟数据库中涉及拓扑绝缘体的中国专利申请进行关键词检索，并在此基础上进行了统计分析。相关拓扑绝缘体的专利申请是在2010年才开始出现的，到目前为止，已公开的中国专利申请为139件。

（一）2010～2016年拓扑绝缘体中国专利的申请量分布

对2010～2016年涉及的拓扑绝缘体中国专利申请量进行分析，结果如图1所示。从图1可以看出，自2010年开始才出现拓扑绝缘体的专利申请；拓扑绝缘体中国专利申请处于逐年上涨的态势，然而申请数量不多的原因主要是拓扑绝缘体的发展时间不长，相关专利技术还处于萌芽阶段。

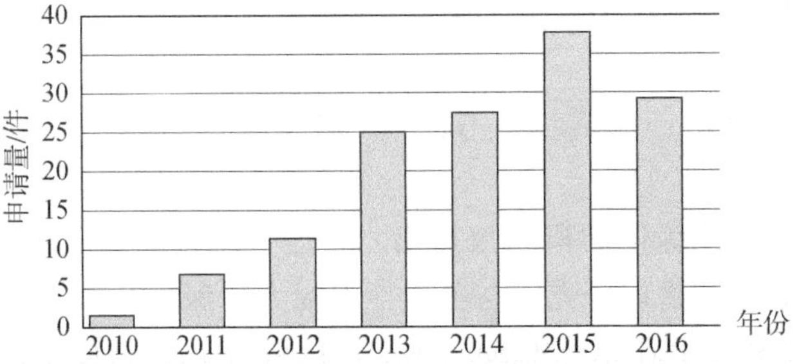

图1 2010～2016年拓扑绝缘体领域中国专利申请量分布

自关于拓扑绝缘体的开创性研究工作于2012年相继获得美国物理学会的“奥利弗巴克利凝聚态物理奖”和联合国教科文组织国际理论物理学中心的“狄拉克奖”后，拓扑绝缘体受到了国内外申请人的高度重视，其相关中国专利的申请量自2013年开始呈现阶跃式增长。2010～2012年，专利总申请量为20件，2013年申请量为25件、2014年申请量为27件，2015年申请量为38件，2016年申请量为29件。由于发明专利的申请人可能没有提出提前公开的要求，导致发明专利存在18个月的滞后期，所以2015年和2016年的相关中国专利申请数据并不完整。

图2显示了拓扑绝缘体领域中国专利申请2010～2016年申请人数量的分布。结合图1和图2可以看出，申请人数量分布趋势与其专利申请量分布趋势相吻合，这样的数据也反映了专利申请数量的增加得益于申请人数量的大幅增加。

（二）拓扑绝缘体中国专利的主要申请人

统计分析2010～2016年的拓扑绝缘体中国专利的申请人，其中，国内大学

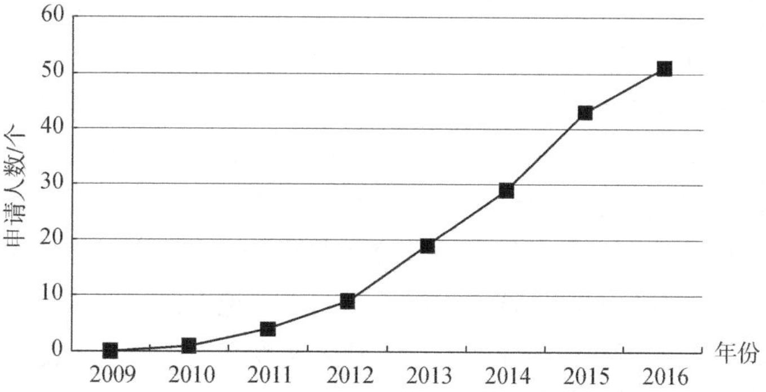

图2 拓扑绝缘体领域中国专利申请历年申请人数量分布

28 个，科研院所 10 个，国外科研机构 2 个，国内公司 5 个，国外公司 2 个，个人申请 4 个，这在一定程度上反映了中国研究人员对拓扑绝缘体专利的重视。对于拓扑绝缘体相关中国专利申请，申请人主要以科研院校和大学为主，国内公司占的比例相对较少。就科研单位来看，中国科学院（汇总各下属科研机构）、清华大学和深圳大学是拓扑绝缘体中国专利申请量最多的 3 个单位，其专利申请量分别为 34 件、14 件和 10 件；就公司申请来看，京东方科技集团有限公司的申请居于首位，其专利申请量为 10 件，中芯国际集成电路制造有限公司、LG 电子株式会社、英飞凌科奥地利有限公司等的相关中国专利的申请量均在 5 件以下。这样的数据，一方面表明拓扑绝缘体还处在实验室研发阶段，另一方面也表明企业已研制出拓扑绝缘体的应用产品，有望走向产业化。但总体而言，相对于国内高校和研究院所，国内企业在拓扑绝缘体方面的专利布局仍需进一步加强。

对于上述申请人的专利内容进行分析可以发现，无论是国内申请人还是国外申请人，其相关专利申请主要涉及以下几方面，即拓扑绝缘体的制备，拓扑绝缘体作为光电器件，应用于超快脉冲激光器、制备半导体器件（如薄膜晶体管）、显示器等。

二、拓扑绝缘体的技术发展趋势

拓扑绝缘体的电子和自旋结构受厚度、表面、界面等因素影响很大，因此，就科研以及器件应用目标而言，薄膜形态的拓扑绝缘体是必需的。现阶段，拓扑绝缘体的制备方法主要包括液相合成法（如水溶剂法、电化学沉积法、超声电化学沉积法）和气相合成法（化学气相沉积法以及分子束外延生长法）。这些方法各自有其优势和劣势。水溶剂法主要是通过在水或者其他溶剂中添加合成原料，然后在反应釜中通过水热或者溶剂热反应得到纳米尺度的拓扑绝缘体。该方法简便，且根据反应时长能制备出多种形貌的纳米级拓扑材料；不足之处在于，制备出的材料质量欠佳，尤其是迁移率（电学运输指标）与载流子浓度（化学势指标）不足以满足观察到拓扑绝缘体表面电子能态的相关量子运输现象的需要。化学气相沉积法以及分子束外延生长法的优点在于，能够合成厚度极低的超薄拓扑绝缘体纳米片；缺点在于超薄纳米片的产率非常低，而且合成所需要的设备和条件比较复杂，投入昂贵。另一种常用且较为方便、经济的气相方法为物理气相输运沉积法，它可以有效地制备低维纳米结构的拓扑绝缘体，但该项工作采用云母作为衬底材料，导致拓扑绝缘体薄膜中的缺陷密度高，因此，不能完全满足于拓扑绝缘体未来大规模的应用要求。

到目前为止，还没有适合工业化大规模生产推广拓扑绝缘体的技术，因此，实现拓扑绝缘体大规模、高质量的生产，是推动拓扑绝缘体产业化的迫切需要。

此外，拓扑绝缘体是制作自旋电子器件的理想材料，因为这类材料具有受拓扑对称性保护的高度自旋极化的拓扑表面态，这种表面态可以作为自旋极化电子流的输运通道，因而可以被用来实现自旋电子器件的功能。然而，单一的拓扑绝缘体薄膜表面自旋极化电子通道还存在一些不足，如表面微量污染会引起电学性能退化、电荷传输能力有限等。因此，需要拓扑绝缘体异质复合薄膜结构来解决单一拓扑绝缘体薄膜存在的弊端，从而提升器件的工作能力。

对涉及拓扑绝缘体领域的中国专利申请进行技术分析可以发现，其主要专利申请为拓扑绝缘体应用方面，拓扑绝缘体制备方法次之。图 3 显示了拓扑绝缘体中国专利申请人相关的技术分布。对 2010 ~ 2016 年拓扑绝缘体领域的中国专利申请进行分析可以看出，申请人更注重对拓扑绝缘体应用的中国布局，其相应专利申请量为 98 件，占总申请量的 70%。可见，无论是国内申请人还是国外申请人，对拓扑绝缘体的研究已进入应用阶段。

图 4 显示了拓扑绝缘体应用领域的细分，从图 4 中可以看出，申请人在该领域的中国专利申请的主要发明点顺序为锁模激光器、光学调制器件、晶体管、显示器。排名第一的应用于激光器领域的申请量为 29 件。可见，拓扑绝缘体具有良好的光学可饱和吸收特性，有望取代半导体可饱和吸收镜；另外，申请人十分注重该领域的布局。

总体来说，拓扑绝缘体的技术链目前处于尚未成熟的阶段，对于拓扑绝缘体的大规模制备技术，特别是以超薄拓扑绝缘体纳米片、拓扑绝缘体异质复合薄膜为主的制备技术仍需突破，拓扑绝缘体应用的整体产业布局仍需加强。因此，拓扑绝缘体具有很大的发展空间。

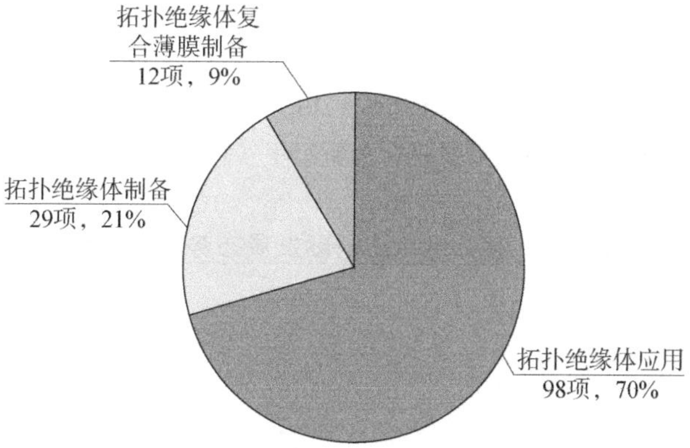

图3 拓扑绝缘体中国专利申请技术分布

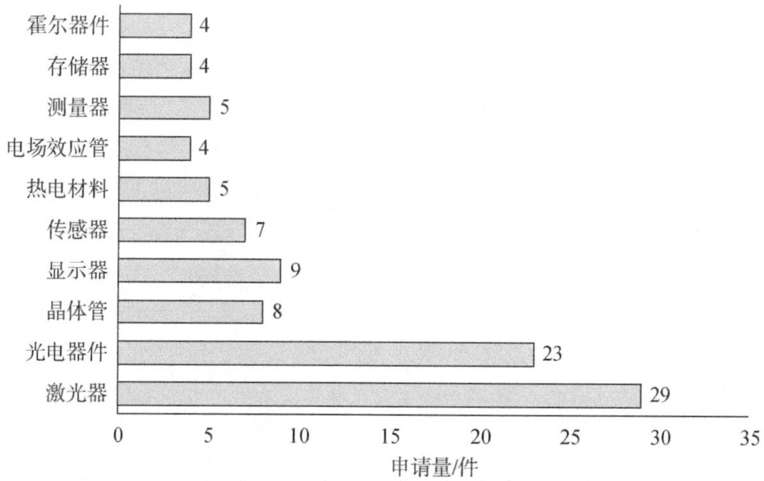

图4 拓扑绝缘体应用细分领域专利申请分布

三、小 结

对于拓扑绝缘体的研究，今后将继续成为各国研究的热点。从 Web of Science 数据库关于拓扑绝缘体的论文数量来看，中国是拓扑绝缘体领域研究中最具有优势和影响力的国家之一。从中国专利申请来看，我国也处于领先的位置。因此，我国应利用现在的优势，抓住这一发展机遇，进一步加强拓扑绝缘体的研究，开发关键技术，形成核心专利保护网。笔者认为，国内申请人在注重拓扑绝缘体全新领域应用开发的同时，应有策略地进行专利申请，力争在未来的拓扑绝缘体产业应用中处于领先地位。

参考文献

[1] MOORE J E. The birth of topological insulators [J]. Nature, 2010, 464 (7286): 194-198.

[2] 高妍，杨进平. 拓扑绝缘体开启物理研究新纪年 [J]. 科技创新与品牌，2012，(59)：51-53.

[3] 黄龙光，刘小平，冷伏海. 拓扑绝缘体国际发展态势文献计量分析 [J]. 科技观察，2016，11 (1)：18-26.

自动驾驶：中国企业如何参与并突破？

陈旭红　张　洁　韩　冰　李雪春

摘　要：本文从自动驾驶技术中的感知技术、决策控制、导航技术三个主要技术分支入手，通过对专利信息的深度挖掘，分别从技术分析、市场分析、竞争与合作分析等多个维度解读国内外产业布局特点，明确产业发展方向。对Mobileye、Google等业内重点公司的研发方向、技术路线、专利布局等内容进行深入解读，探索适合中国企业的专利运营路线。通过对三个主要技术分支的深入研究，总结出中国企业进军自动驾驶行业的三个突破方向：新玩家突破点、技术路线选择、标准建设突破点。

关键词：自动驾驶　专利分析　感知　决策控制　导航

引　言

自动驾驶技术是当前汽车行业、人工智能和互联网行业的研究热点。自动驾驶是指汽车依靠人工智能、视觉计算、雷达、监控装置和全球定位系统协同合作，让计算机在没有驾驶者主动操作的情况下，自动安全地操作机动车辆。自动驾驶整体上包含两个概念，即无人驾驶和辅助驾驶。

无人驾驶是指汽车能够自己操作所有与安全性相关的驾驶功能，并在整个行驶过程中监测道路情况。辅助驾驶是指驾驶者在操作车辆的同时，汽车也给出部分自动控制的功能。本文将所有的无人驾驶汽车和辅助驾驶汽车统称为自动驾驶汽车。

研究表明，如果自动驾驶技术能够普及，将有效解决目前的能源、交通拥堵和交通事故等各方面的社会问题。因此，自动驾驶是未来汽车行业发展的大势所趋。本文通过对专利信息的深度挖掘，从多个维度解读国内外产业布局特点，为推动中国自动驾驶产业的快速、健康发展作参考。

一、研究边界

自动驾驶技术综合复杂，涉及感知技术、V2I/V2V通信、导航、决策、执行控制、车辆动力学等多个方面的技术。本文对研究主题进行了技术分解，明确检索边界，划定检索范围，以便进行文献检索分析。考虑到产业界的需求，本文选择了感知技术、决策控制和导航技术三个关键技术作为研究对象，如表1所示。

表1 自动驾驶技术分解表

根级	第一级	第二级
自动驾驶	感知技术	机器视觉
		激光雷达
		毫米波雷达
	决策控制	辅助驾驶决策控制
		无人驾驶决策控制
	导航技术	高精度地图
		路径规划
		定位

本文采用的专利检索工具主要为国家知识产权局专利检索与服务系统，数据检索的截止时间为2016年4月1日。

二、自动驾驶行业概况分析

（一）感知技术专利分析

在自动驾驶技术中，传感器负责采集自动驾驶车辆所需要的信息，包括感知车辆自身的状态信息和车辆行驶的周围环境信息，为自动驾驶车辆的安全行驶提供及时、准确、可靠的决策依据。因此，传感器相当于自动驾驶车辆的感知器官，可以快速、精确地获取信息，是实现自动驾驶的基础和前提条件。

如图1、图2所示，自动驾驶汽车全球感知技术的发展过程可以分为四个阶段：萌芽期（1970~1990年）、成长期（1991~1999年）、发展期（2000~2008年）、快速发展期（2008年至今）。2008年，随着谷歌推出无人驾驶汽车，自动驾驶开始进入公众视线，成为关注热点。以宝马、奔驰为代表的传统汽车厂商和以谷歌、百度、Uber为代表的互联网公司相继加入了自动驾驶汽车的研制竞赛。环境感知传感器的专利申请量出现了大幅增长，年申请量超过了300件。随着越来越多的自动驾驶车型的相继推出，环境感知传感器的专利申请量还将呈现上升趋势。与国外自动驾驶的研究相比，国内起步较晚。自2008年开始，国内专利申请量处于缓慢上升趋势，2009年才开始进入快速发展期。

感知技术主要分成三个技术分支：视觉传感器（也称机器视觉）、激光雷达、毫米波雷达，其中视觉传感器的申请量占到了总申请量的一半左右。日本、美国、韩国、德国是最大的技术原创国，中国虽然申请量较大，但实用新型较

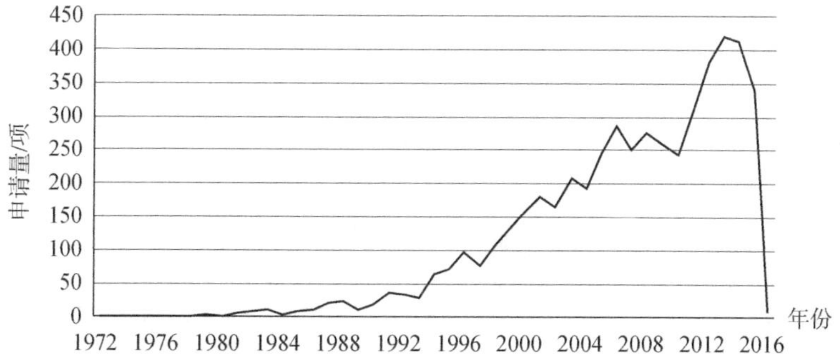

图 1 感知技术全球专利申请量趋势

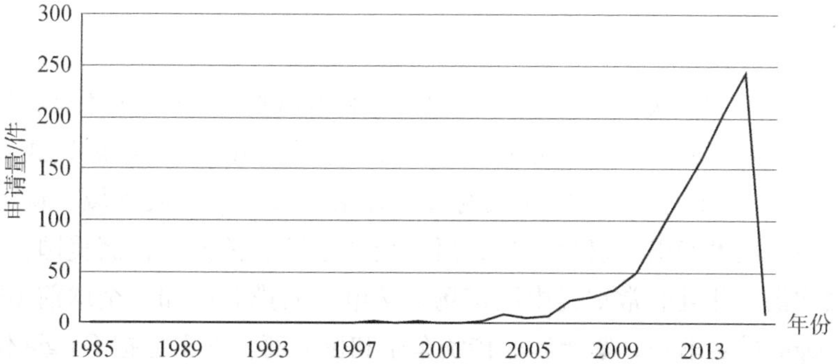

图 2 感知技术中国专利申请量趋势

多。申请人排名中，主要是汽车厂商和配件商，没有中国公司。其中，Mobileye 排第六位，它是一家比较新的以色列公司，也是本文后面会提到的“新玩家”。

（二）决策控制技术专利分析

自动驾驶在决策控制方面有两条发展路线，一条是基于辅助驾驶的渐进式发展路线，另一条则是一步到位的无人驾驶路线。

本文选择涉及控制的车道保持辅助系统、防碰撞辅助系统以及交通拥堵辅助系统三个模块作为辅助驾驶技术的代表进行研究。从专利申请态势可知，国外专利申请较早，从 2002 年开始大幅增长；而中国专利申请直到 2003 年才有布局，申请趋势与全球基本一致。从图 3 可以看出，日本是辅助驾驶技术最大的来源国，与第二梯队的中国、德国、韩国、美国拉开了很大差距，中国申请人向外布局非常欠缺，而日本的全球布局较好，海外方面非常重视美国市场。从申请人排名可知，日本占据了前 2 位，与日本是最大的技术来源国相吻合。

图 4 是无人驾驶技术行业专利申请概况。由专利申请态势可知，全球专利申

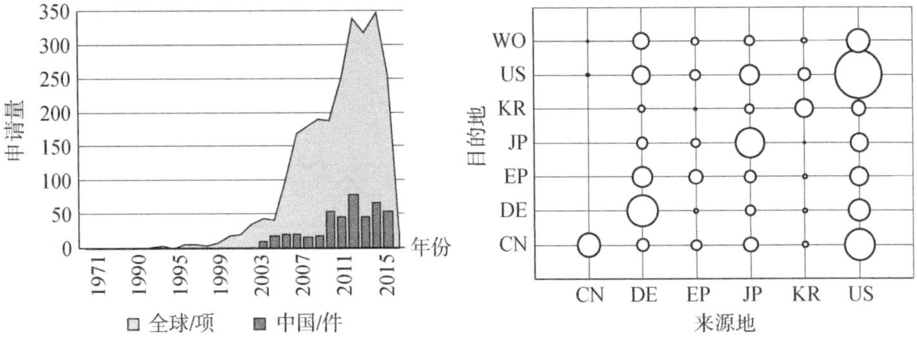

(a) (b)

图 3　辅助驾驶技术行业专利申请概况

注：图中圆圈大小代表申请量多少。

请较早，从 2006 年开始大幅增长，而中国专利申请直到 2003 年才有布局，申请趋势与全球基本一致。另外，无人驾驶全球专利在 2012 年开始爆发式增长，主要原因在于以 Google 为代表的互联网公司开始进入无人驾驶领域。从图 4（b）可知，中国的技术产出不仅总量少，而且全球布局非常欠缺；而美国优势明显，全球布局均衡，并且非常重视中国市场。从申请人排名可知，全球前 10 位申请人中，Google 排名第一，紧接着是传统车企和供应商。本文将把 Google 作为重点申请人进行研究，然后再将传统车企与谷歌进行对比分析。

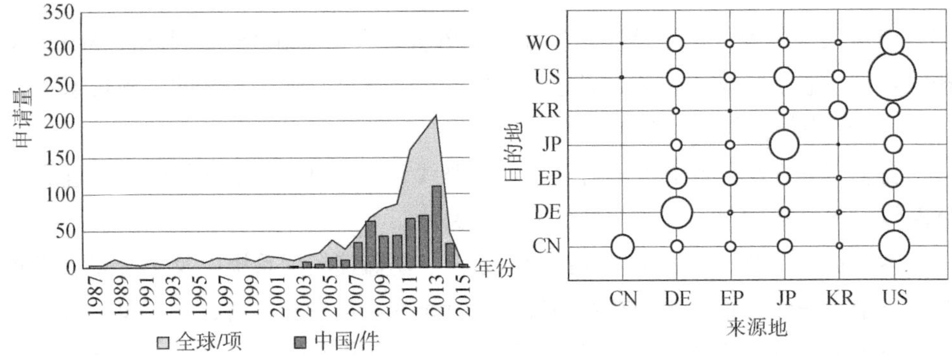

(a) (b)

图 4　无人驾驶技术行业专利申请概况

注：图中圆圈大小代表申请量多少。

（三）导航技术专利分析

导航技术是利用电、磁、光、力学等科学原理与方法，通过测量与运动物体位置有关的参数，从而实现对运动物体的定位，并将运动物体从出发点沿着预定的路线，安全、准确、经济地引导到目的地的技术。自动驾驶汽车对于导航技术的需求有两种，一种是对环境完全陌生的情况下进行导航，即预先没有高精度地图；一种是基于高精度地图的导航。基于高精度地图的自动驾驶汽车导航系统涉及三个重要的方面：高精度地图、路径规划和定位。

图5显示了导航技术行业专利申请概况。本文对导航技术分支的研究主要涉及高精度地图、路径规划和定位。从专利申请态势可知，导航技术前期申请量不大，2000年后进入高速增长期，2007年达到峰值，随后由于硬件的发展减缓，申请量也随之减少。2003年后，中国的申请量一直处于上升趋势。从图5（b）可知，来自日本的专利申请量最大，可见日本在导航技术领域占据主导地位。同样在重要申请人中，全球前10名中有9个日本公司（爱信艾达、丰田、电装、阿尔派、松下、三菱、歌乐、查纳位资讯情报、日产），基本上都是传统车企和配件商。

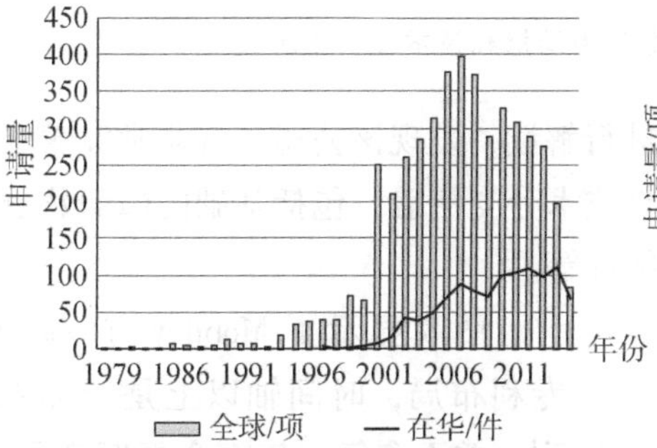

(a) 汽车导航专利申请全球趋势

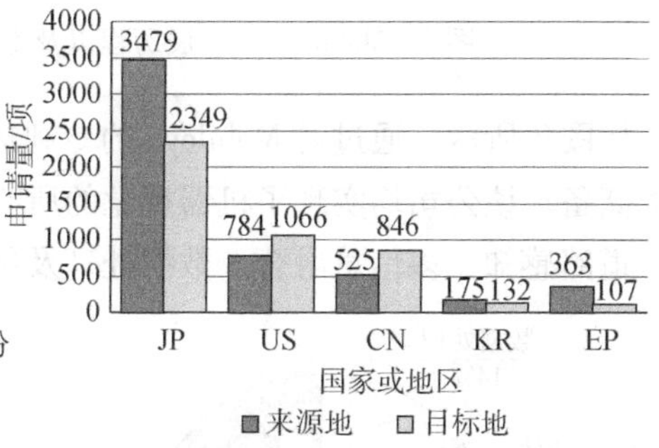

(b) 汽车导航技术主要来源地—目的地专利申请量分布

图5 导航技术行业专利申请概况

三、中国企业的突破方向

（一）新玩家如何突破

在前文提到的感知技术下的机器视觉技术分支，新进的以色列公司 Mobileye 位居第二，它不是传统车企，也不是传统配件商，因此，本文对该公司进行了深入研究。

图6显示了 Mobileye 的发展历程以及专利申请情况。Mobileye 公司发展经历了三个阶段：公司成立期（1999～2003年）、产品成熟期（2004～2009年）、上市准备期（2010～2015年）。这三个发展阶段对应着三个阶段的专利申请布局。单纯从申请量来看还不充分，其技术被引用次数体现了该公司技术的重要程度。

从图6可知，该公司的核心技术从1999年成立之初就已经开始储备，这些早期技术在后续产品开发中起到了重要作用。

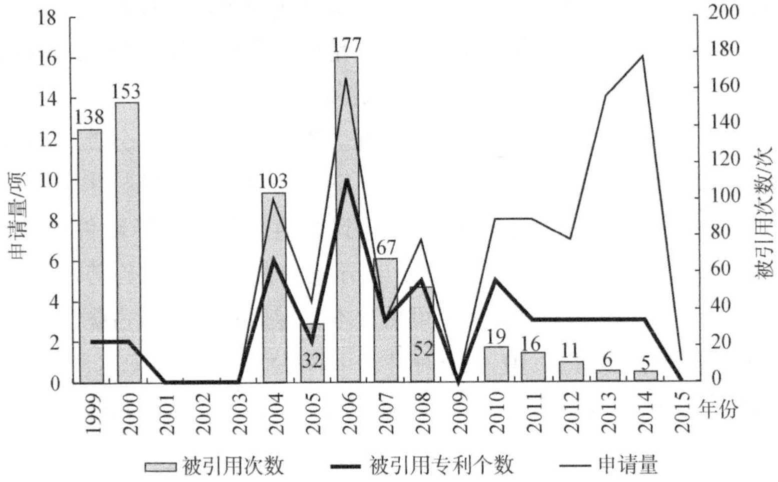

图6 Mobileye的发展历程以及专利申请量和技术被引用次数

如图7所示，通过对Mobileye的专利进行解读，发现该公司具有非常完善的技术储备。该公司均实现了机器视觉的所有技术分支覆盖，包括基础的障碍物感知、道路感知、多信息融合、数据处理及硬件等。

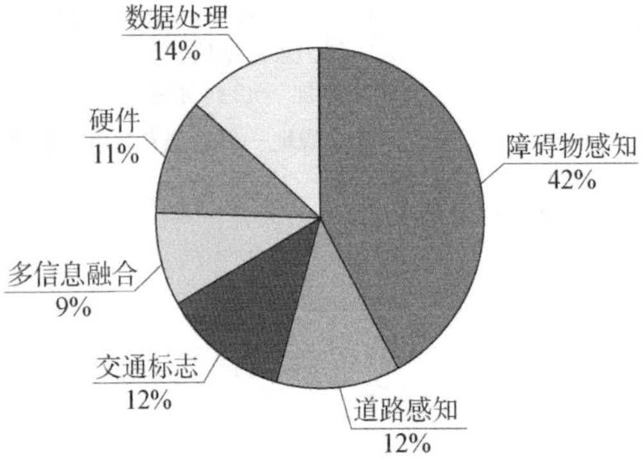

图7 Mobileye的专利技术分解

图8显示了Mobileye产品的专利布局，时间轴以上是产品系列，差不多每一年都会更新产品，每个产品都对应有相关的专利申请。由图8可知，该公司的每一代产品上市之前，都会提前3~4年甚至更早的时间进行专利布局。

图9显示了Mobileye的技术演化路线，从中可以了解该公司核心技术的专利储备。

Mobileye公司制定了灵活的专利申请策略。该公司根据专利布局需要，进行了非常灵活的专利申请，几乎利用了美国专利制度中的所有申请方式，包括临时申请、正式申请、分案申请、继续申请、部分继续申请等。

综上所述，Mobileye这个闯入自动驾驶领域的新玩家之所以能快速发展壮大，与其完善的技术储备、合理的专利布局、灵活的申请策略是分不开的。自动

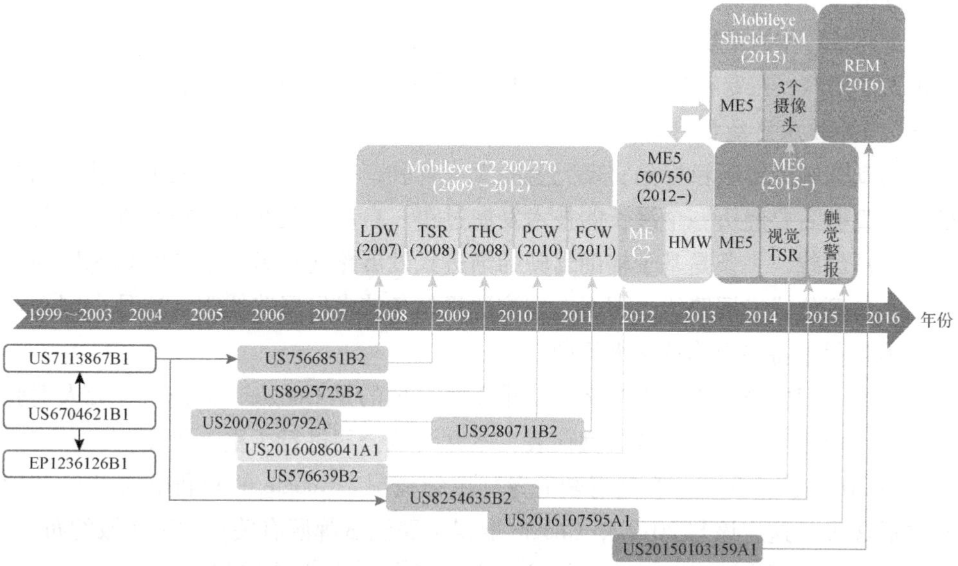

图 8　Mobileye 产品的专利布局

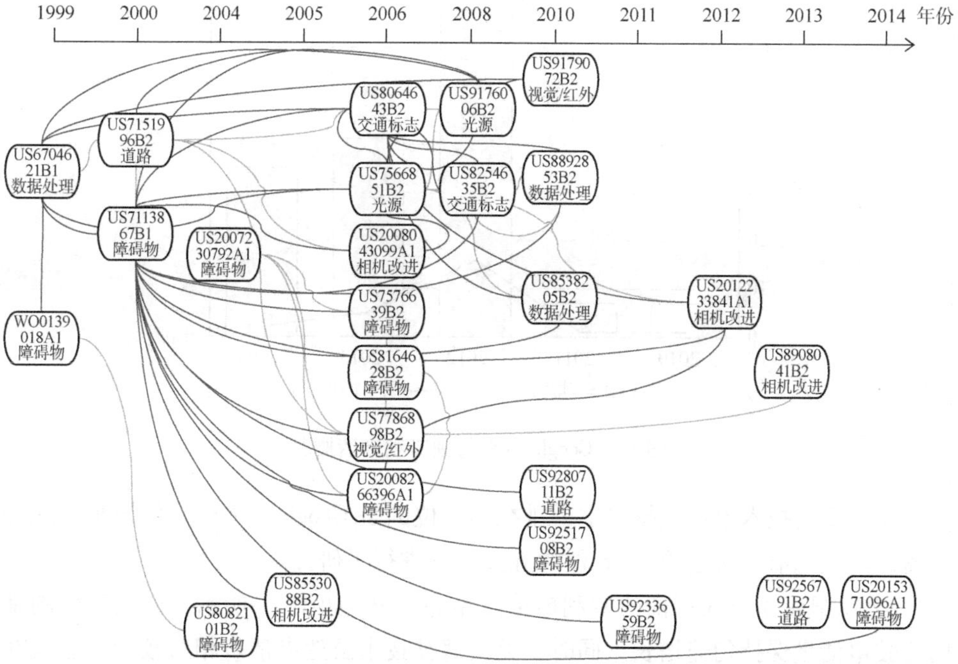

图 9　Mobileye 的技术演化路线

驾驶技术对于中国传统车企来说是一个比较新的领域。本文对于中国企业的发展提出如下建议：作为新玩家，在技术研发方面，需要重视产品研发及核心技术储备，重视人才培养；在专利布局方面，要通过灵活多样的专利布局提高核心竞争力。

（二）技术路线如何选择

自动驾驶的终极目标是实现完全的无人驾驶，从无自动化的人工驾驶到完全的无人驾驶需要经历一个漫长的技术发展过程。自动驾驶在决策控制方面有两条技术发展路线，一条是基于辅助驾驶的渐进式发展路线；另一条是以 Google 为代表的一步到位式发展路线。那么，应该选择哪条技术发展路线呢？这是中国企业在发展过程中将要面临的重大问题。

在无人驾驶技术申请人排名中，排在第一位的是 Google，该公司是无人驾驶的领军企业、互联网公司的典型代表，本文对该公司进行了重点研究。

图 10 显示了 Google 自动驾驶的专利申请概况。Google 的专利申请量在 2012 年之后爆发，这应该与 2012 年 Google 取得上路测试牌照有关；对于区域的布局，主要集中在美国本土。Google 的技术研发主要集中在决策控制和感知技术方面；在决策控制中，行为规划又占据了主导。

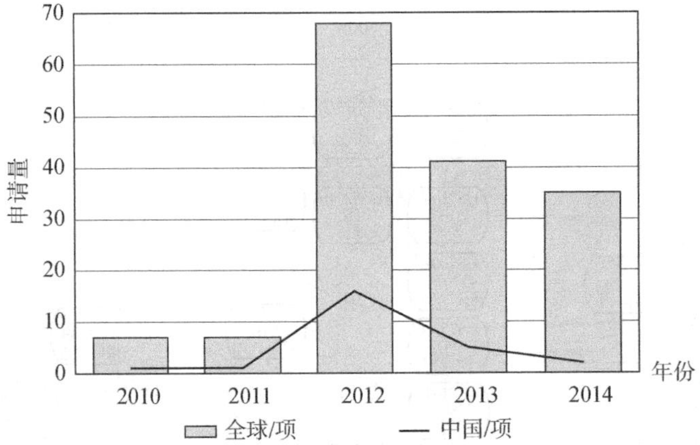

图 10 Google 自动驾驶专利申请概况

无人驾驶技术申请人排名中，排在第一位的是 Google，之后是传统车企或配件商，本文选取了排名第 2 ~6 位的五大厂商进行了研究。

图 11 显示了五大厂商的专利申请战略布局①。如图 11 所示，五大厂商的辅助驾驶申请量保持匀速增长，同时，无人驾驶技术虽然申请量相对较少，但也在

① 五大厂商指通用、戴姆勒、福特、丰田、博世。

2008 年后显著增加，并且在 2012 年左右开始加速。由此可见，五大厂商主要选择基于辅助驾驶的渐进式发展路线，在大力发展辅助驾驶的同时，也开始尝试一步到位式发展路线，直接发力无人驾驶。

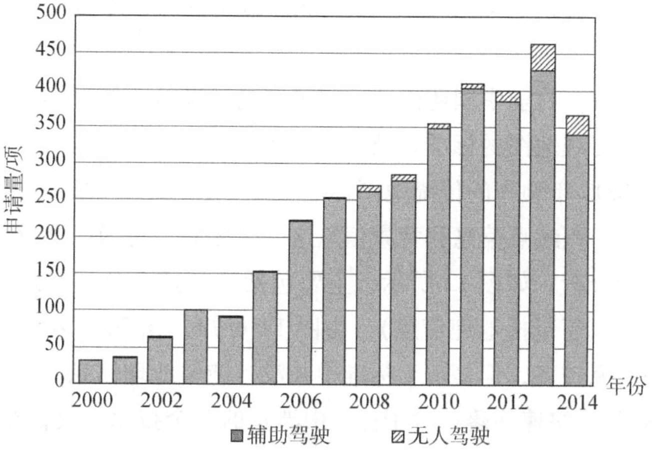

图 11　五大厂商自动驾驶专利战略布局

在技术方面，障碍物检测是 Google 与五大厂商共同的研究重点，而五大厂商除了具有与 Google 对应的专利布局，如综合控制、人车交互、交通信号等，还包括车队跟驰、气囊控制、座椅调整、转向补偿、窗帘控制等，可见五大厂商更注重车内设施的舒适性及乘客的安全性，更偏重乘坐体验和车内配套设施的控制，这也是传统车厂的技术优势。

综上所述，自动驾驶在决策控制方面的发展路线，一条是基于辅助驾驶的渐进式发展路线，其代表公司为传统车企及配件商。辅助驾驶出现的时间较早，在 1983 年，博世（Bosch）就开发了盲点监测技术，发展至今，已经实现了交通拥堵辅助、车道保持等智能程度较高的辅助技术，但其能否最终实现完全无人驾驶，仍有待检验。另一条则是一步到位的无人驾驶发展路线，其代表公司为 Google。Google 自 2009 年成立无人车事业部以来，发展迅速，在 2010 年至今短短几年的时间内，已经在无人车的各个技术分支完成了自己的专利布局，其产品也已经上路行驶。另外，尽管传统车企主推辅助驾驶的渐进式发展路线，但同时也在启动完全无人驾驶的研究。福特（Ford）已推出无人驾驶原型车 Fusion，并完成了道路测试。由此可见，这种一步到位的发展路线在实现完全的无人驾驶方面是可行的，具体的商业化只是时间问题。

通过对自动驾驶决策控制技术两条技术路线的对比分析，本文对中国企业提出如下建议：为了解决生存问题，汽车企业应逐步增加驾驶辅助技术；要关注无人驾驶，一步到位式的技术路线快捷可行，应腾出精力加大投入或与其他公司进行合作；要发挥自身优势，强化与无人驾驶配套的车内设施方面的专利布局。

（三）标准建设如何破局

在导航技术方面，本文重点研究了高精度地图这一技术分支，主要关注标准与专利的关系。

通过调研发现，目前中国还没有制定关于高精度地图的标准。可以考虑借鉴国内已有的关于传统地图的标准以及国外的高精度地图标准。

根据国内 2006 年颁布的传统地图标准 GB/T 20267—2006，其主要涉及道路信息、结点信息、兴趣点信息和背景信息这四个方面。对国内涉及传统导航地图的专利申请进行分析，如图 12 所示，主要包括五个技术分支（除了标准中涉及的四种信息之外，还包括地理信息）。由图 12 可知，在 2006 年标准颁布前，对于地理信息的研究较多，但是由于标准中并没有涉及地理信息，因此，该分支的申请量在 2006 年后快速回落；对于标准中涉及的四个技术分支，在 2006 年后进入了爆发式增长。由此可见，专利申请与标准的制定是互相促进的。

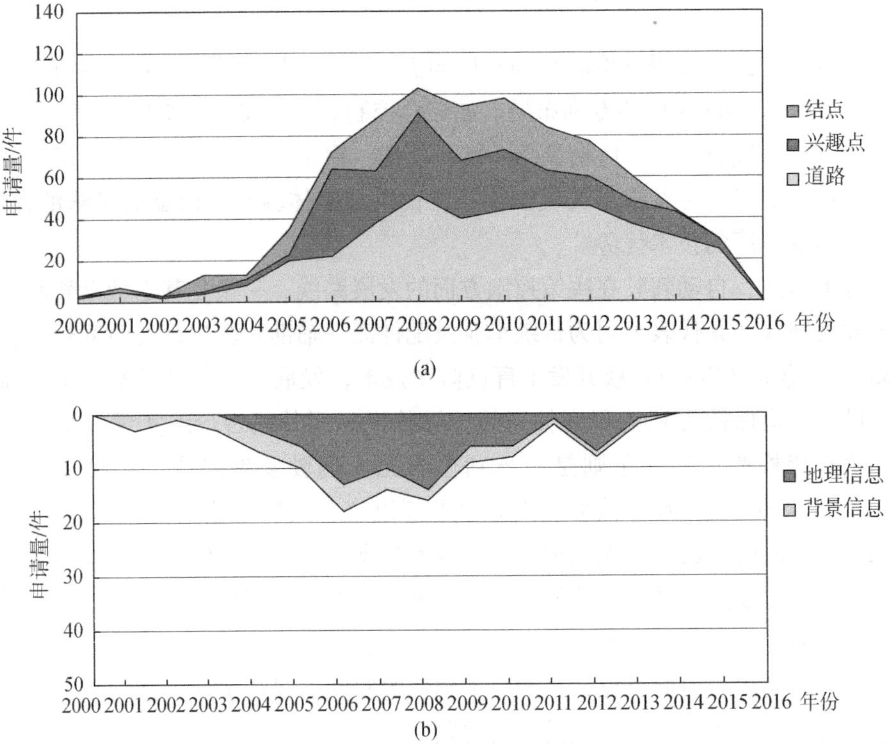

图 12　中国国内传统导航地图专利申请状况

通过对标准和专利的比较研究，在导航技术分支中，对中国企业提出如下建议：应积极参与高精度地图标准的制定，建议将路侧设施、天气、高架桥、坡度等道路属性信息加入标准中；对高精度地图的研究要与中国道路的实际情况相结合，着重进行与中国特色道路属性相关的专利布局。

四、小　结

（一）对专利政策的建议

自动驾驶技术的竞争也包括行业标准和法律法规制定上的竞争，我国应加快高精度地图标准的制定。高精度地图是实现自动驾驶的关键技术，而地图标准是高精度地图的绘制依据，直接影响自动驾驶技术的研发。在标准的制定过程中，应充分参考高精度地图领域的专利技术信息，例如，考虑将路侧设施、高架桥、天气情况和坡度信息等道路属性纳入高精度地图标准。

近年来，技术标准成为市场竞争的重要手段，建议国内的企业特别是地图厂商应提前做好专利布局，抢占标准和专利的先机。

（二）对汽车行业的建议

自动驾驶在决策控制方面具有两条技术路线：一条是基于辅助驾驶的渐进式发展路线，另一条是一步到位式发展路线。渐进式路线是传统车企、配件商所倡导的，其每个阶段的辅助驾驶技术都可以快速应用于其整车产品中，增加其产品上路行驶的安全性能，带来更为直接的经济效益。与之相对的，是互联网企业采用的一步到位的跃变式路线，例如谷歌和百度等。而相对应的传统车企在不断开发渐进式路线的同时，也并未放弃跃变式路线。那么对于我国的车企，应该如何选择无人驾驶技术路线呢？基于以上分析结果，本文为国内车企提出如下建议：

鉴于目前无人驾驶技术的成熟度和公众接受度还不高，市场上的主力产品仍是具备高级辅助驾驶功能的车型，例如自动泊车、交通拥堵辅助、防碰撞辅助和车道保持系统等。消费者对于这种丰富的辅助驾驶技术认可度高，更愿意为此多付出一些购车成本，因此，车企应迎合市场，逐步增加高级辅助驾驶技术。

国内车企要关注无人驾驶，一步到位式的跃变式路线快捷可行，应腾出精力加大投入或与其他公司进行合作。

国内车企要发挥自身优势，强化与无人驾驶配套的车内设施方面的专利布局。对于车企，深知用户的乘车需求，在汽车硬件的研发中具有天然的优势，这些都是互联网公司等跨界主体不具备的。对于无人驾驶汽车，用户需求与现阶段的有人驾驶存在诸多不同。因此，国内车企应充分发挥想象，开拓思路，抢先布局与无人驾驶相关的车内设施改进。

（三）对企业的建议

自动驾驶技术对于国内传统车企来说是一个全新的领域。因此，相对于Google等行业巨头，国内车企可以说是市场上的新玩家，该怎么突破技术壁垒呢？以Mobileye的发展历程作为参考，为中国车企提出如下建议。

首先，作为新玩家，需要重视核心技术储备和人才培养。自动驾驶技术除车体本身之外还涉及人工智能、激光雷达等尖端科技，因此，技术人才是最重要的资源。其次，充分利用专利布局提高核心竞争力。中国企业应积极学习借鉴国外企业的专利申请布局模式和策略，做到产品未动专利先行，在产品上市前后，对产品进行全方位立体保护，形成有效的专利战略。

目前，国内外传统汽车制造厂商、零部件提供商、IT企业、互联网公司和高校竞相加入自动驾驶技术的研发热潮，且不断有自动驾驶汽车完成真实道路测试。无人驾驶汽车已经从概念逐步走向现实，自动驾驶技术所带来的产业机遇、社会价值和经济价值已经得到了各国政府和研究机构的高度关注。自动驾驶技术的竞争已经上升到国家层面，中国政府对自动驾驶技术的支持力度已经位于世界前列。中国企业应该在自动驾驶技术领域奋力前进，尽早实现自动驾驶汽车的市场化，或许，自动驾驶技术将是中国汽车实现“弯道超车”的重要机遇。

参考文献

[1] 杨帆. 无人驾驶汽车的发展现状和展望 [J]. 上海汽车：2014（3）：35-40.

AMOLED 显示技术专利状况分析

姚文杰　郭　凯*　刘　莹

摘　要： 主动矩阵有机发光二极管（AMOLED）显示技术由于其具有的轻薄、功耗低、响应速度快、对比度高、画质卓越以及柔性透明等诸多优点而成为近几年显示领域的研究热点。针对 AMOLED 显示技术领域，本文选用世界专利文摘库（SIPOABS），对国内外的专利申请进行检索和统计，从申请量、申请区域、申请人以及关键技术等几个方面进行了分析，并对国内 AMOLED 显示技术领域知识产权的发展提出了建议。

关键词： AMOLED　显示　专利分析

引　言

有机发光二极管（organic light-emitting diode，OLED）显示是 20 世纪中期发展起来的一种新型显示技术。与目前市场上传统的液晶显示（LCD）相比，OLED 显示具有全固态、自发光、低功耗、高亮度、高对比度、无视觉限制等诸多优点，被认为是 CRT、LCD 之后的第三代显示技术。

OLED 按驱动方式可分为被动矩阵式（passive matrix OLED，PMOLED）与主动矩阵式（active matrix OLED，AMOLED）。AMOLED 与 PMOLED 相比，具有更大的显示容量、更优的显示质量、更长的寿命、更高的刷新率以及更低的能耗，被认为是第三代显示技术的主力军[1-3]。

我国《“十三五”国家战略性新兴产业发展规划》中明确提出，“十三五”期间要实现主动矩阵有机发光二极管（AMOLED）技术的国产化突破及规模应用。为实现上述发展规划，我国相关企业加大了技术研发力度及相关知识产权布局。

笔者针对 AMOLED 显示这一技术领域，选用世界专利文摘库（SIPOABS），采用关键词和国际专利分类相结合的方法进行专利文献检索，对该技术领域的专利申请从申请量、申请人、主要技术领域等多个角度进行统计分析，得出该领域专利申请在全球的分布情况和发展趋势，以供相关领域人员参考。

---

* 第二作者对本文的贡献等同于第一作者。

一、AMOLED 显示技术专利申请分析

截至 2017 年 5 月 8 日，通过世界专利文摘库（SIPOABS）共检索到 AMOLED 技术公开专利 2287 件。

（一）申请趋势分析

AMOLED 技术全球专利年度公开量如图 1 所示，在 2002 年之前，AMOLED 技术处于萌芽阶段，只有零星的专利申请被公开。2003 ~ 2011 年为 AMOLED 技术的起步阶段，越来越多的研究者意识到 AMOLED 在显示技术领域的应用前景，纷纷投身于 AMOLED 显示技术的研究，促进了专利申请量的增加。需要说明的是，2008 ~ 2010 年公开的专利数量有所回落，这可能是受金融危机的影响。2012 年之后，AMOLED 技术进入快速发展阶段，专利申请量也呈现出爆发式增长趋势。究其原因，在于诺基亚、三星、索尼等终端厂商在 2009 年推出一系列采用 AMOLED 屏幕的手机，而产业化应用对 AMOLED 显示屏性能提出了更高的需求，使得相关人员加快研发进度，从而催生了更多的技术改进，并伴随产生了更多的专利申请。

可以预见的是，随着 AMOLED 技术的进一步发展，更薄、更低功耗、更快响应速度、更优画质以及柔性透明的 AMOLED 还将在 VR、智能穿戴设备等领域得到广泛的应用，从而进一步促进专利申请量的增加。

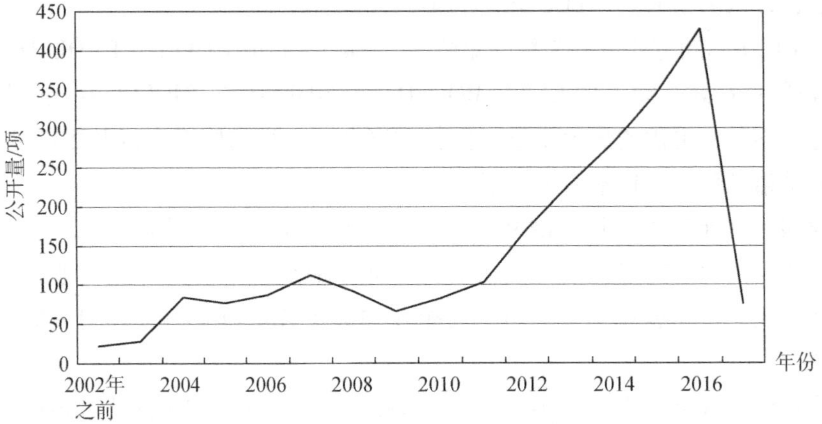

图 1　AMOLED 技术全球专利年度公开量趋势

（二）申请区域分析

专利申请人通常会根据某项发明的重要性和对相应技术的市场预期，决定是否就该发明在不同的国家或地区进行专利申请。因此，通过对专利申请所属国家

或地区的分析，可以了解该技术在不同国家或地区的保护力度和市场热度。图 2 所示的是 AMOLED 技术全球申请区域分布情况。通过图 2 可知，AMOLED 技术专利申请量占比由多到少依次为中国、美国、韩国、中国台湾、加拿大以及日本。其中，中国申请量排名第一，占全球申请量的四成以上，这与国家的产业政策大力扶持以及中国巨大的消费市场密切相关。申请量排名第二、第三位的分别是美国和韩国。此外，中国台湾、加拿大以及日本专利申请量也比较多，说明其在 AMOLED 技术领域具有一定的优势地位。需要说明的是，由于目前的 AMOLED 产业化应用限于中小尺寸的屏幕，主要是手机显示屏，而日本企业的研发重点放在大尺寸屏幕，这可能是导致日本申请量较少的原因。

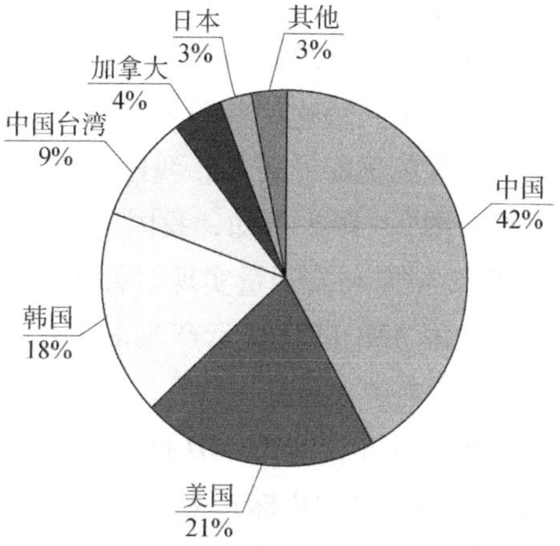

图 2 AMOLED 技术全球专利申请区域分布

图 3 示出了 AMOLED 技术专利公开量排名前 5 位的国家和地区的发展趋势。从图 3 可以看出，AMOLED 技术是从美国、韩国以及中国台湾起步的，上述国家和地区在 20 世纪 90 年代末期就出现了 AMOLED 技术领域的专利申请，其后，美国专利申请量呈平缓发展趋势，专利申请量稳步增长。韩国从 2005 年开始，专利公开量一直维持在较高水平，直到 2013 年专利公开量达到其峰值。而中国

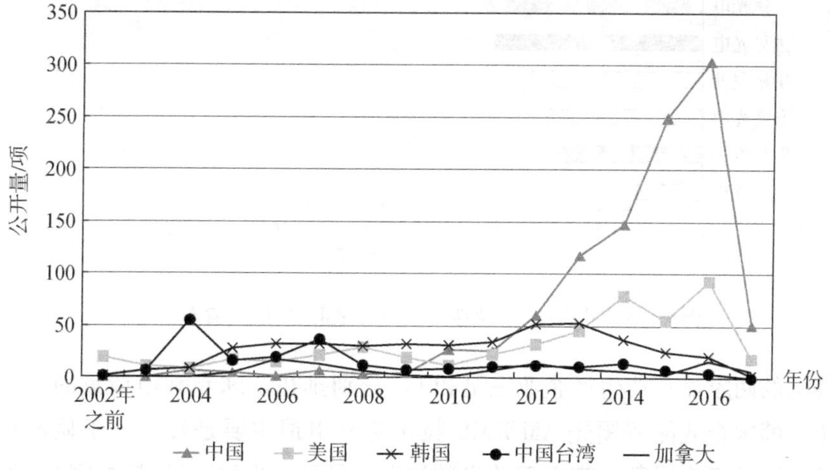

图 3 AMOLED 技术主要国家和地区专利公开量发展趋势

台湾地区的专利申请量呈高开低走趋势，其专利公开量在2004年达到顶峰，此后申请量逐步萎缩。中国进入AMOLED技术领域较晚，2004年之前没有相关专利的公开，2005~2009年的专利公开量也很少，处于起步阶段，从2010年开始，专利公开量进入快速增长阶段，并于2012年首次超过韩国，成为当年全球专利公开量最多的国家。可见，我国AMOLED技术正在迎来爆发期。

综合图2、图3可知，我国虽然AMOLED技术起步较晚，但是发展最快，尤其是2012年专利公开量实现对韩国的弯道超车后，目前进入了稳步快速发展的阶段。我国AMOLED显示产业正迎来前所未有的发展机遇期。

（三）申请人分析

从图4可知，AMOLED技术全球专利申请量排名前10位的申请人依次是三星（本文将三星SDI株式会社、三星移动显示器株式会社、三星电子株式会社统称为三星）、京东方、LG（本文将LG电子株式会社、LG菲利浦显示器公司、乐金显示有限公司统称为LG）、华星光电、友达光电、国显光电（本文将昆山国显光电有限公司、昆山工研院新型平板显示技术中心有限公司、维信诺公司统称为国显光电）、伊格尼斯、和辉光电、四川虹视以及统宝光电。其中，中国内地企业占据了一半，韩国和中国台湾地区各两席，加拿大的伊格尼斯申请量排名第七位。

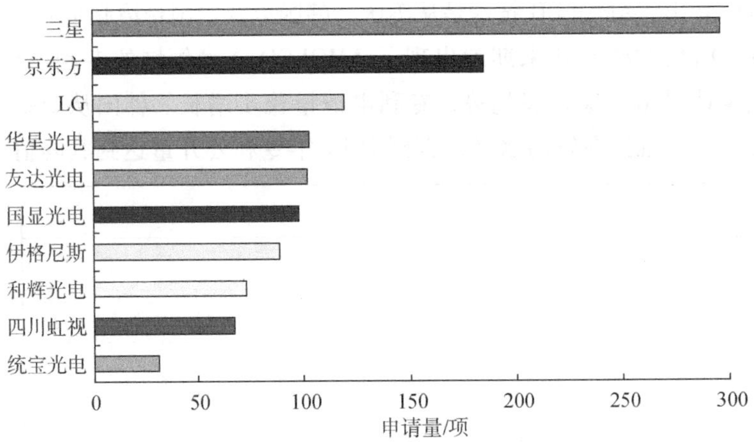

图4　AMOLED技术全球专利申请量前10位申请人分布

韩国的两家显示器生产企业三星和LG分别排在全球专利申请量的第一位和第三位，韩国企业能够领先AMOLED技术专利申请主要是韩国处于显示技术强国的地位以及拥有屏幕生产方面的先进技术，另外，也得益于韩国积极开发新市场的策略。早在2009年，三星公司就成功将AMOLED技术应用于手机显示屏，此后，中小尺寸的 AMOLED 显示屏一直是三星的研发重点，目前 AMOLED 面板市场基本被三星垄断，其产品的市场占有率高达 98%，是该领域的超级霸主。

5 家中国内地企业（京东方、华星光电、国显光电、和辉光电及四川虹视）的专利申请总量已经超过了韩国的三星和 LG。此外，中国的天马、信利等公司，虽然没有进入前十，但是都有一定数量的专利申请。因此，中国的 AMOLED 企业呈现百花齐放、百家争鸣的格局。尤其可喜的是，中国的多家企业积极布局 AMOLED 面板生产线，在 AMOLED 显示面板方面已经成为除韩国外第二梯队的领头羊，领先于中国台湾、日本等竞争对手。

中国台湾地区的友达光电、统宝光电以及加拿大的伊格尼斯均属于进入 AMOLED 技术领域较早的企业，都积累了一定的技术优势。

二、AMOLED 关键技术分析

AMOLED 显示屏根据屏幕是否可弯折分为硬屏和软屏（或称为柔性屏），软屏相比硬屏具有更为广阔的应用前景，比如可以满足智能穿戴设备的不同应用场景。因此，软屏成为研发人员的研究重点。目前，柔性背板和薄膜封装是柔性 AMOLED 的两大关键开发技术[4-5]。

本节介绍一些采用上述关键技术的专利文献，以供相关研究人员参考。

公开号为 CN104051652A 的发明专利申请涉及一种柔性薄膜晶体管，其针对现有的器件中采用双层结构氮化硅或氧化硅薄膜，或者单层结构的氮化硅或氧化硅薄膜作为阻挡层，容易出现内应力的叠加和累积，软屏在进行卷起或者弯曲时，会出现整面性的薄膜脱落现象。该专利通过在阻挡层中加入具有优异阻水或氧性能的氧化铝层，利用氧化铝层具有较低应力的特性同时形成多层层叠的阻挡层结构，从而缓解薄膜的内应力的积累和叠加，改善了阻挡层与柔性基板的附着性，进而减少薄膜出现脱落的现象。

公开号为 CN104241333A 的发明专利申请涉及一种软性主动矩阵有机发光二极管显示器及其制造方法，其针对现有的组件经较长时间（例如 100h）高温后，容易密封不严的技术问题，提供了一种改进的软性 AMOLED 显示器（见图 5）。其首先提供一刚性基板 200，然后依序形成层叠的第一缓冲层 202 以及第二缓冲层 204 于刚性基板的上方，并且设置第一气体阻隔层 206 和第二气体阻隔层 210 于塑料基板 208 的两侧，借由第一气体阻隔层和第二气体阻隔层来阻止水气进入塑料基板的内部，最后采用激光剥离制程移除刚性基板。移除时，第一缓冲层和第二缓冲层作为激光牺牲层对塑料基板进行保护。

公开号为 CN105810715A 的发明专利申请涉及一种柔性显示装置及制备方

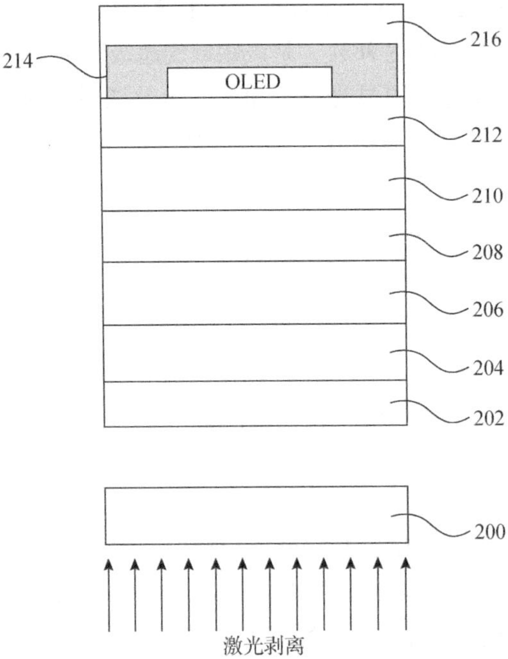

图 5　一种改进的软性 AMOLED 显示器

法，其针对现有的柔性显示装置屏体的各个显示区域的弯曲弧度不完全相同。在柔性显示装置动态弯曲过程中，其内部结构很容易发生断层、分层和显示线路损坏的技术问题，提供了一种柔性显示装置。通过在显示装置中设置衬底层、TFT 层、阳极层、OLED 层、阴极层、封装层和防护膜，并设置防护膜形成于衬底层背离 TFT 层的表面、TFT 层与阳极层之间、阳极层与 OLED 层之间、OLED 层与阴极层之间、阴极层与封装层之间和/或封装层背离阴极层的表面。同时，该防护膜随着柔性显示装置的弯曲而变形。当柔性显示装置在弯曲时，其内部结构中与防护膜相贴合的部分（如衬底层、TFT 层、阳极层、OLED 层、阴极层和/或封装层）在防护膜的变形作用下也会随之呈现相同的弯曲状态，从而避免了柔性显示装置内部结构发生断层或分层的现象，这也就有效保证了柔性显示装置弯曲时的整体显示效果。

三、小　结

在全球 AMOLED 技术竞争加剧和加速产业化的背景下，我国 AMOLED 产业的发展正处于前所未有的战略机遇期。未来中国 AMOLED 产业要与全球 AMOLED 产业齐头并进，一方面，要充分发挥企业、科研院所和政府的协同作用。企业应把自主创新、增强企业的核心竞争力放在首位；科研院所在重点进行创新成果研发的同时，更要关注创新成果的转化；政府则应从政策、资源配置层面大力扶持 AMOLED 技术及产业。另一方面，还需要进一步提升知识产权意识，加强知识产权的运用能力。国内企业、科研院所在技术研发的同时要积极地进行专利布局，要密切关注竞争对手已有的研究成果和专利布局。此外，还需要进一步加大专利申请力度，提高专利申请质量，特别是要加强海外专利布局，从而为我国在第三代显示技术的竞争中掌握主动权奠定基础。

参考文献

[1] 中国高新技术产业导报. OLED显示产业渐行渐热 [J]. 硅谷, 2011 (13): 4-5.
[2] 魏亚东, 王娟, 张耿, 等. AMOLED技术发展现状及良率问题分析 [J]. 中国科技信息, 2013, (8): 128-129.
[3] 敖银辉, 高健. 柔性AMOLED的技术现状与进展 [J]. 现代电子技术, 2011, 34 (3): 197-200.
[4] 郑华琦. AMOLED: 未来的软性显示技术 [J]. 集成电路应用, 2013 (2): 19-22.
[5] RUIQING MA, HACK M, BROWN J J, 等. 用于低功耗、非刚性平面应用的柔性AMOLED器件 [J]. 现代显示, 2010, 21 (2): 10-16.

电泳彩色显示技术专利申请状况分析

高慧敏　王京阳*

摘　要：本文基于中英文专利数据库对电泳彩色显示技术进行检索，从专利申请年度发展趋势、区域分布、分类构成、申请人分布以及重要申请人重点技术介绍多个方面对电泳彩色显示技术领域的专利申请状况进行了分析，并对该技术领域的发展进行展望。

关键词：电泳　彩色显示　专利申请

引　　言

早在20世纪70年代，日本松下公司已经开始对电泳显示技术（electrophoresis display，EPD）进行研究，但当时的电泳显示技术存在显示寿命短、不稳定、彩色化困难等缺点。20世纪90年代中后期，美国E-Ink公司利用电泳显示技术发明了电子墨水，此后，Xerox、Toppan、Philips、Sony、LG等多家公司投入开发，电泳显示技术逐渐走向商业应用[1]。2007年，Amazon公司推出基于电泳显示技术的电子阅读器Kindle，配合其丰富的书籍资源和特有的网络支持功能，成为最热销的电子纸（electronic paper，E-paper）产品。基于电泳显示技术的电子纸具有耗电超低，轻便超薄，显示无闪烁等特点，而且，其在阳光下的显示效果犹如普通纸张一般，适合长时间阅读。目前，电泳彩色显示技术已经成为各大公司研究的热点，彩色电子纸产品的出现大大提升了用户的阅读体验，具有广阔的市场空间。

本文针对电泳彩色显示这一技术领域，选用中文摘要数据库（CNABS）、英文摘要数据库（DWPI）、SIPOABS，并以2017年4月1日为截止日期，从专利申请年度发展趋势、区域分布、分类构成、申请人分布以及重要申请人重点技术介绍多个方面对该领域的专利申请状况进行统计分析，指出该领域的专利申请现状，为我国相关产业的发展提供参考。

一、电泳彩色显示领域全球专利申请状况分析

（一）专利申请年度发展趋势

截至2017年4月1日，涉及电泳彩色显示技术的专利申请共2022件。从图

* 第二作者对本文的贡献等同于第一作者。

1 中关于历年申请量的变化趋势来看，自 20 世纪 70 年代电泳显示技术问世以来，直到 20 世纪 90 年代初期，虽然有多家大公司已经开始着手对电泳显示技术进行研究，但是由于电泳显示技术所存在的显示寿命短、不稳定、彩色化困难等缺点，研究一度中断，每年专利申请量在 10 件左右。从 20 世纪 90 年代中后期开始，随着美国 E-Ink 公司对利用电泳显示技术的电子墨水的发明，电泳彩色显示

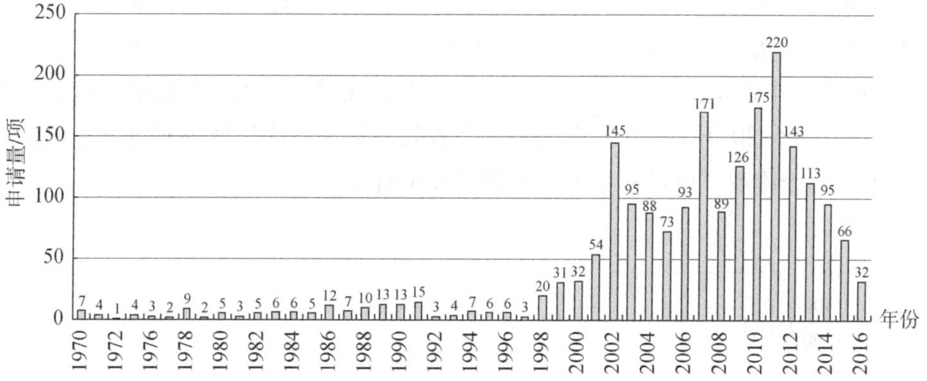

图 1　电泳彩色显示领域全球专利申请的年度发展趋势

技术迎来了一个高速发展期，申请量不断飙升。基于电泳显示技术的黑白电子阅读器产品的开发上市，尤其是 2007 年 Amazon 公司电子阅读器 Kindle 的推出，引领了一个新的阅读时代，各大公司对电泳彩色显示技术的研究热情高涨，在经历 2002 年、2007 年两次发展小高峰后，在 2010 ~ 2011 年，电泳彩色显示技术领域的专利申请量达到最高值，此后受到 iPad 和智能手机等电子产品的影响，电泳彩色显示技术的专利申请量呈下滑趋势。需要说明的是，受到发明专利申请公开时间滞后的影响，2016 年申请量的统计并不完全。

（二）专利申请量区域分布

由图 2 可以看出，电泳彩色显示领域中，日本、中国、美国、韩国提出的专利申请总量处于前列。其中，在日本提出的专利申请量占申请总量的 30%，排名第一位；中国作为电子纸产品的重要生产制造国和消费大国，各大公司都抓紧了

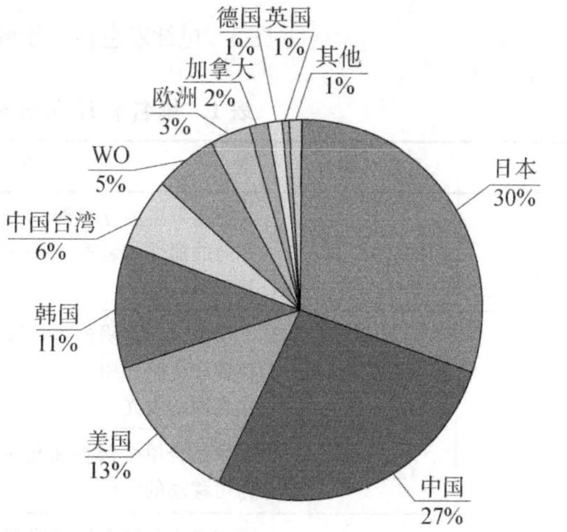

图 2　电泳彩色显示领域的专利申请国家和区域分布

在中国的专利布局，它们在中国提出的专利申请量占申请总量的 27%；在美国、韩国提出的专利申请量紧居其后，占比为 13% 和 11%，在这四个国家提出的申请量之和占据该领域申请总量的 81%。

（三）专利申请的分类号分布情况

通过对专利申请 IPC 分类号进行统计分析，得到申请量排在前 10 位的 IPC 分类号如图 3 所示。由图 3、表 1 可以看出，电泳彩色显示技术领域中，排在前 10 位的国际分类号主要集中在 G02F、G09G、G09F、G02B 中。分类号 G02 F1/167 下的专利申请量最多，为 1680 件。所涉及的领域绝大部分为显示领域，另有分类号 G02B 5/20 下的一小部分专利涉及设置在显示器中以实现彩色显示的滤光片技术，充分体现了电泳彩色显示领域的技术特点。

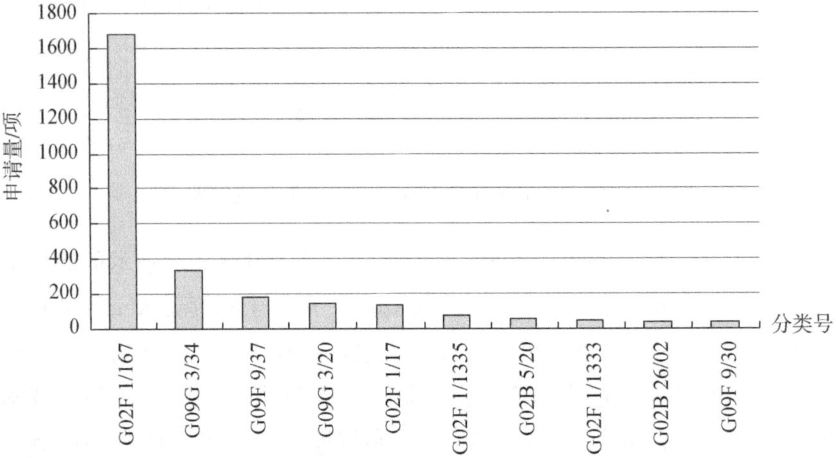

图 3 电泳彩色显示领域 IPC 分类号分布

表 1 排名前 10 位分类号的技术领域

排名	IPC 分类号	涉及的内容	申请量/项
1	G02F 1/167	控制来自独立光源的光的强度、颜色、相位、偏振或方向的器件或装置；对强度、相位、偏振或颜色的控制；基于电泳的	1680
2	G09G 3/34	仅考虑与除阴极射线管以外的目视指示器连接的控制装置和电路；用于显示许多字符的组合；采用控制从独立光源的发光	340
3	G09F 9/37	由组合单个部件所形成的符号所需的字符或字符组；为可移动的元件	184
4	G09G 3/20	仅考虑与除阴极射线管以外的目视指示器连接的控制装置和电路；用于显示许多字符的组合	143

续表

排名	IPC 分类号	涉及的内容	申请量/项
5	G02F 1/17	控制来自独立光源的光的强度、颜色、相位、偏振或方向的器件或装置；对强度、相位、偏振或颜色的控制；基于可变的吸收元件的	138
6	G02F 1/1335	控制来自独立光源的光的强度、颜色、相位、偏振或方向的器件或装置；对强度、相位、偏振或颜色的控制；基于液晶的；构造上的设备；与液晶单元结构相连的光学装置	74
7	G02B 5/20	除透镜外的光学元件；滤光片	58
8	G02F 1/1333	控制来自独立光源的光的强度、颜色、相位、偏振或方向的器件或装置；对强度、相位、偏振或颜色的控制；基于液晶的；构造上的设备	46
9	G02B 26/02	利用可移动的或可变形的光学元件控制光的强度、颜色、相位、偏振或方向的光学器件或装置；控制光的强度	42
10	G09F 9/30	采用选择或组合单个部件在支架上建立信息的可变信息的指示装置；由组合单个部件所形成的符号所需的字符或字符组	38

（四）申请人分布

电泳彩色显示领域申请量排名前 18 位的申请人如图 4 所示，可见电泳彩色显示领域的核心技术主要掌握在日本、美国、韩国、荷兰以及中国台湾的一些公司手中，其中专利申请量排名第一位的是日本的精工爱普生（213 项），第二位

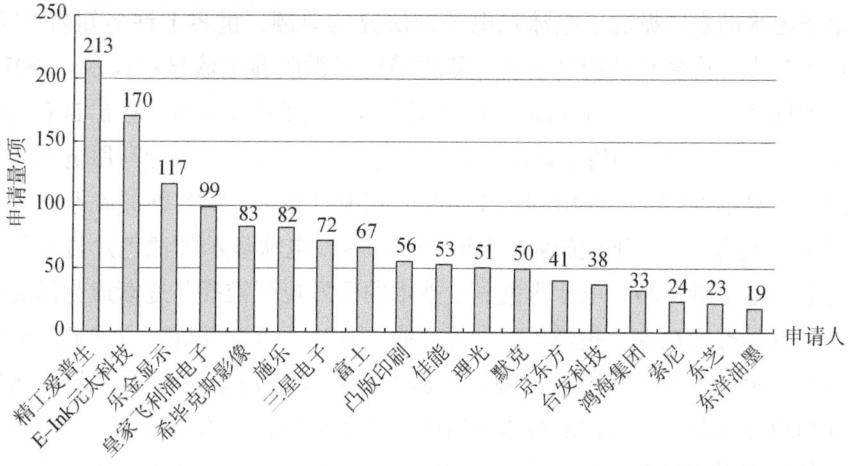

图 4　电泳彩色显示领域主要申请人分布

为中国台湾的 E-Ink 元太科技，由元太集团并购原美国的著名电子纸厂商伊英克（E-Ink）公司形成，现在为电子纸领域中占有市场份额最大的公司（170 项），紧随其后的是韩国的乐金显示（117 项）、荷兰的皇家飞利浦电子（99 项）、美国的希毕克斯影像（83 项）和施乐（82 项），中国的另外几家公司均排在十名之后。其他则多为日本公司占据，可见，日本在电泳显示技术领域的优势明显。

二、全球主要申请人及其重点技术介绍

以下将对申请量排名前 5 位的主要申请人及其重点技术进行分析。

（一）精工爱普生

精工爱普生是日本电泳显示领域的巨头，掌握着电泳显示领域的核心技术。2000 年左右，精工爱普生开始涉足电泳显示领域，此后不断加大研究力度，专利申请量逐年上升，其技术主要集中在电泳显示的基板结合、电泳粒子的均匀稳定分散及微胶囊的相互密接等多个方面。精工爱普生与美国 E-Ink 公司合作研发多年，同时也是其控制集成芯片关键零部件的主要供货商。近年来，电子纸显示器需求大幅成长，E-Ink 公司在电子纸领域具有相当高的市占率，与 E-Ink 公司合作的精工爱普生也成为电子纸控制器的最大供货商。

（二）E-Ink 元太科技

2009 年，台湾元太科技公司并购美国电子纸领导厂商 E-Ink 公司，成为 E-Ink 元太科技公司。20 世纪末，美国的 E-Ink 公司利用电泳技术发明了电子墨水，其通过将带有负电的黑色颗粒与带有正电的白色颗粒封装在极其微小的“胶囊”之中形成，在两片带有透明电极的基板之间夹设电子墨水，即可形成电泳式电子纸。电子墨水的发明掀起了电泳式电子纸研究的热潮，世界上许多知名 IT 厂商纷纷投入其中，许多热销的电子纸产品均采用了微胶囊电泳显示技术。2007 年，全球最大网络书店亚马逊（Amazon）采用 E-Ink 电子纸显示屏，推出自有品牌电纸书 Kindle，其他国际品牌也同时纷纷推出电子纸产品。为了能利用电泳显示技术满足彩色显示的需求，2001 年，E-Ink 公司和 Toppan 以及 Philips 等公司合作研制了世界上第一张基于微胶囊（Microcapsules）电泳显示加滤色片显示的高分辨率的彩色电子纸样品，电泳彩色显示技术的研发拉开帷幕并逐渐成为研究的热点。电子纸具有能耗少、超轻超薄、可弯曲、日光下可读性好、成本低等诸多优点，彩色显示可大大提升用户的阅读体验[2]。但由于滤色片会吸收部分透射光线，在白色显示时，显示器的整体反射率会有所下降；而彩色显示时，由于彩色像素以外的像素均呈现白色，彩色饱和度不足。另外，通过微胶囊中直接设置彩色电泳粒子的方式也可实现电泳彩色显示，与使用黑白粒子微胶囊加滤色片的方

式相比，其彩色显示的饱和度和对比度要更高[3]。

2012 年，E－Ink 元太科技并购达意科技（SIPIX TECHNOLOGY INC）及其持有的美国子公司希毕克斯影像公司（SIPIX IMAGING INC）的部分股权，而美国希毕克斯影像公司主要研究以微杯（Micro-cup）技术为基础的电子纸显示器，该技术与微胶囊电泳显示技术形成技术专利互补。并购后，E-Ink 元太科技公司在电子纸行业的市场占有率为九成。

（三）乐金显示

乐金显示作为重要的液晶面板制造商，也对电泳彩色显示技术给予了高度的关注。乐金显示于 1999 年与飞利浦电子合作，成立 LG Philips LCD，并于 2007 年，基于 E-Ink 公司的微胶囊技术加铺彩色滤光片，首次推出了 14.1 寸的可弯曲彩色电子纸。

（四）皇家飞利浦电子

皇家飞利浦电子作为世界上最大的电子公司之一，近年来也积极开展电泳彩色显示技术的研发，并重视专利布局。其对电泳显示技术的研究重点主要在于简化设置、降低成本以及在色纯度保持和增加亮度等方面。比如，皇家飞利浦电子有限公司于 2003 年提出了相减显示器件的概念，可实现高亮度的电泳彩色显示。

（五）希毕克斯影像

美国希毕克斯影像公司的电泳式电子纸产品主要采用的是微杯（Micro-cup）技术，在尺寸相同的微杯中，填充着色液体和带电颗粒，通过贴在微杯上的驱动电极控制切换颗粒颜色和液体颜色，实现彩色显示[4]，而且可以通过在形成微杯的材料中加入染料或颜料，使微杯壁着色，获得高对比度的显示器件。微杯结构可以使用以压印方式生长的连续辊对辊式制程，容易实现量产，生产成本较低，与微胶囊电泳结构相比，微杯结构更加坚固。

三、小　　结

虽然在过去几年，随着 iPad、智能手机等彩色显示产品的出现和普及，电子纸市场出现了一定幅度的下滑，但是，电泳式电子纸以其耗电少、质量轻、显示无闪烁、适合长时间阅读等独特品质，配合优质的网络资源，仍然是阅读爱好者很好的选择。而且，随着彩色电子纸技术的逐渐成熟，如响应速度、对比度、饱和度以及彩色显示效果的大幅提升，将大大提升用户的阅读体验，仍有很大的市场空间。同时，随着电泳彩色显示产品应用领域的不断拓展，如将电泳显示屏用于手机、手表、电子货架标签等领域，电泳彩色电子纸产品仍然具有良好的发展前景。

参考文献

[1] 李国相，孟舒献，冯亚青．彩色双粒子微胶囊电泳显示的研究进展［J］．化工进展，2015，34（增刊1）：131－135.

[2] 吕佩．基于电泳的彩色电子纸技术综述［J］．轻工科技，2016（7）：77－78.

[3] 王铭，北村孝司．彩色电子纸研究最新进展［J］．中国印刷与包装研究，2010，2（3）：1－7.

[4] 陶家顺．电子纸技术发展简介［J］．通信与广播电视，2011（4）：53－57.

软场层析成像发展概况及国内专利布局分析

陈 飞 王 珏*

摘 要： 软场层析成像具有结构简单、非侵入、无辐射、便携等优点，通常包括以下成像技术：电阻抗层析成像、扩散光层析成像、弹性成像、微波层析成像、磁感应层析成像等。本文对上述5种软场层析成像技术的发展概况和所在技术领域主要申请人的专利布局情况进行了介绍，并对软场层析成像技术的发展趋势进行了分析。

关键词： 软场层析成像 EIT 专利布局

引 言

自1895年德国科学家伦琴发现X射线后，放射线、电子相继被发现，X射线、放射线和电子的发现不仅标志着现代物理学的开端，也使得用于医学或工业的解剖成像或断层成像技术得到了飞速发展。X射线成像、计算机断层扫描成像（CT）、磁共振成像（MRI）、正电子发射型计算机断层成像（PET）等各类原理的成像技术层出不穷。CT和MRI作为大型成像设备，其机动性和便携性受到其体积、重量和功率的限制，且成本较高。超声成像技术虽然成本低而且便于移动，但当骨骼或气体遮挡住感兴趣区域时成像效果不佳。

此外，在某些需要监测成像的应用场合中，被监测对象会不时产生形状变化，例如心跳、呼吸、身体移动等，在对人体的心脏、肺等外形不断变化的器官进行监测时很难获得效果满意的图像。此外，在功能成像领域，例如人脑功能成像，需要观察的功能区在活动时和其他区域之间的区别也很难被普通成像设备区分。科学家们在20世纪80年代开始对软场的层析成像技术进行研究，例如英国的曼彻斯特大学和利兹大学。软场层析成像指的是非硬场层析成像的任何层析成像或者层析成像的多维扩展的方法，其中“硬场”是指传感器阵列内的敏感场分布不随着物场区域内介质分布变化而变化，例如X射线的辐射场；而“软场”是指敏感场分布受物场区域内介质分布变化影响而发生变化，例如电阻、电容层

---

* 第二作者对本文的贡献等同于第一作者。

析的电场分布。早期的软场层析成像技术由于信号噪声大、信号处理速度慢，很难进入实用阶段。随着微电子技术的不断发展，实时处理大量数据和图像重建变成可能。

软场层析成像对被测对象的外形和内部结构进行测量和成像，内部结构包括人体部位的内部特性的分布，其基本原理是通过激励单元向对象表面施加激励，然后通过传感器或换能器等从对象表面测量响应，获得大量响应数据作为测量信号，通过调解单元、数据采集单元对测量信号进行转换和传输，然后通过图像重建及特征提取单元通过特定算法重建出被测物场的图像，获得对象内部材料的特征参数（见图 1）。软场层析成像通常包括以下成像技术：电阻抗层析成像（EIT）、扩散光层析成像（DOT）、弹性成像、微波层析成像、磁感应层析成像等。本文将从这 5 个方向对软场层析成像技术的发展概况和国内专利布局情况进行介绍。

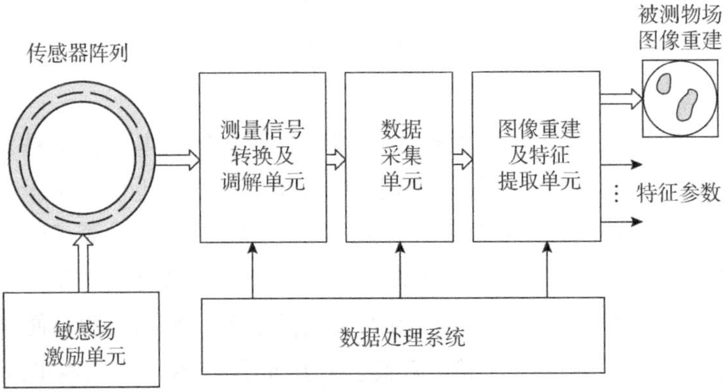

图 1　软场层析成像系统结构

一、电阻抗层析成像（Electrical impedance tomography）

电阻抗层析成像是被研究得最为广泛深入的一种软场层析成像技术。采用阻抗、电容、电流等方式在对象表面进行耦合，以生物体内电阻抗的分布或变化为成像目标，由于人体中的空气、血、肌肉、脂肪和其他组织具有不同的电导率，可以显示生物体内组织的阻抗分布图像、生物体组织的阻抗随频率变化的图像、生物体器官进行生理活动（如呼吸、心跳）时的阻抗变化图像，协助诊断与出血、肿瘤、肺功能、脑功能相关的疾病，具有非侵入、支持功能成像、安全、可视化等特点。电阻抗层析成像测量的基本原理如图 2 所示。重建算法是电阻抗层析成像效果的关键，吉洪诺夫 Tikhonov 正则化算法、等电力线反投影方法、

Landweber 迭代算法及上述算法的改进算法层出不穷。与传统的基于射线（例如 X 射线，PET）的成像手段相比，电阻抗层析成像具有安全、简便、无创、廉价的优势，可以对生物体进行长期、实时监护。电阻抗层析成像的数据采集能达到每秒 500 幅左右，远远高于传统的硬场成像的检测方法的速度。因此基于电阻抗层析成像开发出的实时监护和检测系统受到广泛的研究和关注。

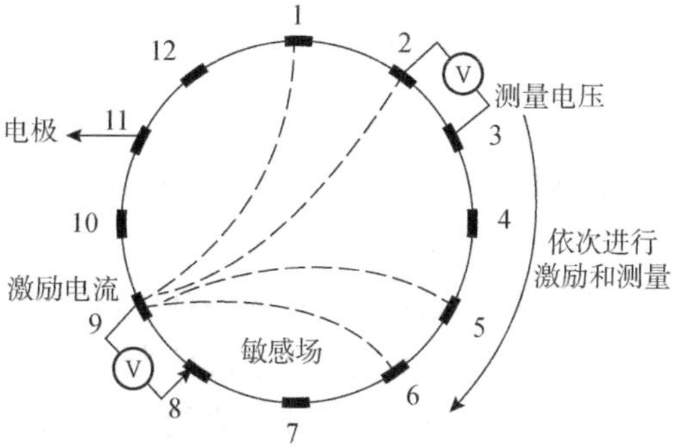

图 2　EIT 检测原理

电阻抗层析成像的主要 IPC 分类号分布于 A61B 5/053、A61B 5/00、A61B 8/00、A61B 19/00、G06T 11/00、G01N 27/02、G01N 27/04。通用电气公司对以电阻抗层析成像为主的软场层析成像系统申请了大量专利（CN102860824A、CN103083016A、CN102693547A、CN102599905A、CN103284715A 等）。主要改进点有：提供前向模型预测响应数据，由重建模块求解与测得的响应、施加的激励以及正被软场层析成像系统测试的对象内部的电导率分布相关的逆问题。预测响应包括基线假设，其可以影响逆问题的解。提供多种调制和激励的方式，采用多相位调制、幅度调制，变频方式施加激励，获取时间和频率的响应。使用具有不同信道的加权函数的线性算子。使用不同数量的 ECG 或 EEG 电极预先计算优化的激励并且估计重建几何形状。天津大学对电阻抗层析成像展开了系统的研究和专利申请（CN101241094A、CN104434096A、CN104352238A、CN104605851A、CN105411587A、CN105534523A 等）。主要改进点有：提供一种由四层结构组成的非接触式电阻抗传感器，综合了电阻模态和电容模态两种模态的测量优势，使测量范围拓宽，不受被测物质的腐蚀性质影响。提供具有滑槽结构的套在人体胸腔外面的传感器，适合胖瘦不一的被测对象，能够自适应地实时确定电极的位置。此外还有北京航空航天大学（CN103018284A）、上海交通大学（CN106236093A）等申请人提交了有关电阻抗层析成像的申请。

二、扩散光层析成像（Diffuse optical tomography）

扩散光层析成像又称漫射光学层析成像，采用近红外光（600～900nm）照射被检体形成多点激励，获得与吸收系数、散射系数相关的三维定量信息，获得组织体内部光学参数的三维分布，并与血氧浓度等生理状态关联，形成层析图像。散射光层析成像的主要 IPC 分类号分布于 A61B 5/00。

天津大学对散射光层析成像进行了相关申请（CN102579012A），提供一种基于锁相光子计数测量的动态荧光—光学断层成像系统，在满足动态测量功能和多成像模态融合的基础上，实现人体组织 ICG 荧光和双波长下的光学参数能够快速、实时、无创在体三维测量。兼顾了 FDOT 的特异性、灵敏性的优点，以及散射光层析成像获取人体组织的本征生理参数的特点。该系统采用数字锁相解复用方法，实现在多光源同时入射时的光强测量，克服了单一光源模式下不同波长切换产生误差的缺点，还采用滤光轮与光子计数检测器相结合的方式，使得测量系统具有很大的动态范围，还采用门宽可变选通动态锁相光子计数技术，可通过选择尽可能短的时间门以连续方式测量反映人体组织内 ICG 药代动力学信息的荧光时变信号，继而实现 ICG 动力学参数图像的重建功能。

太原理工大学对散射光层析成像进行了相关申请（CN103190887A），提供一种散射混沌光层析成像方法，利用混沌光信号有很好的 δ 型脉冲相关特性，实现了小误差的点扩展函数的获取，尤其是点扩展函数半高全宽与理想点扩展函数半高全宽的小误差的获取，提高了测量精度。将混沌光信号应用于散射光层析成像的装置中，解决了伪随机信号低精度、低空间分辨率和量化性能等问题，采用混沌相关法，可以获取自相关函数中丰富的光学信息参数，解决了伪随机信号低精度、低空间分辨率和量化性能等问题，实现了散射光层析的监测方案及检测方法。

三、弹性成像（Elastography）

弹性成像是指对人体施加机械震动、体外超声波或者正常生理活动（如呼吸、脉搏等）导致的振动，对组织形成一定压力，从而产生组织应变信息，将生物体材料的弹性对比信息等应变信息赋予不同灰阶或者不同颜色来转化为可见图像，从而判断组织或器官的弹性、软硬程度和健康状况。弹性成像的主要 IPC 分类号分布于 A61B 8/08、A61B 8/00。

香港理工大学的相关申请（CN101569543A）提供了一种可实现高速计算的同时保持计算准确性的二维位移估计方法以及用于在该位移估计之后获取形变的方法，对匹配算法、亚像素位移估计算法进行了描述。二维位移估计方法，其中包括粗略但可靠的初始估计步骤以及准确但需要数据相关性较高的细化检测步骤，从而通过使用获取自经过机械扰动前后的软材料的两幅超声图像生成并显示二维弹性对比图像。在组织的弹性成像中快速进行鲁棒二维位移估计，很好地考虑了弹性成像对比度与和压缩前后之间的信号连续性之间的折中，而且能够从位移数据中获取优化的形变图像。

深圳迈瑞生物医疗电子股份有限公司的相关申请（CN106456108A）提供了一种超声弹性成像方法，检测操作者在显示的图像上选择的感兴趣区域和壳区域，对参考区域和壳区域分别进行弹性参数计算，根据二者的计算结果进行分析并输出分析结果，壳区域是指感兴趣区域扩张后的扩张区域去除掉感兴趣区域后而得到的区域，或者壳区域是指感兴趣区域去除掉所述感兴趣区域缩小后的缩小区域而得到的区域，参考区域为感兴趣区域，或者参考区域为检测到的操作者在显示的图像上选择的参考区域，或者参考区域为系统预先设置的区域。从而提供更多的信息，例如病灶周边浸润区的硬度。

四、微波层析成像（Microwave tomography）

微波层析成像利用多通路的低功率微波射向被检体，被检体在微波激励下产生与被检体内部的复介电常数相关的散射场，通过测量散射场并对被检体的相对介电常数进行分析来得到被检体内的湿度等物理量的分布，从而得到微波层析图像。微波层析成像的主要 IPC 分类号分布于 G01N 22/00。

宜昌海鸥仪器设备有限公司的相关申请（CN204269567U、CN204287072U）提供了具体的芯片天线结构、天线基板和阵列结构，能够缩短天线沿柱体成像区域轴向方向的长度，降低物质沿柱体成像区域轴向方向的不均匀性对成像结果的影响，从而提高信号的信噪比和图像质量。此外，CN204287071U 提供了一种基于 3D 天线的微波层析成像装置，能够对 3D 天线阵列所包围区域内的物质通过二维图像重建方法进行层析成像，生成介电常数的分布图像；所述装置提高了天线之间的信号传输强度。

卡罗琳娜丝心脏研究所的相关申请（CN1151684A）提供了微波层析图像频谱系统，在微波信号与组织发生作用之后从发射—接收器接收微波信号的控制装置；在界面媒介内对成像的组织进行取向；对从不同发射器同时发生的信号进行编码，并使它们与组织发生作用；以及对不同接收器接收到的信号进行译码，以根据原始发射器对信号进行辨别。还提供把组织的非侵入微波层析图像频谱的方法，指定微波照射的目标组织区域；确定所指定的目标组织区域所期望的组织介电值；提供具有微波发射装置、微波接收装置和微波分析装置的多频微波射线发射和接收系统；用所述微波发射装置发射的微波射线照射所述目标组织；用所述接收装置从照射的目标组织区域接收微波射线；用所述分析装置分析接收的微波射线，以获得被观察的组织介电值；以及把被观察的组织介电值与期望的组织介电值比较，确定在指定的目标组织区域内的组织的生理状态。

五、磁感应层析成像（Magnetic induction tomography）

与电阻抗层析成像不同，磁感应层析成像不需要与被检体有电接触，通过激励线圈产生高频电磁场作用于被检体，并感应出频率相同且与被检体电导率大小相关的涡流，通过感应线圈检测被涡流扰动的磁场，并重建出被检体的电阻抗分布图像[1]。可用于例如伤口、溃疡、脑外伤和其他异常组织状态的生物医学成像。磁感应层析成像的主要 IPC 分类号分布于 G01R 33/3415、A61B 5/053、A61B 5/05、A61B 5/055。

皇家飞利浦电子股份有限公司提出了磁感应层析成像的相关申请。CN102378597A 提供了用于磁感应层析术的激励线圈/测量线圈的具体配置，包括亥姆霍兹配置的激励线圈；CN102316796A 将多个发射线圈和多个测量线圈布置成环形阵列，基于发射线圈的对称性，易于选择发射线圈对；CN101501521A 提供了包括至少一层中心布置在规则网格上的薄线圈，邻近线圈按照适当距离重叠以消除它们之间的相邻感应耦合。邻近线圈之间的间距被设置成使得当邻近线圈被驱动时，在特定线圈里不感应出电压。也就是说，外围导体之间的重叠使得一个线圈的导体感应出的任何电压完全被邻近线圈的绕组中的反 EMF 消除。

金伯利-克拉克环球有限公司也提出了磁感应层析成像的相关申请，CN105979866A 提供一种限定使用单个线圈获得的线圈损耗测量值与标本的电磁性质分布之间的关系的模型，利用该模型，一旦获得多个线圈性质测量值和线圈损耗测量值的相关定位数据后，即可使用该模型来处理测量值以生成标本的电磁性质分布的三维图，诸如标本的三维电导率图。

第四军医大学也提出了磁感应层析成像的相关申请，CN103033847A 提供了一种滑动式多层磁感应断层成像装置，通过控制平板和激励测量线圈阵列滑动的方式，在单一断层的磁感应断层成像方法的基础上，实现多层磁感应断层成像。控制单元应用磁感应断层成像算法为牛顿迭代算法或单步牛顿算法。

六、结　语

软场层析成像技术经过了三十多年的发展，其应用主要集中在医疗成像领域、工业测量领域，具有结构简单、非侵入、无辐射、便携等优点，为提高成像的速度和图像质量，基于模糊聚类、人工神经网络、模拟退火算法、遗传算法等智能优化类算法的图像重建算法，基于多机理、多模态的传感器的成像模式之间的图像融合等新技术不断涌现[2]。此外，随着微电子技术、信号处理技术和图像处理技术的发展，传感器结构参数的优化、电流电阻电容等参数的检测精度等问题将得到进一步解决[3]，软场层析成像技术将得到更加广泛的发展和应用。

参考文献

[1] 刘承安．磁感应断层成像方法与系统研究［D］．沈阳：东北大学，2013.
[2] 栗伟清．基于电学层析成像的图像融合技术［D］．天津：天津大学，2011.
[3] 赵海针．基于软场特性的 ERT 图像重建算法的研究［D］．哈尔滨：哈尔滨理工大学，2011.

医用可穿戴设备专利分析

李尹岑　马　楠　刘　超　黄长斌

摘　要： 医用可穿戴设备是随着可穿戴设备的产生发展而逐渐衍生出来的可穿戴设备的一个重要分支，其主要用于通过可穿戴设备来进行健康管理。随着人们对于自身健康的重视度的增加，医用可穿戴设备市场规模将不断扩大。本文通过穿戴位置不同，将医用可穿戴设备分为肢体佩戴式设备、躯干佩戴式设备、头部佩戴式设备和除上述佩戴方式外的其他佩戴方式设备 4 个分支。对上述 4 个分支进行定量分析，主要分析的指标有：全球和中国的专利申请量发展趋势、专利技术国家或地区分布、申请人以及法律状况等；并简单地列举了一些重要申请人的专利，以对用于监测各种生理参数的医用可穿戴设备进行简单的描述。最后，在专利分析的基础上，对国内相关产业的发展提出建议。

关键词： 可穿戴　医疗　手环　眼镜

引　言

可穿戴设备就是可穿戴于身上外出进行活动的微型电子设备，其由轻巧的装置构成，使得计算机更具便携性。由于可穿戴设备可以穿戴在身上，所以，实现人机之间自然、方便、直接的交互，使人们能够以更自然的方式携带计算设备并获得计算功能。① 医用可穿戴设备是随着可穿戴设备的产生发展而逐渐衍生出来的可穿戴设备的一个重要分支，其主要用于通过可穿戴设备来进行健康管理。伴随“十三五”规划建议落地，健康中国正式升级至“国家战略”，《健康中国建设规划（2016—2020）》编制工作正有序推进，以三医联动、医药分开、分级诊疗、互联网医疗为核心的健康中国建设将成为“十三五”期间深化医疗卫生体制改革的重头戏[1]。“互联网 +”将成为深化医改，推进健康中国建设的重要技术手段，作为互联网医疗细分领域的医用可穿戴设备将进入快速发展期。

分析现有的医用可穿戴设备，以穿戴位置不同可以分为肢体佩戴式设备、躯干佩戴式设备、头部佩戴式设备和除上述佩戴方式外的其他佩戴方式设备。肢体佩戴式设备主要是指以四肢肢体为支撑的医用可穿戴设备，如可以佩戴在胳膊、

---

① 该定义来自维基百科。

手腕的手环、腕带，以及穿在脚上的鞋等；躯干佩戴式设备主要是指以身体躯干为支撑的医用可穿戴设备，如衣服、腰带等；头部佩戴式设备主要是指以头部为支撑的头部佩戴式设备，如头盔、眼镜等；而除上述肢体、躯干和头部佩戴方式外的其他佩戴方式设备，则包含其他的无法准确归入上述3类的医用可穿戴设备。

根据医用可穿戴设备领域常用的关键词和分类号构建检索要素，按照中文数据库和外文数据库的各自特点分别进行检索，并根据检索结果调整检索策略。在INCOPAT和TI数据库中导出检索结果，进行定量分析，主要分析的指标有：全球和中国的专利申请量发展趋势、专利技术国家或地区分布、申请人以及法律状况等。经过数据处理后的检索结果，全球申请量为9641项，国内申请量为3643项。

一、医用可穿戴设备专利分析

（一）医用可穿戴设备专利技术发展趋势

图1为医用可穿戴设备的四个分支——肢体佩戴式设备、头部佩戴式设备、躯干佩戴式设备以及其他佩戴方式设备的全球申请态势和各分支的占比情况，而图2为这四个分支在国内的申请趋势以及各分支的占比情况。首先分析全球申请可以看出，在四个分支中，各分支占比较为平均，肢体佩戴式设备位列第一，占32%，这与市场上充斥着各种智能手环类产品也是一致的；头部佩戴式设备紧随其后，占据了29%，这与全球高端技术公司，例如Google着力研究智能眼镜的现状也是对应的；躯干佩戴式设备和其他佩戴方式设备的占比分别为19%和20%。观其发展趋势，这四个分支的申请量都在2000年后开始明显增长，并在2010年后呈现井喷式的增长趋势，尤其是肢体佩戴式设备、躯干佩戴式设备以及其他佩戴方式设备，而头部佩戴式设备则在经历了几次波折后发展比较平均。与全球申请相比，国内申请各分支的发展态势略有不同，肢体佩戴式设备成为一枝独秀，遥遥领先，其以53%的比例远超其他各分支；而从申请趋势上看，肢体佩戴式设备在近几年的申请量呈翻倍式增长，这也与其小巧时尚，便于携带，在不影响正常生活的情况下能够随时监测体征数据以关注身体健康有关。手表、手环类的肢体佩戴式设备也更符合使用者的生活习惯，更易于接受。此外，肢体佩戴式设备一般能够用于监测人体的血压、血糖等常见的简单指标，用于监测常见的慢性疾病，适用人群广。而对于占比仅有16%的头部佩戴式而言，除了外观时尚且不影响正常生活的Google智能眼镜外，现有的头戴式设备体积较大，外观笨重，不易于被大众所接受，若想做到外观与功能并存，对我国申请人来说，

技术门槛较高，体现在申请量上，则不尽如人意。

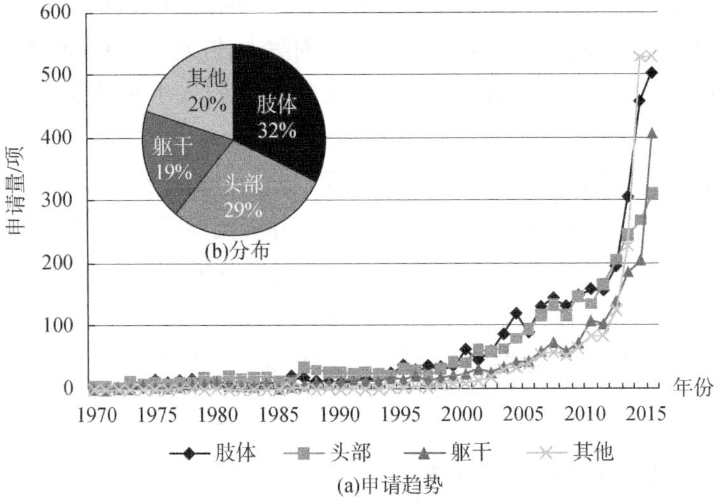

图 1　医用可穿戴设备 4 个分支全球专利申请趋势及分布

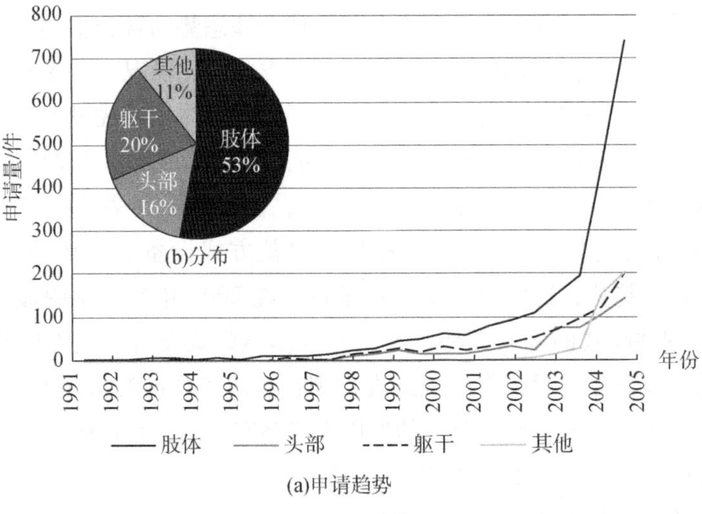

图 2　医用可穿戴设备 4 个分支中国专利申请趋势及分布

（二）医用可穿戴设备专利技术国家或地区分布

为了研究医用可穿戴设备全球专利申请的区域分布情况，对检索的医用可穿戴设备的数据按申请的优先权国家或地区进行了统计。

医用可穿戴设备的四个分支的优先权国家或地区的分布反映了各国家或地区在医用可穿戴设备各分支的技术实力和研发活跃情况。图 3 显示了各国家或地区在4个技术分支的布局占比情况。从数据来看，美国和中国在这4个分支的专利申请量都明显高于其他国家或地区，构成了医用可穿戴设备的全球申请的第一梯队，这与美国的研发实力强大、医疗实力雄厚、引领技术前沿有关。而作为制造业大国的中国，也把握住了可穿戴设备发展的机遇，将其与医疗领域相结合，从而在医用可穿戴设备的技术领域中紧跟技术发展潮流。而日本、德国以及韩国，虽然其与第一梯队的申请量相差较大，但是这三者之间的申请量差距并不明显，这与日本、德国、韩国各有行业领头的医疗企业有关。

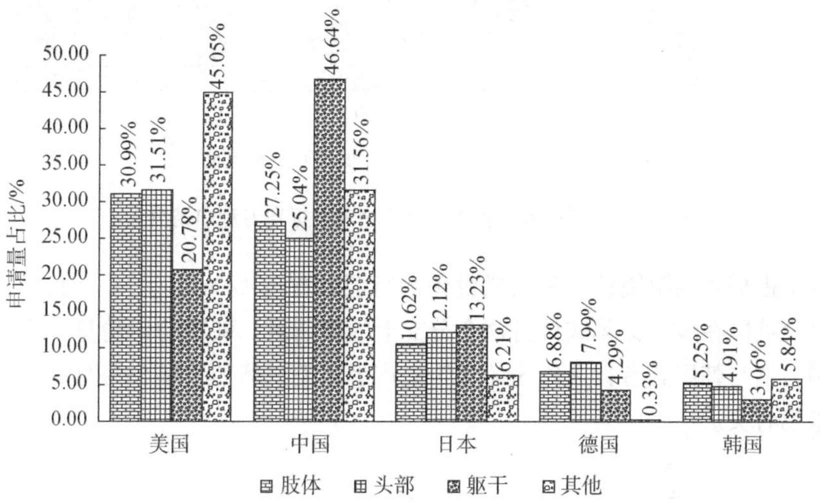

图3 医用可穿戴设备4个分支全球原创国专利申请分布

对技术原创地的分析，可以了解各技术输出地的创新实力和研发活力，而对目标地的分析可以反映技术流向的情况，其中，目标地的数据按照申请公开的国家或地区进行统计。从图4可以看出，美国和中国仍然牢牢占据前两名，但是与日本和欧洲的差距没有技术原创地的差距那么大。这表明，在医用可穿戴设备这个技术领域，不同国家的企业会使专利进入多个国家，以通过申请更多专利从而在市场上占据有利地位。

为了研究我国医用可穿戴设备领域的专利申请的区域分布情况，对检索的我国医用可穿戴设备各分支的专利数据按申请的优先权国家或地区进行了统计。经过分析可知，与中国的医用可穿戴设备的各分支技术相关的专利申请的申请人主要来自中国本土。如图5所示，医用可穿戴设备4个分支在中国本土的申请量均达到了70%以上，远超过位于第二名的美国申请。进一步比较在中国申请量较大的美国、日本、欧洲、德国、韩国以及英国的申请量，可以发现，美国的申请在4个分支领域中都牢牢占据第二位，其中最突出的是头部穿戴式设备，这与美

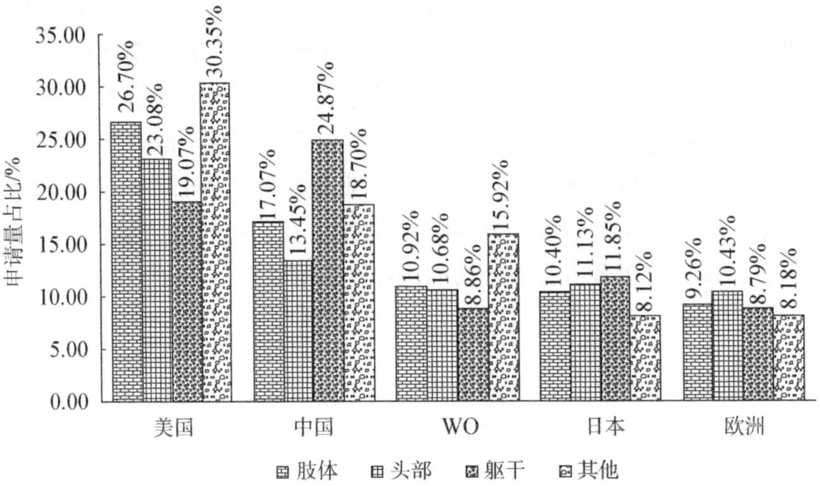

图 4　医用可穿戴设备 4 个分支全球目标地专利申请分布

国有牢牢占据智能眼镜这一头戴式设备的行业领先的 Google 有关。而比较德国、韩国以及英国在肢体穿戴式设备这个分支上的申请量，韩国的申请量远高于德国与英国，这与韩国具有行业领先的用于生产手环类产品的三星公司且其较为重视中国市场有关。

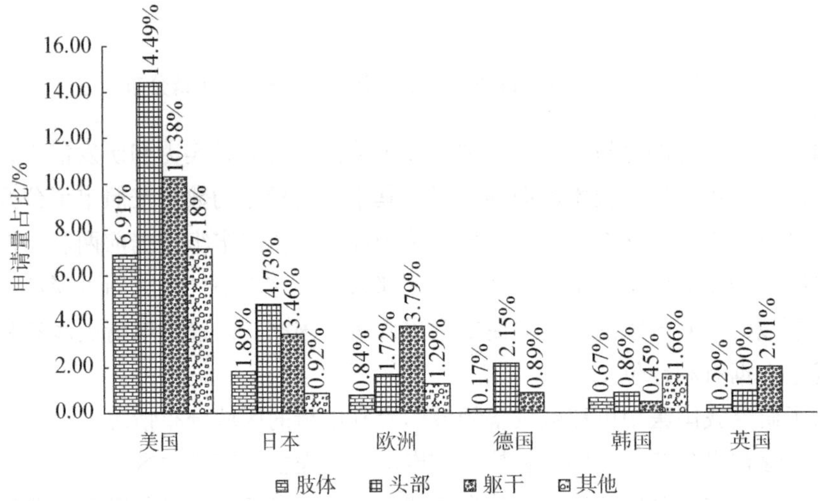

图 5　医用可穿戴设备 4 个分支中国原创地专利申请分布

（三）医用可穿戴设备专利申请人分析

为分析医用可穿戴设备及各技术分支的主要申请人的情况，对检索的全球或中国专利数据按申请人进行统计。数据统计了各领域全球或中国申请量排名前10位的申请人。

图6显示了医用可穿戴设备全球排名前10位的全球申请人和排名前15位的国内申请人。对于全球申请人来说，排名第一位的是韩国三星，其主要产品是可以监测心跳和含氧水平的SIMBAND以及能够存储SIMBAND等电子设备搜集数据的云计算服务SAMI系统。第二位是飞利浦，在可穿戴设备与医疗的结合方面具有很强的基础，其研发重点主要集中在设备能够自动上传收集到的数据，共享、分析并及时有效地做出适当的反应。第三位是精工爱普生，其产品主要集中在智能手表、智能腕带以及智能眼镜上，由于其在精密仪器上的领先地位，其将部分的研发重点放到了热门的可穿戴设备上，其申请量也显示了该公司对可穿戴设备的重视程度。爱普生公司主要的产品是PULSENSE系列可穿戴设备，包括智能手表和智能手环，这些产品整合了爱普生公司行业领先的独创生物感应技术与基于云系统的服务，满足穿戴消费品市场健身、健康和运动需求。第四位和第六位分别是西门子和东芝，它们都是老牌的医疗龙头企业。其中，西门子的主要产品是用于改善听觉障碍的智能助听器，而东芝的主要产品除了智能手环、智能眼镜外，还有一些贴在皮肤上以监测人体体征的设备。分列第五位、第七位以及第九位的是FITIBT、NIKE以及生产JAWBONE手环的ALIPH公司，它们都是美国的公司，其智能可穿戴产品也早已耳熟能详。位于第八名的卡西欧是老牌的手表企业，其也加入了体征监测的元素，开始研发智能手表等可穿戴设备。第十位的索尼公司，是老牌的视听、信息技术等领域的领导者，也投身可穿戴设备的行列，生产了手环、脖套、耳机等智能可穿戴设备。

对于国内申请人来说，其与全球排名前10位的企业大为不同。最显著的特征是，国内排名前15位的企业中，除了飞利浦、NIKE和三星之外，剩余的12位都是中国申请人，其中，公司为7家，科研院所为5家。这12个申请人中，深圳易特科信息技术有限公司（简称“深圳易特科”）、深圳前海安测信息技术有限公司（简称“深圳前海安测”）以及深圳市贝沃德克生物技术研究院有限公司（简称“深圳市贝沃德克”）都属于易特科集团，长期致力于为健康管理、远程医疗、网络医院提供网络技术支撑、数据库维护和运营服务为一体的全方位健康服务解决方案的研发和推广，它们的申请大多为共同申请。成都艾克尔特医疗科技有限公司（简称“成都艾克尔特”）是一家专注医学软硬件产品和服务的新兴高科技公司，提供智能穿戴设备、实时健康分析等移动医疗产品和服务，其主要申请为智能手环。成都创想智造科技有限公司的主要申请都集中在智能手环，其包括实现各种功能的智能手环；京东方科技集团股份有限公司（简称“京东方”）正由传统的半导体显示技术、产品与服务提供商向物联网技术、产品与服务提供商转型，其核心事业开始从显示器件偏重于智慧医疗，其在医用可穿戴设备领域中的申请重点集中于多元化的可穿戴设备，例如手环、眼镜、鞋等。从申请量上看，也证明了京东方科技集团股份有限公司对医用可穿戴设备的重视程度和布局情况。

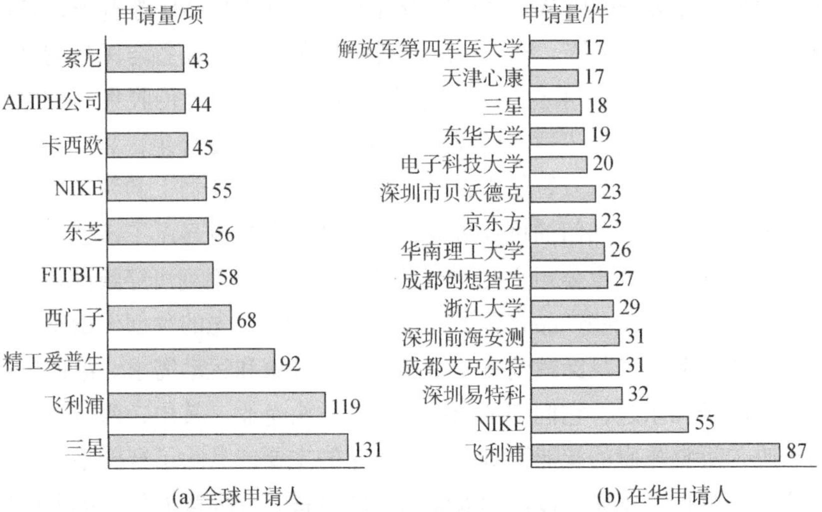

图6 医用可穿戴设备全球和在华主要专利申请人排名

图7显示了全球申请人在医用可穿戴设备的4个分支的分布情况。与整个医用可穿戴设备的全球排名前10名的申请人相比，能够看出，不同的公司重点发展的领域。例如三星、精工爱普生、FITBIT、NIKE、ALIPH，都是现有的智能手环占领市场较多的公司，反映在专利申请量上，也能够看出这些公司在肢体穿戴式设备领域上超前的专利布局意识；而对于头部穿戴式设备而言，Google以其智能眼镜的突出表现而进入前十；索尼公司凭借着视听设备的优势，研发了智能耳机设备，能够感知气压、心率、加速度等；而LG也研发出了智能眼镜产品。对于躯干穿戴式设备，排名前列的飞利浦、欧姆龙、泰尔茂、松下、东芝、日立都是老牌的医疗公司，其也相应推出了可穿戴类的产品。日本电信电话NTT作为日本的运营商，也推出了用于测量身体参数的智能衣服以及相应的手机APP。值得注意的是，在躯干穿戴式设备这一分支下，中国有3个申请人分列全球申请量的第五位、第九位和第十位。其中第五位的张植强是一家内衣公司的老总，其权利要求保护了各种智能内衣；而第九位的天津工业大学也注重申请可穿戴智能服装；第十位的深圳柔微创安科技有限公司拥有先进的柔性传感技术，主要产品是智能内衣。

从图8中可以看到，在这4个分支中，除了飞利浦、NIKE、松下、索尼、

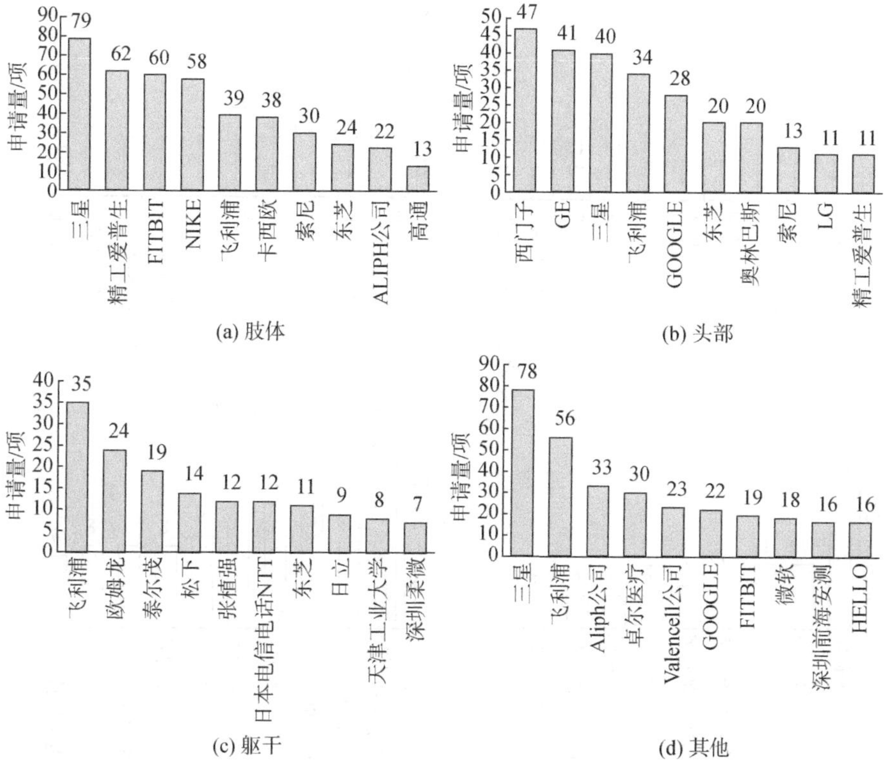

图7　医用可穿戴设备全球申请人4个分支的分布情况

Google、三星等几家国外公司外，其他申请量较多的申请人大多是中国的公司或科研院所，这与医用可穿戴设备的整体申请趋势也是一致的。这也证明了我国企业意识到了医用可穿戴设备的行业前景，并且重视知识产权的保护。虽然与行业领先的跨国公司具有差距，但是也在医用可穿戴设备的各分支下，我国企业具备相应的创新实力，并在产业上持有一定的话语权。在这四个分支中，也出现了多个高校和科研院所，例如浙江大学、解放军第四军医大学、华南理工大学、中科院自动化研究所、深圳先进技术研究院、东华大学、天津工业大学、电子科技大学。这也证明了我国科研院所的研究方向与市场是紧密相连的，并具备一定的自主创新能力。

（四）医用可穿戴设备专利法律状况分析

图9显示了医用可穿戴设备的4个技术分支在美国的授权情况。可以看出，躯干穿戴式设备的授权率最高，达到44.29%；其次是头部穿戴式设备，授权率达到41.64%；肢体穿戴式设备的授权率排第三，达到38.44%；而其他佩戴方式设备的授权率最低，只有27.2%。躯干穿戴式设备的申请量最少，但是授权率

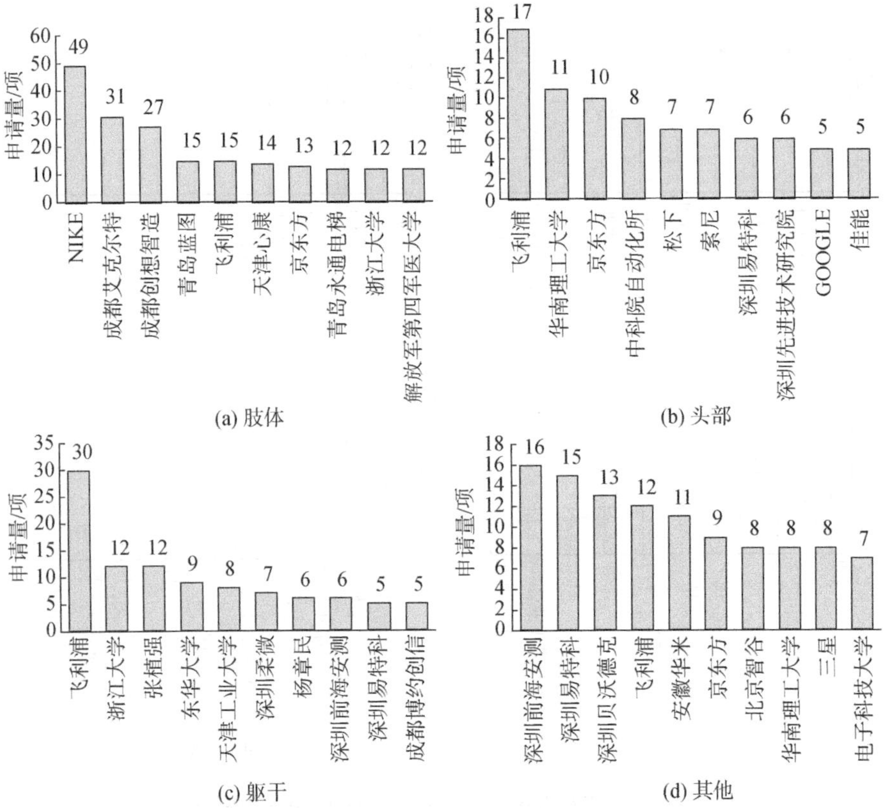

图 8　医用可穿戴设备中国国内申请人 4 个分支的分布情况

最高，也证明了在美国躯干穿戴式设备的专利质量相对较高。

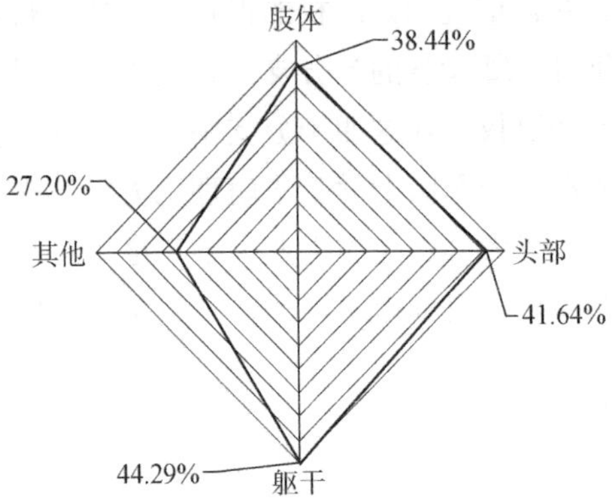

图 9　医用可穿戴设备 4 个分支美国专利申请的法律状态

图 10 体现了医用可穿戴式设备 4 个分支在国内的法律情况，分别包括各分支发明专利与实用新型的对比以及驳回、撤回、放弃、公开、权利终止、实质审查以及授权这 7 种法律状态之间的比较。如图 10 所示，从申请总量上看，肢体穿戴式设备以明显优势位居第一，但是其发明申请与实用新型申请量的比值接近 1，远低于其他三个分支的发明申请或实用新型申请量占比，也就是说，肢体穿戴式设备有一半的申请都是实用新型申

请。众所周知，实用新型专利的技术门槛较低，即肢体穿戴式设备中有接近一半的申请的创新高度不够。如近几年流行的用于监测多种参数的智能手环而作出的申请，其并没有作出有实质性进步的改进，而仅仅是各种监测模块或传输模块的堆叠。分析其法律状态，权利已经终止的申请高达 14.41%，这与实用新型占比较高也是有关的；此外，肢体穿戴式设备还有大量的申请还在实质审查中，这也与近几年提交的大量申请刚刚进入实质审查阶段相一致。

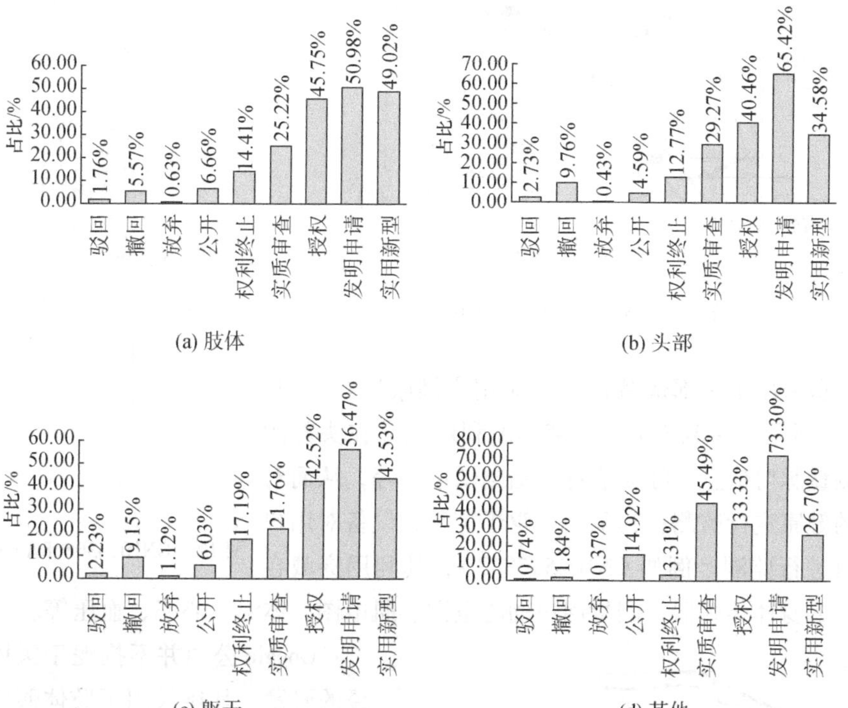

图 10　医用可穿戴设备 4 个分支中国国内专利申请的法律状态分布

（五）医用可穿戴设备的重要专利概览

对现有的医用可穿戴设备的专利进行概览，可以发现，大部分医用可穿戴设备虽然佩戴的位置不同，但是所检测的生理信号仍然集中在心率、心电图、脉搏、体温、血压这些常规的生理参数上。对这些常规的生理参数进行日常的检测，可以有效地监测一些慢性病患者的健康状况，例如是否有突发的心脏病，高血压是否发作等。下面选取一些重要申请人的专利，对用于监测上述生理参数的医用可穿戴设备进行简单的描述。

飞利浦采用了躯干穿戴式设备对血压进行监测。如图 11 所示专利

CN101484068A 利用布置在腰带中的多个电极测量脉搏传导时间，并计算血压；其也采用了肢体穿戴式设备对心率或心率变化进行监测。如图 12 所示，专利 CN101330868A 采用了具备电容的手表，利用电容受到流经身体部分的血流的血压脉冲的影响所产生的变化，来确定用户的心率或心率变化。

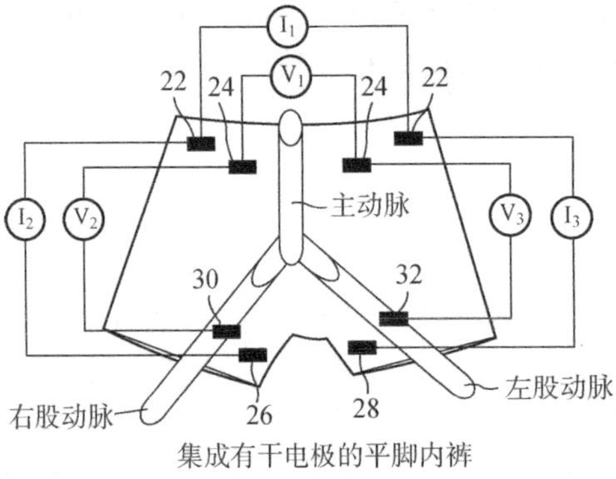

图 11　CN101484068A 附图

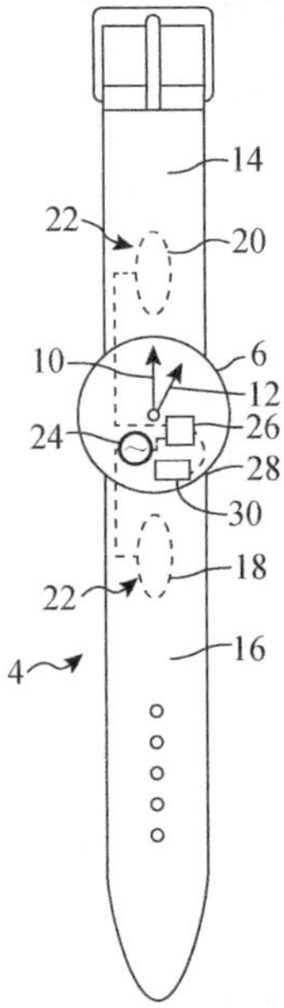

图 12　CN101330868A 附图

三星采用了头部佩戴式设备对用户健康进行监测。如图 13 所示，专利 CN102984535A 利用佩戴在头部的眼镜测量脉搏信息、呼吸信息、脑电图信息等，从而对用户的健康进行监测；其采用了躯干穿戴式设备对用户的健康进行监测。例如 CN104545843A，其利用穿戴在身体上的身体传感器，测量用户的心电图、肌电图、体温、心率、血压等。

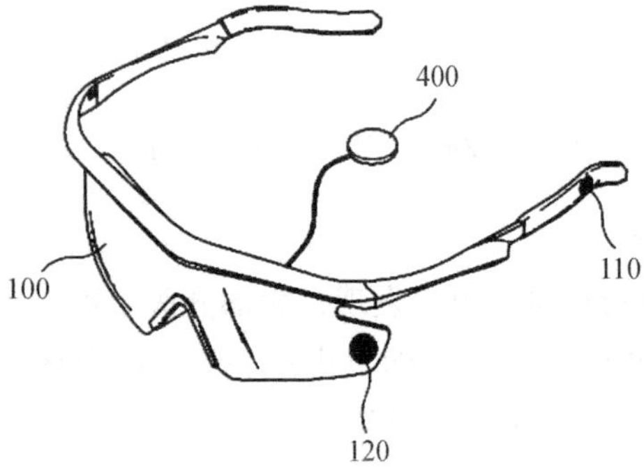

图 13　CN102984535A 附图

Google 公司并不拘泥于医用眼镜的研发，其还采用了肢体佩戴式设备对血压进行监测。如图 14 所示，专利 WO2016065031A1 利用设置在手环上的波源和传感器测量血流的速度，从而进一步得到血压信号；此外，其采用了肢体佩戴式设备对心电图进行监测。如图 15 所示，专利 US2016073914A1 利用置于手环和另一侧手指上的电极以得到用户的心电图，从而对用户的健康进行监测。

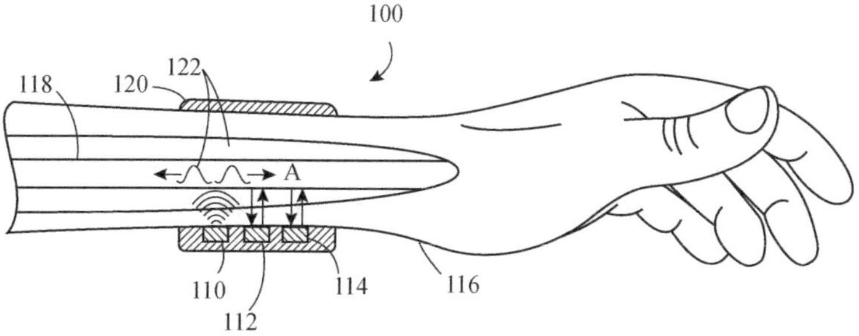

图 14 WO2016065031A1 附图

二、小　结

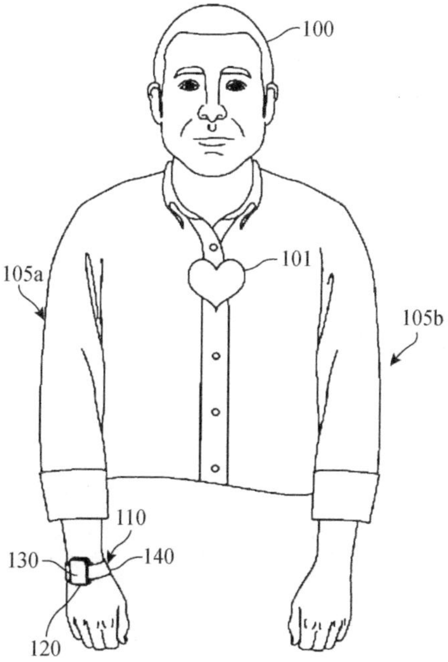

图 15 US2016073914A1 附图

医用可穿戴设备能够协助患者进行经过科学设计的个性化健康管理，通过检查指标来纠正功能性病理状态，中断病理改变过程。合理的慢性疾病管理，能够避免看急诊和住院治疗，减少就医次数。医用可穿戴设备已经成为整个社会的聚焦点，反映到专利申请趋势上，无论是全球还是国内，都呈现出了迅猛发展的态势；而从技术输出地的角度进行分析发现，中国在医用可穿戴设备上的技术实力不容小觑，仅次于美国，这也与中国的人口基数大，相应的申请量大有关。而对于国内申请，国内本土的申请量是美国在中国申请量的 10 倍。对申请人进行分析发现，全球排名前 10 位的申请人仍然被老牌医疗企业牢牢占据，且没有中国申请人。但是对于国内申请，则出现了与全球市场完全不同的情况，前 15 名的申请人中，中国申请人占据了 80%，虽然医疗的行业巨头也早就盯上了中国的市场，在中国进行专利布局，但是国内企业也不甘落后，发展越来越好，但是还未出现突出的龙头型企业。现有的国际大牌企业并不拘泥于某一类特定产品的研发，而是积极发展各部位的医用可穿戴设备，以便于监测患者健康数据。因此，为了保证国内企业在医用可穿戴设备市场中占据一席之地，不仅需要把握市场的热点，还应当增强自身的创新实力，完善专利布局，从而构建专利壁垒。

参考文献

[1] 何疆春，李田昌. 移动健康的发展现状与趋势 [J]. 转化医学杂志，2016，5 (3)：174-177.

区块链技术领域专利申请现状分析

刘　涛　王立石

摘　要：比特币是目前市场上非常火热的投资品种，4 年间，以人民币计价的比特币价格从 300 元涨到了 1 万元。火热的比特币背后所依赖的技术正是区块链技术。2009 年，诞生于美国的区块链技术是一种以 P2P 技术为基础，结合非对称加密、数字签名、工作量认证等信息安全技术的记账系统。在不需要第三方可信中介参与的情况下，区块链技术能够解决数字货币的可靠、安全交易和记录，避免数字货币的“双花”问题。除了数字货币领域，区块链在数字货币、众筹、清算结算与审计、智能合约、版权与许可、公证等领域也具有广阔的应用前景。目前，全球各国都加大了对区块链技术的研究，全球区块链技术专利的开发也呈现出蓬勃之势。本文从区块链专利技术角度进行分析，以期对产业进行指导。

关键词：比特币　区块链　专利

引　言

区块链的本质是一种去中心化的记账系统，比特币是这个记账系统上承载的“以数字形式存在”的货币。狭义上来讲，区块链是一种按照时间顺序将数据区块以顺序相连的方式组成的一种链式数据结构，并以密码学方式保证不可篡改和不可伪造的分布式账本。广义上来讲，区块链技术是利用块链式数据结构来验证与存储数据，利用分布式节点共识算法来生成和更新数据，利用密码学的方式保证数据传输和访问的安全，利用由自动化脚本代码组成的智能合约来编程和操作数据的一种全新的分布式基础架构与计算范式。

区块链是多种先进信息技术融合的产物，是分布式数据存储、点对点传输、共识机制、加密算法等计算机技术的新型应用模式[1]。

区块链系统所依赖的基础组件包括通信、存储、安全机制、共识机制 4 层结构。

（1）通信：区块链通常采用 P2P 技术来组织各个网络节点，每个节点通过多播实现路由、新节点识别和数据传播等功能。

（2）存储：区块链数据在运行期以块链式数据结构存储在内存中，最终会持久化存储到数据库中。对于较大的文件，也可存储在链外的文件系统里，同时将摘要（数字指纹）保存到链上用以自证。

（3）安全机制：区块链系统通过多种密码学原理进行数据加密及隐私保护。对于公有链或其他涉及金融应用的区块链系统而言，高强度、高可靠的安全算法是基本要求，需要达到国密级别，同时，在效率上需要具备一定的优势。常用的加密算法包括散列哈希算法和非对称加密算法。

（4）共识机制：共识机制是区块链系统中各个节点达成一致的策略和方法，应根据系统类型及应用场景的不同灵活选取。常用的共识机制主要有 PoW、PoS、DPoS、Paxos、PBFT 等。

区块链自 2008 年诞生以来，正在对经济社会发展产生越来越明显的影响力。法定数字货币成为近年来各国央行的重点研究领域，英国、加拿大等多国央行都表示将涉足该领域，并提出了自己方案。国务院印发的《“十三五”国家信息化规划》[2]首次纳入区块链技术。中国人民银行也开始成立机构着手研究区块链技术，并于 2016 年 12 月正式成立中国数字货币研究所。数字货币的加快推出，“十三五”规划的政策助力，有望推动区块链技术迎来发展的新机遇。

区块链技术将在数字货币、众筹、清算结算与审计、智能合约、版权与许可、公证等方面具有广泛应用[3]。

区块链技术领域的创新主体通过研发创新，不断对区块链技术进行改进，并通过专利来保护其知识成果，诞生了大量的专利申请。

由于部分区块链技术涉及交易，在专利审查指南修改之前，部分涉及商业方法的区块链技术难以获得专利保护。2017 年 4 月 1 日起实施的专利审查指南加强了对于涉及商业方法的专利技术的保护，有利于区块链技术获得专利权。

一、区块链技术专利申请状况分析

本文以 CNTXT 数据库、ENTXT 数据库、DWPI 数据库为数据来源，以“比特币”“区块链”“bit? coin”“block? chain +”为关键词进行检索，收集了 2016 年 12 月 31 日之前公开的所有涉及区块链技术的全球专利。

申请趋势分析、申请人状况分析、全球专利申请的 CPC 分类统计均采用 CNTXT 数据库、ENTXT 数据库中不去重的数据为基础进行统计；技术原创国家和地区采用了上述专利，在 DWPI 数据库中，以合并同族专利之后的族数据为基础进行统计。

（一）专利申请趋势分析

2013 年之前，区块链技术的专利开发处于相对沉寂的状态。随着 2013 年德国率先正式承认比特币的合法"货币"地位，以及美国、欧洲、日本关于比特币相关政策越来越明朗，比特币的合法性逐渐得到认可。随后比特币开始受到广泛追捧，价格开始上涨；塞浦路斯冻结银行转账业务造成的恐慌进一步推动了比特币价格的上涨。在这种背景下，全球区块链、虚拟货币相关产业技术的研发热情自 2013 年开始也得到了爆发式的增长，专利申请量直线上升（见图 1）。

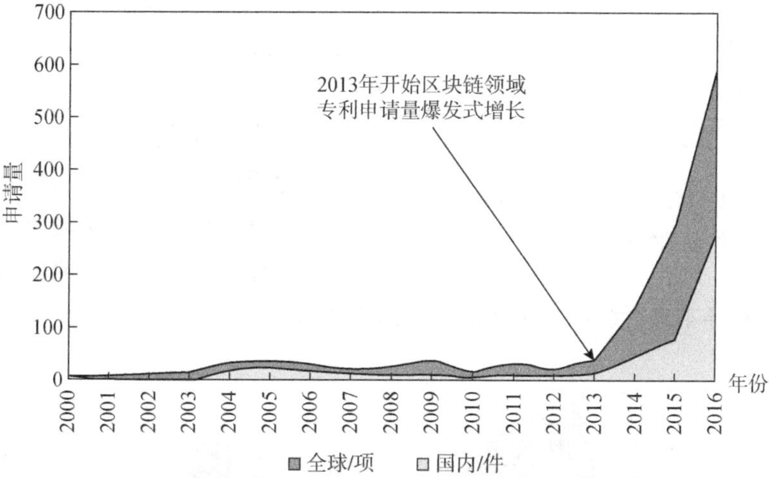

图 1　区块链技术领域全球和中国专利申请趋势对比

在国外比特币的火热行情影响下，国内也于 2013 年兴起了比特币的交易网站以及相关创业公司。国内的专利产出数量紧跟全球步伐，出现了井喷式增长。区块链专利的开发与技术在市场上的热度呈现出正相关的特性。

（二）技术原创国家或地区分析

1. 全球专利原创国家或地区分析

为了研究区块链专利技术的原创国家或地区分布情况，对采集的专利数据样本进行同族专利合并和去重处理，按照最早优先权所在国家或地区作为专利原创国家或地区的方式对样本进行统计。

美国作为区块链和比特币技术的发源国，其原创技术数量稳居全球原创专利数量的第一位，以 446 件原创专利占据了半壁江山，说明了美国作为区块链技术的发源国，的确具有深厚的技术储备、良好的产业发展氛围以及创业融资环境；中国以 253 件的原创专利数量紧随其后，占据了 32% 的比例（见图 2）。可见，中国和美国两个技术原创大国几乎垄断了区块链领域的所有原创专利，相比之下，其他国家所占的份额非常小。

中国虽然在专利数量上与区块链技术发源国美国有一定差距，但中国的区块

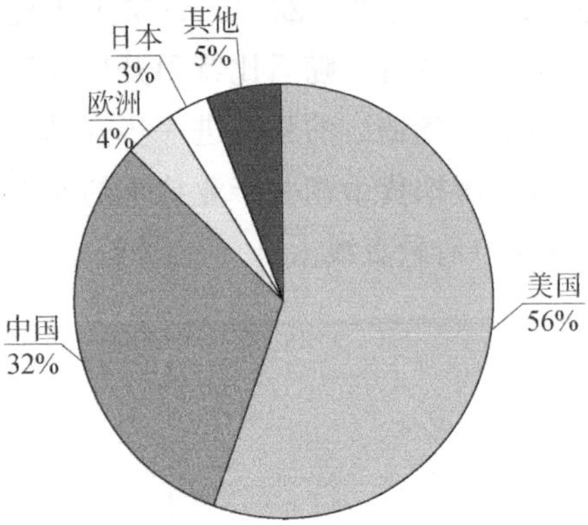

图 2　区块链技术全球专利原创国家或地区统计

链技术已经紧跟美国的步伐，走在了世界的前列。

2. 国内专利原创国家或地区分析

截至 2016 年 6 月底，国家知识产权局受理的涉及区块链领域专利申请共 324 件，其中，绝大多数申请均为发明专利申请（发明、实用新型各占 95.6%、4.4%），表明区块链领域整体上属于技术含量较高的领域。

为分析中国专利申请的技术原创国家或地区分布情况，按照最早优先权所在国家或地区认定为专利原创国家或地区的方式对样本进行统计，统计结果如图 3 所示。

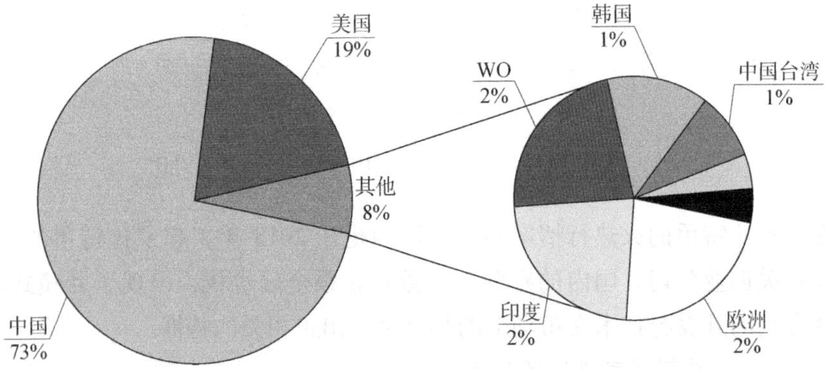

图 3　区块链技术国内专利原创国家或地区统计

从图 3 中可了解到，在中国申请专利保护的创新主体所属国家或地区的分布情况为：73% 的专利申请来自国内创新主体，19% 来自美国创新主体，8% 来自其他国家。表明国内申请人已经意识到区块链所具有的广阔的市场前景，并且在研发以及专利布局方面取得了喜人的成绩。

他国创新主体占据剩余 27% 的比例，由此可见，国外创新主体对于中国市场的重视，也说明了国外各国看好区块链的市场前景。尤其来自美国的 63 件原创申请占据了将近 1/5 的比例，也进一步说明了美国的领先地位。

（三）专利申请人状况分析

1. 国内申请人状况分析

图 4 列出了专利申请量大于 5 件的申请人情况。不难看出，国内专利申请量

较大的公司多为创业型公司。其中申请量最大的几家国内公司均为提供区块链基础技术服务的创业型公司，例如布比网络技术有限公司、江苏通付盾科技有限公司、杭州复杂美科技有限公司、杭州云象网络技术有限公司、深圳淘淘谷信息技术有限公司等，这类创业公司均得到大量风险投资机构的追捧，其产品提供给了诸如阿里巴巴、美的、国有银行等金融、制造行业的客户，用于构建低成本、安全可靠的数字资产记账系统。

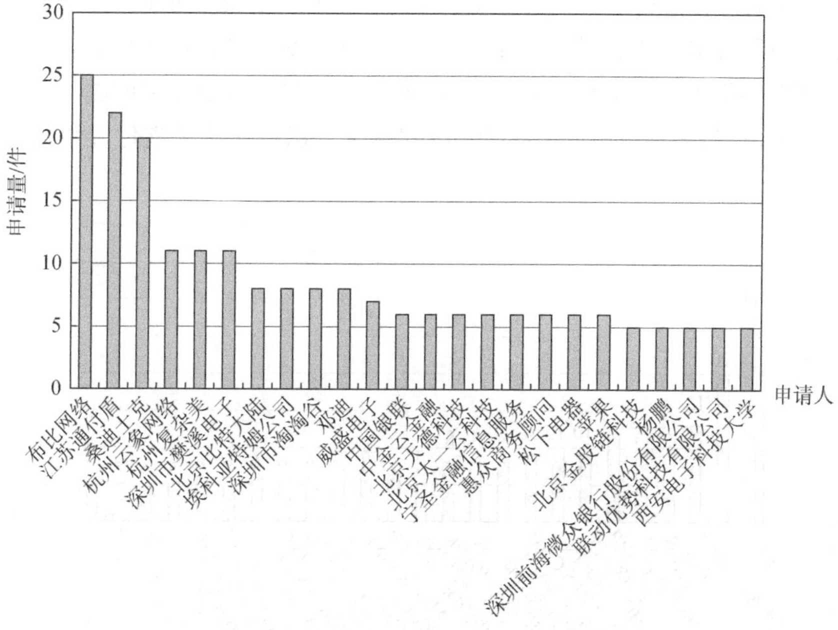

图4　区块链技术专利中国主要申请人统计

其中，排名第一的布比网络技术有限公司是一家区块链服务商，专注于区块链技术和产品的创新，向客户提供高性能的区块链基础服务平台。其产品应用于数字资产、股权债券、数据安全等领域。被评选为2016年“钛媒体”评选的年度金融科技公司。

比特币行业中涉及比特币挖矿运算设备的公司，也积极地投入研发力量，诸如在挖矿运算设备方面保持全球范围内领先的比特大陆公司。

另外，区块链技术吸引了大量著名IT企业以及金融科技公司的关注。全球著名的闪存供应商桑迪士克（Sandisk）、苹果公司、威盛电子、松下、中国银联等均非常重视中国市场，在区块链领域开发了大量的专利。

申请量不足5件的申请人也包括了许多著名的IT科技公司，诸如财付通、IBM、高通、三星、网易、中兴、LG、诺基亚、通用、财团法人、阿尔卡特朗讯、飞天诚信、联发科、索尼、松下、恩智普等公司。足见各行业对于区块链的重视，也说明了区块链技术具有广阔的应用前景。

2. 国外申请人状况分析

从国外来看，申请量最大的申请人为美国的IBM以及日本的东芝（见图5）。据报道，IBM已经将区块链技术运用到了多个领域，2016年，IBM在官网上宣布，它们推出了一套“数据块链”技术的标准和一个“超级簿”（Hyperledger）技术，能够将虚拟货币中的核心记账技术运用到更多领域。IBM已经拿到了伦敦证券交易所和日本证券公司的大订单。除了金融领域之外，IBM认为，分布式账本技术还能够用于国际贸易中记录集装箱的物流信息，以及更多的领域。东芝的Visual Touch销售平台也集成了比特币支付服务，以将比特币支付应用到更广泛的领域。

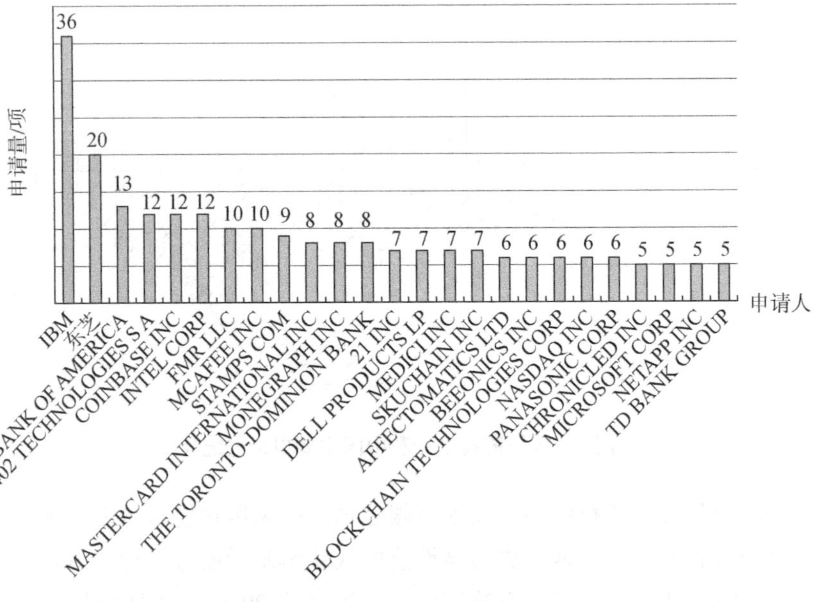

图5 区块链技术专利国外申请人统计

可见，互联网技术所反映出的公司科技实力、产品实力与专利统计所反映出的申请人专利实力是匹配的。

紧随IBM和东芝之后，比特币和区块链相关技术的创业公司也申请了大量专利，诸如COINBASE、STAMPS、21 INC、BLOCKCHAIN TECHNOLOGY等。这些公司将在未来引领区块链技术的创新和变革。

另外，传统的金融机构，诸如BANK OF AMERICA、NASDAQ INC、TD BANK GROUP也在区块链技术领域投入了大量研发。由此说明，区块链技术的应用目前还仍主要集中在数字资产的记账领域。

（四）全球专利申请的 CPC 分类统计

CPC 分类体系是美国和欧洲联合开发的专利分类体系，其对全球专利数据的技术点进行了细致的分类，其可以作为对某一技术领域进行现有技术水平调研和工业产权统计工作的基础，用于对各个领域的技术发展状况作出评价。图 6 和表 1 为全球区块链技术领域专利申请量统计排在前 10 位的 CPC 分类情况。

从图 6 和表 1 可以看出，区块链的技术主要涉及保密通信、支付等金融安全领域。

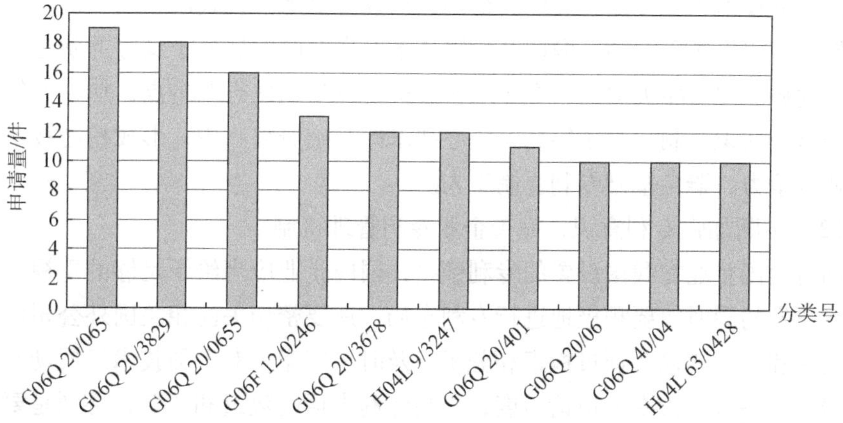

图 6　区块链技术领域全球专利申请量统计前 10 位的 CPC 分类情况

表 1　区块链技术领域全球专利申请量统计前 10 位的 CPC 主分类号及其定义

分类号	定义
G06Q 20/065	使用电子现金的支付电路
G06Q 20/3829	支付协议涉及密钥管理
G06Q 20/0655	电子现金集中管理的支付电路
G06F 12/0246	闪存
G06Q 20/3678	电子现金的详细信息，例如检测重复消费
H04L 9/3247	用于验证系统用户的身份或凭据的装置，数字签名
G06Q 20/401	支付协议，交易验证
G06Q 20/06	使用电子现金的支付电路
G06Q 40/04	交易，例如股票、商品、金融衍生工具或货币交换
H04L 6/30428	用于在实体之间数据包网络通信中提供保密的数据交换，其中的数据内容被保护，如通过加密或压缩负载

二、小　结

区块链技术是一种新兴的数字资产记账技术，正处于快速的技术革新以及爆发式的专利数量增长之中，在金融安全领域具有非常广阔的前景，将在更多未知的领域得到应用。通过上述对国内外区块链技术领域专利申请状况的分析，对国内今后区块链技术的发展提出如下两点建议：

（1）我国相关部门、企业和科研机构要认清技术发展的潮流，加大研发投入，形成自主研发体系。

区块链技术正处在蓬勃发展的初期，从数量上来看，我国在区块链领域的技术研发，目前仅次于美国。国内区块链技术、产业的发展处于良好的状态，具有一定的优势。国内相关部门、企业和科研机构应当抓住行业重点，加大力气投入数据加密、共识机制、数字签名等核心技术的基础研究当中，形成核心技术，提高企业竞争力，避免基础专利受制于人。

（2）不断加强专利意识，完善企业专利管理机制。

面对美国企业在我国设置的专利壁垒，国内企业应当给予足够的重视，在进行技术研发的同时，要积极地进行专利布局，还要密切关注相关国外公司已有的研究成果和专利布局，通过检索和分析，及时了解竞争对手的技术发展动态，提前预警。进一步加大专利申请力度，提高专利申请的数量和质量，特别是要加强海外专利布局以提升国际竞争力，以期在竞争激烈的市场中拥有一席之地。

参考文献

[1] 中国区块链技术和产业发展论坛．中国区块链技术和应用发展白皮书［R］．［s. l.：s. n.］，2016.

[2] 张健．区块链：定义未来金融与经济新格局［M］．北京：机械工业出版社，2016：206－296.

从专利申请看激光投影键盘技术的兴起

姚宇鹮　陈嘉佳*

摘　要：激光投影键盘技术为新兴的键盘输入技术，本文以激光投影键盘技术为研究对象，对其专利申请趋势、主要分支技术分析、重要申请人和国家地区、中国专利申请情况进行了深入分析，从专利角度了解这项技术从技术萌芽—瓶颈—突飞猛进的兴起过程，对国内涉足这项技术的企业具有很好的借鉴意义。

关键词：激光键盘　投影　专利申请　专利分析

引　言

随着计算机、手机的发展和普及，键盘作为重要输入设备，一直以来扮演着不可替代的角色，但传统键盘体积庞大、携带不便，无法满足移动终端对输入设备的需求，因此需要设计一款体积小、便于携带、操作方便的虚拟键盘设备，来代替传统的机械式键盘，这时，激光投影键盘技术产生了。激光光源具有高亮度，可以在正常室内照明环境下，显示出清晰的键盘图像，并且具有高稳定性和安全性，可长时间稳定运行，不会对人体造成伤害[1]，随着国外激光投影键盘技术的兴起，国内企业也开始进入该领域中。2012 年 8 月 21 日科技部印发了《新型显示科技发展“十二五”专项规划》[2]，其中指出，“十二五”重点发展激光显示等关键技术，增强移动互联网终端显示创新能力，推动产业化进程，提升新型显示技术的自主创新能力，提高当前主流显示产业的国际竞争力，而激光投影键盘技术中激光投影显示是其关键技术之一，其与传感定位技术共同构成了激光投影键盘技术，国内众多企业开始在政策鼓励下进行这项技术的研发和布局，促进了这项技术在国内的创立和成长，对我国企业来说，需要在技术层面和知识产权层面上了解相关的情报，因此，分析激光投影键盘技术的发展，并深入分析专利布局情况是十分必要的。

一、激光投影键盘介绍

激光虚拟键盘主要由线性不可见激光发射器、摄像头采集器、键盘投影模组组成（见图 1），键盘投影模组在任意漫反射表面，通过红色波段的激光器透射

---

* 第二作者对本文的贡献等同于第一作者。

刻有键盘图像的光栅，投影出电脑键盘图像，当用户“点击”投影出的键盘图像的某个按键时，通过红外摄像机捕捉键盘图像区域内的图像信息，利用图像处理技术识别出“点击”动作发生的位置坐标，然后将上述坐标转换成键盘平面的正交坐标系的位置信息，确定按键命令，最终形成准确快捷的键盘输入，实现与机械式键盘同样的功能[3]。

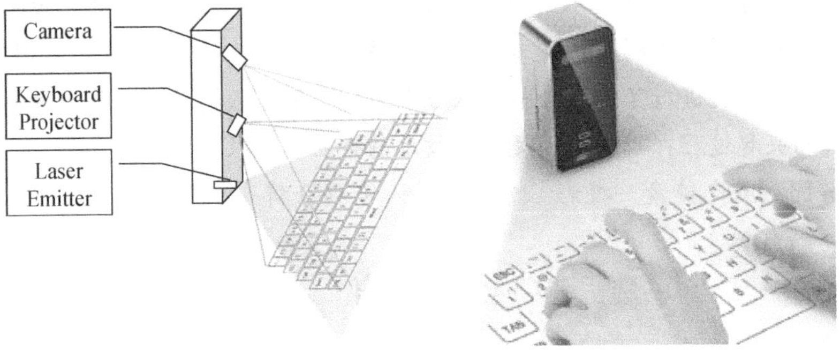

图 1　激光虚拟键盘原理和产品

由于激光投影键盘是通过激光进行投影，在不使用时完全可以关闭，大大减小了键盘占据的空间，提高了可便携性，并且它适用于各种环境中，比如手机、计算机、工业环境、无菌的医疗环境、航空等领域，导致激光投影键盘越来越受到广泛关注，许多企业开始针对这项技术进行研发和产品生产，如何将技术发展和专利申请相结合，共同推动这项技术的发展和保护，也是目前企业急需进行的。因此，有必要对激光投影键盘技术进行专利分析研究，为我国企业提供技术发展和知识产权保护策略方面的参考。

二、专利申请趋势分析

（一）专利申请量和主要技术分支的专利变化趋势

本文中的专利申请数据截至 2014 年 12 月，中文数据以中国专利文献数据库（CPRSABS）和中国专利文摘深加工数据库（CNABS）为主，对全球专利申请的检索在世界专利索引数据库（WPI）和欧洲专利文摘数据库（EPODOC）中进行。其中由于专利申请公开时间或进入中国国家阶段的时间滞后，2015 年后的大部分专利申请还处于未公开状态，统计数据仅截至 2014 年。

图 2 显示了激光投影键盘主要技术分支的历年专利申请量分布，该技术主要包括以下几种分支技术：传感检测结构的改进、控制方法、手势定位识别、数据传输处理、投影装置改进、图像采集处理、整体结构改进。

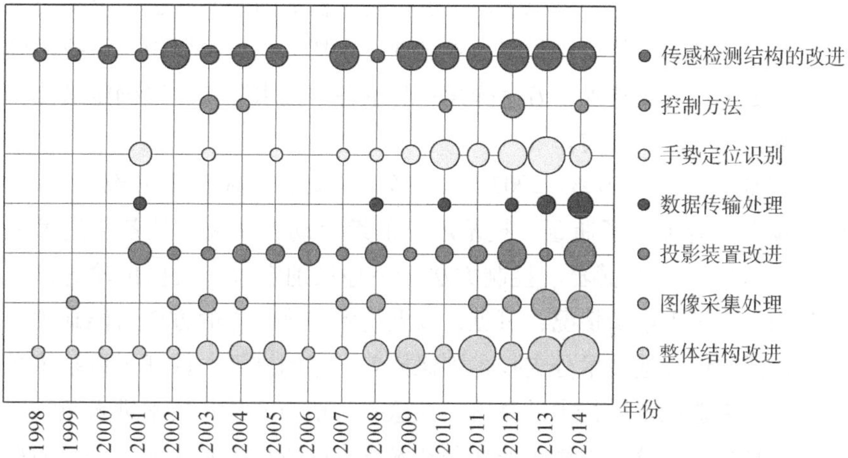

图2 激光投影键盘技术主要技术分支的专利申请分布

注：图中圆圈大小表示申请量多少。

根据整体技术发展规律可将其专利申请量的发展分为四个阶段：2000年以前为技术萌芽阶段、2001～2005年为技术积累阶段，2006～2007年为技术瓶颈阶段、2008～2014年为技术突破增长阶段。

下面对各个阶段发展的具体情况进行分析说明：

1. 技术萌芽阶段（2000年以前）：激光投影键盘技术自从20世纪90年代开始，为了满足更多的个性化交互体验，该技术也开始逐步进行探索，申请量也是处于低量申请阶段，并且从主要技术分支专利申请分布来看，在技术萌芽阶段中，主要改进点为图像采集处理、传感器结构改进、整体结构改进，以上主要改进点从一定程度上反映出了研发和专利布局初期的一些特点。首先，在技术发展的萌芽阶段，创新点多为可以直接利用的现有部件，例如图像采集装置和传感器，这两种都是现有较为成熟的产品，较容易根据激光投影键盘的具体要求进行改进，在短时段进行专利布局是比较高效的一种途径。其次，主要改进技术分支为整体结构改进，一方面在于新型产品是否被市场接受未知，反映到专利布局方面，主要针对整体结构进行试水保护；另一方面反映出新兴技术在专利布局中的策略，起初尽量在最大技术范围内进行布局，争取将该技术的整体方案得到最大范围的保护，以利于技术的进一步研发。

2. 技术积累阶段（2001～2005年）：激光投影键盘技术在技术积累过程中，七大主要技术分支均有专利布局，可见，在技术萌芽阶段之后，该技术开始了多方面技术分支的研发和布局，针对多个方面进行研发尝试，其中随着小型化激光投影技术的发展，投影装置的改进逐步作为主要的研发方向进入了研发人员的视野中，同时，控制方法、手势识别定位也得到了初期的研发改进，反映出这两个技术分支在整体技术中的重要程度初步显现。在技术积累阶段中，该技术的研发开始拓展到更多项分支技术，着手探索和尝试各个技术分支，以确定最能提高激光投影键盘技术的发展方向。

3. 技术瓶颈阶段（2006～2007年）：该阶段明显总体申请量骤减，一定程度上反映出技术可能出现了瓶颈，技术增长的综合动力缺失，从各个技术分支来看，尤其在2006年，传感器、控制方法、手势识别定位、数据传输处理、图像采集处理均出现了零申请情况，可见，以上技术持续改进的方向可能缺失，研发处于暂时停滞，但其他技术分支技术则保持着一定的进度，保证了该技术虽然处于低谷，但并未造成整体技术的衰落，在这一时期中，某些技术进入瓶颈突破期时，企业选择将一部分精力用于非瓶颈技术分支的研发是必要的，一方面探索瓶颈技术突破，另一方面进行其他技术的研发，从而保证整体技术在一定程度上依然保持进步。

4. 技术突破增长阶段（2008～2014年）：经过两年的技术瓶颈期，各技术分支得到了突破，最具代表的为手势定位识别，该技术决定了投影键盘输入的精确性和高速输入性，这是用户体验中很重要的一部分，决定了用户是否购买该产品，因此，随着手势识别定位技术的突破，激光投影键盘技术也开始了崛起，尤其，在最近几年，随着产品的市场化，用户逐步接受这项技术，给企业带来大量市场份额和利润后，企业将激光投影键盘技术发展与专利申请相互密切结合起来，增加了相关技术的研发和专利投入，绝大部分分支技术的申请量也在最近3年进入了增长通道。

此外，随着经济全球化，在专利战略的指导下，激光键盘技术也向全球主要国家/地区迈进，在多个国家进行了相关申请，形成多种海外市场和国际专利布局。首先，中国申请量占全球主导地位，和其他国家起步时期几乎相同，并且在国家新兴产业技术政策支持下，尤其国内激光技术、传感器技术的发展，带动了激光键盘技术的发展；其次，美国作为该技术研发很早的国家，从申请量看依然领先欧洲、日本、韩国，虽然申请量落后中国，但美国掌握着该技术核心部件的生产，掌握着上游材料和元器件，而中国申请量主要体现在下游产品的配套应用，虽然数量上多于美国，但美国掌握了核心材料和元器件，这直接关系到国内产品的成本高低，因此，为了防止国外的技术遏制，导致国内生产成本提高，需要将核心材料和元器件的研发作为国内企业努力的方向。

（二）重点申请人、国家/地区分析

图3和图4分别显示了重点申请人及其国家/地区专利申请分布，通过图3

和图4可知，申请人主要分布在亚洲和美洲，其次是欧洲，而重点申请人则主要分布在中国、美国、欧洲、韩国，具体为鸿富锦、联想、VKB、CANESTA、CELLUCON、京东方，以上公司总申请量均排在全球申请人的第一梯队中，其中除了京东方、鸿富锦主要针对键盘应用方面进行布局外，其他申请人均有相关产品研发并发布。联想充分将投影键盘应用到投影手机中，并于2015年发布了Smart Cast投影手机，其除了可以投影键盘外也可以投影手机内容；以色列VKB公司最早研发了激光键盘，并在2002年销售；CANESTA公司将键盘技术授权给韩国的CELLUON公司，前者在2010年被微软收购；韩国的CELLUON公司开发了名为Epic的激光键盘，Epic只有火柴盒大小，使用蓝牙与苹果、微软以及黑莓智能手机、平板电脑或笔记本电脑相连，目前已经是成熟产品。

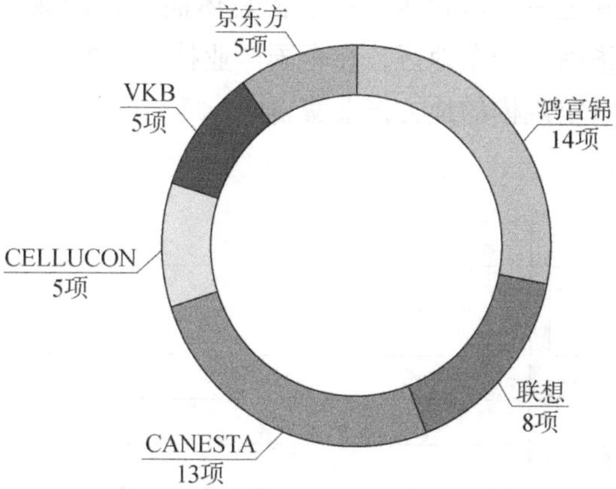

图3 激光投影键盘技术重点申请人专利申请分布

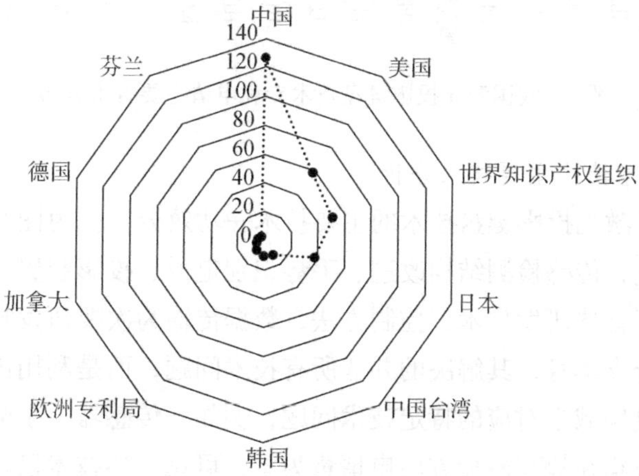

图4 激光投影键盘技术重点申请人所在国家/地区专利申请分布

（三）中国专利申请授权情况

我国激光投影键盘技术专利申请主要集中在技术发达的地区，大部分集中在华北地区、华东地区，华南沿海地区以及台湾地区（见图5）。首先，广东、北京、台湾的专利申请大幅领先其他地区，由于广东、北京、台湾都是科技企业较多的省市，形成较为成熟的高科技产业群，并且在一定程度上反映出这些省市的科研实力强于我国其他地区，专利申请量高于全国其他地区，其原因在于，北京一直是高科技企业集中城市，并且科技技术交流最活的地区，其次为华东地区，主要涉及江苏、浙江、上海、山东、安徽等省市，尤其以长江三角洲地区最为典型，该地区目前拥有全国最大的光电产业集群，在研发、制造、应用等各个产业链环节都走在全国的前列，在依托光电产业集群的研发能力下，很快将科研结果转化为专利申请，并进一步转化为产品。但总体而言，产业区域发展欠缺均衡，主要集中于华北、华南、华东地区，在全国产业技术发展下，需要逐步提高区域发展均衡性，形成一定规模的地方产业集群。

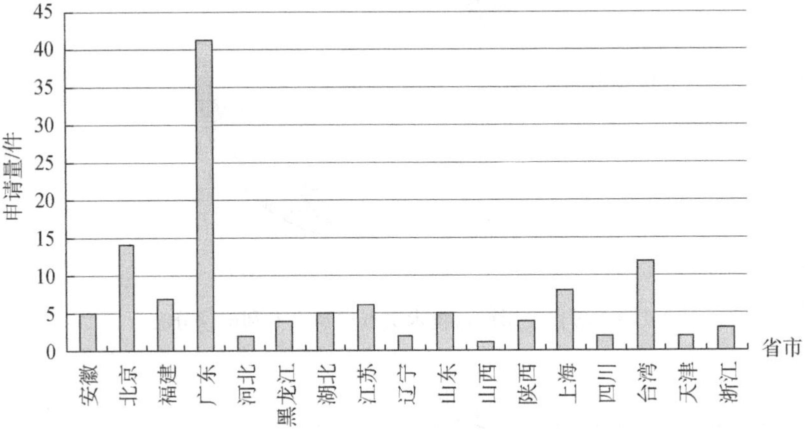

图5　我国激光投影键盘技术专利申请主要省市分布

（四）专利申请的主要技术分析

图6示出了激光投影键盘技术的主要技术—功效分布。由图6可知，各个技术分支都有侧重，传感检测结构改进、手势识别定位、投影装置、图像采集、整体结构改进处于首选研发技术，控制方法、数据传输为次要研发技术。首先，聚焦到各个技术分支本身，其解决的并非所有技术问题，而是利用该技术分支优势解决在投影键盘领域中对应的特定技术问题，例如，传感器、手势识别定位、数据传输、图像采集在提高寿命方面申请量为零，可见上述技术已经较为成熟，对于提高键盘寿命来说，已经不是应用到投影键盘技术所要解决的，而是上游硬件

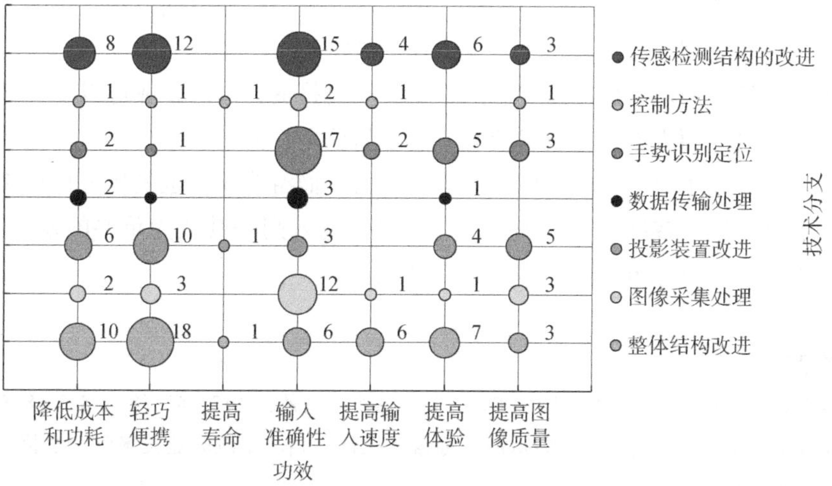

图6 激光投影键盘技术专利申请技术—功效分布

注：图中数字表示申请量，单位为项。

和软件已经解决的问题；其次，聚焦到各个技术功效时，也有相应的侧重点，比如，输入准确性、轻巧便携、降低成本和功耗、提高体验是激光投影键盘技术中首要解决的技术问题，其可以利用所有技术手段来解决，覆盖面广，是激光投影键盘技术最需要解决的问题，反观输入速度、图像质量并非其首选解决问题，由于激光键盘应用领域中最多的为文本输入，其输入速度并非需要达到极致，目前并不需要达到游戏键盘的反应速率和输入速率的级别，激光投影本身光束能量高、亮度大，可分辨率较高，其形成的键盘图像本身处于较高的水准，因此进一步提高图像质量的必要性并不强烈。

三、小　结

本文以激光投影键盘技术为研究对象，对其专利申请情况通过专利申请趋势、技术发展路径、重点分支技术进行了深入分析，我们可以了解到激光投影键盘技术的发展与知识产权关系较为密切，并且在知识产权增强的同时，技术投入和创新也相应增加，从而使技术、市场、知识产权构成了相辅相成共同发展的良好态势。通过本文对激光投影键盘技术专利申请布局的分析，对国内企业研发和专利布局具有很好的借鉴意义。

第一，目前激光投影键盘市场已经逐步打开，产品争相推出，需要国内企业加快利用知识产权保护自己产品涉足的市场，避免撞向市场壁垒。

第二，注重技术分支创新，由于国外材料和元器件已经成熟，国内可绕过以上国外成熟的技术，发展适合自身条件的技术分支，比如控制方法、手势定位识别、数据传输处理等，形成适合自身竞争的技术发展路径。

第三，注重技术功效的发展方向，避免重复投资，国内企业可以选择输入速度、图像质量这两方面进行技术突破，虽然目前用户需求大部分为文本输入，但激光键盘投影技术对于年轻群体更具有吸引力，而游戏操作也是年轻群体中主要需求，在文本输入成熟后，更加快速、准确的输入则是其较为重要的发展方向，国内企业可以进行这方面的技术创新与升级。

参考文献

[1] 蔡睿妍. 激光虚拟键盘的设计与实现 [J]. 激光与红外，2012，42 (8)：875－878.

[2] 李淑玉，等. 基于机器视觉虚拟激光键盘的设计 [J]. 宁波职业技术学院学报，2015，19 (6)：79－82.

X 射线相衬成像商业化可能性分析

王京阳　高慧敏*

摘　要：本文以皇家飞利浦公司为例，分析了其 X 射线相衬成像设备的 26 件专利申请，指出其主要改进方向为光栅微结构以及如何设计微结构，达到避免步进、提高纵横比、扩展探测纬度，同时测量相位和吸收信息的技术效果，得出 X 射线相衬成像商业化可能性仍然较小的结论。

关键词：X 射线相衬成像　飞利浦公司　专利分析　光栅

引　　言

由于硬 X 射线束的穿透深度非常高，同时不同组织对 X 射线的衰减系数不同，X 射线吸收成像技术能够以非破坏性的方式获得患者身体内部感兴趣区域的图像，尤其能够将诸如骨骼等高吸收区域与软组织等低吸收区域清晰地区分开。然而，不同种类的软组织对 X 射线的衰减系数均相差不大。在 X 射线吸收图像中，很难清楚辨别不同种类的软组织。例如，在吸收图像中很难区分乳房正常组织与肿瘤区域，X 射线的血管壁、血液、脂肪、肌肉、神经等不同区域。然而，对上述组织结构的区分是重要的。为了获得足够的对比度，人们不得不提高辐射剂量、使用造影剂等，但潜在地损伤了患者和医师的健康。X 射线相衬成像技术对软组织的分辨率远远高于吸收成像，因为硬 X 射线在物质中也会进行弹性散射，即穿过物质时，波发生相移的概率通常远大于吸收截面，理论上是吸收截面的 103 ~ 104 倍。例如，穿过 50ym 厚的生物组织片的 17. 5keV X 射线仅衰减百分数的一小部分，而以弧度为单位的相移接近 π。同时，相衬成像原则上可分辨密度变化为 0. 0003 ~ 0. 0020g/cm^3 的不同组织的边界，空间分辨率可达 1μm。而目前传统 CT 的分辨密度为 0. 01g/cm^3，空间分辨率仅为亚毫米量级。

一、X 射线相衬成像的难题

尽管人们早在 20 世纪 70 年代就在实验室中利用类似 Mach-Zehnder 干涉仪的装置实现了 X 射线的相衬成像[1]，但是将这项技术进行商业化并在医院等场所

---

* 第二作者对本文的贡献等同于第一作者。

进行日常应用仍然面临诸多困难。首先，能够进行X射线相衬成像的X射线源必须是具有时间和空间相干性的X射线源，即具有相同相位并且传播方向相同的X射线源。这样，当一束X射线通过物体并且改变相位后，与另一束没有通过物体的X射线干涉后，才能生成可供测量的干涉条纹，如果X射线源不具备时间和空间相干性，则可能由于相位太乱而无法产生可供测量的干涉条纹，或者干涉条纹与物质相移无关。通常只有从同步辐射源或X射线激光器中出射的单色X射线才满足所需要的相关性。而同步辐射源和X射线激光器是日常场所不可能配备的。其次，通常探测器的像素尺度不足以分辨大概在微米量级的干涉条纹。并且，干涉仪光学部件的相对位置必须在晶格常数几分之一的范围内稳定，即小到亚埃的尺度。因此，干涉仪的调整和控制非常困难，尤其是在做得足够大以对病人进行成像时，这样的干涉仪不可能在日常环境中进行应用。

由于上述诸多困难，关于X射线相衬成像的研究一直局限在科学研究的范围内，鲜有实际应用的尝试。然而，在2006年，F. Pfeiffer和T. Weitkamp等[2]提出了一种基于光栅的X射线微分相衬成像装置（DPCI），这种装置由周期为P0的源光栅G0、周期为Pl的相移光栅G1和周期为P2的吸收光栅G2构成。DCPI利用源光栅G0将X射线管发射的X射线分解为多个分别相干的独立源，从而将射线源的范围扩展到普通X射线管，大大降低了射线源的成本；其次，利用吸收光栅G2的步进采样解决了X射线探测器像素尺度不够小的问题，同时可以扩展到大视场；最后，在机械调整方面要求相对宽松，仅需要对吸收光栅G2进行微米范围内的微调。由于成本、硬件要求大大降低，使得商业化成为可能，因而基于光栅的X射线微分相衬成像装置（DPCI）吸引了诸多医疗器械公司的注意，相关的专利申请逐渐增多。

二、X射线相衬成像的总体专利分析

尽管目前还没有X射线微分相衬成像装置的成熟产品上市，然而相关专利申请已经提出多个技术发展方向。本文试图通过对相关专利进行深入分析，预测其主要技术发展的方向。本文的研究范围局限于中国专利申请，通过在CNABS数据库（摘要）中检索“(相衬 2d 相位) 2d (X射线 or X线 or X光)”并进行一一核实后，筛选出96件相关专利申请（见图1）。首先，对申请人和申请量进行统计，得到申请量最多的申请人为皇家飞利浦有限公司（以下简称“飞利浦公司”），共有26件相关申请。飞利浦公司是医疗器械领域的知名生产商，为三巨头GPS中的“P”，其推出的X射线成像领域的产品，例如透视X射线、CT等，一直处于全球领先地位。飞利浦公司具备整合供应链，推出X射线微分相衬成像装置的实力，那么，其在中国市场试图保护什么样的技术呢？这可以从分析其26件专利申请文献得出。

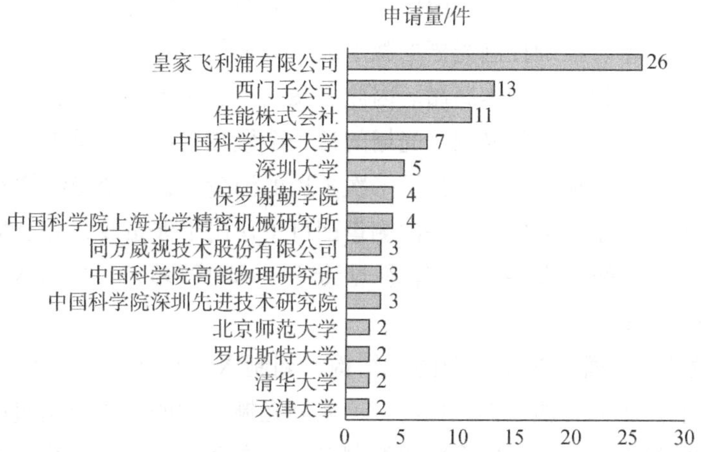

图1 X射线相衬成像中国专利申请分布

三、飞利浦公司相衬成像相关的专利分析

这26件专利申请文献中的24件都是基于F. Pfeiffer和T. Weitkamp等提出来的DPCI装置，以下简称“三光栅系统”。可见，飞利浦公司已经确认，目前其相衬成像装置发展的主要方向为“三光栅系统”。

在这24件“三光栅系统”的专利中，有12件关于相位或振幅光栅的改进，技术效果分别在于：避免振幅光栅的步进，减少光栅周期，提高光栅的纵横比，实现二维探测以及利用光栅的结构实现相位信息、吸收信息同时采集。以下分别简述实现上述技术效果的技术方案（见图2）。

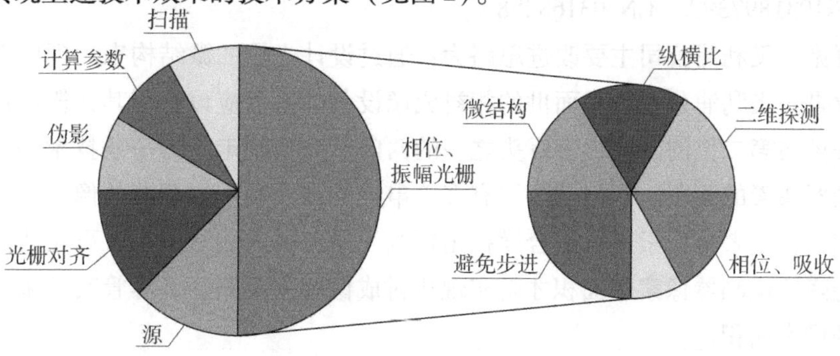

图2 X射线相衬成像技术专利申请的技术功效分布

（1）避免振幅光栅的步进。在飞利浦公司看来，三光栅体系仍然存在很大的缺陷，即需要调整振幅光栅在至少 3 个不同位置之间来回移动，即步进。因为，移动一次就需要成一次像，因而增大了辐射剂量，同时增加了成像时间，即降低了时间分辨率。准确控制光栅的微米级的位移仍然对机械系统的稳定性提出了极高的要求，使得制造成本高昂。因此，飞利浦公司提出了步进振幅光栅的替代方案：制造具有微结构的光栅。光栅的每一个微结构都包含至少 3 个相互偏移的小光栅，每个小光栅相当于给出了一次步进的测量值，一个微结构对应的像素相当于一个组合像素，可以通过一次测量即可重建出干涉条纹，通过牺牲空间分辨率而提升了时间分辨率。具体参见专利：CN101952900A、CN102365052A 和 CN106535767A。

（2）微结构。通过改变光栅的微结构，调制 X 射线透过率。例如，为了增加对比度，利用不同材质制作光栅的棱，调制光栅结构的 X 射线透过率。或者将光栅的棱和狭缝制作成特别的形状以调制 X 射线的透过率、相位变化等。具体参见专利：CN103460301A、CN103348415A。

（3）提高光栅纵横比。现有的光栅制作尺度大概在几微米的范围内，为了制作出周期更加小、纵横比更高的光栅，飞利浦公司提出利用多层光栅相互偏移并前后叠加，以获得更小光栅周期的技术方案。具体参见专利：CN102428533A、CN103200874A。

（4）二维探测。在一个光栅的不同部分分别制作水平和垂直光栅，以进行两个方向的相移探测。具体参见专利：CN104066375A、CN106535767A。

（5）同时测量相位和吸收信息，利用制作具有类似棋盘结构的微结构光栅，在相位光栅子区域旁设置无光栅子区域，以令探测器可以同时接收相位和吸收两个测量结果，并利用两种信息进行组合，求出物质电子密度等信息。具体参见专利：CN103189739A、CN103168288A。

可见，飞利浦公司主要改进思路为：通过设计光栅的微结构来达到所期望的技术效果。飞利浦公司将来面世的相衬成像设备的特点应该在于其光栅设计。而申请量排在第二位的、同为三巨头之一的西门子公司则走了另一条技术路线：降低探测器像素的面积。西门子公司有多篇申请均涉及利用探测器的像素直接测量干涉图案，或者将像素进行组合模拟出振幅光栅位移的测量结果，可见西门子公司认为降低探测器像素的面积才是实现相衬成像的主要路径，尽管其并未提出如何降低像素面积。

由此可见，主要厂商对于 X 射线相衬成像的研究方案集中于“三光栅系统”，均认为步进振幅光栅不适合商业化，但是在如何替代步进振幅光栅的技术路径上还存在较大争议，飞利浦公司的微结构光栅的方案目前可行，但是制作光栅的成本依然高昂。而西门子公司的技术路径目前仍然不可行。因此，X 射线相衬成像虽然有了很大的进步，但是主要厂商仍然处于对技术进行探索，储备专利的阶段，制作成本仍然相比于传统的 X 射线成像装置高出许多，距离商业化还有很长的路要走。

参考文献

[1] M. ANDO, S. HOSOYA, G. SHINODA, K. KOHRA, T. ICHINOKAWA. Proc. 6th Intern. Conf. On X-ray Optics and Microanalysis. Observation of Antiferromagnetic Domains in Chromium by X-ray Topography Tokyo [M]. Univ. of Tokyo Press. 1972: 63-68.

[2] F. PFEIFFER, T. WEITKAMP. Phase retrieval and differential Phase-contrast imaging with low-brilliance X-ray sources [J]. Nature Physics. 2 (4) 2006. 258-261.

AR 技术发展状况专利分析

郭　凯　姚文杰　汤晨光*

摘　要： 增强现实（AR）技术作为将真实世界与虚拟影像多重合成在一起的前沿技术，已经成为可穿戴设备领域的研究热点。本文针对 AR 技术，对国内外专利的输出地、申请量趋势、申请人排序以及作为该领域的主要申请人微软公司的相关专利申请进行了统计和分析，以供相关领域的技术人员参考。

关键词： 增强现实　虚拟　可穿戴　传感

一、技术原理及发展概况

AR 技术，即 Augmented Reality 技术的简称，被称作增强现实技术、混合现实技术或扩增现实技术。该技术的基本理念是将计算机仿真模拟生成的虚拟影像叠加在现实世界的真实环境中，从而实现对现实的增强。作为一种全新的人机交互技术，AR 技术利用传感器与摄像头的实时信息采集、实时跟踪及注册、场景融合与匹配技术[1-2]，实现了真实世界与虚拟世界之间的“无缝”集成，真实与虚幻在同一个画面或空间中的同时存在，使得诸多无法在真实世界中感受到的体验成为现实[3]。

AR 概念最早于 20 世纪 90 年代初由波音公司的 Tom Caudell 和他的同事 David Mizell 在为波音公司制造部门设计铺设电缆的辅助软件时提出。到 20 世纪 90 年代末，该领域领头人 Ronald Azuma 首次定义了增强现实，并给出增强现实具有虚实结合、实时交互和三维注册三大特点。美国是 AR 技术的强国，也是这项技术最主要的产出国。韩国、日本作为技术出产国的第二方阵，也属于热点区域。随着 AR 技术的不断发展和成熟，相关产品已经陆续问世，比较知名的产品如微软公司开发的 HoloLens、谷歌公司的 Google glass、Meta 公司的同名产品 meta、索尼公司的 Smart eyeglass 以及爱普生公司的 Moverio BR－200/300。

二、从专利角度看 AR 技术的发展

本文有关 AR 技术检索截止日期是 2017 年 4 月 20 日，选用中国专利全文数据库、中国专利文摘数据库、德温特世界专利索引数据库以及 PATENTICS 数据

---

* 第三作者对本文的贡献等同于第二作者。

库，采用关键词和国际专利分类相结合的方法进行专利文献检索，对 AR 国内外专利申请进行检索和分析，得出该领域专利申请的分布情况和发展趋势。由于发明专利申请从申请到公开有一定的周期，因此，部分相关专利申请可能处于未公开状态而未被统计。

1. 全球专利申请的总体情况

图 1 显示了 AR 技术全球专利申请输出地分布。截至 2017 年 4 月 20 日，有关 AR 技术的全球专利申请量约为 11400 件，其中，美国为主要输出地，为 4612 件；韩国和中国分列第二位、第三位，分别为 1822 件和 1632 件；欧洲和日本分别为 877 件和 739 件。由此可见，美国是 AR 高新科技企业竞相争夺的首要市场，亚洲市场紧随其后。

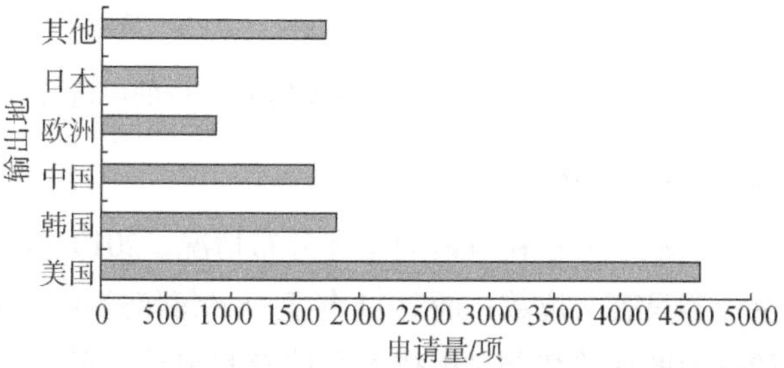

图 1　AR 技术全球专利申请区域分布

图 2 显示了 AR 技术全球专利申请的年度分布。从图 2 可以看出，2010 年以前，AR 技术全球专利申请量总共 1000 余件；进入 2010 年后，每年的申请量都在 1000 件以上。由此可见，在全球范围内，AR 技术在最近 6 年的时间里一直保持快速平稳的发展态势。

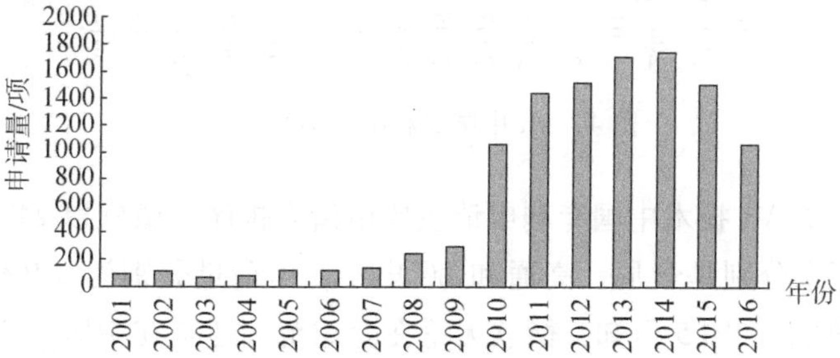

图 2　AR 技术全球专利申请年度申请分布

图 3 显示了 AR 技术全球专利申请申请人排序。在图 3 所示的 AR 全球专利申请的前 10 位申请人中，微软公司凭借着其强大的软、硬件技术和雄厚的资金

实力，以380件的申请量占据首位；接下来分别是三星、高通和 Magic Leap 公司，申请量分别为334件、292件和249件。前10位申请人中，美国公司占据了将近一半的席位，其余来自日本、韩国、德国和芬兰。中国企业未跻身于世界前10位，说明我国在 AR 领域的研发水平还不够发达，还有很长的路要走。

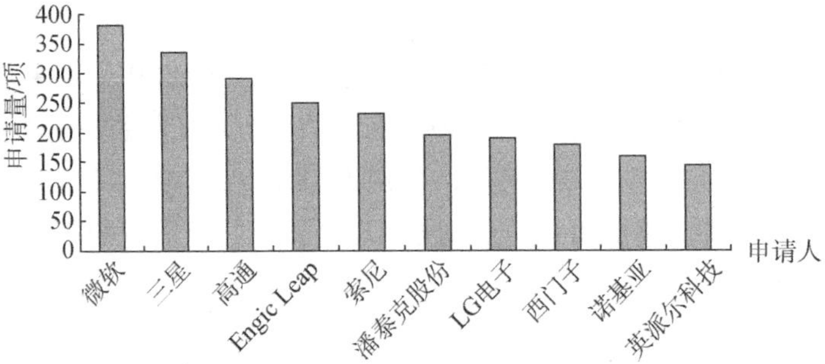

图3　AR 技术全球专利申请量排名前10位的申请人

2. 中国专利申请的总体情况

图4显示了 AR 技术中国专利申请的年度分布情况。2010年以前，AR 技术在国内每年的申请量最多只有两位数；而2011年至今，每年的相关专利申请量都在3位数，其专利申请量的增加趋势与 AR 技术全球专利申请年度分布情况基本一致，这说明 AR 技术在近6年的时间里，在中国市场也得到了快速稳定的发展。

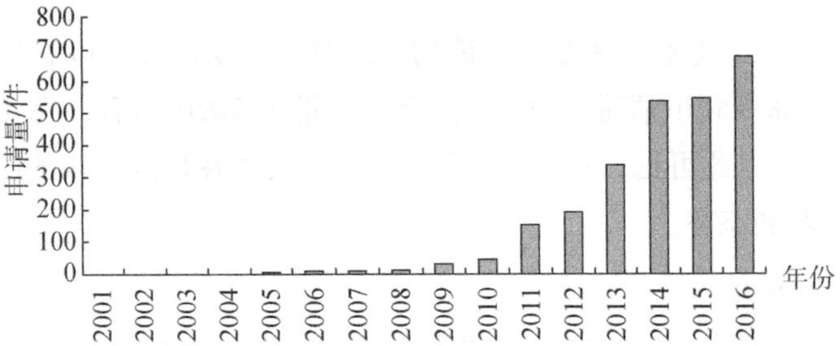

图4　AR 中国专利申请年度分布

图5显示了 AR 技术中国专利申请主要申请人排序。微软以242件的数量占据首位，接下来分别是索尼、高通和 LG 电子，申请量分别为210件、198件和188件。根据图3和图5可知，微软无论在全球范围还是在中国，其在增强现实领域都取得了领先地位。下面就对微软有关 AR 技术专利申请进行简单的分析。

三、微软公司在华专利申请的总体情况

图6显示了微软向中国提交的242件有关 AR 技术的专利申请分类情况。其

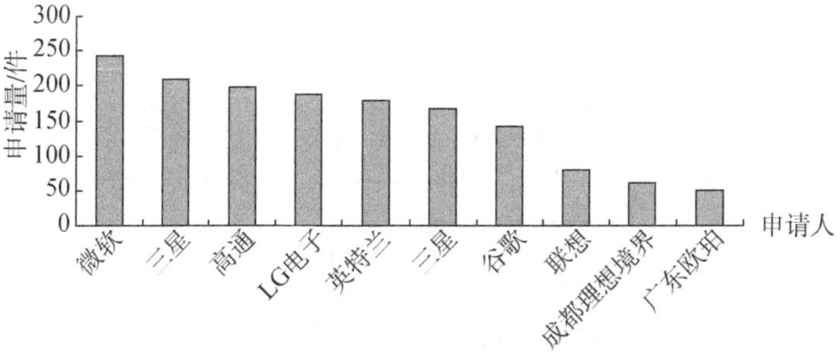

图5 AR中国专利量排名前10位的申请人

中，71件涉及AR硬件设备的设计与改进，84件涉及AR虚拟图像的形成方法和控制，38件涉及AR技术的应用，32件涉及AR互动操作控制方法，17件涉及诸如隐私保护等其他方面。由此可见，微软在华专利申请的重点在于AR设备的硬件和软件设计，其次在于AR技术的具体应用。下面举例说明微软关于AR设备的硬件设计和具体应用情况。

AR技术的实现载体主要为头戴式设备，上述71件涉及AR设备设计的专利申请就是针对该头戴式设备提出的，其中涵盖了显示组件、瞳孔对准、眼球追踪、镜头设计等方面。如图7所示的CN102540463A中，通过在光学显示组件112前方设置能够被控制且在每个像素的基础上选择性地透过或阻挡光的不透明度滤光器106，实现了从视图中选择性地除去自然光，从而使得虚拟彩色影像可以表示全范围的色彩和亮度，使得影像看上去更加真实。

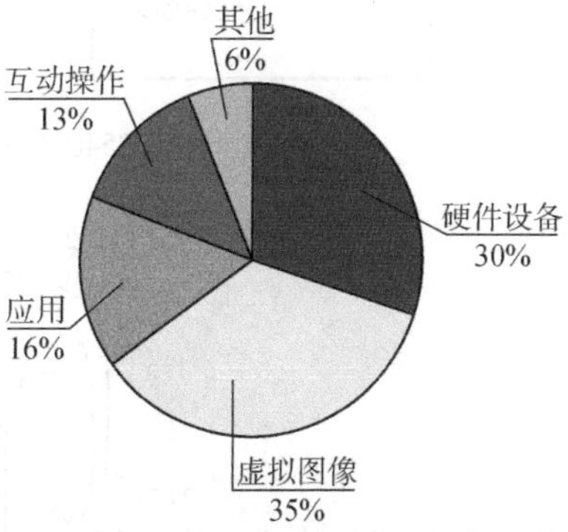

图6 微软AR技术各分支专利申请分布

CN102928979A给出了如何实现瞳孔对准功能的技术。如图8所示，反射元件124b将沿光路133行进的虚拟视图与沿光轴142的自然视图组合，并定向到用户眼睛。来自用户眼睛的沿光轴142接收到的反射光被捕捉后，定向到传感器134r。若传感器134r捕捉到的数据指示瞳孔未与光轴对准，则处理器使用将距离测量单元与图像的像素进行相关的映射来确定瞳孔中心距光轴142的距离。然后，处理器确定显示光学系统14r的调整距离及移动方向，以使光轴142与瞳孔对准。

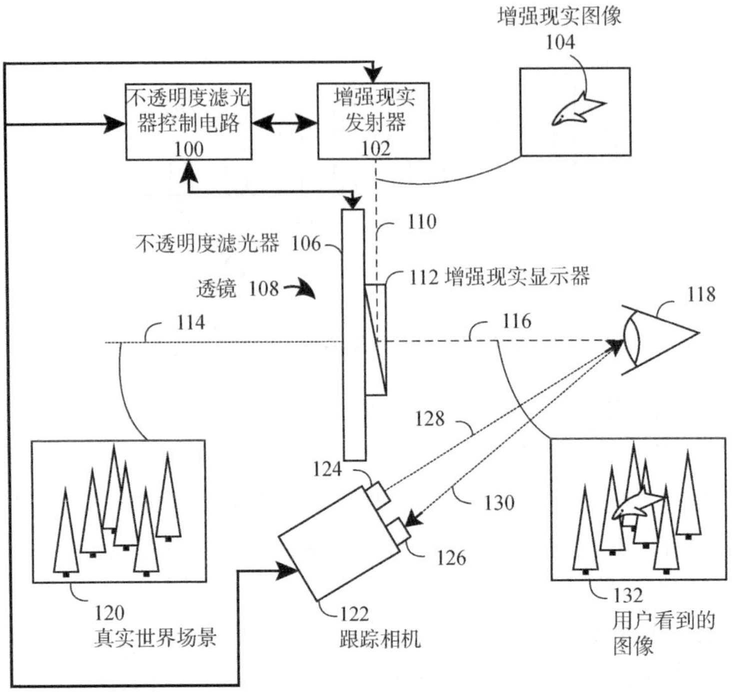

图7　CN102540463A 中具有不透明滤光器的显示组件

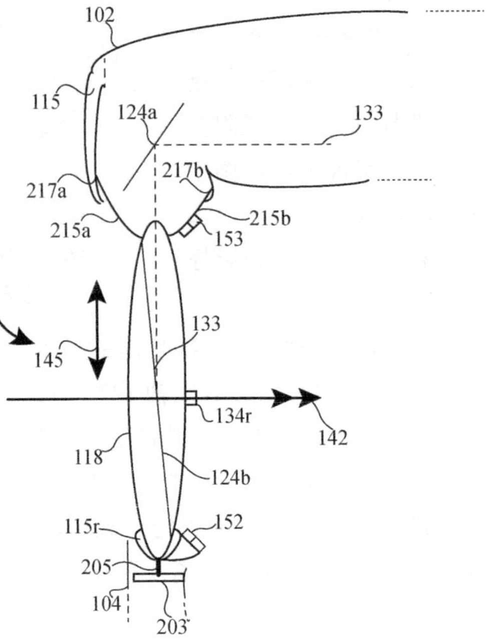

图8　CN102928979A 中具有瞳孔对准功能的光学组件

CN106575039A 提高了人眼追踪的准确度。如图 9 所示，角膜闪光光源 336 和 338 发射撞击，在左眼 316 的角膜 340 上而没有穿过左透镜 330 的光线从角膜 340 反射。光线穿过左透镜 330 后，到达相机 324，产生来自角膜 340 的角膜闪光 56，以便被眼睛跟踪系统 40 采集，从而生成眼睛跟踪数据。

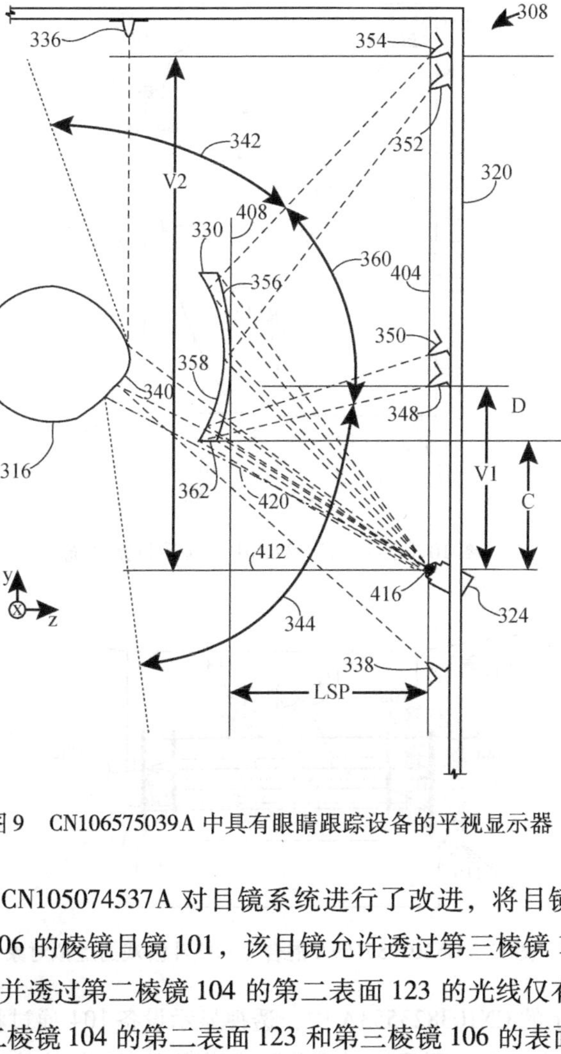

图 9　CN106575039A 中具有眼睛跟踪设备的平视显示器

图 10 所示的 CN105074537A 对目镜系统进行了改进，将目镜设计为包括三个棱镜 102/104/106 的棱镜目镜 101，该目镜允许透过第三棱镜 106 的第二表面 133 进入的光传递并透过第二棱镜 104 的第二表面 123 的光线仅有少量畸变或没有畸变。由于第二棱镜 104 的第二表面 123 和第三棱镜 106 的表面均为平坦表面且相互平行，故而仅发生真实世界图像的极少畸变或者没有畸变。

微软不仅专注 AR 技术本身的研发，更加重视该项技术的实际使用价值，其将 AR 技术良好地应用到娱乐和生活中。如图 11 所示的 CN103785169A，透视显示设备 102 可视地呈现混合现实格斗游戏的虚拟对象。从用户的视角来看，虚拟竞技场和化身看起来与物理空间 104 集成，大大提高游戏体验的真实性和娱乐性。

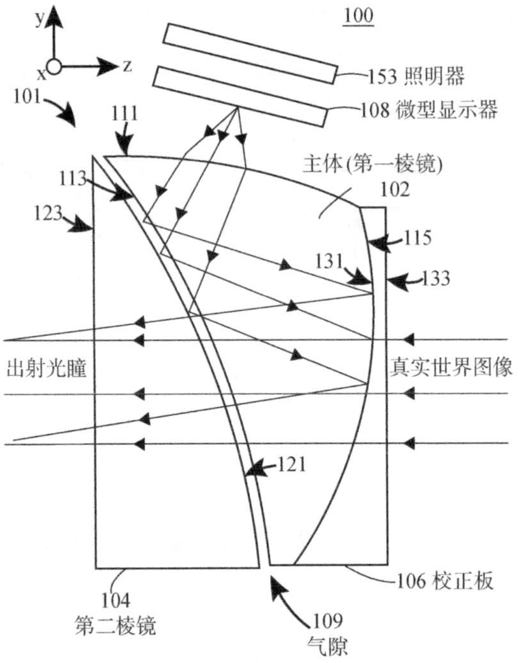

图 10　CN105074537A 中三棱镜目镜系统

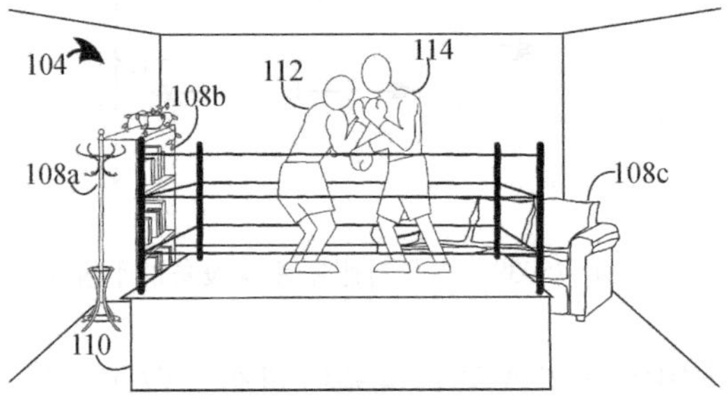

图 11　CN103785169A 混合显示格斗游戏的虚拟对象

在图 12 所示的 CN103823553A 中，透视显示设备 104 通过将表面 108 后方的场景 112 显示为表面 108 顶部的“覆盖”来增强表面 108 的外观。场景 112 的表示 110 可包括之前收集的图像数据。该表示可包括之前由透视显示设备 104 在用户 106 与结合表面 108 的对象的先前交互期间收集的图像数据。由此，即便在不打开柜门的情况下也可得内部信息。

在图 13 所示的 CN105122304A 中，用户在房间中将显示器保持在要被重新

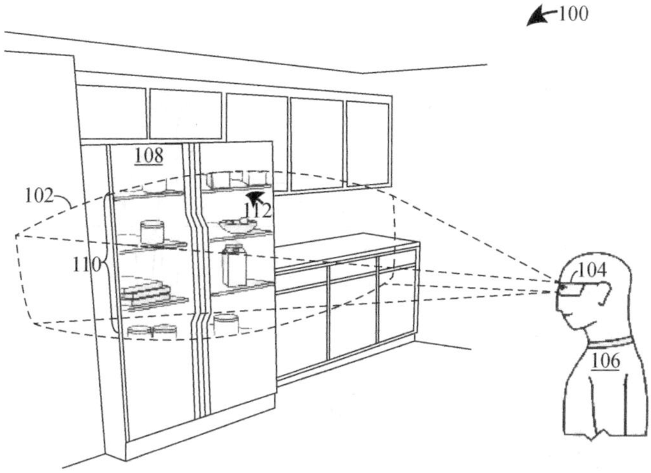

图 12 CN103823553A 对表面背后的场景的增强现实显示

设计的居住空间的区域方向上。设计系统执行对象识别，提示用户标识显示场景中的对象，然后渲染并显示与实际对象相对应的模拟对象 604，以使其对于查看者而言表现为与场景中的实际对象基本上处于相同地点。用户可访问其他椅子对象的库并选择期望的椅子，从而将其置于场景中。

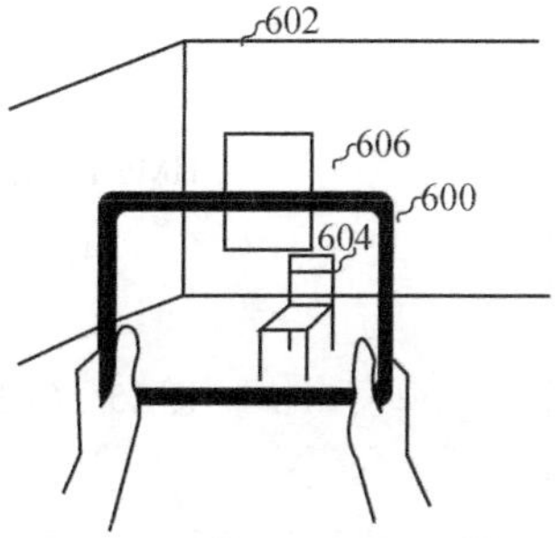

图 13 CN105122304A 使用 AR 对居住空间的实时设计

CN105190484A 帮助人们能够快速了解彼此信息。如图 14 所示，增强现实环境 400 包括与第一移动设备 29 相关联的第一人及与第二移动设备 28 相关联的第二人。在被第二人使用第二移动设备 28 查看时，第一虚拟告示牌 414 可被显示给第二人，该第一虚拟告示牌 414 包括第一集合的个性化信息，包括第一人的姓名、语言、情绪以及被第一人列出的第一在线分类广告 415。同样地，在被第一人使用第一移动设备 29 查看时，第二虚拟告示牌 412 可被显示给第一人。

CN105378625A 给出了如何快速到达目的地的方案，如图 15 所示，在时间 T1，对象 402 和对象 404 在视野 102 内。多个对象位于视野 102 之外。在视野 102 内显示了位于视野 102 之外的可视指示标记（如 412）。在时间 T2，用户向右切换视野，以便与标记 412 相关联的对象 416 进入视野 102。当相应对象进入视野 102 时，标记 412 可不再被显示。

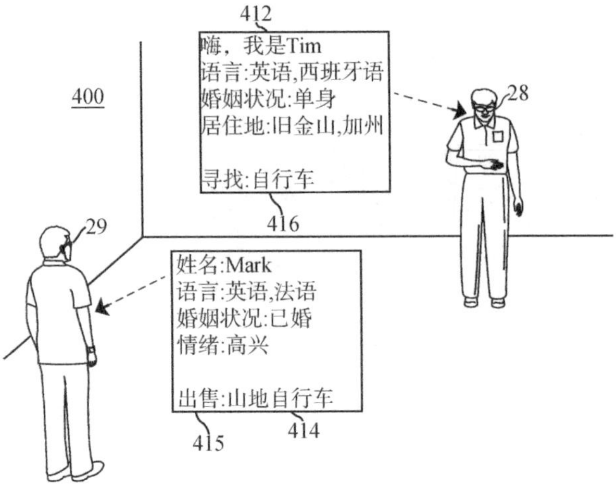

图 14　CN105190484A 个性化信息告示牌

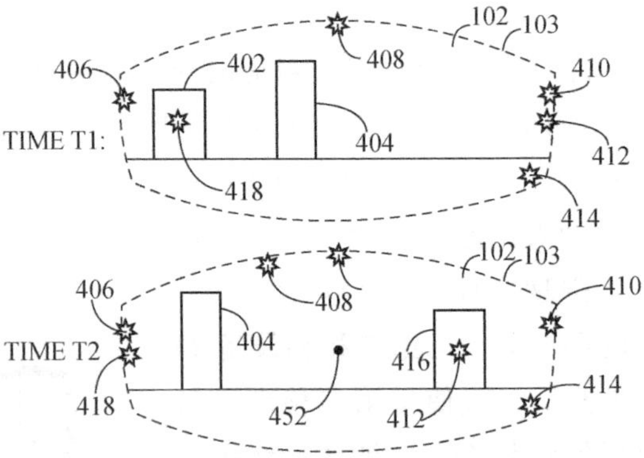

图 15　CN105378625A 指示视野外的增强现实图像

四、小　　结

AR 技术包含了多媒体、3D 建模、实时视频显示及控制、多传感器融合等新技术与新手段，在军工、医药、科学可视化、制造业、教育培训、导航和娱乐等诸多领域都具有很大的应用空间。进入 2010 年后，有关 AR 技术的全球专利申请始终保持快速平稳的增长，这与该技术在今后带来的收益密不可分。美国市场研究公司 Grand View Reserch 于北京时间 2017 年 5 月 3 日发布研究报告，预计到 2024 年，AR 市场将有望达到 1002.4 亿美元，其中亚太地区 AR 市场有望达到 442 亿美元。从全球和国内 AR 专利申请看，以微软为首的美国科技领导者仍是该项技术的研发主力。令人遗憾的是，我国企业尚未跻身于世界 AR 专利申请前

10 位，即便像联想这样的国内科技领导企业，在 AR 国内专利申请也仅排在第 8 位。面对国外科技巨头的激烈争夺，国内企业应当给予足够的重视，要积极地进行专利布局，密切关注相关国外公司已有的研究成果和专利布局，及时了解竞争对手的技术发展动态。在巨大的 AR 市场面前，我国科研机构需要加快步伐，抓紧机遇，投入更大的研发力量，争取在 AR 技术的竞争中处于更加有利的地位。

参考文献

[1] 申军岭，姜国华，晁建刚．增强现实三维注册中标识点匹配算法研究与改进 [J]. 测控技术，2012，31 (12)：120-122.

[2] 麻兴东．增强现实的系统结构与关键技术研究 [J]. 无线互联科技，2015 (10)：132-133.

[3] 胡晓琛，邓冰．增强现实辅助设计在虚拟互动中的应用研究 [J]. 创意设计源，2015 (2)：36-41.

MEMS 水声换能器领域中国专利申请状况分析

刘云丽　徐泽昕 *

摘　要： 本文通过对 MEMS 水声换能器领域的中国专利申请进行统计，分析了该领域中国专利申请量的变化趋势、申请的技术分布、申请的国家分布以及主要申请人的典型专利技术等，最后对我国 MEMS 水声换能器领域专利技术的发展提出了建议，为我国相关企业和科研机构的研发提供参考。

关键词： MEMS　水声换能器　水听器　专利申请

引　言

声波是迄今为止人类所掌握的唯一能在海洋中远距离传递信息与传播能量的载体。声呐是一种利用声波在水下的传播特性，通过电声转换和信息处理，完成水下探测和通信任务的电子设备，是水声学中应用最广泛、最重要的一种装置。声呐技术广泛用于鱼雷制导、水雷引信、鱼群探测、海洋石油勘探、船舶导航、水下作业、水文测量和海底地质地貌的勘测等。水声换能器是把声能和电能进行相互转换的器件，在声呐中的地位类似于无线电设备中的天线，是在海水中发射和接收声波的声学系统，是声呐的重要组成部分，被喻为声呐系统的“耳目”。

水声换能器按其工作状态可分为发射换能器和接收换能器。发射换能器把电能转换为声能，也叫发射器。接收换能器把声能转换为电能，也叫接收器或水听器。有些声呐用同一只换能器来发射和接收声音，另一些则使用分开的发射器和水听器。水声换能器按照能量的转换原理可分为两大类：一类是具有磁场的换能器，它是借助于磁场的磁力效应来实现电声能量互换；另一类是具有电场的换能器，它是借助于电场的电力效应来实现电声能量互换。根据工作原理或换能器器件的具体形式不同，这两大类换能器又分为若干小类：具有磁场的水声换能器，包括电动式、电磁式、磁致伸缩式和超导式；具有电场的水声换能器，包括压电式、电容式和电致伸缩式。

随着水声技术应用领域的不断拓展与延伸，在海洋资源探测开发的技术竞

---

* 第二作者对本文的贡献等同于第一作者。

争、军事对抗及全面感知地球的迫切需求背景下，水声换能器技术的飞速发展成为声呐技术发展的重要前提，新型水声换能器的研究工作具有重要意义。

MEMS 技术是在微电子技术基础上发展起来的多学科交叉前沿研究领域，现已成为世界瞩目的重大科技领域之一。MEMS 传感器是采用微电子和微机械加工技术制造出来的新型传感器。它具有体积小、质量轻、成本低、功耗低、可靠性高、技术附加值高、适于批量化生产、易于集成和实现智能化等特点。将 MEMS 技术引入水声领域，可在传感器的微型化设计方面及阵列集成方面带来益处，在 MEMS 微结构技术基础上不断获得技术发展空间，将对传统技术带来深远影响。近年有关 MEMS 水声换能器的研究不断出现，基于 MEMS 技术的水声换能器的应用，使得水下声呐信息的获取能力得到了巨大提高。

一、MEMS 水声换能器领域中国专利申请分析

本文用于分析的专利申请数据来自中国专利摘要数据库 CNABS，检索截止日期为 2017 年 5 月 5 日。下面将从几个方面对获取的专利数据进行分析。

（一）申请量年度分布

图 1 为 MEMS 水声换能器领域中国专利申请年度变化趋势。从图 1 可以看出，在 MEMS 水声换能器领域，中国专利年申请量总体呈缓慢振荡增长趋势。首次涉及 MEMS 水声换能器的中国专利申请出现在 2005 年，仅有两件。之后，每年相关申请依然很少，均在 5 件以下徘徊。2012 年开始，年申请量明显增加，并在 2015 年达到峰值 12 件。2015 年之后，年申请量回落，但数量也高于 2011 年之前的水平。上述数据说明，我国 MEMS 水声换能器的研究尚处于起步阶段，没有形成大规模的技术储备。从 2001 年开始，我国政府对 MEMS 技术的发展进行了大力扶持，国家高技术研究发展计划（“863”计划）、“十三五”国家重点研发计划都有对 MEMS 传感器的专项研发资金投入。然而，我国 MEMS 水声换能器的技术基础薄弱，研发周期长，其发展仍需要持续的科研投入。由于我国 MEMS 水声换能器的研究尚处于起步阶段，技术储备不足，又属于国家的重点研发支持内容，可以预见，MEMS 水声换能器未来有巨大的发展机遇和发展空间。

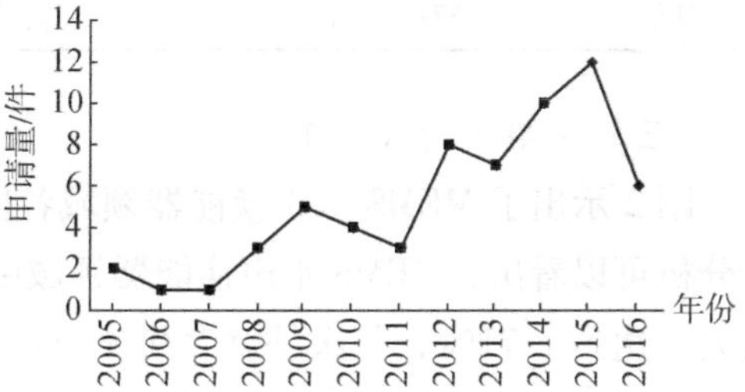

图 1　MEMS 水声换能器领域中国专利申请年度变化趋势

（二）专利申请的技术分布

根据国际专利分类号（IPC）对 MEMS 水声换能器领域的中国专利申请进行统计分析发现，该领域中国专利申请主要涉及的技术领域和技术重点等。表 1 示出了 MEMS 水声换能器领域中国专利申请的 IPC 分布情况。从表 1 可以看出，MEMS 水声换能器领域的中国专利申请主要集中在以下几个方向：通过检测电或磁特性的变化测量机械振动或超声波、声波或次声波，静电传感器，微观结构系统，由柔性或可变形的元件组成的装置，应用流体中的检测器测量振动，地震或声学的勘探或探测，系统的零部件。

表 1　MEMS 水声换能器领域中国专利申请的 IPC 分布

IPC 分类号	申请量/件	IPC 占比	技术领域
G01H 11/ +	19	18%	通过检测电或磁特性的变化测量机械振动或超声波、声波或次声波
B81B 7/ +	10	10%	微观结构系统
G01H 3/ +	9	9%	应用流体中的检测器测量振动
H04R 19/ +	8	8%	静电传感器
G01V 1/ +	8	8%	地震或声学的勘探或探测
G01S 7/ +	7	7%	系统的零部件
B81B 3/ +	5	5%	由柔性或可变形的元件组成的装置
其他	37	35%	测量加速度和减速度等其他技术领域

（三）主要申请人分布

图 2 示出了 MEMS 水声换能器领域各国在中国专利申请量分布状况。经过统计分析可以看出，MEMS 水声换能器领域中国专利申请中，国内申请人所占比例最大，达到了 71%，其次是意大利（15%），然后是美国（6%），其他国家申请人占比很小。表 2 示出了 MEMS 水声换能器领域中国专利申请排名前 8 位的申请人情况。从表 2 可以看出，排名前 3 位的分别是中北大学、意法半导体股份有限公司和中国电子科技集团公司第四十九研究所，且中北大学和意法半导体股份有限公司的申请量遥遥领先。

表 2　MEMS 水声换能器领域中国专利申请的主要申请人

申请量/件	申请人	申请量/件	申请人
24	中北大学	3	中国电子科技集团公司第四十九研究所
12	意法半导体股份有限公司	2	中国科学院声学研究所

续表

申请量/件	申请人	申请量/件	申请人
2	中国船舶重工集团公司第七一研究所	2	离子地球物理学公司
2	苏州大学	2	密执安大学评议会

通过对数据的进一步分析可以发现，MEMS 水声换能器领域的国内申请人多为高校和科研机构，技术主要集中在 MEMS 水声换能器的敏感机构设计、封装结构设计、多维或复合集成改进等方面，国内企业的相关专利很少。MEMS 水声换能器领域的国外申请人主要是企业，技术主要集中在 MEMS 换能器的电路设计、封装结构的改进，且技术领域比较集中，申请专利的技术高度性较高。由此可见，该领域中，我国的高校和科研机构的研发能力达到了一定的高度，国内企业的自主研发能力和专利意识有待提高。这种局面可能与 MEMS 研发需要较长的周期有关，对企业的挑战更大。

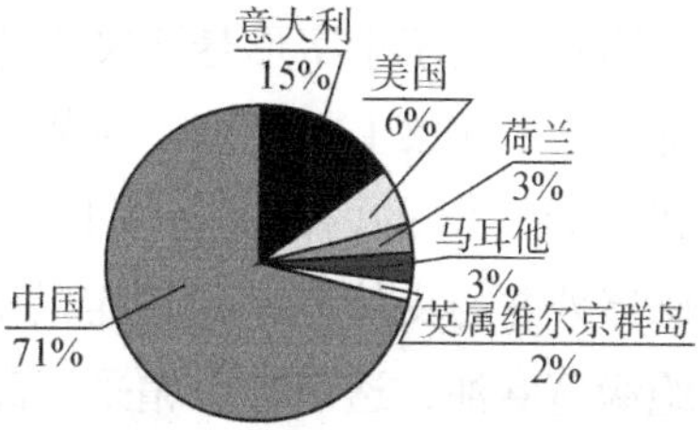

图 2　MEMS 水声换能器领域主要国家在中国的专利申请分布

对排名第一位的中北大学的申请量进行分析后发现，中北大学从 2006 年开始，在 MEMS 水声换能器领域具有稳定持续的专利申请，且从 2009 年开始，每年均有 2 件以上相关专利申请。这说明中北大学一直致力于 MEMS 水声换能器领域的研究工作。从中北大学的研发投入看，中北大学 2009 年 4 月与美国麻省理工学院建立合作关系，就微机械技术及 MEMS 水听器项目达成两项合作协议。2015 年，“微纳米传感器原理与集成”项目获得国家自然科学基金委杰出青年科学基金项目立项。可以看出，中北大学在 MEMS 水声换能器领域的专利申请状况与其研究开展状况相一致，其专利申请量持续位居高位，源于其在 MEMS 水声换能器领域的持续性科研开发。

二、主要申请人的典型专利技术分析

中北大学和意法半导体股份有限公司作为 MEMS 水声换能器领域中国专利申请的主要申请人，它们的专利申请体现了该领域的技术发展水平。下面分别对它们的典型专利技术进行分析。

（一）中北大学 MEMS 水声换能器的专利技术

中北大学作为中国 MEMS 水声换能器领域的第一大申请人，一直致力于 MEMS 水声换能器的敏感结构、封装结构方面的研究和改进。

1. 基础结构

中北大学于2006年申请的名为“共振隧穿仿生矢量水声传感器”的首件专利申请（申请号为CN200610012991.0）以及2008年申请的名为“微纳仿生矢量水声传感器的封装结构”的专利申请（申请号为CN200810079372.2），分别涉及MEMS水声换能器的敏感结构和封装结构，这两种结构一直沿用至今，是其后改进型的基础结构。敏感结构部分如图3所示，包括半导体衬底1，通过分子束外延技术和MEMS加工工艺加工出的共振隧穿二极管RTD2，以及密度与水的密度相同或相近的微型柱状体4，半导体衬底1中部蚀刻成十字形悬臂梁结构，微型柱状体4固定于十字形悬臂梁3的中央，共振隧穿二极管RTD2分别设置于十字形悬臂梁3四梁上的端部。封装结构部分，如图4所示，包括用于固定矢量水声传感器11、13的内部支持体16、固定支持体17、引线支持体19，罩于矢量水声传感器外并与支持体密封固定的透声橡胶帽14，透声橡胶帽内注满接近水密度的绝缘蓖麻油，透声橡胶帽采用高频低衰减低渗水的聚氨酯灌封材料制作。

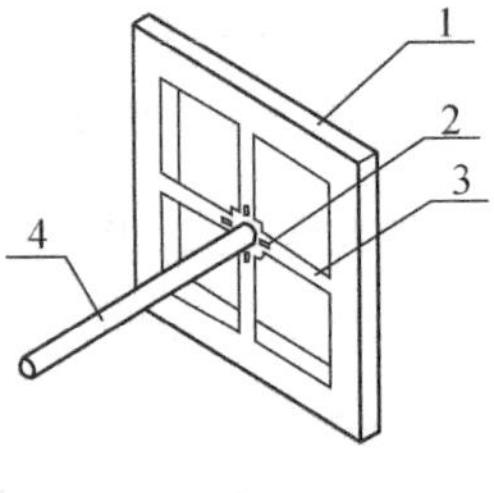

图3　敏感结构示意图

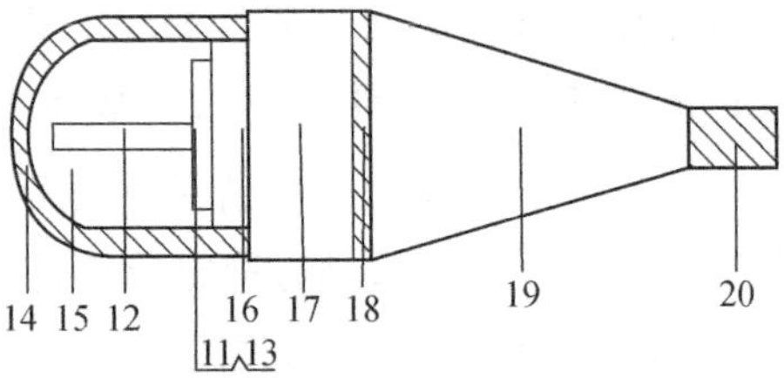

图4　封装结构示意图

2. 敏感结构改进

水声换能器的敏感结构是整个传感器的关键部件，中北大学对敏感结构的改进，主要体现在悬臂梁、转换元件、柱状体等方面，例如专利申请CN201310133886.2、CN201410402582.6、CN201410626399.4和CN201510439808.4，对敏感结构的典型改进结构如下：

①十字形悬臂梁结构改进为在框形基座内表面固定4个悬臂梁的外端面，悬臂梁内端面共同固定质量块，质量块上表面中央垂直开设圆孔键和空心玻璃柱体，悬臂梁内端、外端上表面分别选涂内侧、外侧压电薄膜。

②采用谐振式敏感单元，在4梁臂的上表面分别设置8个驱动电极、8个检测电极，8个驱动电极与外部电源连接，8个检测电极与外部谐振频率检测电路连接。在外部电源的驱动下，4梁臂硅微结构的4个梁臂同时进行谐振，外部谐振频率检测电路，由此检测出4个梁臂的谐振频率。

③中心连接体顶端和底端对称黏接完全相同的微型柱状体，使得敏感结构空间对称，通过差动检测达到减振效果。

④敏感柱体上套固低密度 PVC 材料制作的浮力球，提高敏感结构拾取声信号的能力。

3. 封装结构改进

水声换能器的封装结构会影响水听器的灵敏度，中北大学一直致力于改进水听器的封装结构，主要体现在封装结构的结构、支撑件、材料、填充物等方面，例如专利申请 CN200910073993.4、CN201210089010.8、CN201310512073.4、CN201410064615.0 和 CN201510670121.1，对封装结构的典型改进结构如下：

①取消蓖麻油，仅在透声橡胶帽顶部灌封将微型柱状体顶端与透声橡胶帽固定的聚氨酯，支持体上增设支撑杆与支撑托盘的配合结构，敏感结构与支撑托盘之间直接以聚氨酯柔性固定。

②同时采用软支架与桔瓣式金属支架，以软支架支撑 4 梁—纤毛式敏感体，在透声帽内部紧紧附加桔瓣式金属支架，金属支架中心轴线上掏设空心柱体以放置敏感体的纤毛。

③软支柱连接外支柱和支撑底盘，透声帽内注充硅油，设软支座，软支座的支撑柱体上设缓冲孔。透声帽采用聚氨酯橡胶，软支柱采用减振橡胶，软支座采用硅橡胶和镂空设计，滤除工作平台的振动噪声。

④透声帽内设米字形支撑架，充满硅油，硅油中添加消泡剂。具有耐大静水压的性能。

⑤透声帽的材料选用丁腈橡胶材料代替聚氨酯。

⑥仿海豹胡须的宽频带 MEMS 矢量水听器，利用 4 微米的 parylene 均匀淀积在敏感芯片上，实现了 parylene 无透声帽和硅油的封装，实现敏感结构直接在水中探测。

4. 其他方面的改进

中北大学在 MEMS 水声换能器领域的相关研究还涉及三维矢量水听器、复合量程矢量水听器、集成声呐基阵等，例如专利申请 CN201010581544.3、CN201110334236.5 和 CN201110024893.X。值得一提的是，信号处理电路作为水声换能器的一个重要组成部分，也存在很大的改进空间，但中北大学却鲜有关于水声换能器的信号处理电路方面改进的专利。

（二）意法半导体股份有限公司 MEMS 水声换能器的专利技术

意法半导体股份有限公司作为中国 MEMS 水声换能器领域的第二大申请人，在水声换能器的基础结构和改进方向上与中北大学存在一定差异。

1. 基础结构

意法半导体的 MEMS 水声换能器主要基于电容式检测原理，采用电容式的敏感结构。意法半导体于2010年申请名为“微机电换能器及对应组装工艺”的专利申请（申请号为 CN201080059021.0），能够代表其典型结构。如图5所示，MEMS 换能器1包括第一裸片10（敏感结构）和封装体46。第一裸片10包括薄膜4和背板5，分别提供检测电容器的移动电极和固定电极，构成移动电极的薄膜弯曲，导致检测电容器的电容的变化。封装体46包括复合帽25和印刷电路基板45；复合帽25定位第一裸片10，形成空腔3构成 MEMS 换能器的前室，复合帽25的第一帽层20设有声音入口29，印刷电路基板45和复合帽25通过机械和电键合，由此形成封装体46并且限定 MEMS 换能器的后室。

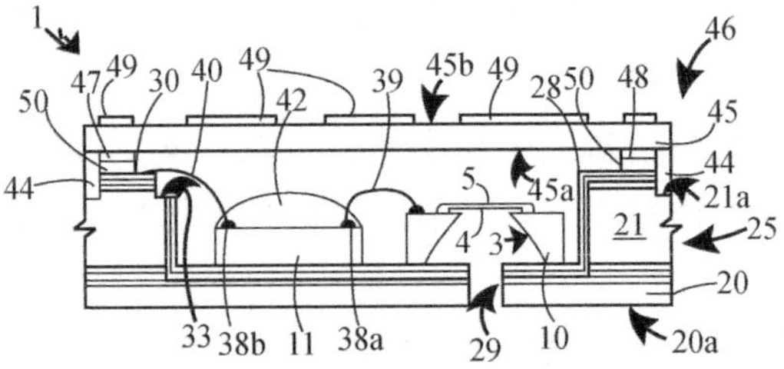

图5　MEMS 换能器的截面示意图

2. 后续改进

基于上述的基础结构，意法半导体的专利申请的改进方向主要侧重于封装结构和信号处理电路。在封装结构方面，主要有如下改进：通过耦合相同材料的两个板形成凹陷，且凹陷内部由相同材料覆盖，增强对 MEMS 器件的屏蔽效果，例如专利申请 CN200980162551.5；在声学室和声音端口之间设置过滤模块，阻碍外部物进入声学室，例如专利申请 CN201510850069.8；并在简化封装结构、减少制造成本、紧凑尺寸、提高声音性能和可靠性等方面不断进行研究。在信号处理电路方面，主要有如下改进：通过引入偏置电路，避免在启动阶段的相同灵敏度的偏移，例如专利申请 CN201520533099.1；通过配备偏移校准，缓解放大器偏移而产生的音频快动，例如专利申请 CN201520976443.4。

三、小　　结

通过上述分析可以看出，我国 MEMS 水声换能器的研究目前正处于起步阶段，未来具有巨大的发展机遇和发展空间。目前，国内高校和科研机构是推动我国 MEMS 水声换能器持续发展的主要力量，但研发力量极不均衡，专利申请仅集中在少数高校中，且技术较为单一。针对我国 MEMS 水声换能器的发展现状，笔者提出如下建议。

第一，MEMS 水声换能器涉及的技术很多，包括设计、材料、设备和封装等。MEMS 水声换能器制造水平的提高与 MEMS 水声换能器的技术发展紧密联系。我国相关企业应当加强在 MEMS 水声换能器领域的科研投入，抓住 MEMS 水声换能器领域的发展机遇，借助政府对微纳制造技术的扶持政策和对研发具有自主知识产权的高性能 MEMS 器件系统，实现典型 MEMS 器件与系统的批量化制造与应用的大力资金投入，加大与高校和科研机构的合作，促进 MEMS 水声换能器由实验研发向实际应用的转变，提高企业的技术实力和在 MEMS 行业的竞争力。

第二，通过对我国 MEMS 水声换能器领域的专利申请分析可以发现，国内申请人与国外申请人的典型专利技术在基础结构上区别很大，且国内申请人的专利技术很少涉及水声换能器的信号处理电路。因此，国内申请人可以加强对 MEMS 水声换能器的信号处理电路的改进，在信号处理电路方面进行相应的专利布局，同时可以借鉴国外申请人采用的水声换能器的典型结构，以期在 MEMS 水声换能器的结构改进方面继续尝试，从而进一步提高 MEMS 水声换能器的性能。总而言之，我国高校和科研机构需要继续加强在 MEMS 水声换能器领域的实验研发投入，探索 MEMS 水声换能器的新设计、新材料、新封装等，提高 MEMS 水声换能器的研究水平，实现我国 MEMS 水声换能器技术的飞速发展。

参考文献

[1] 陈丽洁，张鹏，徐兴烨，等．矢量水听器综述［J］．传感器与微系统，2006，25（6）：5-8.

[2] 莫喜平．水声换能器研究新进展［J］．应用声学，2012，31（3）：171-177.

“大白”离我们还有多远？——人形机器人的现状与未来

郭万红　王京阳　王建良　孙　苋

摘　要：本文总结了人形机器人的现状，并对未来发展方向进行展望。同时，针对人形机器人的专利，从全球/中国申请趋势、全球申请人排名、重点企业的人形机器人技术构成等多个方面进行了数据统计和技术分析，为我国的人形机器人发展提供一些有益借鉴。

关键词：人形机器人　专利分析

引　言

2014 年美国动画电影《超能陆战队》上映，随即风靡全球，影片中的充气机器人“大白”以其呆萌的外表和善良的本质深受观众喜爱。人们不禁好奇，像影片所虚构的“大白”一样无所不能的人形机器人，离我们究竟还有多远？为此本文将对人形机器人的现状和未来发展方向进行介绍。

人形机器人技术的快速发展在专利申请上得到了充分的反映，自从进入 21 世纪以来，人形机器人的专利申请数量快速增长，新的技术条目不断涌现，越来越多的机构投入人形机器人的研究和开发中。为了帮助我国相关机构了解人形机器人专利现状、探索发展思路，本文针对人形机器人的专利现状，包括全球/中国申请趋势、全球申请人排名、重点企业的人形机器人技术构成等多个方面进行了数据统计和技术分析。

一、人形机器人技术现状

人形机器人，又称仿人机器人，是具有人形的机器人。按照利尔·亚当的描述，人形机器人由四部分技术构成：生命系统，包括平衡、步行、发声、身体摆动、感觉、表情、调节运动等；造型解质，包括关节能够自由运动的金属覆盖体或盔甲；肌肉，包括在盔甲上的肉体、静脉、性别等身体的各种形态；人造皮肤，含有肤色、轮廓、头发、视觉、牙齿、手爪等。人形机器人复杂的技术构成意味着其集机、电、材料、计算机、传感器、控制技术等多门学科于一体，其关键技术主要包括机构学、控制技术、传感器技术、人工智能。

目前，人形机器人的研制已经取得了阶段性的突破。2012 年，日本本田发布了最新版的人形机器人 Asimo，不但能跑能走、上下阶梯、弯腰，还会踢足球、开瓶倒茶倒水、握手、挥手，动作十分灵巧。2014 年，软银的 CEO 孙正义向全球介绍了 Pepper，这是一款基于云端，并且拥有情感的人形机器人，能够通过判断人类的面部表情和语调方式，“读”出人类情感，这些任务通过基于云端的面部和语音识别来完成。2014 年，意大利理工学院开发了开源认知类人工智能机器人 iCUB，四肢活动范围可达 53 度，具有触觉和肢体协调能力，可以抓东西、玩捉迷藏，甚至还会跟着音乐跳舞，iCUB 的动作由一个认知系统操控，系统的开发是以人脑的认知结构为模型，通过创建自传式记忆模式来培养自我意识。2016 年 2 月，波士顿动力公司发布新一代人形机器人 Atlas，其能够完成复杂的动作，比如摔倒后重新自主站立起来，搬起有一定质量的物体并扭身放上高台，能够在室内和室外进行自我导航定位，可以穿越各种路障，推开大门等。2016 年 4 月 15 日上午，中国科学技术大学发布中国首台特有体验人形机器人“佳佳”，在传统功能性体验之外，中科大首次提出并探索了机器人品格定义，使机器人形象与其品格和功能协调一致，目前已初步具备了人机对话理解、面部微表情、口型及躯体动作搭配、大范围动态环境自主定位导航和云服务等功能。

二、人形机器人技术发展方向

人类制造机器人的目的是为人类服务，因此人形机器人的市场广阔。在家庭中，可以成为机器人保姆，会帮你扫地、吸尘，还可以成为你的谈天朋友，为你看护小孩。在户外时，机器人可以帮你搬一些重物，或提一些东西，甚至还能当你的私人保镖。在服务业方面，可以作为智能导游接待各国游客。在工业中，胜任各种搜索和救援任务的救灾机器人，测试防化服、防撞击以及模拟人类的机械腿等，以代替人类完成危险的工作。

为适应广泛的市场应用，人形机器人未来发展呈现以下七大趋势：语言交流功能越来越完美；具有更灵活的类似人类的关节和仿真人造肌肉使其动作更像人类；外形越来越酷似人类；自行检查运行状况及复原功能越来越强大；体内能量储存越来越大；逻辑分析能力越来越强；具备越来越多样化的功能。

三、人形机器人专利分析

为了帮助我国相关机构了解人形机器人专利现状、探索发展思路，接下来针对人形机器人的专利进行分析。图 1 显示了人形机器人的全球/中国专利申请趋势，2000 年以前，机器人主要应用在工业领域，应用于服务的人形机器人发展相对缓慢，并且人形机器人具有的主要功能是简单行走，因此，专利申请数量较少，且相对平缓。2000 年，日本本田和索尼分别发布了真正意义上具有一定智能特性的人形机器人 Asimo 和 QRIO，在此之后，服务领域的机器人需求急剧增加，带来人形机器人向智能化方向的快速发展，因此，专利申请的数量急剧增加。2011 年以后，为了使人形机器人更像人形，具有更强的智能，并且可以做更多人类难以完成的细致微小的工作，全球各大机构继续对人形机器人进行深入的研究，因此，专利申请的数量继续稳定增长。我国在人形机器人领域起步较晚，2005 年开始出现专利申请，之后随着技术的不断发展，专利申请量也逐渐增大，北京科技大学、清华大学、上海大学、哈尔滨工业大学、浙江大学和上海交通大学均提出了大量的申请。

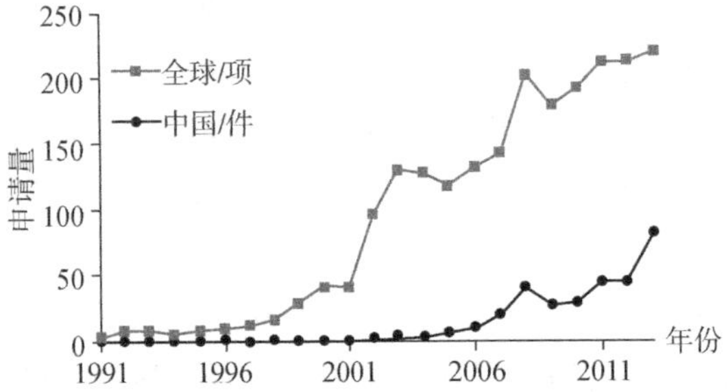

图 1　人形机器人领域全球/中国专利申请趋势

图 2 给出了人形机器人全球专利申请人排名。日本的 3 家企业本田、索尼、丰田的申请量分居前三位，不仅如此，全球排名靠前的申请人主要是日本、韩国和美国的企业，而我国仅有北京科技大学、清华大学、上海大学、哈尔滨工业大学、浙江大学、上海交通大学这 6 所大学排入前 25 名。这表明，虽然我国在人形机器人领域的专利储备达到了一定的水平，但是，专利技术与产业相对脱节。因此，我国可以加强高校和产业界的合作，积极地将人形机器人专利技术产业化，从而推动人形机器人产业的发展。

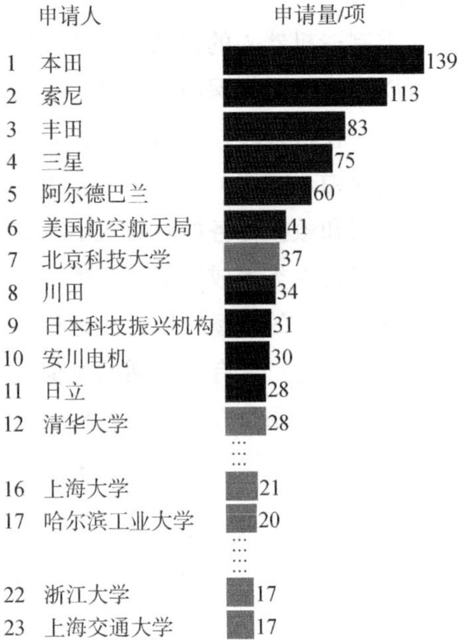

图 2　人形机器人全球专利申请人排名

图 3 给出了人形机器人领域申请量排名第一的本田公司人形机器人的技术构成，经统计，本田的相关专利技术分布于机械手/足、数据处理、控制系统、图形识别和语音识别。这五个

分支基本上涵盖了人形机器人的所有关键技术。由此可见，本田公司在人形机器人的各个关键技术环节均做出了相关的专利部署，以获取全方位的保护，这种申请布局策略对于我国的人形机器人企业有一定的借鉴作用。

四、小　结

与传统的机器人相比，人形机器人具有视觉、听觉、触觉甚至是情感等功能，近年来得到了快速的发展，专利申请量急剧增长。然而，从对申请人分布的分析来看，我国在人形机器人领域的专利技术更多集中在高校，而高校在市场方面经验不足，产业化方面能力有限，导致我国相对日本、美国等国尚存在一定差距。笔者认为国内高校可以通过与产业界加强合作以寻求更多市场化的机会，并围绕市场需求，推动人形机器人技术的发展。

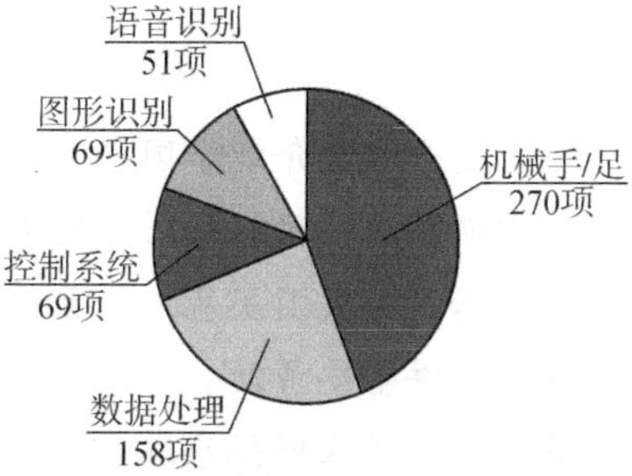

图3　本田机器人技术专利申请构成

目前，日本和美国在人形机器人领域占据主导地位，其中，本田公司在专利技术上更是具有不可取代的优势。从技术分支来看，本田公司的专利技术主要由机械手/足、数据处理、控制系统、图形识别和语音识别构成，涵盖了人形机器人的所有关键技术分支（见图3）。因此，国内企业可以借鉴这种布局方式，在目前人形机器人技术整体上还处于初步发展阶段的情况下，通过技术创新进行全面的专利布局，为以后推出创新产品和占领市场积累专利基础。

星基增强系统专利技术态势分析

王海峰　于子江*

摘　要：本文介绍了国内外星基增强系统和星基增强系统的关键技术，通过对星基增强系统引用和被引用的专利进行分析，有助于把握各卫星导航系统强国的发展动态，为我国星基增强系统技术在全球进行专利布局，早日实现全球化的发展战略提供重要帮助。

关键词：星基增强系统　SBAS　卫星　北斗

引　言

20 世纪后期，基于对国家安全的考虑以及经济社会发展的需要，中国开始自主研发建设卫星导航系统并探索适合国情的卫星导航系统发展道路，逐步形成了“三步走”的发展战略：2000 年年底，建成北斗一号系统，向中国提供服务；2012 年年底，建成北斗二号系统，向亚太地区提供服务；计划在 2020 年前后，建成北斗全球系统，向全球提供服务。时至今日，随着“十二五”科学和技术发展规划相关目标的完成，北斗卫星导航系统已经成功覆盖亚太地区，卫星导航系统技术的不断发展也使人们已经看到了其相关产品巨大的市场前景。北斗卫星导航系统在公共安全、交通运输、防灾减灾、农林水利、气象、国土资源、环境保护、公安警务、测绘勘探、应急救援等重要行业及领域的应用不但提供了广阔的发展平台，也对卫星导航系统相关技术提出了更高的要求。

作为卫星导航系统建设中重要组成部分的卫星导航增强系统，正是提升卫星导航性能的重要手段。虽然卫星导航系统已经在多个领域进行应用，但由于技术和系统的局限性仍然在一些领域，如航空精密进近等，无法满足需求，因而，卫星导航增强系统一直都是各大卫星导航强国发展中所不可或缺的。目前，导航信号增强系统也被纳入《战略性新兴产业重点产品和服务指导目录（2016 版）》中涉及卫星及应用产业的空间基础设施部分，在我国，卫星导航系统发展中必将扮演重要角色[1~4]。

在军用方面，卫星导航系统将全面支撑未来信息化战争，对于占领“太空”

---

* 第二作者对本文的贡献等同于第一作者。

制高点具有重要战略意义。“太空”不受领空领海限制，具有重要战略意义，卫星技术是当前世界军事强国争夺“太空”制高点的主要手段。基于卫星构建的星基信息系统已成为现代战争中决定胜负的重要力量，美国的星基信息系统由星基监视系统、星基通信系统和星基导航系统组成，引领发展方向。我国星基信息系统建设尚不完备，但是受益于国家政策对航天产业的大力支持以及我国自主研发的北斗系统的发展和完善，北斗导航军用业务必将持续高速增长。同时，伴随着对战略武器的高动态、高精度、高可靠等迫切需求的牵引下，对于卫星导航增强系统的研究意义重大，行业应用也有望迎来突破，行业的成长也有望带动公司未来的持续发展。

一、卫星导航增强系统

卫星导航增强系统主要分为星基增强系统（satellite-based augmentation system，SBAS，也称为天基增强系统）和地基增强系统（GBAS）两大类。

（一）星基增强系统

星基增强系统（SBAS）是通过地球静止轨道（GEO）卫星上的透明转发器，向用户播发完好性信息和修正信息（包括星历误差、卫星钟差、电离层延迟等），并提供测距信号来增强导航信号，从而提高原有导航系统的定位精度等各项性能。SBAS 的工作原理为：该系统首先在地面建设大量的配备有导航接收机的基准站，这些基准站的位置精确已知；基准站接收导航卫星播发的导航信号以获得伪距等定位信息，并将其送至主控站；主控站将接收信息和基准信息比较并计算，得到各卫星的一系列误差修正信息，并将这些修正信息通过上行注入站发送给 GEO 卫星；位于空中的 GEO 卫星接收该修正信息并转发给地面接收终端，接收终端可根据接收到的修正信息自行修正定位结果，从而达到提高定位精度的目的。

目前，美国、欧洲、俄罗斯、日本、印度、中国都开发了各自的星基增强系统。2015 年 6 月 15 日，北京合众思壮科技股份有限公司建设的全球星基高精度增强服务系统“中国精度”正式提供服务，并面向全球同步发布，这将使我国北斗用户在无需架设基站的情况下，于全球任一地点都能够享受便捷的厘米级高精度定位增强服务，这在填补了我国以北斗为核心的星基增强系统技术空白的同时，也打开了我国自主研发星基增强系统的大门。

目前，已经建成的 SBAS 系统有美国的广域增强系统（wide area augmentation system，WAAS）、欧洲的地球静止导航重叠服务（EGNOS）、俄罗斯的差分校正和检测系统（SDCM）、日本的多功能卫星星基增强系统（MSAS）、印度的 GPS 辅助静地轨道增强系统（GAGAN）以及中国自主研发的以北斗卫星导航增强系统为核心的星基增强系统“中国精度”等。

广域增强系统（WAAS）为美国联邦航空局（FAA）开发覆盖美国全境的GPS增强系统，其目的是要在广大的范围内使GPS民用服务的精度、完好性、连续性和可用性达到民用航空I类精密进近的要求。WAAS基于均匀分布的GPS参考站网络，计算包括GPS卫星星历的修正量、时钟修正量、电离层和对流层时延修正参数在内的广域差分改正信息，然后采用通信卫星作为可靠的数据通信链路，向用户转发高精度的导航定位差分改正信息，同时提供系统完好性和可用性检测信息，确保用户使用安全可靠、连续完好的导航定位数据。

EGNOS系统是欧洲的广域增强系统，也是欧洲第一代卫星导航系统，由欧洲航天局、欧盟委员会及欧洲航空安全组织等机构共同发起，众多欧洲企业都参与了项目的研发工作。与WAAS系统功能类似，EGNOS系统由空间、地面、用户和支持系统4部分组成。空间部分为在3颗地球同步卫星上加装的导航转发器；地面系统包括4个主控中心（MCC）、34个测距完好性的监视站（RIMS）、7个导航地球站（NLES）及EGNOS广域网（EWAN）。EGNOS用户接收机可接收GPS、GLONASS及EGNOS信号；支持系统包括系统开发验收平台、工程详细技术设计、系统性能评价及问题发现等系统。

俄罗斯GLONASS星基增强系统——差分校正与监视（SDCM），类似于WAAS和EGNOS系统，它能够兼顾GPS系统和GLONASS系统的完好性，提供GLONASS系统的差分校正和分析等。该系统由两部分组成，地基参考站网络和2颗地球静止轨道中继卫星。2012年起，Javad导航系统公司称，俄罗斯Luch－5A同步轨道卫星已经通过其所携带的差分校正监测转换器（SDCM），开始发送GPS差分信号。Javad接收机已可接收到使用PRN140号的L1波段信号，并用于计算码差分定位。

日本多用途卫星星基增强系统（MSAS）是基于2颗多功能卫星的GPS星基增强系统，主要目的是为日本航空提供通信与导航服务。系统覆盖范围为日本所有飞行服务区，也可为亚太地区的机动用户播发气象信息。多用途运输卫星是日本国土交通省和日本气象厅共同出资发展的气象观测与GPS系统导航增强卫星。除了为日本气象厅提供气象服务外，还为日本民航局执行航空运输管理和导航服务。美国劳拉空间系统公司是多用途运输卫星－1R的主承包商。日本三菱电机公司是多用途传输卫星－2的主承包商。

GPS辅助静地轨道增强导航系统（GAGAN）由印度空间研究组织和印度航空管理局联合组织开发。GAGAN的空间段由3颗位于印度洋上空的地球静止轨道卫星构成，采用C频段和L频段，其中C频段主要用于测控，L频段与GPSL1（1575.42MHz）和L5（1176.45MHz）频率完全相同，用于播发导航信息，并可与 GPS 兼容和互操作。空间信号覆盖整个印度大陆，能为用户提供 GPS 信号和差分修正信息，用于改善印度机场和航空应用的 GPS 定位精度和可靠性。

我国的北斗区域导航系统已经正式投入使用，并开始为亚太地区用户提供服务，到 2020 年前后，北斗系统将覆盖全球，为世界范围内的用户提供导航、定位、授时（PNT）服务。北斗系统由我国自主开发运行，并与 GPS、GLONASS 以及 Galileo 等系统兼容共用。它的建设思路是先完成区域阶段部署，然后在此基础上扩展为全球卫星导航系统，系统建成后，可为世界范围内的用户提供优质、可靠的 PNT 服务。“中国精度”是由我国北斗导航企业、北京合众思壮科技股份有限公司自主研发的全球星基高精度增强服务系统，于 2015 年 6 月面向全球提供服务。借助星基增强服务，我国北斗用户在无须架设基站的情况下，可在全球任一地点实现便捷的亚米级、分米级和厘米级 3 种不同精度层级的增强。2016 年 4 月，北京合众思壮科技股份有限公司公布了其最新研发的全新一代 GNSS 基带芯片——“天琴”。“天琴”芯片以高集成度支持 L-BAND 信号接收，全面支持“中国精度”星基增强服务，完美接收 SBAS 服务。作为全球首款支持星基增强服务的基带芯片，“天琴”填补了我国在星基增强产品领域的一项技术空白。

（二）星基增强系统的关键技术

1. 误差数据监测、分析及剥离技术

卫星导航的误差主要来源于：用户接收机共同面临的误差，不能由用户测量或由校正模型来计算的其他传播延迟误差，以及接收机电子线路中的内部噪声、通道延迟及无确定性的多路径传输误差。如何快速准确地确定误差并生成相应的校正信息，成为提高整个星基增强系统学性能的关键技术。

2. 载波相位测量和载波相位平滑伪距技术

卫星导航接收机可以用卫星信号的载波和 Gold 码来测量延迟。单周载波长约 19cm。接收机的测量分辨率可以到单周载波相位的几百分之一（约 1mm），再求解出整周模糊度，移动接收机就可以计算出其相对固定接收机的距离或位置，精度可达厘米级。

3. 各种增强系统的兼容和互操作技术

兼容与互操作特性是实现各卫星导航增强系统联网的关键。兼容和互操作包括程序、标准、功能规范和技术性能。要实现“天—地”增强系统闭环实时兼容和互操作测量与控制方式，必须解决导航信号的时间、空间基准统一的问题和扩频码与载波相位的相干性问题。

二、星基增强系统专利分析

事实上，各卫星导航系统强国都对知识产权战略非常重视。在专利数据库CNPAT、WPI中，通过摘要、标题和独立权利要求，对星基增强系统进行初步检索，获得1215项专利申请，从中可大致了解该领域的专利概况。表1为星基增强系统专利文献引用情况，其可以反映出专利技术的原创情况和重要程度。在1215件专利文件中，726件专利文件未被引用，489件专利文件被引用过6127次，由此不难看出，对星基增强系统中被引用的专利文献进行专利分析非常有助于把握原创专利技术的情况。

表1 星基增强系统专利文献引用情况

引用情况	数量/项	引用/次	引用度	被引用/次	被引用度	同族数	同族/度
未被引用	726	2988	4.12	0	0	3991	5.5
被引用	489	5082	10.39	6127	12.53	3506	7.17

本文对被引用过的489件专利文件以第一申请人、国际分类号进行分析。表2显示了被引用星基增强系统专利文献第一申请人分布。从表2中可以看出，特林布尔导航、高通、阿尔卡特朗讯、雷神、Sirf技术公司、诺基亚、塔莱斯等公司的专利技术被引用次数最多，显然其专利技术的核心竞争力与其他申请人相比更强。

表2 被引用星基增强系统专利文献第一申请人分布

第一申请人	数量/件	百分比/%
特林布尔导航	30	6.13
高通	26	5.32
阿尔卡特朗讯	17	3.48
雷神	16	3.27
SIRF 技术公司	15	3.07
诺基亚	15	3.07
塔莱斯	11	2.25
霍尼韦尔	11	2.25
飞利浦	10	2.04
GARMIN LTD.	7	1.43
HEMISPHERE GPS LLC	7	1.43

续表

第一申请人	数量/件	百分比/%
大陆-特韦斯贸易合伙股份公司及两合公司	6	1.23
思科	6	1.23
菲尼萨	6	1.23
NAVCOM TECHNOLOGY, INC.	5	1.02
博通	5	1.02
新日本无线株式会社	5	1.02
联发科技	5	1.02
财团法人工业技术研究院	5	1.02
CSI WIRELESS INC.	4	0.82
其他	277	56.65

表 3 显示了被引用星基增强系统专利文献国际分类号分布。从表 3 中可以看出，被引用星基增强系统专利文献国际分类号主要分布在 G01S、G06F 、G01C、H04B、G06Q、G05D、H04W、G08B 等多个领域。其中不难发现，G01S 领域几乎占据了一半的份额，达到了 43.97%。可见，对于星基增强系统而言，其主要的专利技术集中在无线定位、导航、测量等领域。

表 3 被引用星基增强系统专利文献国际分类号分布

国际分类号	数量/件	百分比/%	国际分类号	数量/件	百分比/%
G01S	215	43.97	G02B	7	1.43
G06F	30	6.13	A61K	6	1.23
G01C	28	5.73	H01L	5	1.02
H04B	22	4.50	H04M	5	1.02
G06Q	13	2.66	A63B	4	0.82
H04W	12	2.45	B64D	4	0.82
G08B	12	2.45	G01N	4	0.82
H04Q	9	1.84	G07B	4	0.82
G08G	8	1.64	H01M	4	0.82
H04L	8	1.64	其他	78	15.95

接下来，进一步对被引用星基增强系统专利申请排在前 10 位的专利进行分析。表 4 列出了被引用星基增强系统专利申请排名前 10 位的专利文献。

表 4　被引用星基增强系统专利排名前 10 位的专利文献

序号	公开号	被引用数	标准申请人	法律状态	申请日
1	US5392650	228	诺思罗普格鲁曼公司	无效	1993/04/22
2	US6282496	207	维斯通	有效	1999/10/29
3	US5774553	185	花旗银行	无效	1996/11/21
4	US6397147	176	CSI 无线公司	有效	2000/10/24
5	US6469663	151	CSI 无线公司	有效	2000/10/24
6	US20040134337	141	所罗门公司	公开	2003/04/22
7	US5877725	125	特林布尔导航有限公司	无效	1997/03/06
8	US6747596	119	Sirf 技术公司	有效	2002/06/20
9	US20040006424	99	JOYCE，G. J.	公开	2003/06/30
10	US7162348	91	Hemisphere gps	有效	2003/12/11

从表 4 可以看出，星基增强系统专利被引用次数排名前 10 位的都来自美国，这和美国在此领域的领先地位相吻合。其中，在这 10 件专利文献中，有效的专利占 50%，为 5 件，另外有 3 件已经失效。

由此不难看出，星基增强系统领域的核心专利技术大都集中在国外，尤其是美国，我国在星基增强系统领域的专利技术还比较薄弱。因此，对星基增强系统进行全球专利分析非常有助于把握各卫星导航系统强国的发展动态，如果能够对这些专利进行充分了解，显然能够为我国星基增强系统技术在全球进行专利布局并早日实现全球化的发展战略提供重要帮助。

三、小　结

综上可知，对星基增强系统相关专利的分析不仅可以帮助我国该领域的研发团队对相关现有技术进行梳理，充分利用专利制度对技术进行公开的特点节省自身的研发成本，还能够为提高国际竞争力而进行的专利储备以及专利布局给予一定的指导。

参考文献

[1] 伍维甲，伍德伟，杨春燕．卫星导航系统完好性增强技术研究［R］．第二届中国卫星导航学术年会，2011.

[2] 施浒立，李林．卫星导航增强系统讨论［J］．导航定位与授时，2015，2（5）：30－36.

[3] 蒋宇志．卫星导航广域增强系统结构及特点［J］．电讯技术，2010，50（7）：26－30.

[4] 郭丽红，李洲．美国国家天基 PNT 概况［J］．全球定位系统，2011，36（5）：85－90.

脑电控制专利技术综述

陈红红

摘　要：本文从脑电控制的基本技术出发，简要介绍了脑电控制的技术架构，通过对国内外关于脑电控制的专利申请文献的统计分析，梳理了脑电控制技术的专利申请情况和各技术分支的发展概况。同时，通过对关于脑电控制的专利申请情况和技术分支的研究，对于脑电控制的发展状况作了总结，并且预测了脑电控制技术领域的发展方向。

关键词：脑电控制　专利申请　技术分支　发展状况

引　言

人机交互技术近年来得到了快速发展，其中不仅包括语音交互技术、图像交互技术，还包括脑电控制技术、肌电控制技术和眼电控制技术等生物电信号控制技术。脑电控制技术长久以来在生活辅助和医疗康复等方面都发挥了重要的作用，近几年可穿戴设备和虚拟现实等技术的飞速发展，使得脑电技术有了更为广阔的应用空间。

2016 年 4 月，在美国佛罗里达大学的篮球场内进行了一场特殊的无人机比赛。参赛者不是依靠传统的遥控器来控制无人机，而是用“意念操作”来控制无人机。比赛中，每位选手头戴脑电波采集设备控制无人机飞行。这使得人们对于脑电控制有了更加直观的理解，正如佛罗里达大学的 Juan Gilbert 教授所说：“有朝一日你就能像戴一块手表一样穿戴着大脑控制的设备与周边的事物进行互动。”脑电控制技术的潜力可能超出人们的想象力。

一、脑电控制技术概述

1924 年，德国生理学家 H. Berger 真正记录到脑电波，开启了人们对于脑电波的研究。最初人们用脑电图来进行诊断治疗，在临床实践中得到了广泛的应用。1999 年，Poulos 等首次成功将脑电波用于识别领域[1]，使得脑电控制逐渐受到人们的重视。

脑电信号（electroencephalographic，EEG）是脑神经细胞电生理活动在大脑皮层或头皮表面的总体反映。脑电信号按产生方式分为自发性脑电信号和诱发性脑电信号[2]。自发性脑电信号根据频率和振幅的不同，分为 δ 波、θ 波、α 波、β 波、γ 波，每种波对应不同的精神状态。诱发性脑电信号是神经系统受到外界刺激后产生的反应，刺激可以包括听觉诱发、视觉诱发或者触觉诱发等。

脑电控制是使用脑电采集设备采集脑电信号，通过信号处理模块对信号进行处理后提取脑电信号的特征，然后识别这些特征，把这些特征转换为控制信号，对外部设备进行控制，脑电控制流程如图 1 所示。

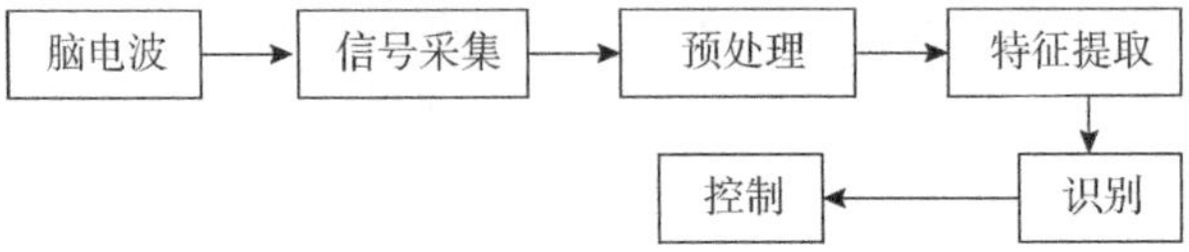

图 1　脑电控制的流程

二、脑电控制技术专利申请情况

通过对关于脑电控制的专利申请状况的研究分析，可以对脑电控制领域的技术发展脉络作出比较清晰的了解，并且对于本领域之后的发展方向有较为明确的认识。本文将通过专利数据库中的专利申请情况进行分析，从而对脑电控制的发展路线进行梳理。

（一）数据源与关键词

为了获得与脑电控制相关技术的专利申请情况，本文选择中文专利数据库 CNABS、外文专利数据库 DWPI 和 SIPOABS，使用的关键词为："脑电""脑波""脑控""brainwave""brain wave""electroencephalographic""EEG"，使用的 IPC 分类号为 G06F 3/01（用于用户和计算机之间交互的输入装置或输入和输出组合装置），经过检索和筛选后获得进行统计分析的专利申请样本。检索截止日期是 2016 年 5 月 1 日。因为未请求早日公开的发明专利申请一般自申请日起满 18 个月公布，因此可能导致 2014 年 10 月之后申请的发明专利申请因为还未公布而没有在本次统计分析样本中，2015 年的申请量仅供参考。

本文接下来将从与脑电控制相关的专利申请的基本申请情况以及技术分支等方面进行统计分析。

（二）专利申请趋势

图 2 显示了全球和中国范围内与脑电控制相关的专利申请量变化。从图中可以看出，在全球范围内，关于脑电控制的专利申请量虽然有一定的波动，但是总体呈现上升趋势。关于脑电控制的专利申请量在 2006 年以前一直处于较低的水平，属于脑电控制技术的起步阶段；从 2007 年开始，关于脑电控制的专利申请

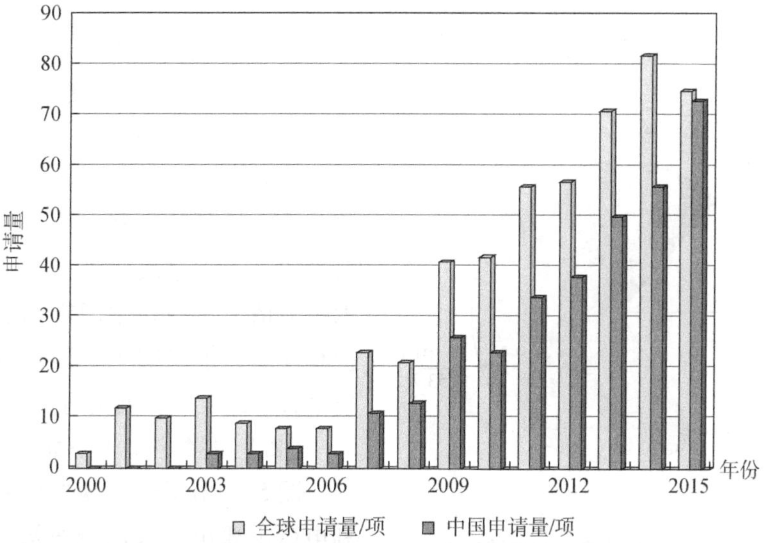

图 2　全球和中国范围内与脑电控制相关的专利申请量变化趋势

量有了很大提高，可见目前为止，脑电控制技术仍然是处于发展阶段的。而且 2014 年的申请量是 2009 年申请量的 2 倍，大约是 2007 年申请量的 4 倍，可见近年来脑电控制技术得到了快速发展。

对于中国国内关于脑电控制的专利申请量，从图中可以看出，2006 年以前的专利申请量基本上是个位数，甚至是零申请，可见与国外相比，中国国内在脑电控制方面起步较晚，而且在该阶段并没有引起较大的重视。2007 年开始，中国国内关于脑电控制的专利申请量上升速度非常迅速，而且全球关于脑电控制的专利申请量中占据较大的比例。可见中国国内申请人越来越重视在脑电控制技术方面的创新。从 2007 年起进入中国国家阶段的关于脑电控制的 PCT 申请量也有了较大的增长，这说明了国外企业对于中国市场的重视，中国企业在脑电控制方面的创新也面临着来自国际市场的巨大压力。

通过对近年来市场热点的分析可知，关于脑电控制的专利申请量的快速增长与智能识别技术的发展有着密切的关系，可以说，智能识别技术极大地促进了脑电控制技术的发展。近年来，智能识别技术发展迅速，并且得到了广泛的应用，人们对于传统的语音识别、指纹识别等智能识别技术有了更加充分的认识，同时也意识到智能识别技术安全性不高的缺点。这样的发展形势促使人们寻找更加安全的智能识别技术，脑电控制技术提供了提高识别安全性能的新方法，因此，脑电控制技术越来越受到人们的重视，成为新的研究热点。

（三）专利申请区域分布

图4显示了脑电控制技术专利申请所在国家和地区的分布情况，从图4可以看出，专利申请量排名前5位的国家或地区分别是：中国、美国、日本、韩国、欧洲。可见国外在中国提出的关于脑电控制的专利申请占了整个申请量的一半，这表明关于脑电控制技术的申请人重视在中国市场的专利保护和发展，也表明了中国在脑电控制技术方面的巨大发展空间。

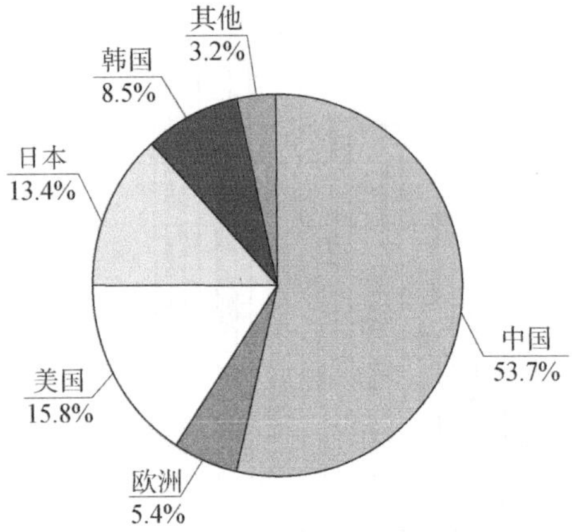

图4 脑电控制技术专利申请所在国家和地区的分布情况

（四）重要申请人分析

图5示出了全球脑电控制技术专利申请主要申请人的分布情况。天津大学关于脑电控制的专利申请量是最多的，松下和索尼的申请量也比较多。从图5可以看出，日本企业在脑电控制技术方面具有较大的优势，在中国国内，关于脑电控制的专利申请主要集中在高校申请上。

可见，虽然中国的企业（例如联想）在脑电控制方面有了一定的技术支持，但是中国在脑电控制技术方面还处于科研阶段。

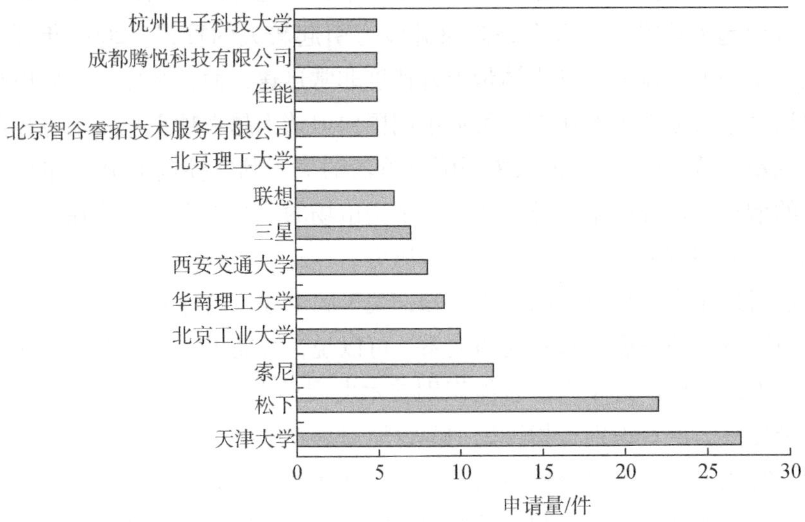

图5 脑电控制技术全球专利申请主要申请人分布

三、技术分支

根据脑电控制的流程，脑电控制技术专利申请涉及的技术内容主要分为：脑电波采集、信号处理、特征提取、模式分类以及应用领域等方面。

本文针对每个技术分支，选择了一些专利申请进行说明。

（一）脑电波采集

采集有效的脑电波对于提高脑电控制的准确率有着至关重要的作用。目前，按照脑电波的产生方式，主要使用的脑电波采集方式为：稳态视觉诱发电位（SSVEP）、P300和想象动作。

1. 稳态视觉诱发电位（SSVEP）

稳态视觉诱发电位（SSVEP）是指当受到一个固定频率的视觉刺激的时候，人的大脑视觉皮层会产生一个连续的与刺激频率有关（刺激频率的基频或倍频处）的响应。

目前为止，SSVEP可以采用FM技术或者FSK技术。其中FM技术利用固定的几个不同频率作为刺激信号，但是因为SSVEP刺激信号的有效频段较窄，而且存在倍频干扰，因此FM技术使得识别比较困难，不利于脑电控制。FSK技术通过频移键控的方式进行指令编码，并将指令编码与刺激信号一一对应，识别效果相对于FM技术要好，但是需要进行多次训练学习。

为了克服FM技术和FSK技术存在的缺陷，有些专利申请提出了新的基于SSVEP脑机接口的脑电波识别方法。例如：专利申请CN201510743942.3公开了一种基于SSVEP脑机接口的脑电波指令识别方法：采用“指令码元+特征位”的方法对刺激源进行编解码，指令码元为指令的编码，特征位处于确定位数的指令码元之间，达到间隔识别的作用，这样的方法可以克服需要学习训练操作，检测结果错误率高的缺陷，该申请基于SSVEP脑机接口的脑电波指令识别方法的信号流向如图6所示。

另外，目标呈现方式也会对SSVEP的效果产生影响，有些专利申请针对目标呈现方式来提高使用SSVEP的脑电控制的效果。例如，专利申请CN201510654691.1公开了一种基于交叉调制频率的稳态视觉诱发电位脑-机接口方法：采用交叉调制频率编码方法作为稳态视觉诱发电位的诱发方式，引入交替频率，通过改变交替频率，产生不同的交叉调制频率成分，从而实现利用一个刺激频率编码多个不同目标，可以克服可供选择的闪烁频率点受限的缺点。

2. P300

P300是引种时间相关电位的内部成分，在相关时间发生之后的300毫秒左

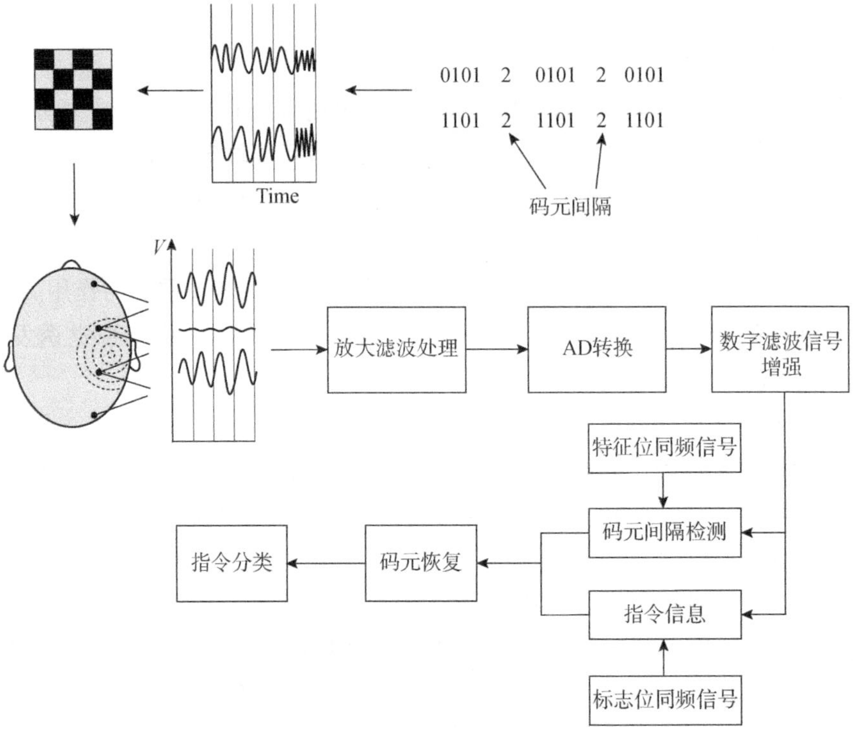

图 6 基于 SSVEP 脑机接口的脑电波指令识别方法的信号流向

右会出现一个正向峰值。P300 可用于测谎或者医疗等方面，近年来也开始用于脑电控制方面，而且为了提高准确率，对基于 P300 的脑电控制也进行了很多改进。例如专利申请 CN201510445894. X 公开了一种基于卷积神经网络的 P300 脑电信号检测方法，借鉴图像识别领域的思想，利用卷积神经网络进行信号检测，图 7 示出了利用卷积神经网络的信号检测方法。

P300 在脑电控制字符输入方面有着重要的作用。例如专利申请 CN201410148541. 9 公开了一种基于 P300 的脑机接口系统的字符高速输入方法，通过 P300 与 non - P300 两类响应的概率密度函数（即先验分布）进行控制。

3. 想象动作

想象动作是指仅有运动意图而无实际动作，导致大脑皮层感觉运动区的大量神经元活动状态发生改变，并且使得脑电信号中的一些频率同步衰减或增强，这种现象叫作事件相关去同步化或者同步化现象。想象动作诱发的脑电信号是唯一的不需要外界刺激并且直接反映使用者主观运动意识的脑电信号。例如专利申请 CN201410049646. 9 公开了一种主动式脑机交互系统运动想象任务分类方法及装置，运动想象诱发脑电信号的处理流程如图 8 所示。

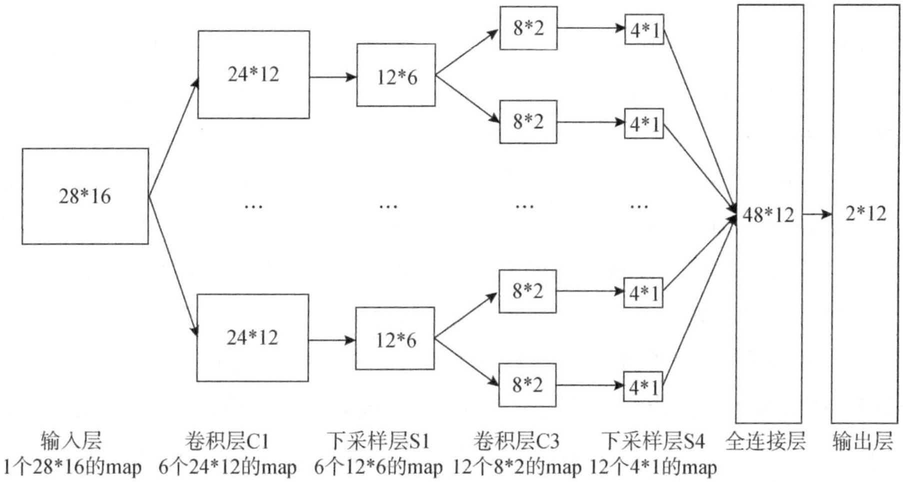

图 7 利用卷积神经网络的信号检测方法示意图

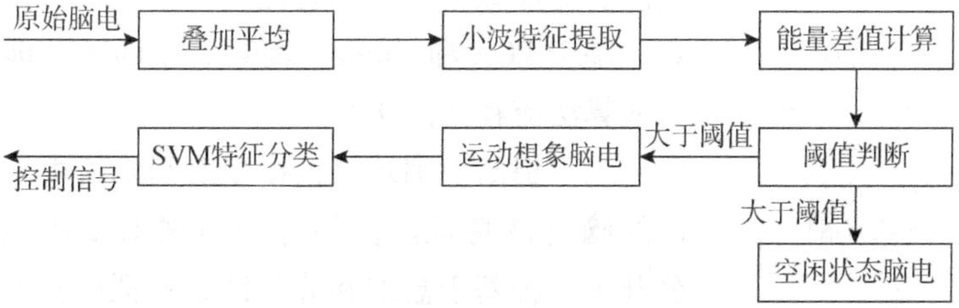

图 8 运动想象诱发脑电信号的处理流程

（二）预处理

脑电信号的高噪声、不稳定的特点使得脑电控制在特征提取之前必须对采集到的脑电波信号进行预处理，获得更加有效的脑电波信号，这对于提高识别精度、进行有效控制有着非常重要的作用。利用滤波器进行滤波除去信号中的无效数据，利用放大器增强脑电信号是常用的预处理手段。但是脑电信号的复杂程度使得人们寻求更加准确的方法来获得有效的数据。例如，专利申请 CN201510418340.0 公开了一种基于左右手运动想象脑电信号的大脑状态识别方法，借助独立成分分析反演脑电信号，依次去除各独立成分对原脑电信号的影响（噪声数据），对比原脑电信号和独立成分反演数据，选择有效的脑电信号采集区域，为提高识别度打下了基础。

（三）特征提取

特征提取是脑电控制中的关键技术之一。脑电波特征提取方法包括：傅里叶变换、自回归模型、功率谱与自适应回归模型、四阶累积量、小波变换、小波包变换、希尔伯特—黄变换、复杂度分析法、张量分析法、空—频域滤波等。

不同的特征提取方法对于脑电控制具有不同的影响，为了提高脑电控制的有效性，很多专利申请提出了不同的特征提取方法。例如，专利申请CN201410319149.6公开了一种运动想象脑电信号的特征提取方法，对信号进行经验模态分解（EMD），得到多阶固有模态函数（IMF）信号，然后选取相同阶数的IMF信号作为新的信号，通过共同空间模式算法（CSP）获得空间滤波器，提取脑电信号的特征，该特征提取方法可以提高脑电信号的分类准确率。

上述特征提取方法大多是基于孤立脑区进行的分析，不利于全面提取脑电波特征，有些专利申请通过对多个区域的分析进行特征提取。例如，专利申请CN201510478869.1公开了一种基于PCA和Granger因果的脑网络特征提取方法，首先进行大脑功能区域的划分；然后利用PCA提取各个功能区域的最大主成分时间信息；最后计算得出最大主成分之间的因果度量，作为特征参数，这样的方法能够更加综合全面地表征脑电信号所包含的丰富信息；基于PCA和Granger因果关系的脑功能网络特征提取算法流程如图9所示。

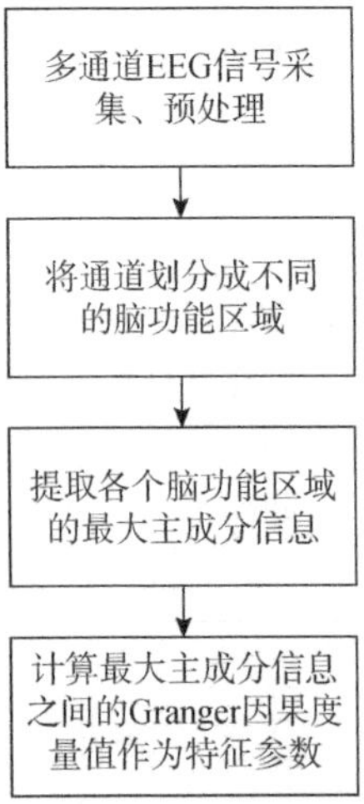

图9 基于PCA和Granger因果关系的脑功能网络特征提取算法流程图

为了提高识别效果，很多专利申请中还使用了不同的脑电波特征。例如专利申请CN201310095778.0公开了一种基于盒维和分形截距特征的脑机接口方法及装置，实现盒维和分形截距的特征提取，能够达到较好的效果。

（四）模式分类

模式分类是脑电控制中进行识别的重要步骤。现有的模式分类方法大多是监督学习方法，如支持向量机（SVM）及其扩展改进方法以及BP神经网络是目前广泛应用的模式分类方法。

为了提高分类准确率，很多专利申请对现有的模式分类方法进行了改进。例如，专利申请CN201410738486.9公开了一种基于双支持向量机概率输出的多类脑电模式在线识别方法，建立双支持向量机初始分类模型，通过Sigmoid概率输出建模方法，计算脑电信号属于各个类别的概率，将该信号分到概率最大的类别，接着引用增量学习方法将满足一定条件的脑电信号加入训练集中更新分类模型，以最新的分类模型对信号进行识别，这样的分类方法具有较高的自适应能力；专利申请CN201410819720.0公开了一种基于序列性复合肢体想象动作的脑-

机接口方法，该方法基于支持向量机的递归对特征进行选择，根据序贯指数分别取前 N 导的特征作为分类器的输入，得到相应导联组合下的识别率，识别率最高的导联组合为最优组合，这样可以使用较少的导联获得最高正确率。

监督学习方法需要对已有样本进行训练建立分类器模型，然后根据建立的模型对输入脑电信号进行分类，这样的方法影响了识别的自适应性。因此，很多专利申请开始使用非监督学习方法。如专利申请 CN201410274341. 8 公开了一种基于 W－PCA 和无监督 GHSOM 的脑电信号识别方法，基于无监督 GHSOM 神经网络对特征向量进行分类，提高了分类的自适应性，GHSOM 神经网络训练、测试流程如图 10 所示。

（五）应用领域

脑电控制最初用于医疗康复方面，可以通过对脑电波的分析判断需要采取的医疗手段，常用的是对睡眠进行控制，或者对于残障人士或者老年人，通过对脑电波的分析识别来控制医疗器械，为他们的生活提供便利。例如专利申请 CN201310161250. 9 公开了一种多模态脑机接口轮椅控制系统；

随着脑电控制技术的发展，脑电控制技术有了更加广阔的应用领域，如智能驾驶（专利申请 CN201410804459. 7 公开了一种基于脑电信号的驾驶员辅助人车交互系统）、智能家居（专利申请 CN201410499785. 1 公开了一种基于脑电信号的智能数据传输系统及方法）、智能航空（专利申请 CN201510251094. 4 公开了一种基于稳态视觉诱发电位的飞行器控制系统和飞行控制方法；专利申请 CN201410358284. 1 公开了一种基于脑机接口的载人飞船非接触式操控方法）、虚拟现实（专利申请 CN201410140712. 3 公开了一种基于虚拟现实环境的智能眼镜脑-机接口方法）、游戏娱乐（专利申请 CN201510586935. 7 公开了一种基于脑机接口的路轨赛车系统及控制方法）等方面。

根据上述对专利申请技术分支的分析，可以看出，脑电控制的每个技术分支都有着重要的作用。其中，因为脑电波具有噪声高、信号微弱的缺点，使得采集有效的脑电波在脑电控制中起着至关重要的作用，因此在脑电控制研究中，如何进行准确有效的脑电波采集是研究的重点，也是难点。另外，脑电波非常复杂，在识别中要考虑到个体的差异性，因此提取合适的脑电波特征，有利于提高识别的准确性。特征提取也是脑电控制的研究重点。

五、小　结

综上所述，虽然中国在脑电控制方面的专利申请量相对比较多，但是对于中国企业来说，不但要有“量”的提高，还要有“质”的飞跃，这样才能提高整

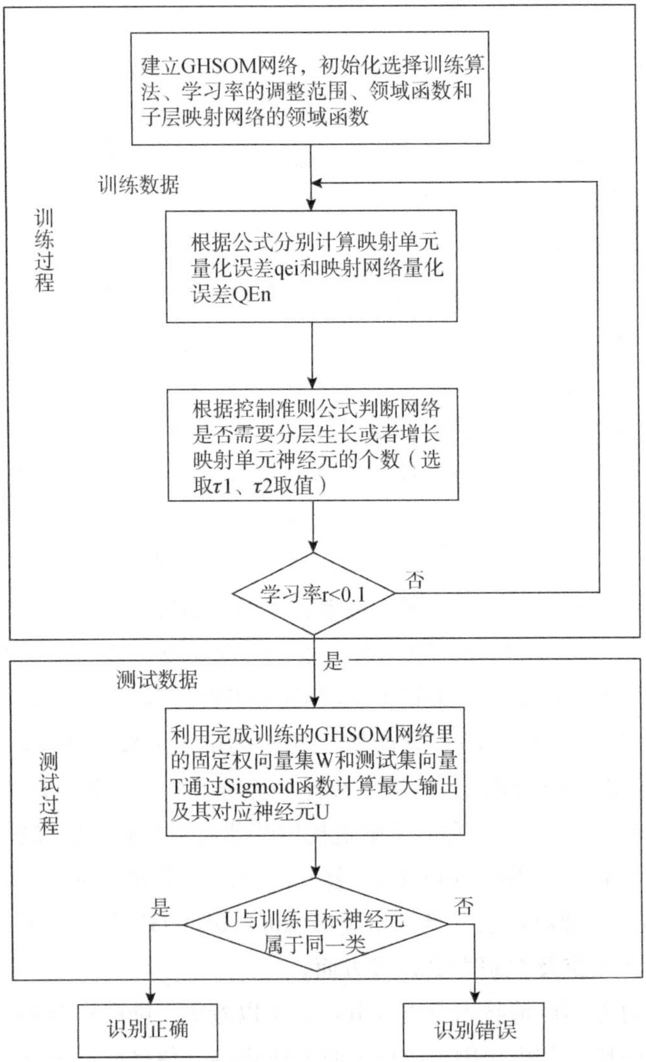

图 10 GHSOM 神经网络训练、测试流程

体创新能力，提高中国在脑电控制方面的国际竞争力。中国的专利申请很多都是高校申请，企业申请相对较少，可见中国在脑电控制方面不但要有创新能力，还要把创新技术转化为市场效益。加强中国企业在脑电控制方面的实施和应用有利于中国经济社会的发展。由技术分支看，中国在脑电技术方面的技术正处于快速发展阶段，不但在技术上有了较大的创新能力而且脑电控制逐渐应用在人们生活和工作的各个领域，这对于中国企业来说是挑战也是机遇，充分利用脑电技术对

于提高相关企业竞争力有着重要作用。

参考文献

[1] 王佳威．脑电波信号的处理方法与应用 [D]．北京：北京邮电大学，2015.
[2] 朱丹．基于便携式脑电采集设备的机械臂控制系统 [D]．南京：南京邮电大学，2015.

机动车驾驶人智能训考技术专利综述

何孟珂　王　欣*　宋　洁　王志远

摘　要： 本文介绍了我国机动车驾驶人智能训考系统的基本组成，并对其发展历程进行了梳理，对其采用的关键技术进行了总结，最后指出传统传感器在智能训考系统中已几近淘汰。基于先进卫星导航和惯导技术的驾考产品已占据市场主导，由于机器视觉对驾驶行为的监控优势，其逐渐成为下一步替代方案的研究热点。

关键词： 驾驶人考试　卫星定位　惯性导航　机器视觉

引　言

我国机动车驾驶人考试（以下简称“驾考”）分为道路交通安全法律、法规和相关知识考试科目（科目一）、场地驾驶技能考试科目（科目二）及道路驾驶技能考试科目（科目三）。2013 年 1 月，号称“史上最严交规”的公安部第 123 号令出台，强调考试的针对性和实用性，其对小型汽车、大中型客货车的考试项目进行了调整。调整后，小型汽车驾驶人的考试取消了科目二两个桩位之间的移库，通过连续障碍、单边桥等现实生活中应用性不强的考试项目，将场地考试项目由原来的“训练 10 项、考试 4 项”改为“训练和考试均为 5 项”，即倒车入库、坡道定点停车与起步、侧方停车、曲线行驶和直角转弯。场地考试中，用标线替换现有的标杆，更加贴近实际道路场景；而大中型客货车科目的考试由原来的“训练 10 项、考试 6 项”修改为“训练和考试均为 16 项”，并在科目三的实际道路驾驶技能考试中，增加山区、隧道、陡坡等复杂道路考试，并明确大中型客车考试里程不少于 20km，牵引车和大型货车考试里程不少于 10km。

可见，公安部第 123 号令的出台，使得机动车驾驶人考试科目在广度和难度上都有很大的提高，传统的依靠教练或考官来判断考生是否合格的考试方式已经无法适应新的考试要求；同时，据不完全统计，目前全国驾考场地约 2000 个，考生数量达 2000 万，考试范围和难度的大幅度提高以及考试设备、场地与考生数量严重的不匹配使得该产业具有广阔的市场前景和巨大的经济价值。国内众多企业和单位

---

* 第二作者对本文的贡献等同于第一作者。

投入该领域的研发和制造，带动并催热了智能训考行业的快速发展，并已经产生了明显的经济效益和社会效益。持续的市场需求使得该行业的竞争日趋激烈。

本文在分析现有国内专利申请的基础上，主要针对涉及科目二和科目三的智能训考设备和方法进行了总结概括和比较分析，并对智能训考系统发展趋势进行了展望。

一、智能训考系统发展历程

最初的驾驶人训考是人为判断的，教练和考官全程陪同，通过教练和考官对考生驾驶行为和驾驶技能的评定来决定该考生是否通过考试，这种判断方式不仅可能对考试的公平、公正提出挑战，也无法对考试过程进行追溯，并且其效率低下，无法满足大规模考试的要求。

随着电子信息技术的不断进步，电子化监考和评判成为可能。科目二首先出现了基于电子传感器的判断方式。驾校对考试场地进行改造，设置压力传感器、红外传感器、磁传感器的一种或几种，通过感知信号的变化来对考试结果进行判断。这种判断方式节省了大量的人力，提高了考试效率。然而，改造场地的方式具有一定的局限性，周期长、投入高、通用性差，考试路线和场地的调整都需要对考场重新进行改造，并且该种方式也无法对考试过程进行实时监控和追溯。

2011 年以来，卫星导航定位定向逐步进入驾考领域，并在该领域展现了巨大的优势。通过设置基站和在考试车辆上安装 GPS/北斗接收机实现卫星信号的接收，无须对考场进行改造。通过定位信号自动对考试结果进行判断，实现了考试过程自动化以及对考试过程的可追溯性，是目前市场科目二考试中的主流产品。然而，该项技术依赖卫星信号，在具有遮挡等复杂自然环境中，存在精度降低甚至漂移而无法定位等问题，并且无法在实际道路行驶中对驾驶人的驾驶行为进行监控和判断。

机器视觉是通过摄像头对驾驶人的驾驶行为进行监控，包括面部表情、行为动作等，由此判断其驾驶行为是否正确，由于机器视觉在对驾驶人驾驶行为的监控上具有得天独厚的优势，因而，采用机器视觉以及机器视觉和卫星导航相结合在科目三考试中的应用将逐渐成为研究的热点。

二、智能训考系统关键技术

（一）基本组成

智能训考系统的基本组成如图 1 所示。车辆在场地中行进，感知单元感知场地和车辆的相对位置，然后通过评判单元对车辆行驶状态进行评判。以科目二中的桩考为例，如图 2 所示，车辆倒库入车位，感知单元感知车辆在倒库的过程中是否压线，然后将感知结果输送给评判单元，以此评判桩考是否合格。感知单元是整个智能训考系统的核心，主要包括电子传感器、卫星定位、机器视觉和虚拟现实四种类型。

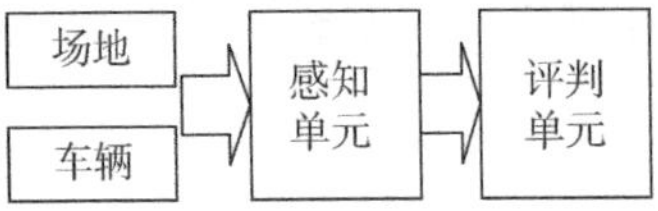

图 1　智能训考系统的组成

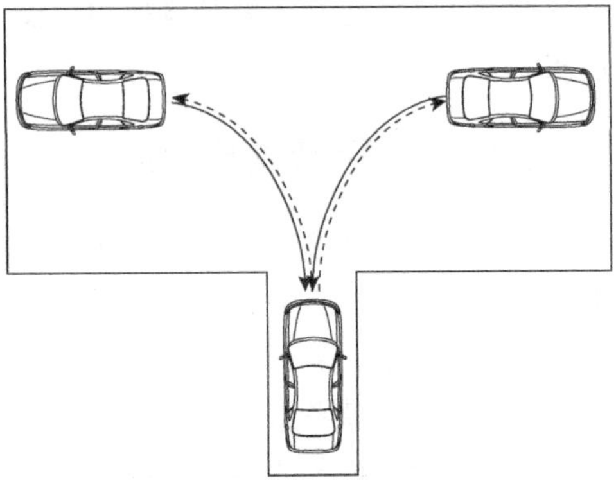

图 2　桩考（1）

（二）基于电子传感器实现方式

仍以科目二中的桩考为例。如图 3 所示，在桩考场地布置红外发射接收组件（红外发射装置 2、红外接收装置 3），当检测考试车辆 4 压到车库区 11 左、右两侧的车库区线 111 时，红外接收装置 3 接收中断，从而判定该项考试不合格。与红外传感类似的，陆续出现了采用光电传感、压力传感、磁传感、超声、测距等检测技术的判断方式。然而，上述判断方式需要对场地和/或车身进行改造，周期长、投资大，并且容易出现误判，无法记录行车轨迹，且考试过程不可追溯，已不符合目前对驾考公平性、精确性和时效性的要求，日益被各大驾校所淘汰。

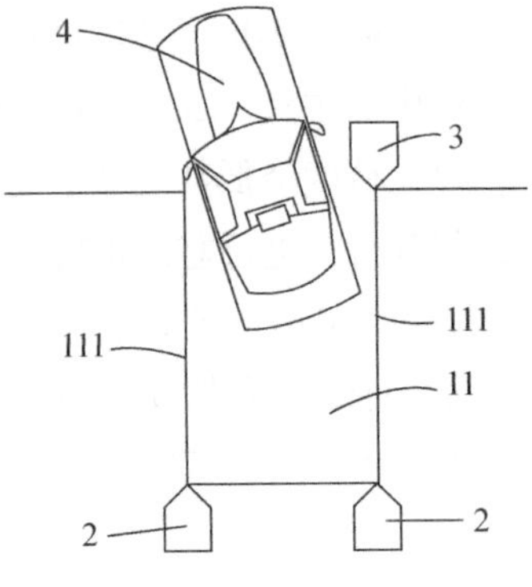

图 3　桩考（2）

（三）基于卫星定位技术

目前市场的主流产品是基于卫星定位技术的智能训考系统产品，其无须对考试场地进行改造，只需在考试车辆上安装卫星定位终端，可实现对考试车辆行车轨迹的跟踪，配合车辆的数字化模型和考试场地的数字化地图，可实现对考试结果的判断。

1. 典型系统构成

专利申请 CN200986749Y 最早提出基于 GPS 的智能训考系统，其装置构成如图 4 和图 5 所示。训考场服务器内部集成定位信号的 RTK 差分结算程序、训考场数字化电子地图和训考车数字化模型，通过移动定位器和训考场定位器内设的 GPS 卫星差分定位接收机实现车辆的定位，通过与数字化地图的比对判断考试是否合格。

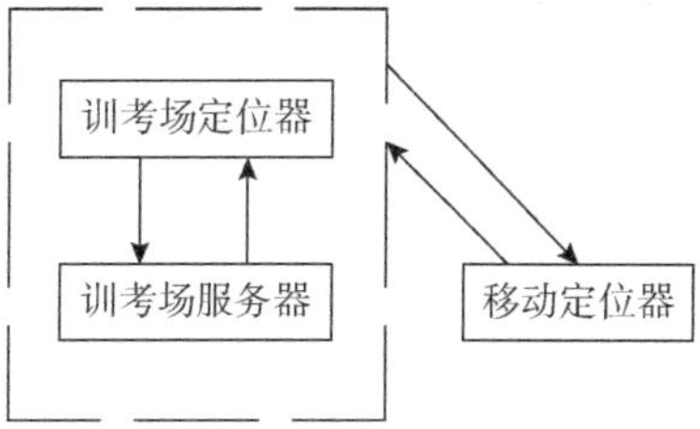

图4 CN200986749Y 附图（1）

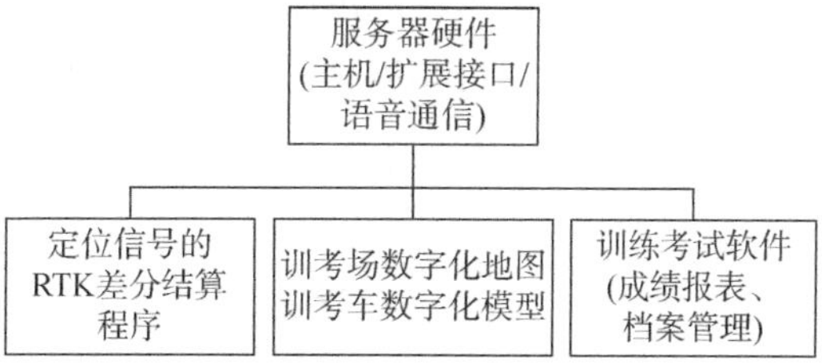

图5 CN200986749Y 附图（2）

2. 卫星定位/INS 组合导航

基于单一卫星定位技术的智能训考系统存在一些缺陷，其一是无法提供车辆的姿态信息而无法满足科目二中所有考试项目的测试需要，诸如单边桥等考试项目无法进行；其二是因为具有遮挡而无法接收到卫星信号而导致出现测量误差甚至漂移而无法定位。专利申请 CN103608643A 和 CN102998689A 提出一种组合式车辆位置测量方法，将惯性导航技术（INS）与 GPS 相结合，采用 RTK 结合惯性导航推算实时车辆虚拟监测点的位置并与所提取的区域文件进行匹配，从而判断当前车辆的虚拟监测点是否在感应区域内。INS 的短期定位精度与数据采样频率较高，使得卫星定位能够保持较低的跟踪带宽，在具有遮挡或卫星定位信号覆盖不好的区域，仍然能够在短时间给予车辆准确的定位导航信息，从而提高了定位导航系统的测量精度、适用范围以及抗干扰能力。同时，配合 INS 提供的车辆姿态信息，可以完成科目二中所有项目的考试。

（四）基于机器视觉

机器视觉是训考技术发展的另一个重要方向，其采用视频记录设备采集驾驶人、车辆和路面情况的视频信息，利用机器视觉和模式识别技术自动分析和判定考生各项实车考试成绩，更加直观和方便。同时，采用机器视觉还可以同时对驾驶人的驾驶行为进行监控，具有其他技术无法达到的优势。

1. 考试车辆的监控

专利申请 CN1466092A 提出了一种运动目标视频检测处理的桩考仪，如图 6 所示。其利用设置在高处的 CCD 摄像机俯视桩考场地，并利用视频处理算法判断考试车辆的运动轨迹，对比场地信息得出考试结果。

合肥工业大学相关课题组[2~3]也提出了基于机器视觉的电子桩考系统，配合相应图像算法，实现桩考的自动监测。

专利申请 CN101661682A 提出一种全方位视觉智能路考仪，如图 7 所示。其通过将两台全方位视觉传感器（ODVS）分别设置在考试车辆的前、后两侧车架上，用于获取考试车辆周围的路况视频信息，同时结合 GPS 传感器获取的考试车辆的空间位置，通过相应算法，对考试进行监控。

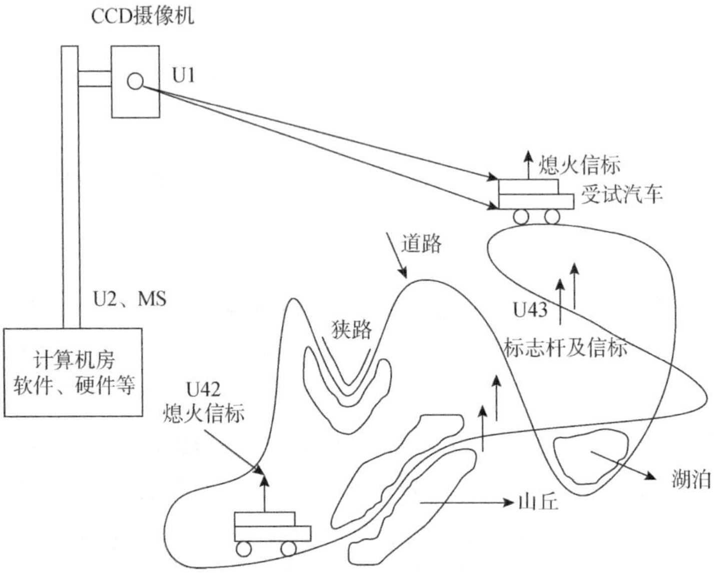

图 6 CN1466092A 附图

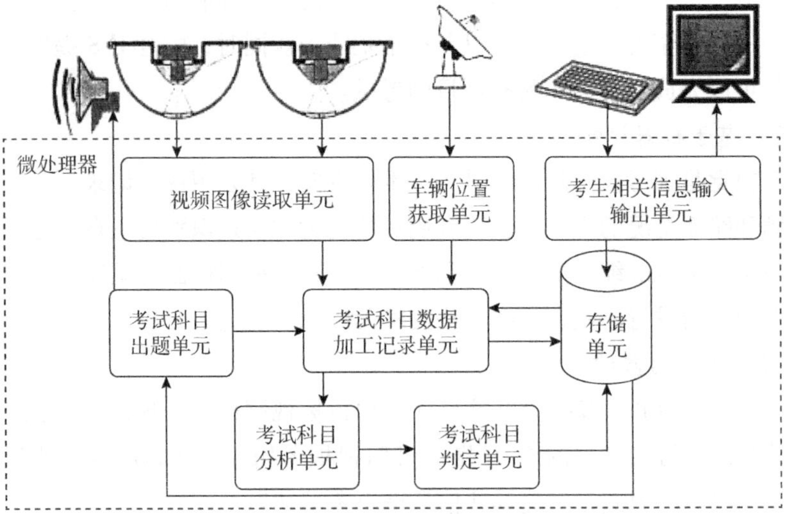

图 7 CN101661682A 附图

2. 驾驶人行为监控

与基于卫星定位的智能训考系统相比，基于机器视觉的训考系统还能对驾驶人的行为，例如面部行为、驾驶操作行为进行监控，由此判断驾驶人操作是否正确。

CN102306293A 提出了一种基于机器视觉的路考考生面部识别方法，如图 8 所示。其通过将考生头部图片二值后获得的面部轮廓特征比较，来判断考生是否观察左、右后视镜，是否低头看挡。

CN103871242B 提出了一种驾驶行为综合评价系统与方法。其采用单目视频等信息特征提炼的评价标准对驾驶员驾驶行为进行实时评价和警示。

（五）基于虚拟现实技术

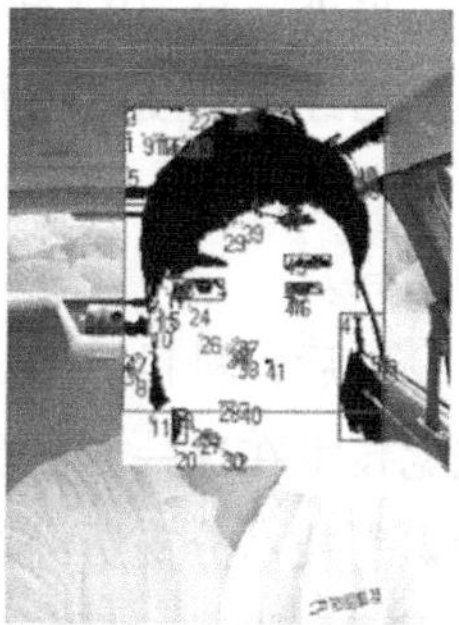

图 8　CN102306293A 附图

虚拟现实技术的发展使得模拟驾考真实场景进行虚拟现实的驾驶训练得以实现。CN101251958A 提出了一种面向训练的汽车驾驶模拟机，如图 9 所示。该模拟机利用物理仿真模拟汽车动力学、汽车和场景物体的交互以及各种天气条件对周围环境的影响，创建和驾校使用的培训车辆保持一致的三维模型；同时，根据周围环境和物理因素建模，使其能够模拟各种天气情况下的训练。该系统模拟机能够有效地模拟各种极端情况下的训练，并减少能源消耗，提高训练效率，逐渐成为驾驶训练系统的一个发展方向。

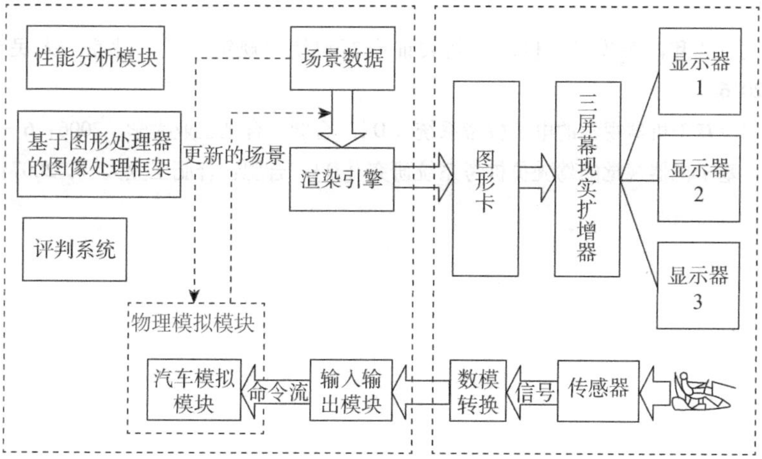

图 9　CN101251958A 附图

三、小　结

首先，国内市场目前基于卫星定位和/或惯导技术领域的产品研发活跃，卫星定位和/或惯导技术领域保持平稳增长态势，部分集成商开发的考场考车数字化产品摆脱了传统传感器的束缚，通过场地和考车数字化测绘及二者匹配，实现了对科目二考试的更新换代，是市场的主流产品。

其次，与发达国家相比，我国的驾考对实际道路考试的重视还不够，尤其体现在最低考核时间和最低考核里程明显不足。例如英国和德国均要求实际路面考试不低于45分钟，而我国仅为3公里，考核难度的不足给驾驶人自身以及社会安全埋下了隐患。因此提高科目三考试的难度很可能成为下一轮政策改革的重点。另外，自2013年以来，虽然科目二的考试效率在智能化系统大量配备的基础上已经大幅度提高并基本消除了学员积压，但是快速增加的训考学员与考官数量的严重失衡，使得科目三的考试成为瓶颈，届时，科目三产品可能成为市场新的主导。

最后，科目三考试积压严重的瓶颈在于考官在考试中的不可替代性，而机器视觉技术在这一方面具有得天独厚的优势。目前，场地摄像头机器视觉和面部行为识别技术分支历经数年的发展，正逐步走向成熟，而驾驶行为识别技术分支还处于萌芽阶段。目前，正是行业内企业在该技术分支进行技术研发和专利布局的有利时机。

参考文献

[1] 中华人民共和国公安部. 机动车驾驶证申领和使用规定［S］. 北京：人民交通出版社，2016.

[2] 彭兴邦. 基于机器视觉的电子桩考系统［D］. 合肥：合肥工业大学，2006：6-11.

[3] 刘伟. 基于机器视觉的驾驶员桩考系统研究［D］. 合肥：合肥工业大学，2007：9-13.

辅助驾驶决策控制专利技术综述

纵 浩 丁匡正*

摘 要：辅助驾驶技术已成为当今社会热点技术，越来越受到各大汽车企业及消费者的重视，而决策控制技术作为辅助驾驶的大脑，是辅助驾驶技术的重中之重。该文分别就发展历程、重点技术及专利分析3个角度来对辅助驾驶中的决策控制技术进行综述。

关键词：辅助驾驶 决策控制 专利分析

引 言

如今，辅助驾驶系统越来越受到重视并逐步在中低端车型上得到普及。比如，自动泊车系统、自适应巡航系统已被列为很多紧凑车型的标准配置。在自辅助驾驶技术中，通过感知层获得车辆自身的状态信息、周围环境信息、驾驶员状态信息、驾驶行为信息等数据后，把这些数据通过决策控制层进行综合应用，从而实现车辆的辅助驾驶操作。因此，决策控制技术相当于辅助驾驶系统的大脑，是实现辅助驾驶操作的核心所在。本文就辅助驾驶系统决策控制技术的发展历程、重点技术及专利分析3个角度来对辅助驾驶的决策控制技术进行综述，展现该领域的发展，并试图从专利的角度给出一些分析。

一、辅助驾驶决策控制技术的发展历程

辅助驾驶技术是自动驾驶技术的前身，随着车辆自动化、智能化技术的不断进步，人们对辅助驾驶技术的需求也不断增加[2]。从发展历程上看，辅助驾驶技术大致可以分为两个阶段，如图1所示。

第一阶段为2000年以前，这一阶段的辅助驾驶技术基本没有自动化的操作，完全由驾驶员来操作车辆，辅助驾驶技术主要提供安全保护辅助功能，像ABS防抱死系统、安全气囊、ESC电子稳定程序、安全带未系提示、倒车雷达等，这些技术目前基本上已经得到普及。当然，这一阶段还出现了一些提供预警及简单介入车辆操控的辅助驾驶技术，例如定速巡航、FCW前向碰撞预警系统等。

---

* 第二作者对本文的贡献等同于第一作者。

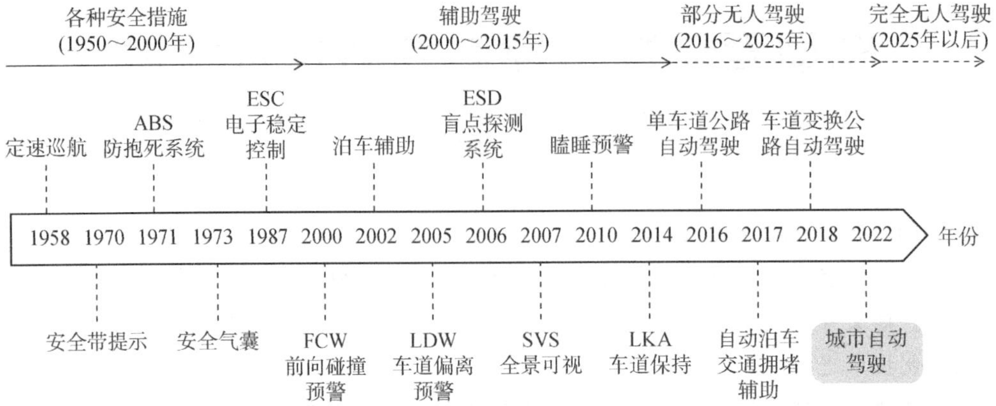

图1　辅助驾驶产业发展阶段

第二阶段为2000～2015年，随着技术的飞速发展和人们对车辆安全意识的重视，各种更高级的辅助驾驶系统开始逐步出现并慢慢普及。这一阶段的辅助驾驶技术除了更高级的预警及安全保护辅助功能之外，开始介入车辆的加、减速和简单的横向控制，来分担驾驶员的工作，但车辆的主要驾驶操作仍由人类驾驶员来完成。这一阶段的辅助驾驶技术主要包括车道偏离预警[1]、驾驶员瞌睡预警（DDS，drowsy driver detection system）、盲点探测（BSD，blind spot detecting）、交通标识识别（TSR，traffic sign recognition）预警功能，以及自适应巡航（ACC，adaptive cruise control）、车道保持（LKA，lane keep assist）、紧急制动刹车（AEB，automatic emergency braking）等直接操控车辆的辅助驾驶系统。

可以预见的是，从现在到未来若干年内，将逐步实现部分自动驾驶、高度自动驾驶和完全无人驾驶，即还存在第三阶段（见图1）。在此阶段要实现部分的无人驾驶功能，自动驾驶系统开始接管车辆纵向与横向的多项控制，但司机注意力仍然要保持驾车状态，以便随时接管车辆。与第二阶段的不同之处在于，除纵向控制外，自动驾驶系统增加了对车辆的横向控制，并进一步开始进行横向和纵向控制的融合。这一阶段实现了辅助驾驶到无人驾驶的跨越，驾驶员已经可以逐渐将车辆的驾驶任务托付给车辆，甚至在一些危急情况下也能获得伤害最小、最安全的解决方案。当然，这一阶段和本文的辅助驾驶技术已经不相关了，不再展开讨论。

二、辅助驾驶决策控制重点技术介绍

辅助驾驶包括定速巡航、安全带提示、防抱死系统（ABS）、安全气囊、电子稳定程序（ESC）、前向碰撞预警（FCW）、车道偏离预警、驾驶员瞌睡预警、盲点监测（BSD）、交通标识识别（TSR）、自适应巡航系统（ACC）、泊车辅助、车道保持辅助系统（LKA）、紧急制动刹车系统（AEB）、自动泊车、交通拥堵辅助等技术，其中前向碰撞预警（FCW）、自适应巡航系统（ACC）、车道保持辅助系统（LKA）、紧急制动刹车系统（AEB）、自动泊车、交通拥堵辅助等技术属于辅助驾驶领域中较为重要的技术。下面将从辅助驾驶系统决策控制技术的角度，逐一介绍这些重点技术的发展及原理。

（一）前向碰撞预警

前向碰撞预警系统（FCW）能够通过雷达系统来时刻监测前方车辆，判断本车与前车之间的距离、方位及相对速度。当存在潜在碰撞危险时，对驾驶者进行警告。FCW 系统本身不会采取任何制动措施去避免碰撞或控制车辆。

根据在 DWPI 数据库中检索的结果，最早的关于防止碰撞的专利申请是 DE3121684A1，它通过光波或声波反射来检测临近障碍物的距离，从而避免碰撞的发生（见图 2）。

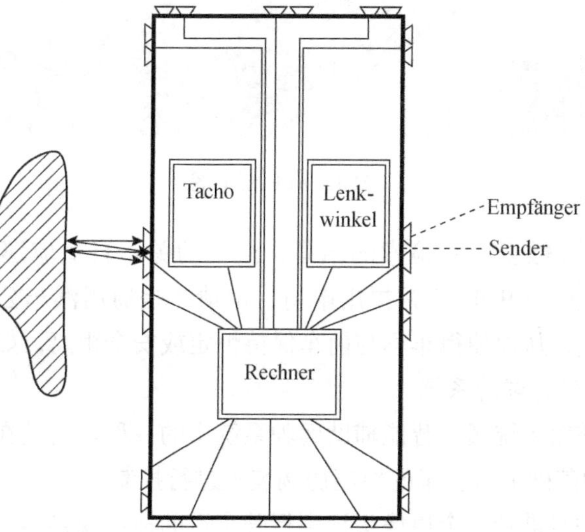

图 2　DE3121684A1 附图

（二）自适应巡航系统

第一阶段的定速巡航技术解决了汽车“定速”的问题，而另外一个迫切需要满足的就是“定距”问题。于是毫米波雷达逐渐应用到汽车上，并结合摄像头等传感器，慢慢诞生了自适应巡航控制技术。

自适应巡航控制系统（ACC），是一种智能化的自动控制系统，它是在早已存在的定速巡航控制技术的基础上发展而来的。在车辆行驶过程中，安装在车辆前部的车距传感器（雷达）持续扫描车辆前方道路，同时，轮速传感器采集车速信号。当与前车之间的距离过小时，ACC 控制系统可以通过与制动防抱死系统、发动机控制系统协调动作，使车轮适当制动，并使发动机的输出功率下降，以使车辆与前方车辆始终保持安全距离。自适应巡航系统在控制车辆制动时，通常会将制动减速度限制在不影响舒适的程度。当需要更大的减速度时，ACC 控制系统会发出声光信号通知驾驶者主动采取制动操作。当与前车之间的距离增加到安全距离时，ACC 控制系统控制车辆按照设定的车速行驶，如图 3 所示。

图 3　ACC 模拟图

根据在 DWPI 数据库中检索的结果，最早的关于自适应巡航的专利申请是 US4987357，它于 1989 年 12 月提出申请，申请人是通用汽车公司。它通过图像传感器检测汽车，从而使得车辆与前车保持恒定或安全距离，如图 4 所示。

（三）车道保持辅助系统

车道保持辅助系统属于智能辅助驾驶系统中的一种。它是在车道偏离预警系统（LDWS）的基础上对刹车的控制协调装置进行控制。

对车辆行驶时借助一个摄像头识别行驶车道的标记线将车辆保持在车道上提供支持。如果车辆接近识别到的标记线并可能脱离行驶车道，那么，会通过方向盘的振动，或者是声音来提请驾驶员注意。如果车道保持辅助系统识别到本车道两侧的标记线，那么系统处于待命状态。通过组合仪表盘中的绿色指示灯显示。当系统处于待命状态下，如果在跃过标记线前打了转向灯，警告信号就会被屏蔽，认定驾驶员为有意识的换道。

根据在 DWPI 数据库中检索的结果，最早的关于车道保持的专利申请是 US5245422A，它通过安装在车辆上的摄像头检测车辆前部的道路图像，从而自动控制车辆行驶在道路范围内，其工作原理如图 5 所示。

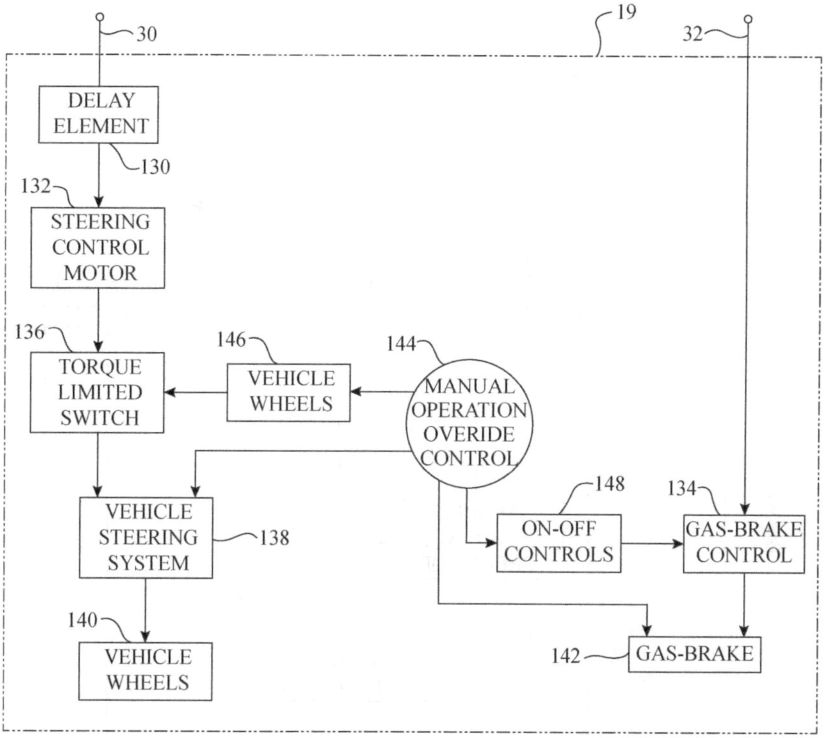

图 4　US4987357 设计流程

目前，该系统主要应用于结构化的道路上，如高速公路和路面条件较好（车道线清晰）的公路上行驶。

（四）紧急制动刹车系统

在主动安全方面，有一项已被证实可有效减少意外碰撞事故的技术正得到越来越多的重视，这就是紧急制动刹车系统。

紧急制动刹车系统（AEB）是一种汽车主动安全技术，它在车辆遇到突发危险情况时能自身主动产生制动效果让车辆减速，从而提高行车安全性。AEB 主要由测距模块、数据分析模块和执行机构模块 3 大模块构成。其中测距模块的核心包括微波雷达、激光雷达和视频系统等，它可以为前方道路提供安全、准确、实时的图像和路况信息。AEB 采用雷达或摄像头检测并识别前方车辆或障碍物，然后利用数据分析模块将测出的距离与警报距离、安全距离进行比较。在有碰撞可能的情况下，先通过声音和警示灯提醒驾驶员进行制动操作回避碰撞。若小于安全距离时，驾驶员仍无制动操作，系统判断已无法避免追尾碰撞，就采取自动制动措施来减轻或避免碰撞。同时，AEB 还包括动态制动支持。当驾驶员踩下制动

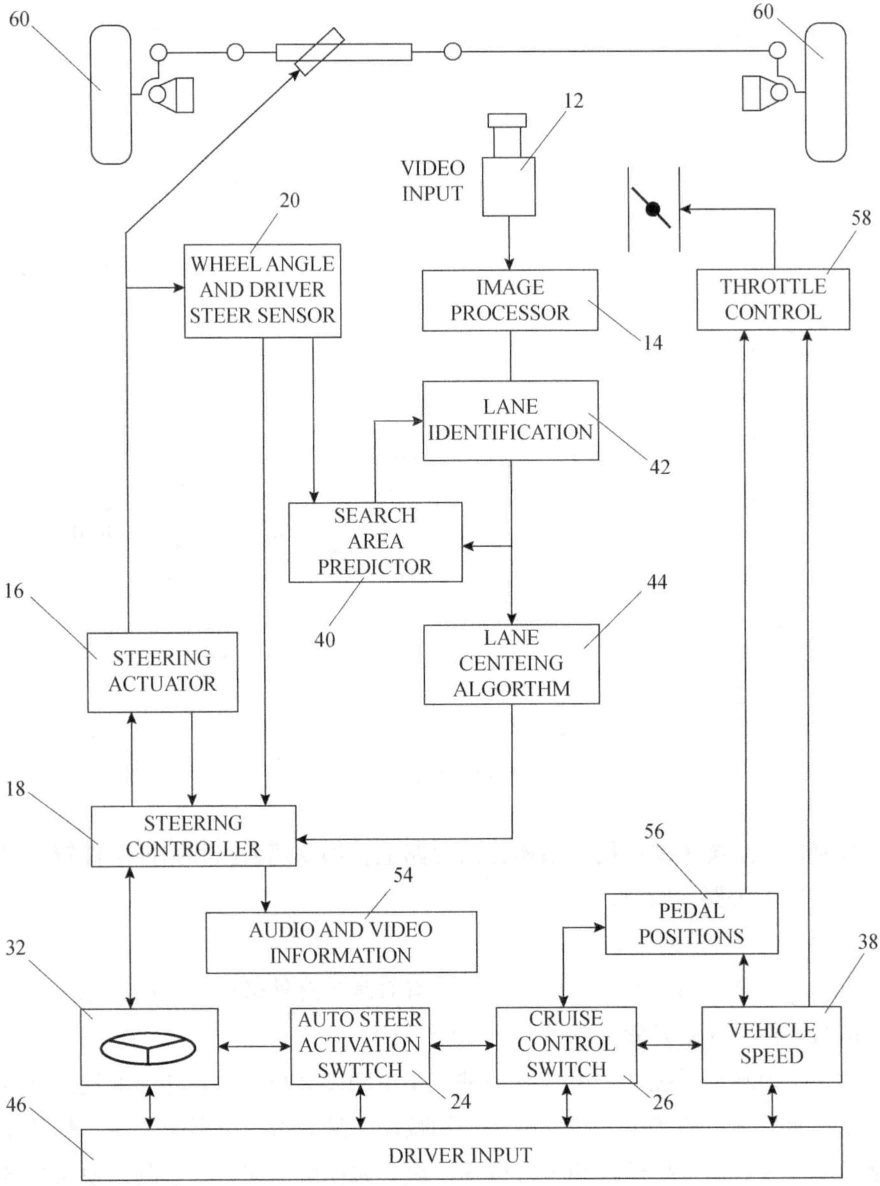

图 5 US5245422A 工作原理

踏板的力量不足以避免即将到来的碰撞时，就会为其补充制动力，从而避免碰撞的发生。

根据在 DWPI 数据库中检索的结果，最早的关于 AEB 的专利申请是 US6517172B1，于 2001 年 11 月提出申请，申请人是福特全球技术公司。它在检测到即将来临的紧急碰撞时，增大制动踏板的压力，从而避免碰撞的发生，原理如图 6 所示。

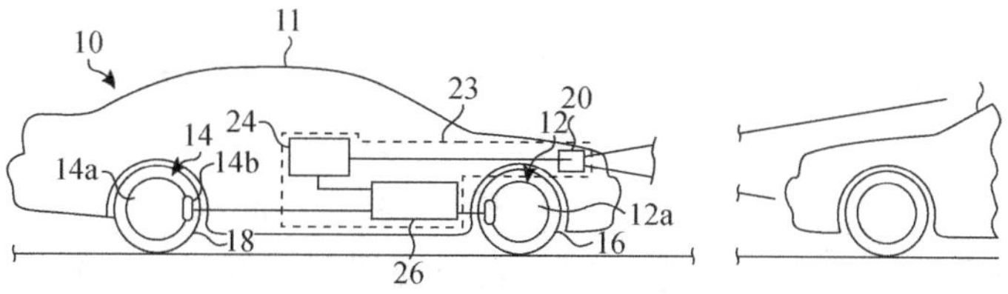

图 6　US6517172B1 原理

（五）自动泊车

自动泊车是指汽车自动泊车入位不需要人工控制。顺列式驻车通常是驾驶员考试中最令人担心的一项，而且几乎每个人都会在某些地点碰到这样的事情。

不同的自动泊车系统采用不同的方法来检测汽车周围的物体。有些在汽车前后保险杠四周装上了感应器，它们既可以充当发送器，也可以充当接收器。这些感应器会发送信号。当信号碰到车身周边的障碍物时会反射回来。然后，车上的计算机会利用其接收信号所需的时间来确定障碍物的位置。其他一些系统则使用安装在保险杠上的摄像头或雷达来检测障碍物。但最终结果都是一样的：汽车会检测到已停好的车辆、停车位的大小以及与路边的距离，然后将车子驶入停车位。

1992 年，大众（Volkswagen）在其 IRVW（integrated research volkswagen）Futura 概念车上采用了自动泊车技术。IRVW 是一款具有全自动泊车功能的汽车，驾驶员可以下车观看汽车自动泊车的全过程。行李箱中安装了如同个人电脑大小的计算机来控制整个自动泊车系统。

2003 年，丰田开始在日式普锐斯混合动力车上提供可选自动泊车功能，即智能停车辅助系统（intelligent parking assist）。

2004 年，瑞典 Linkopeng 大学的一群学生与沃尔沃（Volvo）合作开发了一个名为 Evolve 的项目。Evolve 汽车可以自动顺列式驻车。这群学生在沃尔沃 S60 上装上感应器，并在行李箱里装上用来控制方向盘和加速及刹车踏板的计算机。

根据 DWPI 数据库中检索的结果，最早的自动泊车专利申请是 JP 特开平 10-269497A，于 1997 年 3 月提出申请，申请人是日产自动车株式会社。它提供了一种具有自动停车控制器的车辆，提供该控制器计算一个停车轨迹，并通过控制该车辆的驱动力、制动力和转向来自动地将车辆移动到停车位中（见图 7）。

（六）交通拥堵辅助

交通拥堵辅助能够帮助驾驶员更加轻松地抵达目的地。作为部分自动化的舒

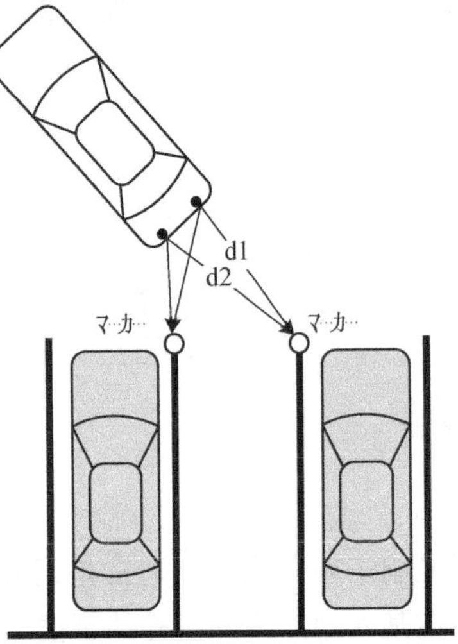

图 7　JP 特开平 10-269497A 原理图

适性功能，该系统可以对车辆进行横向和纵向控制。这意味着车辆可以自动起步、加速和制动，以及在一定的条件下自动转向。驾驶员始终有责任监视该系统，并可以随时对车辆完全掌控。

交通拥堵辅助的基础产品是各种传感器，基于自适应巡航控制（ACC）和车道保持支持的功能，并通过增加电子机械式转向系统得以扩展。

如果车辆中的停走型 ACC 被激活，交通拥堵辅助能够持续分析周围车辆的速度，并将其与自身车速对比。如果该系统识别到密集车流或交通拥堵，驾驶员可以通过按钮来激活该功能。车辆将自动跟随前车，在同一车道负责起步、加速、制动和转向。因此，该系统也适用于在车道上行驶的应急车辆。

根据 DWPI 数据库中检索的结果，最早关于交通拥堵辅助的申请是 WO03/047900A1，申请人是戴姆勒-克莱斯勒股份公司。它提供了一种跟车过程中持续地监控前方及侧方安全距离的方法（见图 8）。

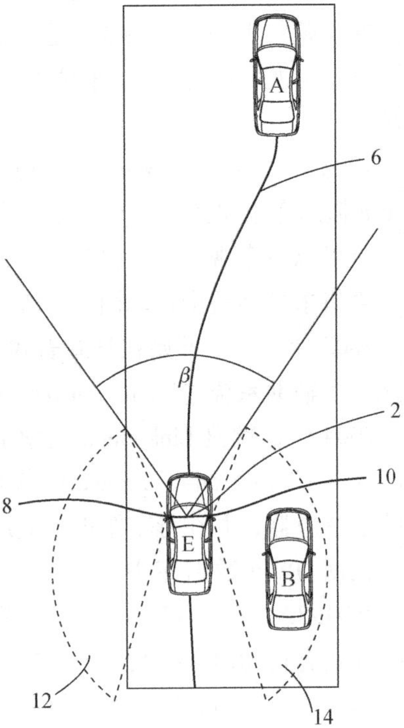

图 8　WO03/047900A1 原理

三、辅助驾驶决策控制技术专利分析

下面从专利的角度来对辅助驾驶决策控制技术进行分析。

（一）辅助驾驶决策控制技术专利申请重点

对于辅助驾驶的总体态势，由于一般的预警系统很少涉及决策控制，因此，本文选择涉及控制的车道保持辅助系统、防碰撞辅助系统以及交通拥堵辅助系统 3 个模块作为辅助驾驶技术的代表进行研究。

如图 9 所示，根据 DWPI 检索的数据，车道保持辅助系统的专利申请约有 1500

件，占辅助驾驶的 51%；防碰撞辅助系统约 1000 件，占辅助驾驶的 34%；交通拥堵辅助系统约 450 件，占辅助驾驶的 15%。

可见，车道保持辅助系统是目前辅助驾驶系统的主要方向，其次是防碰撞辅助系统，这也与目前辅助驾驶系统的发展态势相符。另外，DWPI 的数据显示，交通拥堵辅助系统也是近年来辅助驾驶的一个重要发展方向。

图 10 显示了全球及中国辅助驾驶专利申请态势。从图 10 可以看出，国外专利申请时间较早，早在 1974 年就有辅助驾驶的相关申请，并且从 2002 年左右开始大幅增长，这与汽车自动驾驶技术的发展周期相吻合。而辅助驾驶的在华申请起步较晚，直到 2003 年才开始布局，在华的申请量增长趋势与全球趋势基本一致。

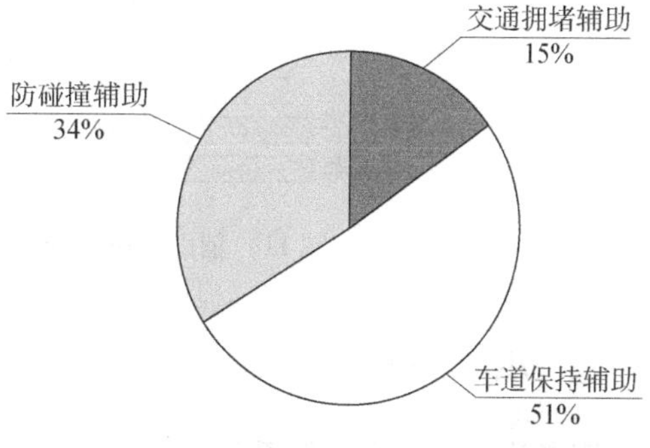

图 9　辅助驾驶技术专利申请构成

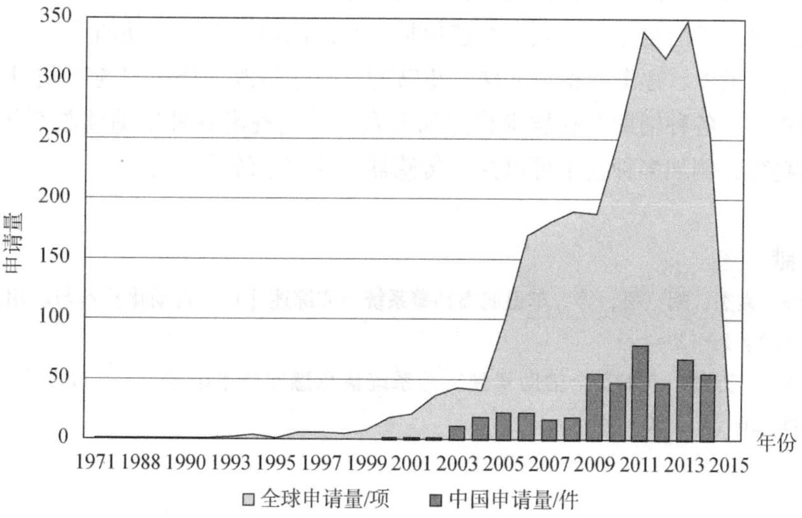

图 10　全球和中国辅助驾驶专利申请态势分析

（二）辅助驾驶决策控制技术重要申请人

图 11 显示了辅助驾驶技术重要申请人排名。从图 11 可以看出，全球辅助驾驶技术的主要申请人均为知名的汽车生产厂商或零部件厂商，例如丰田、日产、博世、大众等。而排名前两位的丰田和日产均为日本车企，这正与日本是最大的

辅助驾驶技术来源国相吻合。

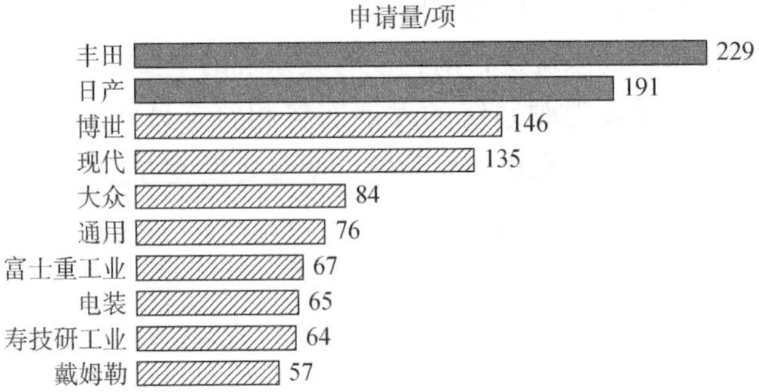

图 11 辅助驾驶重要申请人专利申请排名

四、小　结

笔者认为，汽车驾驶系统未来必然会发展到真正意义上的无人驾驶，但无人驾驶究竟何时能够真正到来，目前业界还没有定论。辅助驾驶系统作为无人驾驶时代到来之前的过渡技术，从发展初期的安全气囊、定速巡航、ESC，到正在逐步普及的更高级的自适应巡航、车道保持、紧急制动刹车、自动泊车技术，经历了几十年的发展，逐渐变得更成熟、更智能，并慢慢改变着我们的驾驶习惯。在不久的将来，各种辅助驾驶技术将逐渐普及，并呈现出各种辅助驾驶系统联动、融合的趋势，例如多种技术可以共用传感器、控制系统等平台。

参考文献

[1] 罗强，袁杰，胡三根，等．车道偏离预警系统研究综述［J］．自动化技术与应用，2015，34（8）：1-12.

[2] 王贵槐，万剑．汽车安全辅助驾驶支持系统信息感知技术综述［J］．交通与计算机，2008，26（3）：50-54.

微流控芯片的发展现状与展望

王思雨

摘　要：自20世纪90年代Manz和Widmer提出微全分析这一概念以来，由于其装置微型化、集成化，并且通过对微流控平台合理的构建，在诸多领域都具有潜在的重要应用价值，现已成为各学科领域的研究热点之一。经过多年的研究和改进，微流控芯片技术作为当代极为重要的新兴学科以及国家层面产业转型的潜在战略，正处于重要的发展阶段。鉴于微流控芯片技术的平台构建、方法制作、应用拓展等方面不断健全，本文着重对微流控芯片的材料、制备及应用领域进行归纳性的介绍，并对其在知识产权战略中的发展进行展望。

关键词：微流控　微流控芯片　硅质材料　高分子聚合物　纸质材料

引　言

微流控技术是指在至少一维为微米甚至纳米尺度的低维通道结构中，控制体积为皮升至纳升的流体进行流动并传质、传热的技术，可广泛应用于生化分析、免疫分析和环境检测等众多领域。通过内径为几十到几百微米的流体管路，实现液体体积为$10^{-9}\sim10^{-18}$L的样品分析[1]，明显减少了样品和溶剂的消耗，提高了分离度和分辨率，降低了时间的消耗和成本的浪费。

20世纪90年代初，Manz和Widmer首次在芯片中实现了电泳分离[2]，从此，微流控芯片（microfluidic chip）或微全分析系统（micro total analysis system，μTAS）由于其分析效率高，试剂消耗少，分析装置微型化，且通过对微流控平台的合理构建能够在诸多研究领域发挥显著的优势，使得微流控芯片成为一种战略性的科学技术，存在深度发展的必然性。在资源保护方面，由于社会发展所导致的日益枯竭的自然资源，微型化的发展有助于地球资源的合理利用；在科学发展方面，世界上与流体操控有关的技术不胜枚举，流体在微米尺度空间的流动将会产生许多新奇的现象，萌生新的动力学原理；在系统研究方面，微流控芯片将多个功能单元灵活组合实现集成化，使其成为实现完整系统研究的重要平台。21世纪，微流控芯片有望成为一种主流技术和主导产业，对人类的生活方式和生存质量产生深远的影响。

二十几年来，伴随着微电子技术、微纳加工技术、纳米技术以及新材料新工艺等技术的进步，微流控芯片技术得到不断的提升和发展，具备更加多样化的功能，并不断扩展至各个应用领域。微流控芯片在生物、化学和医学等诸多领域都具有极大的潜力及经济市场。

本文将结合微流控技术及微流控芯片的发展现状，围绕微流控芯片的研究难点、常用材料、制备方法、应用领域、未来的发展趋势及其在知识产权战略中的作用作出概括性介绍。

一、微流控芯片的关键技术

微流控芯片的关键技术包括以下几个方面：

①微通道结构的设计与制作方法。通道的结构以及不同材料芯片的通道内壁的性质都会对流体状态产生很大的影响，合理地设计通道结构并选取相应的制作方法是准确控制微观尺寸中流体运动状态的前提。

②微纳流体的驱动与控制[3]。微纳流体的传输特性和流动状态会表现出明显的尺寸效应，由于流体的体积大幅降低，重力作用往往可以忽略不计，反而在微观尺寸中，由于流体的比表面积增加，表面张力的作用占据主要的影响地位。

③微流控芯片的键合以及器件的集成。芯片的制作步骤主要包括微加工和键合两部分。键合成功率低在芯片的制作过程中普遍存在，特别是石英材料，其不易键合的问题尤为突出。键合成功率低严重制约着芯片的发展，成为制作芯片研究的重点及难点。

此外，为了实现完整的片上功能，集成多种微电子或机械部件是不可或缺的；但是，微流体器件与电路及其他功能器件的封装仍然是最棘手的难题。一旦掌握解决上述关键问题的技术，就能使微流控芯片得到更加快速的发展，充分发挥出微流控芯片高度集成化的优势。

二、微流控芯片的材料、性能及制作工艺

微流控芯片材料的种类制约着关键技术的发展方向，同时，材料的性质也决定着微流控芯片适用的领域。玻璃和石英最早用于微流控芯片，随着二十多年的发展，相继出现了其他种类的材料[4]。

研究人员将这些材料分为无机材料，高分子聚合物材料和纸质材料。其中，无机材料包括石英、玻璃、低温共烧陶瓷和水凝胶等。高分子聚合物材料又进一步分为热塑型聚合物、固化型聚合物和溶剂挥发型聚合物，其中热塑型聚合物有聚甲基丙烯酸甲酯（polymethylmethacrylate，PMMA）、聚碳酸酯（polycarbonate，PC）、聚苯乙烯（polystyrene，PS）、聚氯乙烯（polyvinylchloride，PVC）和聚乙

烯（polyethylene，PC）等。固化型聚合物包括聚二甲基硅氧烷（polydimethylsiloxane，PDMS）、环氧树脂和聚氨酯等；溶剂挥发型聚合物有丙烯酸、橡胶和氟塑料等。在这些高分子聚合材料中，PDMS 是应用最多的一种。

（一）硅质材料和玻璃材料

硅质材料和玻璃材料具有良好的导热性、表面电荷稳定性、热稳定性、耐有机溶剂、方便进行金属沉积等优势，这使得玻璃和硅片是最常用的材料之一。特别是随着玻璃加工业的繁荣发展，玻璃的种类繁多，可以根据研究目标选择适合的玻璃基质，如图 1 所示[5]。玻璃材料还具有良好的透光性和电绝缘性，由于玻璃为非晶材料，若不利用特殊设备，玻璃刻蚀后会形成圆形通道。与之相比，单晶硅片等硅基材料不透光，由于硅基的晶体构型，在刻蚀后形成垂直的通道。

但是，利用硅质材料和玻璃材料制备微流控芯片的成本高、操作复杂，需要特定的设备和严格的超净实验环境。其次，当需要阀驱动时，在硅和玻璃芯片中不易实现有效的阀的制备。再次，由于硅和玻璃芯片的气密性，在封闭的通道和腔体内不适用于长期的细胞分析，这些因素严重限制了硅质材料和玻璃材料在微流控芯片中的应用。

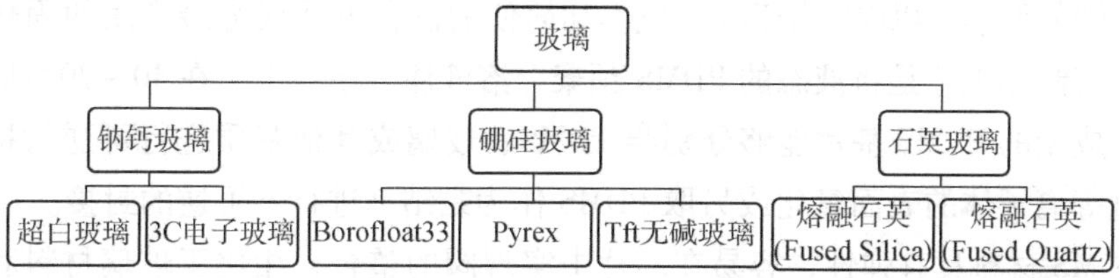

图 1　微流控芯片中常用的玻璃材料

硅质材料和玻璃材料微通道的加工主要采用刻蚀技术，可以精确地控制微通道的形状、大小和位置，适宜进行大规模批量生产。随着光刻工艺的进步，光刻的精度不断提高，制备的图形尺寸不断缩小。但光刻工艺对衬底表面质量要求苛刻、工艺复杂且需要昂贵的曝光和刻蚀设备，成本较高，成品率较低，很难制备出三维结构的微通道。

相比于硅质材料，玻璃材料通道的制备方法种类更多，可以采用湿法刻蚀、干法刻蚀、机械加工、高压水溅射、激光加工、玻璃热成型以及粉喷技术等。微流控通道基片的键合质量将直接影响芯片的质量，现有的键合技术基本均需要先对玻璃表面使用危险的 Piranha 溶液进行清洗，再施加一定的压力和热完成芯片的键合。在研究中发现，Piranha 溶液清洗之后在水中进行预键合，由于基片及盖片的表面亲和性和水表面张力的存在，使得在水中进行对准过程很难实现，单次成功率极低，并且后续步骤中在高温炉中加热键合，芯片间的微量水分会迅速气化引起芯片爆裂；经 Piranha 溶液清洗后干燥条件下的预键合，由于基片及盖片极易贴合，增加了对准过程的难度，须采用特殊的对准辅助设备，对准键合成功率不高，此外，Piranha 溶液的使用存在严重的安全隐患，并且处理过程烦琐耗时，明显降低了制作效率。2015 年，一项名称为“等离子体辅助的玻璃或石英芯片的微结构对准及预键合方法”的专利申请打破了玻璃芯片键合成品率低及效率低的瓶颈。该方法利用等离子体实现了快速、安全的键合[6]。更加可观的是，该方法还适用于石英基质芯片的制备。

（二）高分子聚合物

聚合物材料的加工方法则大不相同，通常采用软光刻技术来完成。图形母版可以采用打印、普通光刻或电子束直写制备。图形转移和复制则可以通过压印、模铸与印刷来实现。软光刻技术不仅可以制造三维结构，而且能制造出不规则的曲面，图形复制过程简单、精度高、重复性好，是一种方便、便宜，适用于一般生产和实验环境下进行低成本批量生产的技术。

固化型聚合物通过交联聚合形成链状，当施加外力时，会发生变形；撤销外力后，恢复原形。PDMS 由于其低成本和简便的制备方法成为最常用的固化型聚合物。其制作工艺是将液态的 PDMS 预聚合溶液注入模型中，在 40 ~ 70℃ 固化后成型，成型的 PDMS 基片能够分别与 PDMS、玻璃或其他基质进行可逆封接；也可通过等离子体的表面氧化或另取 PDMS 作为黏结剂进行不可逆的封接。

PDMS 材料具有弹性，容易在芯片中实现阀的整合，相比于玻璃材料和硅质材料，PDMS 具有良好的透气性和生物相容性，适用于细胞学等生物分析。但是 PDMS 材料仍然具有如下几个问题：①有机溶剂容易破坏 PDMS；②疏水性小分子和生物分子在 PDMS 芯片内表面吸附，以及水分的蒸发导致样品浓度的变化，使得 PDMS 芯片不适用于定量分析。

与固化型聚合物不同，热塑性聚合物在转晶温度下软化，通过重复的热处理，能够进行还原和重塑。常用的热塑性材料包括 PMMA、PS 和 PVC，一般而言，这些材料表现出更好的溶剂相容性。由于这些材料具有良好的气密性，因此，不适合长时间的细胞学分析。此外，由于 PMMA 刚性很强，不容易在芯片中整合进样阀等。与 PDMS 不同，热塑性材料不能够与其他材料表面结合，只能通过热封接和胶辅助完成制备操作。

（三）纸质材料

2007 年，哈佛大学的 Whitesides 利用纸基芯片同时实现了蛋白质和葡萄糖的检测，首次提出了纸芯片的概念[7]，如图 2 所示。常用的纸芯片的材料分为亲水性和疏水性两种。纸基微流控芯片的制作工艺简便，一般利用平板印刷的方法将聚合物溶液涂覆在纸上，随后去除指定区域内形成的图层。由纤维素组成的纸具有大量的孔隙，方便液体的毛细渗透产生的扩散。纸芯片的通道具有很大的比表面积，并且，通过对样品浸泡区域的干燥，可以实现样品的储存。在微流控芯片的制备材料中，纸是最廉价的材料，通过打印法制备纸芯片方便快捷、成本低。通过纸的折叠能够制作多层的微流控通道，方便3D细胞培养。然而，纸基微流控芯片也同样面临着严峻的挑战。由于在样品转移过程中，纸基材料的通道阻止内部信号的传导，并产生样品稀释，导致检测灵敏度较低；由于通道表面的疏水性，表面张力较低的液体检测受到限制，不易实现高度集成化的芯片整合；纸基芯片的开放式通道结构容易导致溶液的挥发。

图2 纸基微流控芯片

三、微流控芯片的应用

微流控芯片广泛用于生物、环境、食品和医学等方面的研究，比如单细胞分析[8~9]、核酸分析[10]、药物监测[11]、重金属检测[12]以及空间探索[13]等。特别是在医疗领域[14]，成熟的微流控芯片设备可便捷地用于疾病的检测，有望使非专业人员也能够快速、准确地完成测试，实现对疾病的检测和预防。

随着细胞学的快速发展，越来越多的研究者利用微流控芯片进行细胞分析，现已实现芯片中细胞培养、筛选、溶解和分离等过程的整合。PDMS成为最早用于细胞研究的基质材料。二维空间的细胞培养操作简单，但与之相比，由于三维空间更好地反映了真实的组织和器官结构，适用于原位分析，使得三维结构中的细胞培养技术备受瞩目。

在蛋白质的研究中，分析组分复杂的小体积生物样品中不同浓度的成分成为一项重要挑战，而微流控的方法在这方面的研究中表现出潜在的优势，Miller[15]和Zhou[16]等已针对微流控芯片在蛋白质组学中的研究作了详尽的介绍。在绝大部分的蛋白质研究中都采用高分辨质谱作为检测器，因此，微流控芯片与质谱的联用技术在蛋白质组学的研究中拥有重要地位。

虽然，微流控芯片在环境领域的研究不如用于生物领域研究那样广泛，但Jokerst仍对环境的分析作了详尽的介绍[17]。将微流控芯片技术应用于环境分析，缩短了分析时间、提高了检测限，实现了在线检测和实时监测。已有报道中大部分的研究对象集中于水质的分析，但微芯片同样用于空气和悬浮颗粒的检测。Dossi 课题组就利用微芯片电泳实现了大气中醛类污染物的检测[18]。低成本的纸芯片也同样用于环境的分析。Apilux 等提出利用电化学和比色方法检测的纸芯片，用于工业废水中 Au^{3+} 和 Fe^{3+} 的检测[19]。

四、微流控芯片的专利申请

微流控芯片材料的种类制约着关键技术的发展方向，同时材料的性质也决定了微流控芯片适用的领域。随着研究人员对具有不同性质的材料的开发，对关键技术的攻克，微流控芯片的应用领域日渐广泛，迅速扩增了微流控芯片的技术市场。故而，基于微流控芯片表现出的独特优势和潜在的应用及经济价值，结合当下对知识产权战略的重视，微流控芯片在国内的专利申请数量呈现逐年递增，并主要集中在科研院所及微流控芯片相关的高新技术企业，其中以中国科学院为申请人的数量就高达 420 余件。关于微流控芯片的专利申请涉及的领域广泛，涵盖 B01L、G01N、C12M、C12Q、B01J 等多项技术领域，研究重点覆盖微通道的设计与制作、微流控芯片的制备工艺以及微流控芯片为实验平台的检测等。其中以光学和电化学为检测手段的专利申请量占据绝对的优势，检测对象涉及蛋白质、核酸、细菌、血液等生物样品以及重金属、水质等环境样品。越来越多的专利申请也间接反映出以高度集成化的微流控芯片作为反应和检测平台具有明显的优势。

五、小　结

关于微流控芯片的国内外专利申请发展迅速，持续保持增长态势，是当今世界共同的研究热点。基于微流控技术的日趋完善以及微流控芯片技术平台不可替代的优势，研究人员和企业更加注重解决应用过程中产生的科学问题，进而有效地带动微流控芯片的产业化发展，如今微流控芯片相关产业的急剧增长已是不争的事实。2015 年 9 月，Yole 的研究报告表明，2015 年，微流控芯片产业的产值为 25.6 亿美元，到 2020 年，将会达到 59.5 亿美元，年增长率为 18%，并且主要增长点在于医药学的研究和即时诊断。中国也已有诸多微流控芯片公司面世，虽然大都还处于微小规模，但是凭借攻克应用难题、掌握创新技术、树立发展理念，有望成为脱颖而出的佼佼者，带动行业领域拓展及经济的增长。针对微流控芯片技术在知识产权事业中的发展而言，根据统计分析，近年来，关于微流控芯片等相关技术专利申请逐渐增加。其中，重要科研院所及高新龙头企业的申请量占据绝对的地位，一方面反映了微流控芯片技术研究及应用的热潮；另一方面也反映出对知识产权保护的重视。作为推动创新、刺激新的市场发展以及对公众传播技术知识的工具，知识产权保护具有重要的法律、信息和政策功能，知识产权在科学和创新的交融中起着至关重要的作用，对经济发展和财富创造是一种潜在的“有力工具”，其作为一种“无形资产”应该受到所有国家特别是在发展中国家的高度重视。但是，与美国等大力发展微流控芯片技术与产业的国家相比，中国企业拥有自主知识产权的成果数量较少，企业的参与度相对较低。为搭上这趟新技术的高速列车，以微流控芯片技术为研究重点的高校及研究院所可积极与企业寻求合作，将具有自主知识产权的研究成果推向国内外市场，进一步推进关于制备工艺、材料功能及应用领域的研究进展，同时在国内外的专利市场中占据一席之地。因此，微流控作为国家产业转型潜在的战略技术，可以大力推动知识产权战略的作用，刺激创新和可持续的、广泛的经济增长。

参考文献

[1] WHITESIDES G M. The origins and the future of microfluidics [J]. Nature, 2006, 442: 368-373.

[2] MANZ V, FETTINGER G C, VERPOORTE E, et al. Micromachining of monocrystalline silicon and glass for chemical analysis systems: a look into next century's technology or just a fashionable craze [J]. Trends in Analytical Chemistry, 1991, 10: 144-149.

[3] 李宇杰，霍曜，李迪，等. 微流控技术及其应用与发展 [J]. 河北科技大学学报，2014，35 (1): 11-19.

[4] REN K N, ZHOU J H, WU H K. Materials for microfluidic chip fabrication [J]. Account of Chemical Research, 2013, 46: 2396-2406.

[5] 周兵高，郭钟宁，丁兆勒，等. 基于玻璃基材的微流控芯片制造工艺 [J]. 机电工程技术，2017，46 (2): 49-57.

[6] 北京工业大学. 等离子体辅助的玻璃或石英芯片的微结构对准及预键合方法：中国，105161437A [P]. 2015-09-18.

[7] WHITESIDES et. al. Lateral Flow and Flow-Through Bioassay Based On Patterned Porous Media, Methods of Making same, and Methods of Using Same. WO2008/049083A2.

[8] YIN H, MARSHALL D. Microfluidics for single cell analysis [J]. Current Dpinion Biotechnology, 2012, 23: 110-119.

[9] B. V. INTECRYPT. Microfluidic Device for In Vitro 3D Cell Culture Experimentation [J]. WO2016/186503A1.

[10] 沈阳今唐基因与医学技术研究院. 检测单细胞中核酸的微流控芯片及检测单细胞中核酸的方法：中国，106047677A [P]. 2016-05-19.

[11] 辽宁中医药大学. 用于多种肿瘤细胞同时在线筛选的多功能集成微流控芯片：中国，105838603A [P]. 2016-05-12.

[12] 中国科学院半导体研究所. 一种快速检测重金属离子的多通道传感器及其制作方法：中国，104880501A [P]. 2014-02-28.

[13] CHIN C D, LINDER V, SIA S K. Commercialization of microfluidic point-of-care diagnostic devices [J]. Lab Chip, 2012, 12: 2118-2134.

[14] 中国科学院大连化学物理研究所. 一种基于微流控技术建立骨质疏松模型的方法：中国 106566801A [P]. 2015-10-10.

[15] SAFAVIEH M, AHMED M U, TOLBA M, ZOUROB M. Microfluidic electrochemical assay for rapid detection and quantification of Escherichia coli Biosens [J]. Bioelectron, 2012, 31: 523-528.

[16] CAO Q, MAHALANABIS M, CHANG J, et al. Microfluidic chip for molecular amplification of influenza A RNA in human respiratory specimens [J]. Plos One, 2012, 7: 33176.

[17] JOKERST J C, EMORY J M, HENRY C S. Advances in microfluidics for environmental analysis [J]. Analyst, 2012, 137: 24-34.

[18] DOSSI N, SUSMEL S, TONIOLO R, et al. Application of microchip electrophoresis with electrochemical detection to environmental aldehyde monitoring [J]. Electrophoresis, 2009, 30: 3465-3471.

[19] APILUX A, DUNGCHAI W, SIANGPROH W, et al. Lab-on-paper with dual electrochemical/colorimetric detection for simultaneous determination of gold and iron [J]. Analytical Chemistry, 2010, 82: 1727-1732.

柔性压力传感器技术专利分析

刘婉姬　孙　敏*　刘子菡　张超然

摘　要：本文研究了柔性压力传感器领域的全球专利申请情况，从整体申请态势、应用领域分布以及其典型应用领域——电子皮肤的技术发展路线三个方面对该领域的专利申请进行了数据统计和核心技术分析，对国内申请人针对性地开展专利布局具有参考意义。

关键词：柔性压力传感器　电子皮肤　技术发展路线　专利分析

引　言

传统的压力传感器多为刚性材料制成，广泛应用于工业和日常生活的各个领域。然而，这种压力传感器受制于刚性特性的影响，目前在市场上的应用需求已趋于饱和。随着技术创新的不断进步，市场需求发生了新的变化，可穿戴设备的市场对于压力传感器的需求更加严格。一种新型的压力传感器——柔性压力传感器应运而生，其具有柔软、能够贴附于不规则载体表面的特性，主要应用体现在智能衣服、义肢、校正护膝、柔性屏幕等消费类产品领域。

本文将从专利申请分析的角度出发，对柔性压力传感器在全球和中国的专利现状进行剖析，并对典型应用领域电子皮肤的技术发展路线进行梳理，希望为国内企业进军相关领域提供一定的信息支持。

一、专利申请态势分析

截至2015年7月，在DWPI数据库中检索到涉及柔性压力传感器的全球专利申请共计8341项，在CPRSABS数据库中，检索到涉及柔性压力传感器的中国专利申请共计2653项。其中，以专利申请的优先权日为准，同族专利申请计为一项进行统计。下面在这一数据基础上对该领域的专利技术进行分析（见图1）。

柔性压力传感器是一种近年来发展迅速的新型传感器，追溯其发展历史，早在20世纪80年代就有了关于柔性压力传感器的相关专利申请。从申请量发展趋势来看，国内申请人对柔性压力传感技术越来越重视，全球范围柔性压力传感器

---

*　第二作者对本文的贡献等同于第一作者。

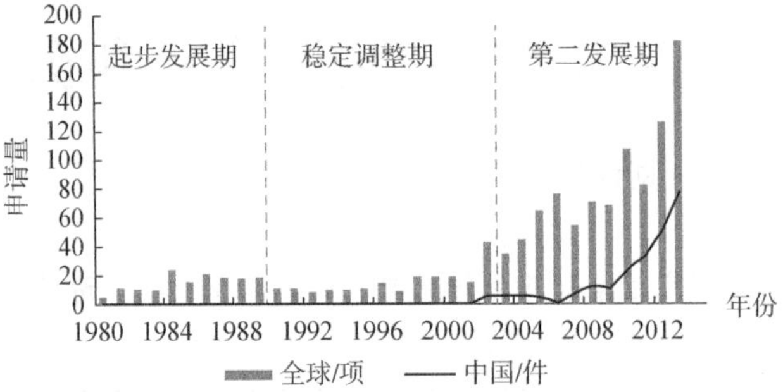

图1 柔性压力传感器全球和中国专利申请态势

技术专利申请经历了一个波动上升的发展过程，从图1中可以看出，柔性压力传感器的发展大致可以分为以下3个阶段。

（1）起步发展期（1989年以前）

从20世纪80年代开始，世界各国普遍重视传感器的开发，传感器发展十分迅速，但是发展基本集中在传统的传感器研发中。而以柔性压力传感器为代表的新型传感器则大多是以一种雏形的状态出现。例如，美国1975年的专利申请US3879990A中，出现了电子皮肤的雏形，其在服装上设置有简单的柔性压力传感器来检测压力；加拿大1989年的专利申请CA1271647A1中，出现了柔性压力传感器的另一雏形，该申请中公开了“U”型柔性压力传感器。由于其市场认可度低，上述专利并未得到广泛推广。这一阶段的专利申请量维持在一个数量较低的水平，分析其原因，主要与当时传感器技术、材料科学、自动化技术等领域的科技水平较低有很大的关系。在专利分布区域方面，这一时期，大部分的专利申请都集中在美国、日本、欧洲这些科技水平相对发达的地区。而当时的中国，刚刚处于改革发展的初期，专利申请量基本处于空白状态。

（2）稳定调整期（1990～2001年）

在这一时期，全球的专利申请量保持在一个较为稳定的水平。国外专利申请依然占据主导地位，国内科研机构或者企业也开始了针对柔性压力传感器的研发，开始注重此领域的专利保护。虽然市场对其提出了一定的需求，但是，由于材料技术发展水平的限制，专利申请大多集中在一些柔性基底和敏感元件的简单组合。由于技术上具有难以克服的瓶颈，因此，该阶段的专利申请量也是保持在一个较为稳定的状态。

（3）第二发展期（2002年以后）

2002年以后，由于新材料科学的井喷式发展，由此带动的柔性压力传感器的全球专利申请量也出现了一个逐年上升的势头，且发展十分迅速。例如，2003年，日本东京大学的研究团队开发出了一种几乎跟真人皮肤一样敏感的柔性材料，他们利用柔软的低分子有机物“并五苯分子”制成类似皮肤质感的薄膜，薄膜中的微型芯片晶体管和传感器都用上了这种柔性材料；2010 年 3 月，美国麻省理工学院的研究人员成功研制出一种能使机器人产生触觉的“电子皮肤”，这种电子皮肤采用了一种被称为 QCT 的量子隧道复合材料，具体而言，其是一种金属活性聚合材料，由金属或非金属碎料压制而成；2010 年 9 月，斯坦福大学化学工程系副教授鲍哲楠及其研发团队发明了一种可模拟人类皮肤的高灵敏度柔性塑料薄膜材料。

值得注意的是，在这一阶段，国内的柔性压力传感器的申请数量急剧增长，近年来，申请数量甚至超出了国外申请数量，国内科研院所和企业在柔性压力传感器领域也取得了一定的建树，提出了一些使用新材料、新结构的概念产品。例如，中科院苏州纳米技术与纳米仿生研究所张珽研究员及其团队在此期间研制出了一种新型可穿戴柔性仿生触觉传感器——人造仿生电子皮肤，该器件实现了对微小作用力的高灵敏度快速检测，由此对脉搏、心跳、喉部肌肉群振动等人体健康相关生理信号实时监测，在多个领域有广泛的应用前景。由于该项突破，也使得我国在柔性压力传感器领域获得了一些基础性的专利。

二、应用领域分析

从图 2 中可以看出，柔性压力传感设备主要涉及四大应用领域：电子皮肤、柔性触控、军事安全以及工程工业等。

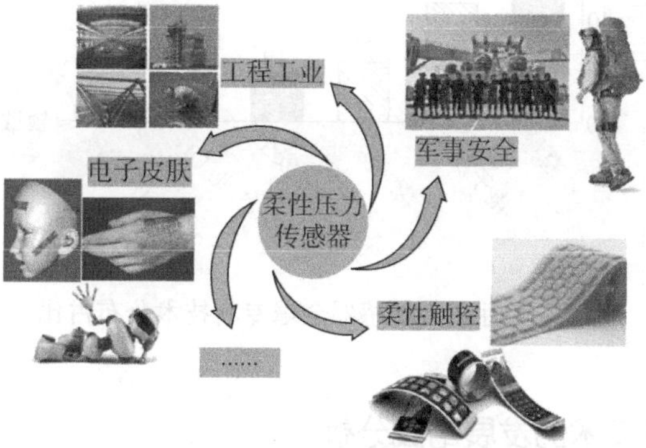

图 2　柔性压力传感器技术分布

电子皮肤是指一种能够模仿人类皮肤，能够进行触觉感知的系统。其结构简单，可被加工成各种形状，像衣服一样附着在人体皮肤或者是机器人的身体表面，使其与人体皮肤一样感知不同的外界压力。

在柔性触控领域中，柔性压力传感器大多设置在柔性触控屏幕上，用于感知触控力度的大小，从而控制柔性显示或者控制装置输出不同量级的信号。具体而言，一类是电子书设备采用的显示屏，其特点是可以弯曲，但柔韧性有限，且显示的颜色较少。另一种是固定曲面，类似三星在专利申请文件中提及的 Galaxy Round 中采用的 OLED 显示屏。

在军事安全领域中，柔性压力传感器既有设置在士兵作战服的面料中，用于检测穿戴者生命体征的变化，又有设置在作战飞机机翼表面，用于检测外界气压改变。

在工业工程领域中，柔性压力传感器一般用于建筑物、道路、工厂、烟囱、索道等结构安全的诊断领域。比如在狭窄领域的墙体裂缝，可以利用柔性传感装置其形状灵活的特点，将其送入狭窄缝隙中，对墙体裂纹进行勘测。

从专利申请量角度来看，在其众多前沿应用中，尤以电子皮肤和柔性触控的两大应用专利申请比例最高（见图 3）。其中，电子皮肤领域的专利申请量达到了 642 项，而柔性触控装置的专利申请量紧随其后达到了 307 项。上述两大应用领域的专利申请量占据了整个柔性压力传感器领域总申请量的 68%，仅电子皮肤领域的申请量就达到了 46% 的占比。因此，选择电子皮肤进行专利分析是十分必要的。

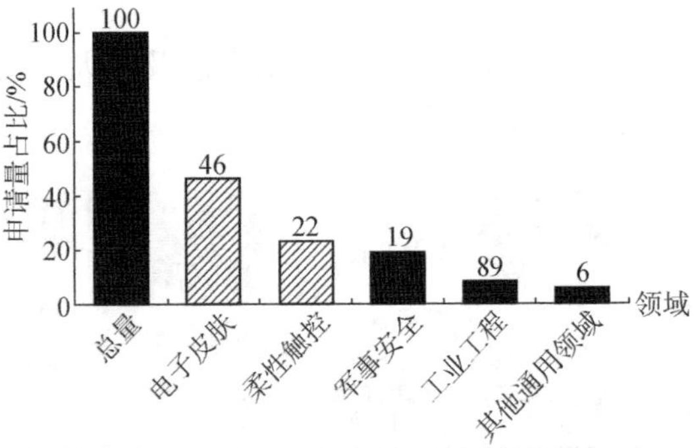

图 3　柔性压力传感器全球专利技术分布占比

三、电子皮肤技术的发展路线分析

下面将着重研究在应用中占有绝大多数份额的电子皮肤技术进行分析。

（一）概　　述

1999 年，我国曾热播一部电影《机器管家》，电影中的主人公机器人能够通过手上的电子皮肤感知外界，甚至微弱的如昆虫力一般的外部压力，从而获得和人类一样的触觉。电影展现了对机器人手部皮肤的一种假想，这种机器人皮肤柔软并且能敏感的感知外部微弱压力的特质，使得机器人能够准确地抓取小昆虫。这部电影在当年仅仅是对未来世界的一种幻想和憧憬，然而20年前的梦想如今已经完全能够变为现实。科技的进步使得我们已经完全可以赋予机器人以感知外界的皮肤——“电子皮肤”。

电子皮肤，又名“新型可穿戴柔性仿生触觉传感器”。其结构简单，可被加工成各种形状，像衣服一样附着在人体皮肤或者是机器人的身体表面，使其具备感觉和触觉，即与人体皮肤一样感知不同外界压力的功能。现有技术中存在的电子皮肤，主要由基底材料和敏感材料组成，其既能够像蝉翼的薄膜一样贴附在人体皮肤表面，也能够附着于可弯曲的基底材料上，实现相关参数检测。专利申请CN104575500A涉及的电子皮肤，形态超薄，具有与人体皮肤相同的柔软度及杨氏模量，重量超轻，可直接与声带位置的皮肤黏合。用于采集声带的振动信号，其包括柔性的支撑层（基底材料层）、形成于支撑层上表面的柔性的敏感层（敏感材料层），以及分别形成于敏感层上表面和支撑层下表面的上电极层和下电极层。敏感层的材料优选为聚二甲基硅氧烷（PDMS），敏感层的材料还可以是其他高分子材料，如聚苯二甲酸乙二酯、聚乙烯醇、聚乙烯醇缩甲醛、聚乙烯中的任意一种或多种。

（二）电子皮肤技术发展路线

通过对电子皮肤领域相关专利文献的梳理，如图4所示按照电子皮肤的敏感材料以及典型结构的演进，对电子皮肤的发展路线进行了阶段性的梳理。

第一阶段——贴附理念阶段：在该阶段，研究人员简单地将敏感元件贴附在被测量对象上。最早提及敏感材料的电子皮肤基础专利出现在1981年，具体涉及在衣服上设置压敏材料来对人体进行生理参数监测，例如专利申请JP4883081A。在该时期内的专利，采用的敏感材料都是早期已经成熟的压力敏感元件，例如弹性板或者压电材料，这些材料虽然能够实现压力的检测，但是检测的精度难以令人满意，制造出的电子皮肤体积大、功能单一。这一时期，电子皮肤的结构多采用多层结构来进行检测。

第二阶段——掺杂理念阶段：在20世纪90年代，随着时间的推移和技术的发展，电子皮肤的应用范围发生了变化，开始出现了将敏感元件设置在除衣物之外的部位。例如，将其直接固定在手臂或者喉咙等部位，来测试手臂运动或者喉骨振动来获得的语音信号。同时，用户对于电子皮肤数据检测的精确度、识别速度和可靠性以及穿戴舒适度等方面有了更高的需求。为了适应上述变化和需求，一些新型材料被尝试用于电子皮肤中。在1991年的基础专利中，开始出现了采用导电橡胶材料制作电子皮肤的技术手段。1996年还出现了利用不锈钢球和橡胶进行压力检测的专利 JP8965896A。在这之后，电子皮肤的敏感元件材料逐渐呈现多元化的趋势，随后对于电子皮肤的材料革新也越演越烈。例如，在 2000 年的基础专利申请 JP2002122496A 中，光纤作为一种掺杂填充材料被使用在电子皮肤中，达到了同时提高电子皮肤的测量精度和速度的技术效果。这一时期，电子皮肤的结构开始由多层结构演化到了三明治结构，开始注重如何使得结构变得更为简化，测量更加方便。

第三阶段——掺杂颗粒阶段：进入 2000 年之后，新材料的发现和使用给电子皮肤领域带来新的市场前景和技术革命。这一时期，技术人员的研发重点已经不再单单局限在测量精度方面，同时开始兼顾结构的微型化和功能扩展。在2003 年的专利申请 CN1539604A 中，尝试采用磁性材料来代替前期的光纤填充材料，不但减小了电子皮肤的体积，同时保证了测量精度。与之相似的，在专利申请 CN1796954A、KR20070006409A 中则采用了压阻材料作为敏感材料。值得注意的是，随着材料的进一步发展，电子皮肤开始采用碳纳米管材料作为高分子基底材料的填充材料。这种材料的出现具有划时代意义，它将电子皮肤敏感材料带入了纳米量级，同时也将电子皮肤的测量精度提高了多个数量级，使得电子皮肤的应用范围得到了进一步扩展，为电子皮肤产品的未来市场奠定了一定的基础。这一时期，电子皮肤掺杂的敏感材料已经从大颗粒转变成了小颗粒，同时，结构由三明治进一步发展到片状结构，大大减小了电子皮肤的体积。

第四阶段——掺杂新材料阶段：2010 年之后，有一批新型材料开始被应用于电子皮肤领域，其中以 PDMS 电容填充介质和石墨烯材料为代表。分析这一时期的专利申请可以发现，中国申请人投入了电子皮肤材料领域的研发，并掌握了多篇基础专利，如中国科学院重庆绿色智能技术研究院申请的专利 CN104359597A，其采用了目前较为先进的石墨烯材料作为敏感掺杂材料，石墨烯电子皮肤包括两层柔性衬底和覆盖在其内表面的石墨烯薄膜，该电子皮肤对挤压、拉伸、弯曲等应变有优良的探测特性，且具有超轻超薄、节能等优点，可以兼容人体，在皮肤上使用更为健康。其中所采用的材料与国外申请有诸多相似，这说明中国在技术上紧随国外专利大国，与国外专利大国共同踏入了电子皮肤新时代。

除了对敏感材料的改进，这一时期，各申请人也开始注重柔性基底材料的改进，对电子皮肤贴附性能提出了更高的要求。另外，电子皮肤结构上的设计更加趋于微型化发展，逐渐出现了阵列结构和薄膜结构。

新型材料的不断发现和发展终将为电子皮肤以及人类的生活带来巨大的改变，同样，电子皮肤结构的不断变迁使得其在形状体积上变得日渐小巧轻薄。在

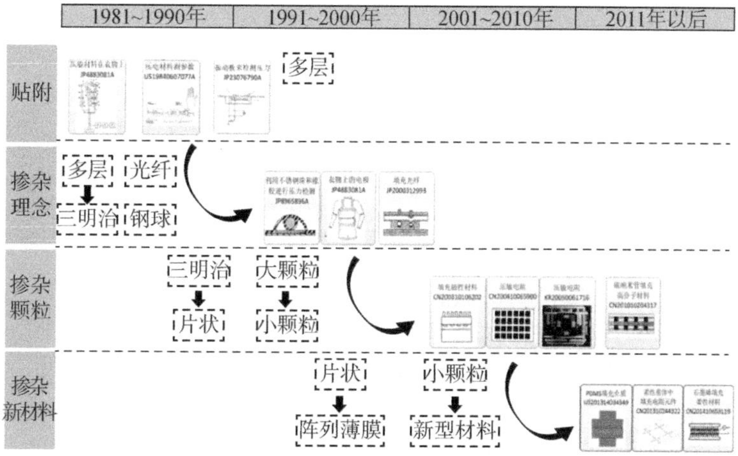

图 4　电子皮肤技术发展路线

未来的机器人领域中，电子皮肤的敏感性、多维力测量将得到进一步完善，使得机器人变得更加智能、人性化，人与机器共生将成为现实。在生理参数检测领域中，随着更微型更灵敏的材料的出现，电子皮肤将不单可以贴附于人体表面，还能将其植入人体内脏，带来新的医疗诊断方式。

五、小　结

本文从专利申请出发，首先分析并研究了柔性压力传感器的整体发展情况，并对其应用领域展开具体分析。对于电子皮肤这一重点应用领域，通过追踪其技术发展路线发现，伴随着材料的发展，电子皮肤经历了从直接贴附理念到掺杂材料理念的转变，掺杂材料从大颗粒到小颗粒，从小颗粒到新型材料，使得检测的精准度、微型化等性能不断提升，其结构从多层到薄膜的不断变迁使得电子皮肤在形状体积上变得日渐小巧、轻薄。基于柔性压力传感器的整体研究以及对于电子皮肤材料、结构的发展路线梳理，本文给该领域的企业提供了相关技术专利指引。

专利保护

关于促进我国专利运用能力提升的几点思考

郭　强

摘　要：专利运用能力的提升是我国走向创新型国家的必由之路。基于世界专利发展趋势和我国专利发展状况，以促进科技创新和经济发展为基础，以提升创新主体市场竞争力为目标，该文从专利质量提升、专利信息利用以及专利发展机制等方面客观地分析了我国专利运用中存在的问题和原因，并提出了相应的思考和建议，以推动我国向创新型国家更稳、更快迈进。

关键词：专利运用　专利质量　专利信息

引　言

《国家知识产权战略纲要》明确到2020年，把我国建设成为知识产权创造、运用、保护和管理水平较高的国家。纲要实施以来，我国知识产权创造能力大幅提升，尤其是专利事业方面取得了飞速的发展。在专利申请上，2011年起，我国发明专利申请总量连续多年稳居世界首位。2012年起，我国居民提交的发明专利申请量也开始跃居世界首位。2013年起，中国PCT国际专利申请量跃居世界第三，之后与前两位的美国、日本的PCT申请数量差距也在不断缩小，这一趋势如果继续保持，可以预期，中国将会在不久的将来超越美国而跃居世界第一。在专利金融运用上，2013年，我国专利权质押融资254亿元，较2012年增加80%。全国有530家企业对1855件专利投保，保障金额达到6438万元。2015年，全国新增专利权质押金额560亿元，惠及企业两千余家。这几年，质押融资规模和惠及企业数量方面都有了飞速的增长。但是，我国在专利创新、运用、管理和保护上与发达国家相比，还是存在不小的差距。企业创新能力的提升及专利强国的实现仍有相当长的一段路程。

当今世界，专利在市场竞争中正发挥着越来越重要的作用，日益成为企业维护自身权益的一项利器。进一步提升我国专利运用能力，有利于促进我国经济发展方式的转变和向创新型国家迈进。同时，专利运用又是一项系统工程，具有非常丰富的内涵，在维持知识产权生命力、促进市场经济发展和激励权利主体创新能力方面发挥着重要的作用，本文将选择与之相关的几个突出问题进行初步探讨，以期能够引发对我国专利运用能力提升的进一步关注与思考。

一、稳步提升专利质量、夯实专利运用基础

专利运用是对专利的综合运用管理能力，所以，专利数量和质量的提升是专利运用能力提升的基石。在国家的政策扶持和鼓励下，经过30多年的发展，我国的专利申请量和有效专利量已经具有了一定规模，但是专利的整体质量不高，基础专利和核心专利所占的比例明显偏低，因此，专用运用能力提升的关键是专利质量的提升。

（一）企业增加科技投入是专利质量稳步提升的基础

专利是为激励科技创新而产生的，是科技创新能力成果的体现，科技创新能力的提升是专利质量提升的基础。创新成果与科技投入是密不可分的，在科学发现上可能有偶然所得，但整体创新能力的提升却需要持续不断的予以研发投入。

企业作为最重要的创新和专利运用主体，在专利质量提升中发挥着主导性作用；而研发上投入不足导致高质量专利缺失，是目前多数企业存在的问题。一是由于我国处于社会发展的特定阶段，改革开放以来，经济的快速发展提供了许多快速致富机会，使企业容易产生浮躁和投机心理。企业往往看重眼前利益，而对创新能力和长远发展关注不够。二是对企业而言，研发投入产出的新产品上市后也有一定风险，市场效益不可预期，所以很多企业会选择风险相对较小的成熟产品，而不愿意将资金投入新产品的研发中。再者，国内很多企业存在产品层次相对较低、创新能力相对较差的问题，因而企业考虑更多的是企业的生存问题，还没有顾虑到发展问题。

长久来看，随着经济发展和知识产权保护制度的不断完善，企业没有创新就必然会时时刻刻被他人所牵制，没有丝毫的市场主动权。人无远虑，必有近忧，对企业也是同样道理。能够快速见到效益的投入，往往只能够维持很短的收益时间，而长时间的投入也往往能带来长时间的效益。因此，企业要培养战略眼光，树立大局和长远发展意识，将企业核心竞争力的提升，专利的拥有、运用，放在企业经营发展的核心地位，要经得起短期利益的考验和诱惑，对于研发能够给予长期持续的投入，这样才能够在将来的市场中显示出强劲的竞争力。因此，为促使企业提高研发投入，在企业申报高新企业、专利试点企业，或者申请获得其他政策、资金扶持时，应当对研发费用的比例作出较高要求。

（二）加大社会基础研究是核心专利增长的基石

核心专利缺乏是我国的薄弱环节，主要原因在于：我国基础研究投入不足，占研发经费的比例偏低。虽然国家基金委员会成立30年以来，国家投入增加了

300倍，达到了目前的248亿元人民币。但是，同美国等发达国家相比，还存在很大差距。同时，我国科技基础设施和研究环境与国际先进水平存在明显差距。目前的基础研究主要是由高校和研究院所承担。由于基础研究投入产出效率低、成本大、见效慢，研究成果往往很多年才能够显现。目前，许多机制是鼓励短期、见效快的应用性研究，导致急功近利的学术作风比较普遍，而对基础项目的研究热情和动力不足。

基础研究是提高原始性创新能力、积累智力资本的重要途径，是高新技术的源泉，能够为技术进步不断开辟新的方向，促进新兴产业的形成。依据基础研究成果形成的专利是构成核心专利的重要部分，在专利运用中及产业发展中将起到强有力的支撑作用。做好基础研究，促进我国原始性创新能力的提高，一是需要国家持续的加大投入；二是要改善基础研究的研究环境和考核机制，给予基础研究充分的支持和足够的发展空间；三是要给予研发人员更多的时间和空间，基础研究的成功率本身就很低，所以要允许失败，要靠长时间的积累来取得质的突破。

（三）深化创新主体专利意识是专利质量提升的途径

企业在完成创新的同时还需要提升专利意识。企业要对专利具有高度认同感，要把专利同企业的发展和命运联系起来，将专利看作是企业的第二条生命线，这样才有可能充分将技术发展水平同专利结合起来，将技术上的创新通过专利的形式最大化地体现出来，从而提升专利的质量。专利质量的提升还需要企业能够根据自身情况构筑合理的专利布局，通过形成核心技术专利以及外围技术专利，构建稳定的专利防护墙，充分发挥专利群体效应，最大程度地维护企业创新成果。企业不能将专利的获权作为终点，应当提升专利的技术推广、技术转让及融资等运用能力以提升专利的综合价值。

（四）专利服务能力是影响专利质量的重要因素

专利文件是创新技术的体现，文件撰写质量不仅决定一个技术方案的命运，影响专利权的获得，同时，作为将来专利纠纷中重要的法律依据，直接影响专利运用结果。因此，提升专利的撰写质量对于专利获得和专利运用能力提升具有重要意义。

目前，我国专利申请的整体撰写水平虽然有了很大进步，但同国外相比，还是有不小差距。总体撰写水平参差不齐，专业人员相对缺乏，导致出现一些具有创新性的技术没有获得专利权，或者由于撰写不当，使得专利权范围缩小的问题时有出现。为了提升专利的撰写质量，首先，加大对专利从业人员的培训力度，提升企业专利工程师和专利代理人的水平。其次，规范专利代理行业的违规乱象，逐步提高专利代理行业的服务标准，以高标准服务来获取高标准收益，稳步提升专利服务行业的收入水平，促使专业人员有更大的动力去写好专利。最后，还要做好专利撰写人员与技术发明人的沟通工作，加强企业对申请文件的审核能力。

专利审查通过将专利申请技术与现有技术相比，并依据专利法为权利人确定一个权利范围适当、保护状态稳定的专利权。专利审查能力的提升对于获得专利权的稳固具有重要的意义。近些年，我国专利审查队伍逐步壮大，审查质量稳步提升，为专利运用提供了有力的保障，但是还须不断从专利检索能力、专业背景技术、外语运用水平和法律应用能力等方面提高专利审查综合能力，以进一步提升专利审查质量。

另外，目前对于专利代理机构和企业知识产权工作人员的培养机制还比较欠缺，一名专利审查员通常经过几个月的集中培训，然后在导师指导下从事一年多的实质审查，才能够独立上岗审查，而专利管理人员和代理人通常仅是靠工作经验积累而成长的，没有接受过系统的学习，导致专利知识体系性不强。目前国家知识产权局在多地建立了京外审查协作中心，将来可以充分利用成立的京外审查协作中心对地方知识产权人才进行培养，支持地方知识产权建设。

二、深入挖掘专利信息、提升信息应用效益

（一）充分利用专利公开信息促使专利信息使用效率的提升

对专利公开信息的充分利用有助于创新主体更好地确定创新目标、提高科技创新效率、减少研发成本。首先，专利通常会领先于市场，通过对专利信息分析，基于技术发展的走向，能够粗略描绘出未来市场的可能发展方式和走向，有助于企业及时调整发展战略和思路。其次，在科研项目立项或企业的预研项目中，通过专利信息检索和分析，可以有效避免重复性的科研活动，也能够明确已存在的专利雷区，从而可以选择其他路径进行规避。再者，通过对相关技术的专利分析，可以为企业科研提供新的思路或解决企业遇到的技术难题。此外，通过对国内外同领域专利情况进行分析，可以使企业对本领域技术发展状况进行摸底，对于寻找恰当的合作伙伴是一个良好的渠道。

深入挖掘过期专利的使用价值也是一种重要的专利信息利用途径。例如，我国在有关药品过期专利的利用上已经积累了一定的经验，企业提前几年即开始做准备，到专利保护期限届满后，利用过期专利的产品就能立即上市。不只药品，许多其他领域的过期专利也存在很大的使用价值，尤其是一些发展成熟的传统技术领域。

（二）提高专利信息服务能力以进一步开拓专利信息服务市场

专利信息的内容非常丰富，目前我国专利信息的利用还远远不够。专利信息服务能力整体还处于比较低的水平，需要充分调动专利信息服务的需求，积极开拓专利信息的应用渠道。专利信息服务应当给予多层次的服务，既为地方政府的产业布局、行业规划提供参考，也要为企业的长远发展目标和创新能力提升提供指导。

我国企业数量众多，专利分析将具有很大的应用市场和前景。应当推动企业成为专利信息服务的主要对象，提升企业对专利分析作用和重要性认识，注重对企业的关注点和核心利益方面进行分析，对其提供全方位、多层次的专利服务。对于大型企业，应当能够提供更高附加值的服务；对于普通的企业，则应当能够提供物美价廉的服务。同时，专利服务不仅仅是做一个专利信息分析报告交付于企业，还应当促使企业能够充分利用好为之所提供的专利信息服务。

（三）加快专利检索和专利分析工具的开发和完善

专利信息的利用离不开专利检索系统和专利分析工具，目前，对于公众能够公开使用的专利检索系统和分析工具也不少，但是功能相对简单，针对海量专利数据的检索和分析能力明显不足。为此，一是需要开发数据丰富、功能强大、快捷适用的专利检索系统和专利分析工具，针对不同类型的服务对象主体进行个性化的功能定制服务；二是可以进一步将专利审查中所使用的专利检索系统进行改进完善，并向社会公众进行有限的开放，充分利用专利检索系统的数据优势服务社会公众。

三、调整专利发展机制、助推科学长远发展

（一）加强企业专利管理运用机制建设

在企业专利认证体系方面，从地方开始实施的规范企业专利管理体系到国家标准《企业知识产权管理规范》（GB/T 29490—2013）的实施，企业的知识产权管理能力不断提升和完善，但是大部分企业的知识产权管理还是处于一种简单的初期启动模式。为持续提升企业专利管理能力，还需要不断借鉴国外和国内成功企业的专利运用管理经验，加强对企业专利运用管理机制的研究与建设，建立针对不同类型企业的知识产权管理模式，为专利管理经验不足的企业提供参考模式，指导企业建立从技术到专利申请的有效转化机制，提高专利权的实施、转让、诉讼等运用能力。对于因资金导致专利实施困难的中小企业和个人，通过推进专利孵化基地建设，进一步完善专利质押、抵押机制，引进风险投资、鼓励专利入股等方式为专利的应用实施充分创造条件。针对不同区域专利发展的状况，

建立复合型的专利交易运行模式。其中最为重要的是要加快建立和完善科学化的专利价值评估体系。

（二）专利保护机制与社会经济协调发展

专利保护是对科技创新和专利运用的强有力保障。但专利保护对经济发展是一把双刃剑，既可以促进企业提升创新的意识和能力，也会造成企业使用专利技术的成本增加。因此，对于专利保护机制的完善和执法程度需要依靠国内的经济发展情况而定。

我国对专利侵权的处理同时存在于司法层面和行政层面。根据我国经济和创新发展水平，司法层面应当逐步加大专利保护的力度，提升专利侵权成本，降低维权成本，以利益驱动创新和专利运用能力的提升。行政层面的灵活性较大。可以针对区域发展不平衡采取不同的力度，在创新能力强的东部地区，给予更有利的专利保护，使得创新型企业能够加速发展，并迫使无创新能力的企业尽快转型或退出市场，从而促使区域整体创新能力快速提升。

（三）对专利资助鼓励政策的动态调整

由于我国专利事业起步较晚，为了增强创新能力，应对国际挑战，各级政府对专利事业给予了许多政策上的支持，使得我国专利事业快速发展，创新能力不断提升。但是，这些资助与鼓励政策也带来了一些问题，很多专利是为了职称评定、税收优惠和资金补贴等申请的，并没有考虑是否有市场价值，导致专利申请数量的虚高，造成对资金和人员一定程度的浪费，也影响了专利的整体质量，专利的转让、价值评估以及信息分析等。

专利的产生源于市场，其价值也体现在市场运用。长远来看，附加于专利之上的其他意义应该被全部剥离，恢复专利的市场属性。考虑到我国整体创新能力还较弱，区域发展极不平衡，政策支持在现阶段仍具有其积极的利益和作用。因此，需要对其进行不断的调整以适应和推动我国经济和创性能力的发展。对于专利和经济发展好的东部地区，将对国内专利申请的资助逐步转移到更有价值的国外专利申请和 PCT 申请资助上来，进一步将专利申请的资助转移到专利运用的资助上来。此外，应将普遍的政策支持逐渐集中到对国家长远发展具有深远意义、能够带动行业和产业发展的基础和核心技术专利上来。

四、小　结

专利运用能力的提升，关键还是创新能力的提升，包括科技创新、机制创新和人才创新。企业是知识产权创造和运用的主体。随着我国经济的快速发展，未来必然会有越来越多的企业迈向创新型企业，也将有更多的企业走出国门，参与世界竞争。在这个过程中，专利运用能力的提升是企业走向创新型企业的必由之路。企业不仅要靠自身努力，也要充分借助高校科研院所的科研优势和研究成果，不断加速自我创新能力的提升，促进自主创新成果的专利化、商品化、产业化。同时，在政策上要引导创新主体采取专利转让、许可、质押等方式充分实现专利的市场价值，有力促进我国创新型国家建设。

参考文献

[1] 世界知识产权组织. 2013 年世界知识产权指标（EB/OL）.［2013－12－09］. http://www.wipo.int/ipstatslen.

[2] 向利. 知识产权金融服务：为企业“贷”来真金白银［N］. 中国知识产权报，2014－04－25.

[3] 余博. 2015 年专利权质押融资金额突破 560 亿［EB/OL］.［2017－05－08］. http://www.sipo.gov.cn/zscqgz/2016/201601/t20160128_1234421.html.

[4] Clarivate Analytics（原汤森路透知识产权与科技事业部）2017 年 1 月 10 日发布的 2016 年度全球创新企业百强中，有 39 家美国企业、34 家日本企业，而中国只有华为一家企业上榜。

[5] 李芬莲. 知识产权的管理：从所有到运用［J］. 电子知识产权，2007（3）.

[6] 中国新闻网［EB/OL］.［2017－05－08］. http://www/chinanews.com/gn/2016/06-14/7903634.shtml.

[7] 江苏省知识产权局 2008 年提出的《企业知识产权管理规范》已由江苏省质量技术监督局制定为标准，由中国标准出版社于 2008 年 7 月 8 日出版。

[8] 赵意焕. 专利运用与产业化服务体系建设对策研究［J］. 中国科技论坛，2008（6）.

[9] 林小爱. 专利交易特殊性及运营模式研究［J］. 知识产权，2013（3）：69－74.

无人驾驶测试技术的专利挖掘、布局及申请策略

刘　涛　王立石　韩　冰

摘　要：无人驾驶测试贯穿于无人车研发的全部环节，目的在于发现无人驾驶存在的问题，评价无人驾驶的性能优劣，具有重要意义。无人驾驶是一门新兴的技术，无人驾驶测试与传统汽车的测试具有很大区别，无人驾驶测试领域可供借鉴的专利数量很少，鉴于以上原因，如何挖掘专利素材、如何申请专利，是一个困扰无人驾驶测试技术人员及法务人员的棘手问题。本文通过对无人驾驶测试技术分支的梳理，结合传统的专利挖掘方法以及美国特色的专利申请策略，来分析无人驾驶测试各技术分支应当如何进行专利挖掘、布局，以及采用何种专利申请策略。

关键词：无人驾驶　测试　专利挖掘　专利布局　专利申请策略

引　言

专利挖掘方法是一种从研发技术中找出专利申请素材的方法；专利申请策略是决定每一项专利申请素材是否应当申请专利、采用多大力度来寻求保护的策略。本文首先对常见的专利挖掘方法和专利申请策略以及美国特色的专利申请策略进行介绍，以作为分析无人驾驶测试技术专利申请策略的理论基础。

专利挖掘是站在专利的视角，对纷繁的技术成果进行剖析、拆分、筛选以及合理推测，进而得出各技术创新点和专利申请技术方案的过程。专利挖掘需要遵循一定的挖掘思路和有效的分析方法，最终做到技术成果向专利申请素材的全面转化，并通过合理推测，得出更多的专利申请素材，也为未来的科研方向提供思路[1]。传统的专利挖掘有以下两种途径：一为从项目任务出发的途径，从一个整体项目的任务出发，通过要素的逐次分解，找出项目中的技术创新点，并据此总结技术方案；二为从创新点出发的途径，该途径是从某一个创新点出发，通过关联的方式来找到其他创新点，并根据其他创新点总结技术方案。

专利申请策略通常包括专利网策略、外围专利策略、抢先申请策略、阻击申请策略、防卫申请策略、迷惑申请策略以及不申请策略等。专利申请时，应当根据创新实力、公司规模、自身以及竞争对手的核心、外围专利拥有情况以及资金情况等因素，恰当选择申请策略。

美国专利申请制度中，存在一些特色的制度，例如临时申请制度、连续申请制度、非公开审查制度。掌握这些制度，有助于在美国采用合理的申请策略，保障自身的权益[2]。发明人在正式向美国专利商标局（USPTO）提交专利申请之前的一年时间内，可以提交临时申请。临时申请可以作为在后正式申请的优先权，享有临时申请的优先权权利；临时申请给发明人提供一年的等待期限来准备说明书、权利要求等正式申请文件，在此期限内，发明人可以进行市场调查、评估其市场价值、继续完善发明创造或者充分检索现有技术以决定是否提交正式申请，连续申请类似于国内的分案申请。连续申请能够让发明人不断获得与审查员对话的机会，在不断地连续申请过程中修改、完善权利要求保护范围。美国专利授权文本中存在一类B1类型的文本，其采用了非公开审查方式。这类专利在批准之前一直处于保密状态，直至授权才向社会公众公开。如果专利申请最终不能被授予专利权，申请人还可以以商业秘密的方式保护自己的发明创造，而避免公开其技术。

在总结了通用的专利挖掘方法、专利申请策略以及美国特色的专利申请之后，本文通过采用上述专利挖掘方法对无人驾驶测试技术的可专利点进行梳理，并通过分析每个技术分支的专利申请价值，适应性地给出合理的专利申请策略。

一、无人驾驶测试技术可专利点概述

无人驾驶测试技术的构成因素可以从多个角度来进行梳理。从测试的目的来分，可以分为两类，一是检查无人车的各项功能是否满足预定要求，另一个是测试无人车的性能是否达到预定水平。从测试的对象、功能来划分，可以是感知技术的测试、控制技术的测试或者是决策技术的测试。从结构上划分，可以是软件系统的测试、硬件系统的测试。从测试环境上划分，可以是真实道路测试、虚拟仿真测试或者半物理测试。从测试的流程来划分，可以分为测试用例的构建、测试环境的搭建、测试结果的评估。

本文以测试的流程为基础，对测试技术中的可专利点进行梳理。

从无人车测试的流程来看，其构成因素主要包括：测试用例相关技术、测试的平台或环境技术（真实道路测试、虚拟仿真测试、半物理测试）以及测试结果评价技术（主要指的是如何表达、评价测试结果，还包括评价指标的设定、轨迹测量设备、结果评估方法、Debug方法），具体的可专利点概要如图1所示。

二、测试用例相关技术的专利挖掘、布局及申请策略

测试的输入通常是各种类型的测试用例，具体包括各种测试场景（例如高速、城市、乡村道路场景，天气场景，障碍物场景等），以及各种测试数据（例

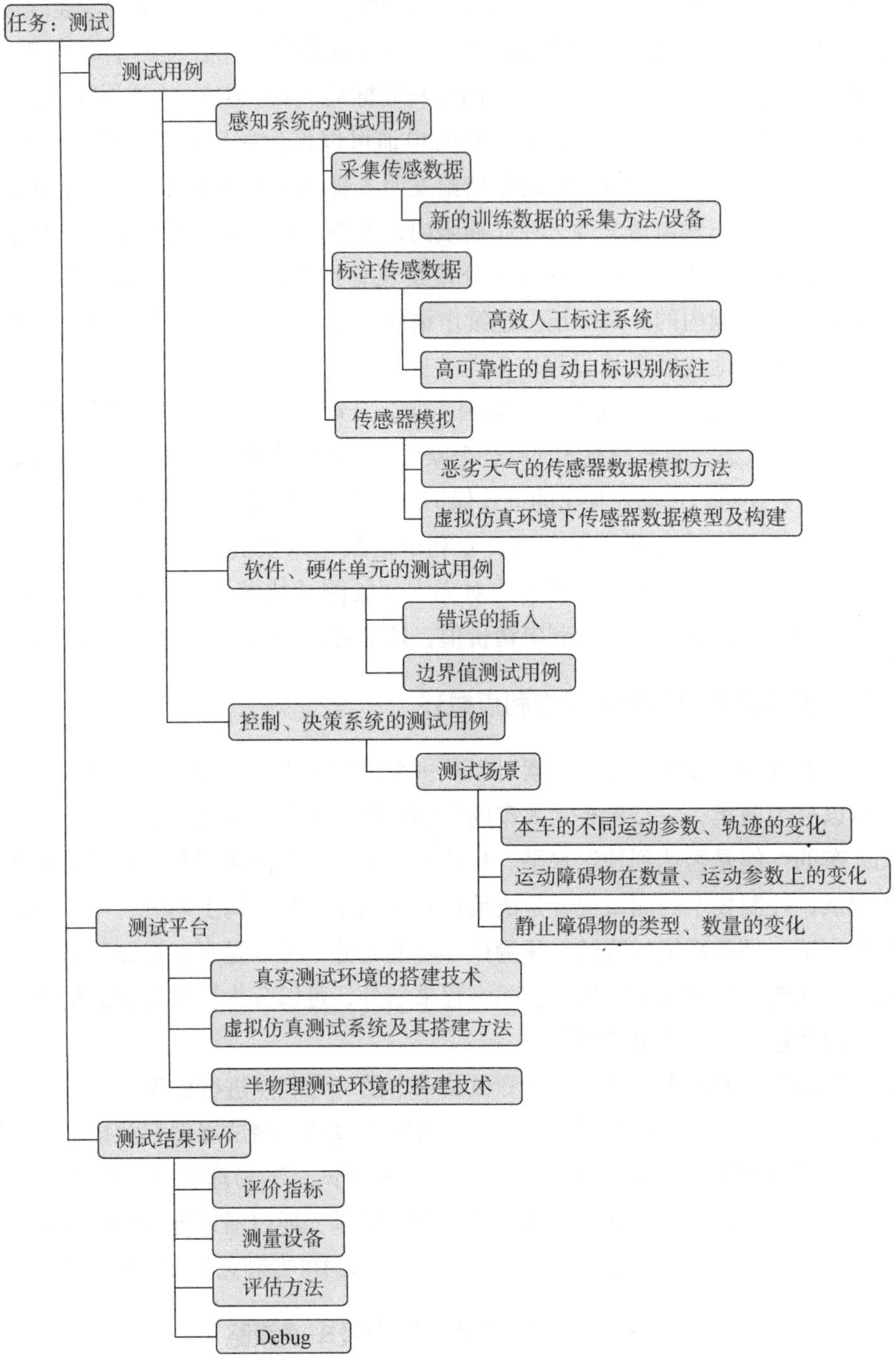

图 1　无人车测试技术中的可专利点概述

如虚拟测试方式下的各种虚拟传感器数据、安全测试中所使用的错误插入数据、边界值测试数据）。测试平台或环境不同，测试对象不同，所需要的测试用例类型、形式也不同。无人车的关键技术包括环境感知、决策、控制。相应地，无人车测试也主要包括对于感知技术、决策技术、控制技术的测试。

（一）感知系统的测试用例

对于感知能力的测试，测试所需要输入的测试用例主要是传感器数据，可从传感数据的采集、传感数据的标注、虚拟测试环境下模拟传感数据的产生这些方面来申请专利。以下通过案例来分析感知系统的测试用例技术分支的专利布局思路及专利申请策略。

案例1：由于自动标注的基础是对目标的识别，通常，目标识别技术不一定仅仅可用于对训练数据进行标注，还可用于无人车的感知。基于此原因，一些标注技术的专利保护是通过对目标识别、分类技术的保护来实现的。例如，专利CN102792316A虽然用于构建交通信号地图中的交通信号标注，但其要求保护的是一种确定交通信号的三维位置的方法（见图2）。创新点在于通过辅助地判断地理位置是否接近十字路口，以及利用图像之间的关联性来辅助验证交通灯分类的准确性。

图2 CN102792316A附图

该技术能够极大地增强交通灯测试数据的准确性，因此，其属于无人车测试数据标注，甚至无人车感知的核心技术。因此，谷歌以临时申请US61/297468为基础，采用了专利网的布局策略，通过国际申请、连续申请等方式布局了大量专利（见图3）。

对于该交通信号标注技术，谷歌利用临时申请抢先布局了专利，同时也达到了延长保护期限的目的；利用连续申请的策略，主动地不断对保护范围进行调

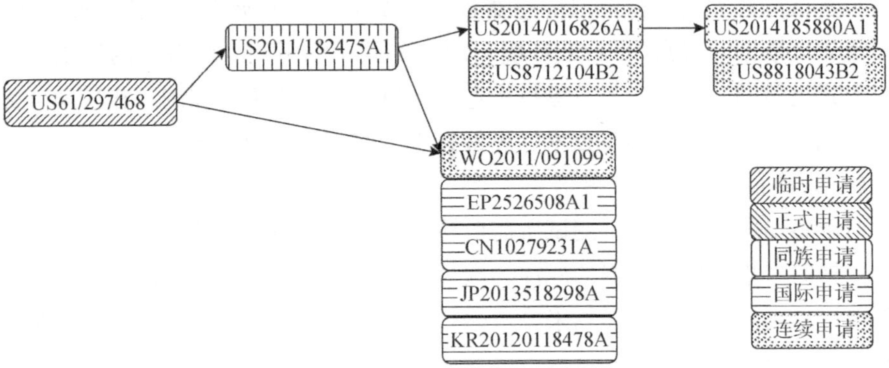

图 3　谷歌以 US61/297468 为中心的专利申请申请策略

整，以给竞争对手树立更多的专利壁垒，同时还利用 PCT 国际申请在全球范围内进行布局。

案例 2：谷歌提出的 US9122948B1 专利申请，虽然，在说明书中对人工标注的技术进行了细致的描述（如：以服务器为中心的多个人工标注员合作的技术，传感器数据的实时、非实时采集，在人工标注的基础上，辅以计算机插值处理提高效率的技术），但该专利所要求保护的方案并非标注技术，而是比训练数据标注技术更为重要的感知能力的训练方法或系统，并获得了授权。

其授权专利保护一种优化无人车目标识别性能的系统，其通过判断无人车识别目标的结果与人工标注的目标的结果的误差是否达到一定值，来确定是否更新无人车识别算法的参数。

由于任何无人车感知算法的训练所采用的参数更新方法，都必须比较无人车的识别结果与标注结果，因此，该技术属于无人车感知技术领域的核心技术。

相应地，谷歌同样采用了专利网的布局策略对该技术进行专利布局。通过临时申请、非公开审查、连续申请、PCT 申请的策略，布局了庞大的专利网。其系列申请中，分别涉及不同主题，包括无人车的诊断和维修、区域驾驶技术、物体行为的预测技术以及感知能力的训练方法或系统。其中，授权专利 US9122948B1 采用了非公开审查的申请策略，选择仅在美国进行保护，可以保障申请人在无法获得满意授权范围的情况下，不公开该技术，转而通过技术秘密的方式对技术进行保护。

该系列专利的布局情况如图 4 所示。

综上，标注是产生无人车虚拟测试数据的重要的、耗费大量人力的关键处理过程。然而，由于其应用范围很窄，保护标注技术并不能获得大的保护范围。从以上两个案例来看，无人车研发企业应当转换思路，通常目标识别或分类方法、

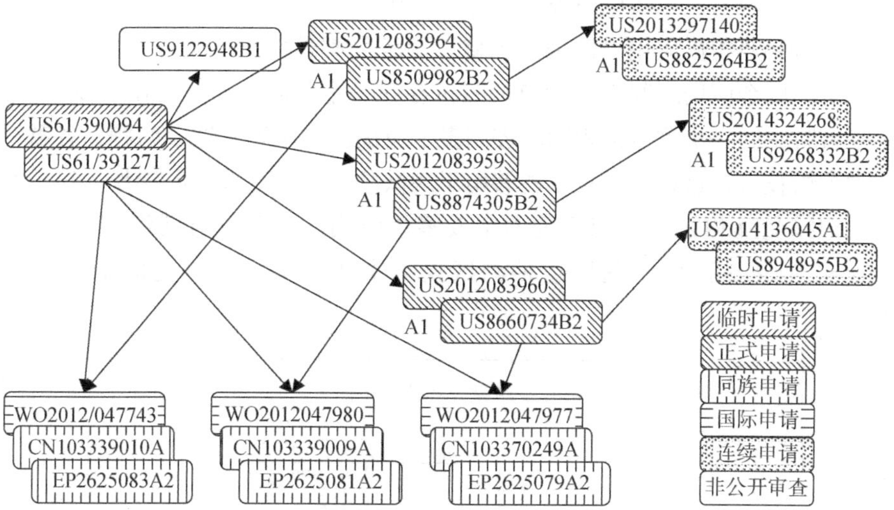

图 4　谷歌以 US9122948B1 为中心的专利布局策略

图像匹配方法、感知模型的训练方法等形式对标注所依赖的核心技术进行保护，以最大化地保护研发人员的智慧贡献。

另外，从上述案例来看，应当根据技术的核心程度、市场价值、对竞争对手的阻击能力等因素综合考虑，合理选择恰当的专利申请策略，如专利网策略、美国临时申请、美国连续申请、美国非公开审查等申请策略、技术秘密保护策略、主动公开避免他人申请等策略，通过合理、适度的专利保护来体现发明贡献的价值。

（二）软件、硬件单元的测试用例

SAEJ3061、ISO26262 等标准规定了汽车应当满足的安全标准，并给出了产生软硬件测试用例所依据的指导性方法。鉴于标准的权威性，这些测试方法将成为车规级认证企业所依据的基础方法，具有重要的价值。无人车研发企业，可从测试标准制定的角度，来对测试技术进行专利挖掘、布局和保护。

软硬件单元的安全测试，是 ISO26262 中的一个重要部分。以下通过两个案例分析了软硬件单元的安全测试技术的专利布局思路和专利申请策略。

案例 1：丰田的专利 US2014/068339A1 请求保护一种利用了 MC/DC 产生验证软件的测试用例的方法，从而使得软件遵从 ISO 标准和建议（例如 ISO26262）。其解决的技术问题是，目前两种测试用例产生方法，存在不能满足复杂软件测试以及测试用例数量不足，难以满足 MC/DC 的要求的问题。

案例 2：谷歌的专利 US9262304B2 保护一种软件测试方法。

在移动平台上，一些应用被设计为需要其他应用协助实现功能。例如，照片编辑应用需要照相机应用协助采集图像以及利用邮件应用协助分享图像。然而，移动平台上两个应用之间交互的自动测试存在一个问题，那就是出于安全目的，移动平台防止同一个测试进程同时控制多个应用。为了解决这个问题，谷歌提出了一种测试技术，这种测试技术能够用于测试共享平台对设备的操作，这个共享平台用户接受互相之间有交互的两个或多个应用。计算机自动汽车（computer automated vehicles）可以利用这种测试技术来测试多个应用之间的交互（见图5）。

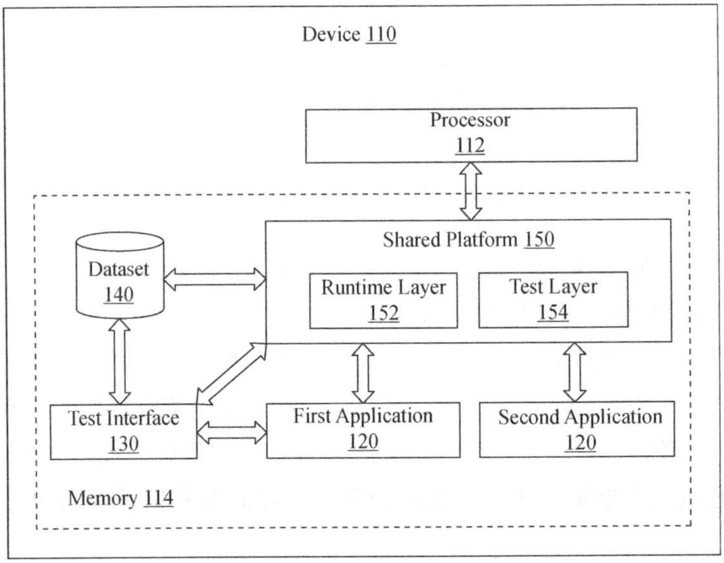

图5　US9262304B2 附图

专利的说明书中描述了产生边界测试用例（boundary test case）、边缘测试用例（edge case）的技术，但并未对其进行保护。如，第一测试应用120就可以测试许多第二应用122的响应而不实际调用第二应用122（见图5）。例如测试响应“1234567890”是一个无效号码，“0119876543210”是一个国际电话，这样就可以做一些边界测试用例（boundary test case）和边缘测试用例（edge case）。

从以上两个例子来看，软、硬件单元的测试用例本身一般并不作为专利进行保护，测试用例的技术方案很窄，容易被他人绕过。测试用例的产生方法由于更加的上位，所覆盖的保护范围更广，具有更高的专利保护价值，是申请专利保护的合适素材。

发明的创造通常源于问题。如案例1中，发明人在发现了现有测试用例产生方法不能满足复杂软件测试的需要以及测试用例数量不足的问题之后，才诞生了专利方法；案例 2 中的软件测试方法的诞生，也是由于发明人发现了软件平台阻止软件之间的同时控制而带来了无法测试软件交互的问题，才创造了其专利技术。所以，在测试工程实践中，从技术问题出发寻求解决方案，是发明创造的合理途径，也是提取专利申请素材的恰当方式。

（三）控制、决策系统的测试用例

通用的专利 CN102139696A 为了测试交通堵塞期间自主操作车辆的方法的有效性。采用了如下的测试用例在模拟环境下对车辆的控制能力进行评价。对于目标车辆追随的测试，最初，主车辆以 100km/h 跟随目标车辆，目标车辆以大约 0.3 倍的减速度将其速度减少至 50km/h；然后，主车辆对目标车辆作出响应以保持速度和距离。在已经达到稳态之后，目标车辆以大约 0.3 倍加速至 100km/h，且主车辆也加速以跟随目标车辆。对于目标车辆温和插入的测试，最初，主车辆速度设定为 100km/h，在大约 16 秒后，目标车辆以 60km/h 的速度和 120m 的距离进入主车辆车道。从主车与目标车的距离、速度等参数的对比图（见图 6）中可以看出跟踪效果。另外还利用简单滑动、目标车辆侵略性插入、目标车辆突然停止等测试场景对控制性能进行测试。

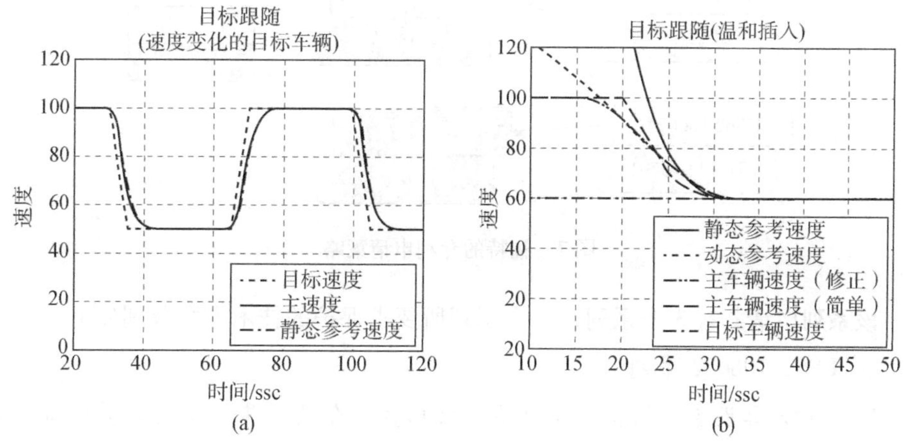

图 6　CN102139696A 附图

该专利虽然在说明书中详细公开了测试用例的内容。但并未寻求对测试用例本身的保护，其所要求保护的技术是交通堵塞期间自主操作车辆的方法。

综上，与上节的结论类似，测试用例本身通常并不被专利保护。测试用例通常都比较具体，申请专利保护的话非常容易被绕过，申请专利保护的价值不高。同时，这类保护价值不高的技术，为了防止竞争对手申请专利，可以采取防卫申请策略，仅对技术进行申请，而不需要审查或者不需要实施；这类技术还可以采用主动公开的策略，将技术内容主动进行公开（例如，在相关的其他专利中，主动披露技术），以防竞争对手抢先申请专利。

三、测试平台或测试环境技术的专利挖掘、布局及申请策略

测试的平台或环境通常分为真实道路测试环境、虚拟测试环境、半物理测试环境；在测试平台或环境的搭建过程中，会面临一些技术上的问题，在解决这些技术问题的过程中，可能产生一些创新的手段，其中有价值的技术可以申请专利保护。

专利CN105807630A、CN105809103A、CN105807762A是福特申请的系列申请（见图7）。其技术内容涉及虚拟测试平台的基础技术，采用专利网的策略对其技术进行了全面的保护。

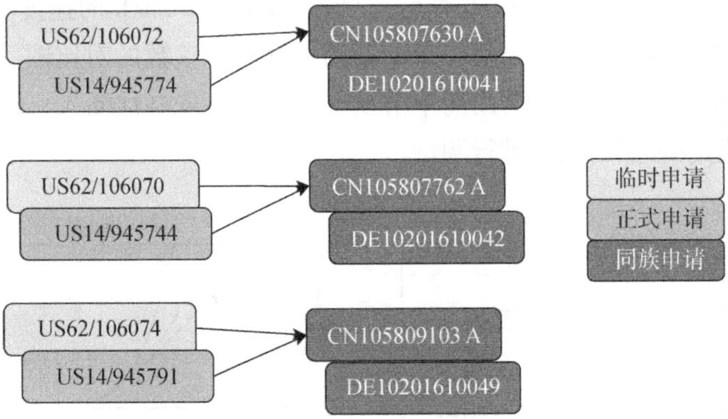

图7 福特的专利申请策略

该系列申请共有3个系列，每个系列所要求保护的技术方案分别如下。

➤ US62/106072系列

1. 一种计算设备，包含处理电路和数据存储介质，其中所述计算设备被编程为：

接收虚拟传感器数据，其中所述虚拟传感器数据表示由与在虚拟环境中自主操作虚拟车辆相关联的虚拟传感器收集到的数据；

处理所述虚拟传感器数据以识别真实世界传感器的局限性。

9. 一种方法…

17. 一种计算系统…

➤ US62/106070系列

1. 一种计算设备，包含处理电路和数据存储介质，其中所述计算设备被编程为：

接收选择与在虚拟环境中自主操作虚拟车辆相关的至少一个测试参数的用户输入；

模拟包含所述至少一个测试参数的虚拟环境；

虚拟导航所述虚拟车辆穿过所述虚拟环境；

收集虚拟传感器数据；以及

处理收集到的所述虚拟传感器数据。

9. 一种方法…

17. 一种计算系统…

➤ US62/106074 系列

1. 一种计算设备，包含处理电路和数据存储介质，其中所述计算设备被编程为：

接收表示与在虚拟环境中操作虚拟车辆相关的车辆控制措施的用户输入；

根据所述车辆控制措施来虚拟导航所述虚拟车辆穿过所述虚拟环境；

收集虚拟传感器数据；以及

处理所述收集到的虚拟传感器数据。

9. 一种方法…

17. 一种计算系统…

该系列申请的权利要求范围极大，三个系列申请的主权利要求 1 相互交叠，共同涵盖了虚拟测试所依赖的主要技术，组成一张虚拟测试技术的专利网。获得专利权之后将成为阻碍竞争对手进行虚拟测试的有力工具。

综上，测试平台的搭建方面，存在一类跑马圈地的专利，其保护范围极大，能够对竞争对手的生产经营构成极大威胁。

创新主体可以从限制竞争对手使用一些技术的角度出发，着手申请一些跑马圈地的专利，布局专利以限制竞争对手的生产、经营。

四、测试结果评价技术的专利挖掘、布局及申请策略

为了获得测试结果，需要利用一些指标，采用一套评价方法或模型来对测试结果进行评估；此外，在真实道路的测试中，为了获得测试结果，需要用到测量设备对车辆在测试时真实运行的轨迹进行测量。Debug 是常见的一类测试技术，是通过运行测试用例来找到问题点、改进问题点的过程。在此，将发现问题的技术一并归于测试结果的输出部分。这些技术均可作为无人车测试领域的专利素材

来源。以下结合案例来分析测试结果评价技术的专利布局思路及专利申请策略。

（一）测量设备或方法

无人车的测试中，特别是实际道路的测试中，常常需要对无人车真实运动轨迹进行测量，通过比较无人车真实的轨迹与理想轨迹之间的差别，以判断预期的功能是否实现，以及无人车操纵性能是否理想、是否令乘客感到舒适。因此，测量设备或方法在无人车的实际道路测试中起着重要的作用。

例如，博世的专利 US2003/0040849A1 申请了一种利用车辆中的 ESP 系统来测量车辆真实轨迹的方法和系统，解决了轨迹估计不精确的问题。对于车辆的真实轨迹的测量，是车辆性能评估的重要部分。然而，现有的利用 GPS、陀螺仪、加速计等器件来估计车辆位置的轨迹估计系统，存在由于传感器漂移、偏置导致的不准确。博世利用车辆中安装的电子稳定程序（ESP）并结合传感器数据来准确地估计车辆轨迹。

综上，对于无人车的轨迹测量，为了追求更高的精准度、更低的成本，会诞生许多新的测量技术。无人车运动参数的测量是可进行专利挖掘的领域。

（二）评价指标

通用的专利 US2014/0195093A1 提出了一种考虑汇入车辆意图的基于预测和成本函数（iPCB）的无人车汇入管理算法系统。为了测试 iPCB 算法与现有两种算法 ACC、geoACC 的优劣，在虚拟的测试中采用平均策略代价 Cave、安全代价 Csafety、舒适度代价 Cacc、距离保持过程代价 Cdk、急刹车次数 Ndanger 5 种指标来评价 3 种算法的优劣。其中策略代价是通过计算每个场景的场景代价的和得到的。场景代价 Csce 包括过程代价 Cprogress、舒适度代价 Ccomfort、安全代价 Csafety、燃料代价 Cfuel 的加权和，分别代表时间超长的处罚、大量加速减速的处罚、太接近和刹车距离的处罚、统计模型估计的燃油消耗处罚。

综上，通用的上述专利并未对评价指标的具体技术方式申请保护，而是利用成本函数来对无人车的会车行为进行决策的方法要求了保护。具体评价指标的选取技术，由于太过具体，并不具备申请专利的价值。

（三）评估方法

评估方法是一类具有重要作用的测试技术，评估方法通常的技术价值也较高，可以作为测试技术领域专利挖掘的一个重要方向。

通用的专利 US8543286B2 提出了一种利用 FTA（fault tree analyses）来判断嵌入式控制系统是否满足 ISO 26262 要求的方法。

具体地是一种车辆硬件完整性分析的方法。该方法包括：接收 ISO 26262 标准下的对于危害的分类数据，接收危害相关的失效树数据（fault tree data），利用一个 FTA 分析应用程序来分析失效树数据，确定危害所对应的最小割集（cut-set）、标准值，该标准值指定了在 ISO 26262 标准下的最小割集的值；比较危害所对应的最小割集中组件的数量与该值，根据比较结合判断最小割集是否满足 ISO 26262 的要求。

用户提供 ISO 26262 标准下对于危害 304 的分类（见图 9），例如根据 ASIL 的分类。

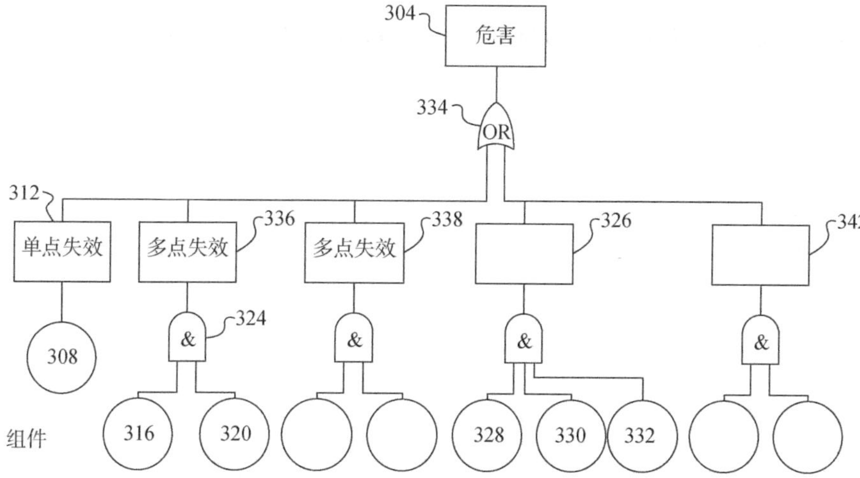

图 9　ISO 26262 标准下关于危害 304 的分类

FTA 应用程序根据用户输入的失效树确定最小割集，通过比较危害所对应的最小割集中组件的数量与在 ISO 26262 标准下的最小割集值，判断最小割集是否满足 ISO 26262 的要求（见图 10）。

ISO 26262 安全等级分类	最小割集值要求
ASIL D	3
ASIL C	3
ASIL B	2
ASIL A	1

图 10　ISO 26262 标准下 ASIL 等级与最小割集值对照

综上，性能评估方法由于应用范围较广，保护价值较高，是测试专利申请的一个重要方向。

五、小　　结

通过对无人车测试技术的梳理并结合国外无人测试技术专利的分析，本文得出了无人车测试技术的可专利技术分支，并给出了各个技术分支采用何种专利申请策略的建议。国内无人车研发企业应当结合自身的技术优势、不同技术的特点、市场情况，采取适当的专利申请策略，以最大化地保护自身的智慧成果。

参考文献

[1] 北京路浩知识产权代理有限公司. 企业专利工作实务 [M]. 北京：知识产权出版社，2009：172-184.

[2] 张跃平. 美国专利体系特殊制度简介 [J]. 审查业务通讯，2008，14 (4)：62-68.

浅谈医学影像产业专利与产业发展的关联度

马　楠　高　虹　赵　实　李尹岑
黄　曦　於　锦　何　琛　张　萌　王京阳

摘　要： 本文介绍了专利数据挖掘的意义以及对产业的指导作用和医学影像产业发展的重要意义，并通过大量专利数据与商业、产业数据的综合分析，阐述了医学影像产业专利与产业发展的关联度，为日后该产业基于专利数据分析挖掘的产业导航奠定了基础。

关键词： 产业导航　关联度　医学影像

一、对产业进行专利分析的意义

随着科技的不断进步，知识产权越来越受到高度重视，专利作为知识产权中重要的一种，全球数千万的专利文献信息构成一个巨大的信息数据库，蕴含了技术、法律、商业等信息。除去专利授权、转让等传统的专利运用形式以外，自20世纪60年代以来，发达国家开始尝试对专利信息作出进一步深入挖掘，如美国的摩根研究与分析协会（Morgan Research & Analysis Association）一直为世界500强企业及美国政府部门进行专利信息的定量研究和分析；又如，日本特许厅为了帮助国内企业在技术上赶超竞争对手，针对一些重点领域研究制作可视化专利分析，并于1968年绘制出世界上第一份专利地图[1]。我国专利分析起步相对较晚，大多集中在《国家知识产权战略纲要》颁布以后，但随着近年来我国各级政府、企业对专利数据重视程度的不断提高，专利信息挖掘也发展迅速，在各行业都起到重要作用。

由于专利文献蕴含的信息量巨大，因而对专利信息不同维度的分析也能够产生不同的指导意义。通过宏观层面对某一行业内或某一技术分支内专利文献的分析，能够客观地反映专利总体趋势、技术发展路线和主要竞争主体的研发动向和保护策略，从而为国家、地区、行业和企业制定技术创新战略、研发策略和竞争策略提供不可或缺的支撑[2]。因此，近年来，利用专利信息结合经济数据、产业政策、商业情报等多方面的综合分析和数据挖掘，为产业的结构优化升级、技术创新提升提供具有深层次战略指导作用的专利分析导航报告被更多的政府和科技园区青睐。医学影像作为医疗领域一个重要且庞大的技术分支，是真正关乎民生的重要技术领域，同时，我国医学影像产业起步相对较晚，却有着快速发展和技术国产化的迫切渴求，因此，利用专利数据对医学影像产业进行战略指导也成为各方研究的重要课题。然而，值得思考的是，是不是每个领域的发展都能够从专利数据中获取信息，实现战略导航呢？针对不同的领域，专利在产业发展中所发挥的作用必然存在差异。因此，本文将深入分析医学影像领域专利与产业的关联度。

二、产业概述

什么是医学影像呢？医学影像是指为了医疗或医学研究，对人体或人体某部分，以非侵入方式取得内部组织影像的技术与处理过程。作为临床应用，又称为医学成像，或影像医学，有些医院会设有影像医学中心或影像医学科，设置相关的仪器设备，并配有专门的医生和护士负责仪器设备的操作、影像的解释与诊断，但这与放射科负责放射治疗也有所不同。

（一）医学影像发展历史

医学影像产业有着200多年的发展历史，包含多种基于不同成像原理的成像技术（见图1）。X射线成像是出现最早的医学成像技术，1895年，德国物理学家伦琴首先发现X射线的存在，并利用X射线拍摄了那幅著名的手掌X射线图片，此后，X射线成像技术开始飞速发展。CT成像技术是在X射线成像基础上发展而来的成像技术。1972年，第一台CT诞生，但仅用于颅脑检查。1974年，EMI公司制成全身CT，检查范围扩大到胸、腹、脊柱及四肢。1975年，改进型的CT扫描仪研制成功，该仪器带有可将人体送入圆形孔检查的可移动床，可进行全身扫描，此后，CT获得了快速的发展，先后提出了五代CT。至此，医学影像主要以X-ray成像和CT成像以及简单的影像处理与分析系统等结构成像为主[3]。超声成像的发展历史并不悠久，其于20世纪50年代建立。应用的超声诊断技术于70年代广泛发展，总的发展趋势是从静态向动态图像（快速成像）发展，从黑白向彩色图像过渡，从二维图像向三维图像迈进，从反射法向透射法探索，以求得专一性、特异性的超声信号，达到定量化、特异性诊断的目的。磁共振成像技术是另一种广泛应用的成像技术，早在1946年，斯坦福大学的Bloch和哈佛大学的Purcell就发现了磁共振现象，并获得1952年诺贝尔物理学奖，但直到1971年，Damadian才发现了T1/T2现象以及肿瘤组织的T1值远大于正常组织，将磁共振现象引入医学界。20世纪80年代，Hinshaw披露了MRI成像设备的硬件组成结构，随后推出首台MRI商品机，MRI进入量产期。ET成像技术是最晚成为主流成像技术的影像分支，其包括PET、SPECT。ET成像技术于20世纪50年代初开始起步，20世纪70年代开始发展。目前，PET已成为肿瘤、心脑疾病诊断的最有效的手段，被誉为20世纪最伟大的十项发明之一。此时，医学影像有了质的飞跃，其成像主要表现为fMRI、PET正电子断层成像和SPECT单光子发射断层成像等功能成像，这一时期的成像促进了医学诊断学向功能和形态相结合的方向发展[3]。

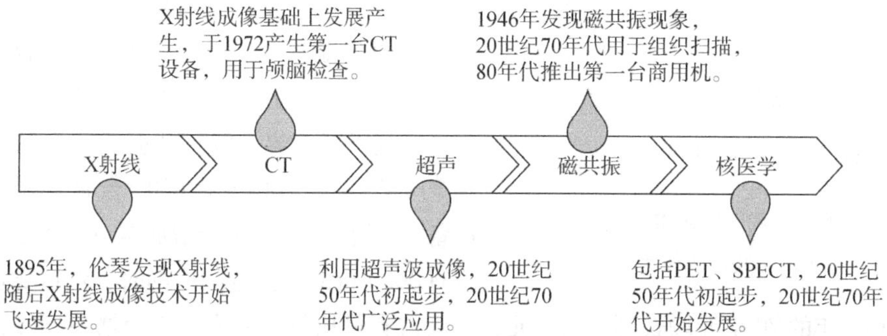

图1　医学影像发展历程

（二）医学影像产业市场现状

医学影像产业近年来发展迅速，在医疗器械的市场中表现得最为活跃，这是由医学影像在临床诊断中的重要地位决定的，而这种无可取代的地位也决定了其广阔的市场前景。图2显示了医学影像国际市场和我国市场的市值分布现状。从图2中可以看出，2013年，医疗影像类产品在全球市场的市值超过240亿美元，占医疗器械产品总市值的25.8%，是最大单一产品类别；在国际市场上，医学影像以4.4%的年复合增长率保持稳定增长，有丰厚的盈利前景。在我国，医疗影像类产品目前占有约12%的全球市场份额，并以7.5%的复合增长率高于国际平均速度，处于高速增长阶段。

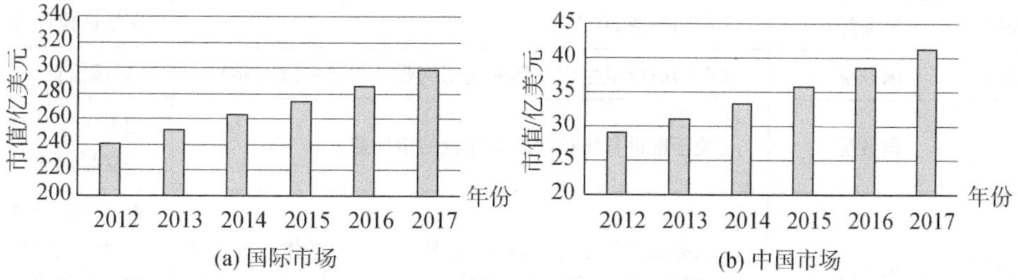

图2　医学影像市场发展情况

我国医学影像市场潜力巨大，这既受到外驱动力的影响也受到内驱动力的推动。在外部推动力方面，包括社会因素、政策推动、技术进步和资本流向4个方面。从社会因素看，近20年来，我国人口总数不断增长，导致医学影像检查诊断需求基量增大；同时，我国社会老龄化日趋凸显，疾病高发的老年群体持续增大，造成人均医疗需求增大；此外，随着我国人均GDP不断提高，居民需要更好、更多的医疗服务提高生活治疗，也直接导致医学影像需求增大。由此，不断提升的医疗需求推动市场不断扩容。以磁共振成像为例（见图3），2014年，我国有6300台磁共振成像设备，预计到2020年会增加至10000台，并且有3000台的替换空间；同时，销售额也将从2014年的70亿元增长到700亿元，人均占有量从每百万人5.3台增长到每百万人35台，有近7倍的增长空间。从政策推动看，自2013年以来，国家相关部门连续出台一系列医疗行业相关政策，如表1所示，其中利好医疗影像行业发展的红利包括：鼓励公立医院采购国产医疗设备，扶持民营医院，新增医疗设备需求，全面推进分级诊疗，鼓励民营资本流入建设独立检验中心、远程医疗等。

图3 我国影像市场前景
（以磁共振成像为例）

表1 2013～2016年国家颁布的医学影像相关政策

年份	部门	政策	政策分类
2013	国家发改委	《高性能医学诊疗设备专项》	医学影像设备
2013	国务院	《国务院关于促进健康服务业的若干意见》	独立影像中心 线上影像平台
2014	食品药品监督管理总局	《创新医疗器械特别审批程序（试行）》	医学影像设备
2015	国务院	《中国制造2025》	医学影像设备
2015	国务院	《全国医疗卫生服务体系规划纲要（2015～2020年）》	影像信息化
2015	国务院	《关于推进分级诊疗制度建设的指导意见》	线上影像平台 独立影像中心
2015	国务院	《国务院办公厅关于印发全国医疗卫生服务体系规划纲要（2015～2020年）的通知》	医学影像设备 影像信息化 独立影像中心 线上影像中心
2015	国务院	《国务院办公厅关于全面推开县级公立医院综合改革的实施意见》	医学影像设备 独立影像中心

续表

时间	部门	政策	政策分类
2015	国务院	《国务院办公厅关于促进社会办医加快发展若干政策措施的通知》	医学影像设备 独立影像中心
2016	国务院	《关于促进和规范健康医疗大数据应用发展的指导意见》	影像信息化 影像智能诊断

从技术进步看，医学影像技术已经由传统、单一、普通的X射线加血管造影检查发展成包括CT、DR、MRI、PET等多种技术组成的医学影像学体系。影像成像技术的不断丰富使医学影像从辅助检查手段变为现代医学最重要的临床诊断和鉴别诊断方法。

从资本流动看，大部分投资者看好医疗影像行业发展前景，据调查，仅6%的国内投资者不看好医疗影像创业市场的发展前景，而73%的国内投资者持乐观态度，这表明，此领域受资本市场青睐。2014年6月~2016年7月底，医疗行业发生投资并购事件超过400起，其中医疗影像领域约40起，受到资本青睐。目前，接近70%的医疗影像领域的创业公司处于发展早期，融资额度较大（见图4）。

在内部推动力方面，我国医疗影像行业还远落后于美国等发达国家，存在显著差距，主要表现为：①诊断设备研发和创新不足，市场被外资品牌垄断；②影像信息化建设较晚且尚未完成，目前影像数据共享程度低，不能有效支持远程会诊、转诊、影像数据开发应用等；③我国第三方独立影像中心市场几乎空白，而美国已出现多个连锁品牌的独立影像中心巨头；④阅片免费，影像医师收入低，作为临床辅助科室，价值不被认可现象严重。此外，目前我国医学影像方面存在很多痛点，对患者来说，其主要痛点是看病“难+贵”。看病“难”归因于优质医疗资源过于集中，导致基层医院误诊率高、大医院排队时间长等问题；看病“贵”则归因于影像检查结果不能共享，导致重复拍片，增加医疗成本。而影像设备国产化、分级诊疗制度等都能一定程度上改善“看病难、

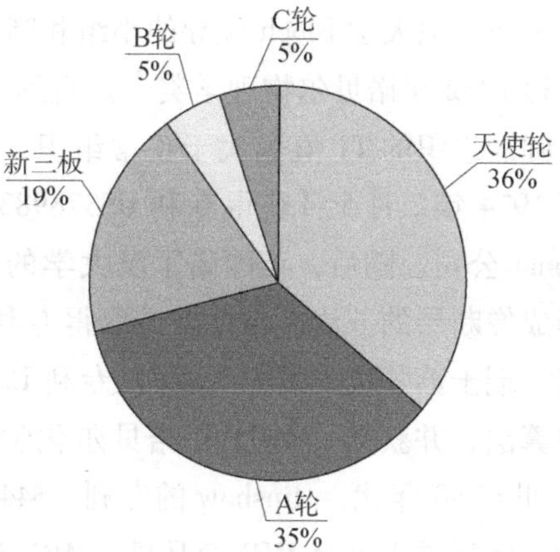

图4　医学影像创业公司融资情况

看病贵”的痛点。

基于以上分析可以看到，我国医学影像市场虽然仍被多个发达国家的跨国巨头占据，但在社会、政策、资本等外驱动力以及我国影像行业的内驱动力等多重作用下，我国医学影像行业也存在很多对我国企业而言良好的发展环境和崛起机会。一方面，我国国内市场空间巨大；另一方面，国家政策对国产影像诊断设备的利好不断，带来了新机遇；分级诊疗制度的发展，县级医院、民营医院的发展和扩张，确保国产器械和中端器械的需求量；医疗器械进口额度增速放缓。可以说，国产医学影像设备的春天已经到来。

三、医学影像专利和产业发展之间的关联度

前文讨论了专利数据挖掘对产业的指导意义以及我国医学影像产业发展的巨大潜力和重要意义，本节将重点讨论两者之间的关联度。由于医学影像技术分支之间具有一定的相似性，因此，本节主要以磁共振成像为例。

（一）专利与技术发展如影随形

专利是技术的直接载体，通过专利文献可以直观反映技术的发展趋势，图5显示了磁共振成像产业技术与专利的发展关系，可以看出，每一项磁共振技术的重大革新，都在专利保护上有及时反映。磁共振是一种物理现象，1946年第一次由斯坦福大学Bloch领导的小组和麻省理工学院Purcell领导的小组发现，同时获得1952年诺贝尔物理学奖[4]。直到1971年，Damadian才发现了T1/T2现象以及肿瘤组织的T1值远大于正常组织，并于1972年3月17日提出了专利申请，于1974年2月5日获得专利US3789832。之后将磁共振现象引入医学界，成立Fonar公司。随后，英国诺丁汉大学的Mansfield在1974年研究出脉冲梯度法选择成像断层的方法，相关方法取得专利US4021726并获得2003年的诺贝尔医学奖。瑞士苏黎世大学的Ernst在专利US3968424中公开相位编码的脉冲序列和成像算法，并获得了1991年诺贝尔化学奖，至此，MRI最基本的研究已经完成。20世纪80年代，Hinshaw的专利US4468621披露了MRI成像设备的硬件组成结构，随后推出首台MRI商品机，MRI进入量产期。20世纪90年代后，MRI由于其优良的成像性能和技术的逐步成熟开始高速发展，这一时期更有大量专利追随技术发展实施布局。FJ Davies在1991年将场强提高到2.0T，标志着MRI进入超高场强时代。1999年，苏黎世瑞士联邦技术学院的Pruessmann KP教授提出了基于多通道射频谱仪及相控阵线圈技术的K－空间并行采集技术，加快了扫描速度，提高了图像的空间或时间分辨率并减少了磁敏感性伪影及运动伪影。同年，美国的Pipe JG教授发明了螺旋桨技术，大大降低了病人运动伪影和磁敏感性伪

影，使无法镇静的儿童病患、老年患者的成像质量有了前所未有的提高。

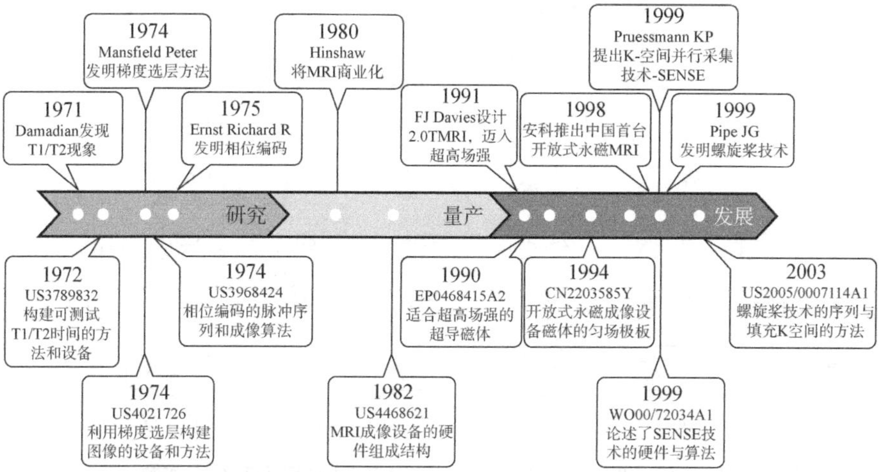

图5　磁共振领域专利发展与技术发展关系

此外，图5还显示出磁共振成像技术的发展阶段，可分为3个时期：①研究期，整体的技术突破，专利量较少，基础性、原理性的专利开始布局；②量产期，技术赢得市场的认同，开始规模量产，专利数量开始增多；③发展期，技术日益成熟，已经赢得了广泛认同，改进创新的专利为主。根据专利申请量分析显示，磁共振成像技术正处于发展期。

中国的MRI也于20世纪80年代末90年代初开始起步，中国的首台永磁MRI、超导MRI都是由安科公司分别于1989年、1992年推出的。在进入市场的同时，安科也进行了专利布局。作为国内的首个跟随者，安科的专利数量较少，且存在保护范围过窄、创新水平偏低的劣势。

（二）专利实力反映产业格局

图6反映了磁共振产业各技术分支核心专利产出地的分布情况。美国、日本、德国不仅在MRI系统的各技术分支的专利申请量均占据了较大优势，掌握了MRI系统各技术分支的大部分专利，而且在领域的分布上可见其核心领域的专利比例较高，其专利分布反映出美国、日本、德国掌握了大部分MRI系统的核心技术，主导产业竞争的格局。

中国依靠近年来的异军突起，在专利申请总量上仅次于传统发达国家。中国的专利申请量相对来说，更集中在辅助设备和图像生成系统中，其中图像生成系统包含图像处理分支的专利申请，相对磁体系统、射频系统、梯度系统，这两部分技术门槛较低，领域进入所需条件少，难度低。

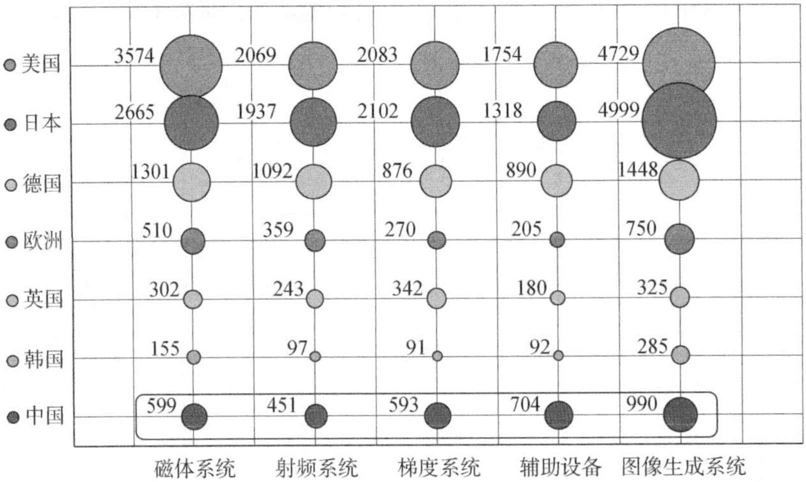

图 6　磁共振产业各技术分布主要国家或地区专利分布态势

注：图中数字表示申请量，单位为项。

根据企业规模、市场份额对磁共振成像领域龙头企业的专利申请数据进行了分析。如图 7 所示，根据市场数据，西门子、通用电气、飞利浦、东芝和日立 5 家电气巨头占据近 95% 的 MRI 市场份额。同时，这些在 MRI 市场处于垄断地位的跨国巨头，在专利申请量上也具有绝对优势，专利申请量均超过 1500 件，远

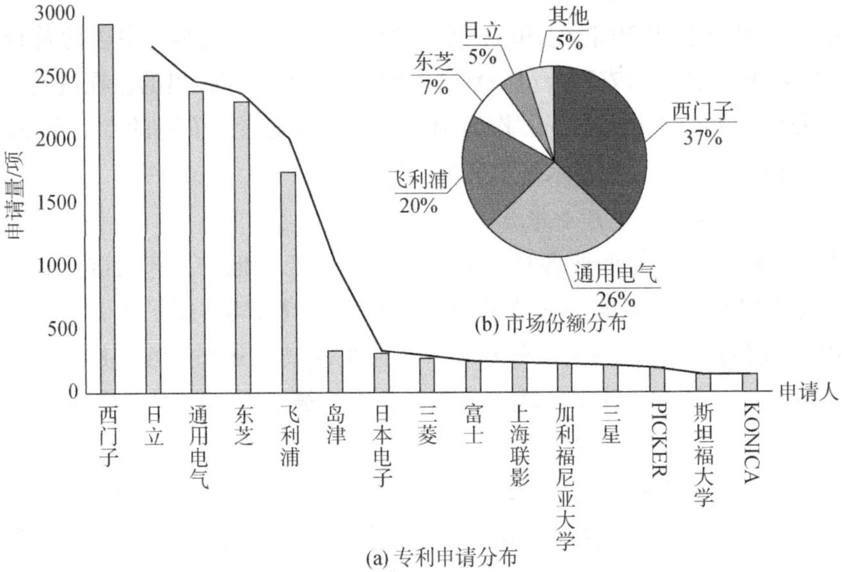

图 7　磁共振产业市场份额分布和专利申请分布

大于其他企业。

同时，由图7还可以看到，分别占据37%、26%和20%市场份额的西门子、通用电气、飞利浦公司与MRI技术相关的专利申请量分别位列第一、第三和第五位，而东芝和日立两家企业也特别注重知识产权壁垒的建立，申请总量甚至超过飞利浦或通用电气，分别位列第二位和第四位。申请总量从处于第六位的岛津开始，出现断崖式下降，同样，这些公司在市场份额占领情况上，也呈现大幅度缩小。可以看到，龙头企业由于其创建历史悠久、技术发展迅速、创新机制健全、专利策略完善，所以在取得市场份额的同时，积极进行专利布局，利用专利布局为其技术创新和市场布局保驾护航。也体现出发达国家以跨国公司为抓手来控制全球市场。令人惊喜的是，成立于2010年的上海联影医疗科技有限公司经过几年的努力，MRI相关技术申请总量已经跻身世界前10名，与其他国际巨头并肩而立，迈开了我国的MRI设备国产化的新步伐。可以看出，中国高新医疗影像企业已经意识到知识产权竞争就是市场份额和经济利益之争，因此，在占领市场的同时也越来越重视知识产权的保护。

图8显示了磁共振成像领域全球十大龙头企业的专利布局态势，通过对上述磁共振成像领域专利申请总量排名前10位的企业在一级技术分支的申请情况进行分析，申请量占比越大，意味着该技术领域吸引着更多竞争主体，相关研发投入产出越大。如图8所示，从分布态势可以看出，图像生成系统最为突出，申请量排名前5位的企业在一级技术分支的专利布局中，图像生成系统都有较高占比，特别是日立和东芝等日本企业在图像生成系统这一技术分支的专利布局量已达到40%左右。由此可见，在宽泛的技术领域内，图像生成系统是一个尤为重要的分支，其专利布局规模占到首位。射频系统技术分支的申请量占比达到20%左右，仅次于图像生成系统技术分支的第二大技术分支，可见射频系统技术分支也是竞争主体十分关注的技术分支。相反，各企业在辅助设备领域布局量较

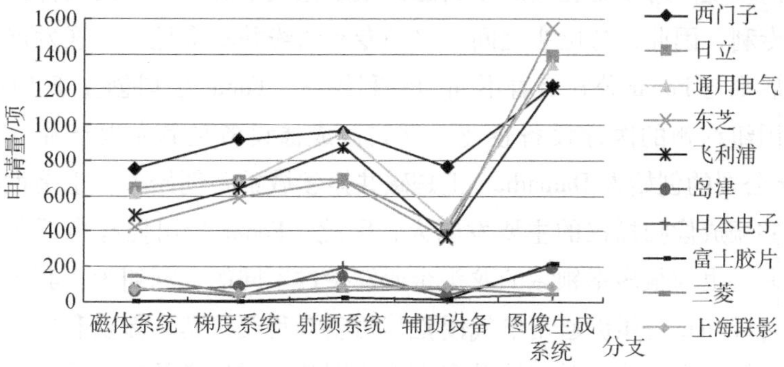

图8 磁共振成像十大龙头企业的专利布局态势

少，专利壁垒也相对较低，是我国企业的重要发展方向。

图9显示了磁共振成像领域典型龙头企业在各技术分支的专利布局态势。从各企业在MRI全产业链专利布局情况来看，申请量排名前5位的行业龙头企业在MRI全产业链均衡布局。以西门子为例，MRI相关专利申请总量为2932件，其中磁体系统为749件、梯度系统为914件、射频系统为960件、辅助设备为760件、图像生成系统为1221件，即使相对布局较少的磁体系统和辅助设备领域布局量也处于首位。申请量处于第6~10位的企业，除申请量与排名前5位的龙头企业相比出现断崖式下降外，在一级分支的布局侧重也各有不同。以日本电子和富士胶片为例，日本电子在射频系统领域的布局量高达54.08%，而富士胶片在图像生成系统领域的布局量更高达84.71%。由此可见，这些公司在技术发展路线上各有所长，在产业链上相互补充，从而争取到一定市场份额。

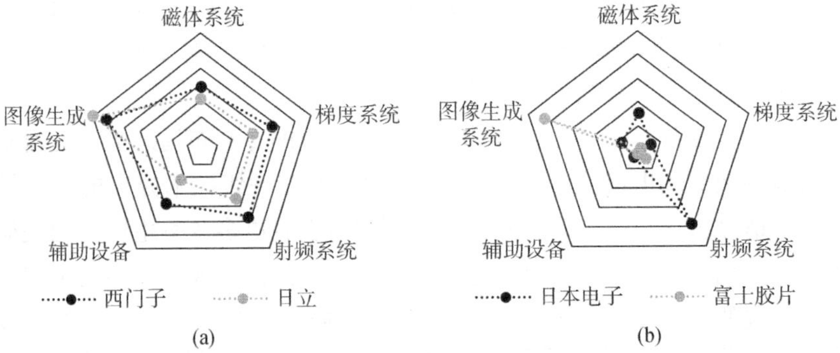

图9 磁共振成像领域典型龙头企业在各技术分支的专利布局态势

（三）专利运用与高额利润密切相关

专利诉讼是专利在市场竞争中体现其作用最重要的方式，是其对市场控制力最强有力的表现。对于处在发展期的磁共振成像技术而言，各巨头都拥有各自的核心技术专利，因此，各巨头之间直接的专利纠纷并不多见。但在发展初期，这些巨头先后都与Fonar公司有着不同的专利纠纷。Fonar公司创立于1978年，总部位于美国纽约州的医疗设备企业，磁共振成像设备是其主要产品。如前文所述，Fonar公司的创始人Damadian正是磁共振领域重要创始人，也是世界上第一台全身磁共振成像扫描仪的主要发明人，因此，Fonar公司拥有多项磁共振领域的基础专利，也与很多本领域的龙头企业发生过不同的专利纠纷。其中最著名的是1995年，Fonar公司诉通用电气侵犯其两项专利权，其一涉及利用磁共振检测癌变组织的设备和方法，其二涉及多平面不同角度扫描磁共振成像方法，最终法院认定通用电气侵犯专利权US4871966，这一判决为Fonar公司带来高达1.2亿美元的赔偿。同样是 1995 年，Fonar 公司还起诉西门子侵犯其专利权，这一起诉以 Fonar 公司降低赔偿金而换取西门子的一次性支付赔偿和长期支付的使用费以及一系列交叉许可而结束。同年，西门子采取更加积极的策略，对 Fonar 公司的多项专利提出无效宣告请求，以确保其德国公司能够使用相关技术，在这一请求判决过程中，飞利浦也参与其中，对多项专利提出无效请求。

在我国，医疗影像领域专利纠纷也日渐增多。2011 年，西门子就磁共振成像领域两件专利（CN103187139A 和 CN202422903U）的申请权问题向上海联影医疗公司发起诉讼，这说明上海联影医疗的崛起已经引起国际竞争者的注意，也对我国磁共振成像领域的企业加强知识产权战略敲响了警钟。此外，我国两家著名的医学影像公司——深圳迈瑞生物医疗电子股份有限公司（简称“迈瑞”）对深圳市理邦精密仪器股份有限公司（简称“理邦仪器”）从 2011 年 4 月起就发起了知识产权攻势。这场典型的“后起之秀”与“传统贵族”间的知识产权纠纷引起了行业内外的广泛关注。经过 5 年时间，这场旷日持久的专利大战终于落下帷幕，迈瑞获得胜诉，获赔总金额达到 2800 余万元。迈瑞相对理邦仪器无疑是行业内的新进入者，没有在位优势，进入之初处于不利地位，但其在技术上不断提升创新之余，依靠有针对性的知识产权战略，有预见性的核心专利布局，赢得了这场与“老大哥”的专利之战，成为行业内地位稳固的龙头企业。

可见，企业在进行核心技术专利布局的基础上，通过专利侵权诉讼、交叉许可等专利运用途径为企业取得高额利润，同时也建立起良好的专利壁垒和技术壁垒，为其产品的上市、企业的发展壮大保驾护航。

四、小　结

本文从医学影像领域专利与技术发展如影随形，专利实力反映产业格局以及专利运用产生的高额利润 3 个方面论述该领域专利与产业密不可分的关系，可以说，两者之间有着很高的关联度。专利在医学影像领域发挥着重要的作用，一方面可以有效保护技术成果，更重要的是，通过专利分析可以清晰地捕获技术发展态势。利用专利布局有效地主导竞争格局，借助专利运用成功地牟取商业利润，最终实现市场掌控。基于该领域专利与产业发展的高关联度，可以通过对医学影像各技术分支专利数据的深入挖掘，为我国该产业的发展形成具有战略指导意义的导航分析报告，驱动科技创新，引导产业转型，提升核心竞争力，使我国医学影像产业在政策引导的发展环境下，早日实现中高端医疗设备的国产化。

参考文献

[1] 刑欣欣. 国内外专利分析服务状况比较研究 [J]. 中国发明与专利，2013 (8)：70－72.

[2] 杨铁军. 专利分析实务手册 [M]. 北京：知识产权出版社，2012：3.

[3] 廖剑平，蒋雪晴，朱伟芳，等. 医学影像技术发展及分割特点 [J]. 集成技术，2014 (5)：10－18.

[4] 刘秀珍. 磁共振成像技术的进展 [J]. 医疗设备信息，2002 (12)：25.

企业对于开放创新模式的探索

邹丽娜　董春艳*

摘　要：随着越来越多的企业通过开放式平台、产学研合作、技术联盟等形式投身开放创新的大潮，开放创新已成为众多企业发展战略中的新选择。在新背景下，企业自身也要做好应对风险和成果转化的准备，同时需要制定成熟的知识产权战略，了解技术转移中专利价值的评估方法，从而更好地参与到开放创新中。

关键词：开放创新　知识产权管理　专利价值评估

一、开放创新的概念

在知识经济时代，企业仅仅依靠内部的资源进行高成本的创新活动已经难以适应快速发展的市场需求以及日益激烈的企业竞争。在这种背景下，“开放式创新”正在逐渐成为企业创新的主导模式。企业应该把外部创意和外部市场化渠道的作用上升到与封闭式创新模式下的内部创意以及内部市场化渠道同样重要的地位。均衡协调内部和外部的资源进行创新，不仅把创新的目标寄托在传统的产品经营上，还应积极寻找外部的合资、技术许可、委托研究、技术合伙、战略联盟或者风险投资等合适的商业模式来尽快地把创新思想变为现实产品与利润[1]。

开放式创新中的开放，一方面，技术根基并非一定从自己企业做起，我们可以通过寻找技术圈，与企业、高校、研究院所共同研发完成，达成伙伴关系；另一方面，我们运用现有的知识产权保护制度，通过专利运营，成果转化转移，专利的许可、转让、并购这些概念完成技术移植。

二、必经的开放创新之路

2015 年的达沃斯论坛上，李克强总理讲道：“面对多变的经济形势，我们主张大力推动开放创新，激发开放创新的活力。”开放式创新已经逐步从企业创新的主导模式上升到了国家之间的开放与合作。最重要的原因就是全球化竞争的加剧，所有产品的更新速度越来越快，尽管迭代产品未必形成技术上的革命性突破，但消费者与市场的期待，在不断驱动着行业进行创新，哪怕只是微小的。与

---

* 第二作者对本文的贡献等同于第一作者。

此同时，企业需要考虑资源上的平衡，如何分配资金和人力来支持快速创新。另外，开放式创新的同时还伴随着颠覆式创新，在企业按部就班发展的时候，另外一个行业已经把所在的传统行业进行了颠覆，例如互联网公司对汽车的智能开发，促使传统车企的研发路线发生了质的改变，互联网公司与传统车企之间形成的开放创新势在必行。这就是我们所面临的现状，必须采用开放式的创新、开放式的心态，才能够完成这样的过程。

三、开放创新的实现

（一）开放创新的准备工作

当我们想把一项技术转移形成自身的组成部分时，需要考虑三个非常重要的流程：①风险管理；②技术商业化；③资金的引进。对于风险管理，企业要瞄准正确的项目及技术，并做出准确的判断。例如技术发展趋势方面，实现相同目的的不同路径中哪些是被业内认可的。同时也要关注选定的项目及技术，它与自身技术的相容度、与目前普遍采用的产品配套的相容度等，否则有可能需要大量资金搭建新的技术周边，也可能未来到市场上会遇到巨大排斥。对于技术商业化，在进行技术的开创过程中不仅要考虑专利的转让、许可和引进，还存在购买不到技术的现实情况，企业只能寻找合作伙伴，共同开发创新，此时需要考虑到技术的持有方属性并制定相应的策略。因此，技术的商业化并不只有单纯的买卖。资金的引进环节中，企业应充分借助专利分析报告来客观评估或展现技术价值。专业化的图表在展示技术的商业化机会或者体现技术与市场的匹配程度等方面也更加直观，在吸引投资过程中，专利数据是评价技术非常重要的指标之一。

（二）与开放创新相匹配的知识产权战略

知识产权策略需要和企业的市场战略相一致。开放创新是最佳的、最有效率的创新模式，好的知识产权战略，应该能够为企业建立完整的创新机制。例如，国内已经有很多创新型企业，其自身已经建立了从基础研究到应用研究再到商业化的全流程，此类企业通常也具备完整的知识产权保护圈。但我们进行专利分析的过程中也发现，大部分企业的专利集中体现在产品的更新研发，而不是前瞻性的技术研发，即缺少基础研究中的创新。高校和研究所是具备连续积累的学术机构，以上都可能成为企业进行开放创新中基础研究的技术来源。开放创新中，知识产权策略的制定，一定是以市场确定方向，以专利排查技术，以技术培育市场，从而构建一个与企业发展方向一致的知识产权战略。同时，它的重要目标，也是每个企业共有的目标：在市场竞争中盈利。

知识产权战略应促进企业可持续发展的能力。知识产权战略一定具有前瞻性，能够与企业目前的和未来的发展方向都很好地契合在一起。英特尔公司的研发战略由 4 项构成：大学研究赞助、大学周边的开放式合作研究实验室、公司内部研究项目和公司收购。整个流程始于扫描环境和有潜力的研究领域。英特尔公司赞助了 500 多家大学，其知识产权战略为从大环境中快速学习、获得大量的新想法并获得知识产权。通过每两年更新一次研发以及知识产权战略，以此来保护未来的发展，英特尔公司在过去十年内每年发布的专利数量以及市场占有领域都实现了多项突破。

知识产权战略应完成企业自身的梳理，对企业进行正确的坐标分析、对知识产权资产的全面审计，是开放创新的基础。通过了解自身、了解竞争对手，手中持有的专利、涉及的技术、各自的优势与劣势，使企业在开放创新中能够精准地获取所需，更加充分地利用交易平台，为企业决策提供正确引导。在此过程中，确保知识产权管理的动态性，最大限度地运营与盘活有用专利，合理取舍。明确自身持有专利与产品的对应性，与生产线的匹配度，专利组合的完整性，与未来发展的相关性。特别对于核心专利，企业更应该仔细排查专利的稳定性、外围保护和组合情况。对于经评估后对企业发展帮助不大的专利，则可以售卖或捐赠。

（三）开放创新中专利价值的评估

当企业对目标市场的专利完成全景分析，并进行目标技术的筛选后，下一步要做的便是对专利价值进行初步的评估。首先，从技术角度判断，进行技术分层，所要购买专利的权利要求保护范围有多大，技术购买后是否能够有效地保护企业市场。评估指标通常分为三类：客观、中性、主观。在客观指标中，专利的被引用数量、专利权限所剩的年限、要求保护地域的范围，都与企业未来的市场有密切的联系。在中性指标中，不仅可以用数据、数值来判断，还需要引入专家评议，例如所要购买的专利技术是否被行业标准采用，技术开发者的类型、交易历史以及技术的引用方是否包括行业中重要的企业等。在主观指标中，可以增加权利要求撰写质量、稳定性、成熟度的分析，也需要专家的意见。企业可以根据自身的需要调整各类指标的权重，从而能够完成专利价值中技术方面的评价。而其价值多少还要将专利与市场进行对接，完成专利到产品的双向分析。市场中应用该项技术的产品价值评估，需要考虑市场的参与者、潜在客户，该技术未来可延伸的领域是否能够与其他行业进行技术交叉等，从而实现专利价值进行合理的估值。

四、小　结

开放创新已经改变了传统企业发展的生态环境，促进技术的更新、加快和多样化。如何在变革中创造更多的财富，是每个企业必须进行深入探索的。开放创新实际上也是以知识产权为资产进行博弈或合作的新型商业模式，企业应从风险、资金、成果转化等多个方面做好准备，充分认识到知识产权管理在开放创新中的重要作用，合理评估知识产权的价值。开放创新模式下，已经有众多成功的案例可以参考，本文只从几个方面对开放创新过程中会遇到的问题进行介绍。企业在实际操作过程中可以以此为参考，在开放创新中加快研发、合作、成果转化的步伐。

参考文献

[1] 王圆圆，周明，袁泽沛. 封闭式创新与开放式创新：原则比较与案例分析 [J]. 当代经济管理，2008，30（11）：39－42.

手术机器人技术产业化路径探索

於 锦

摘 要：对于手术机器人，高校和研究所是最主要的技术来源阵地之一，产业的发展程度与高校技术是否有效转化和应用息息相关。在高校研究所的成果基础上，成立技术型创业企业是高校技术转化最好的推动剂。在高校技术成果的具体转移方式中，核心研发人才的介入，保证了高校研究所的研发力量在初创企业中的连续性和有效性，也为可能发生的知识产权运营行为提供了通畅渠道。国外手术机器人企业成功，大多需要社会风险资本的引入和支持。我国尚处于初级阶段，政府可鼓励和引导社会上的风险资金进入在手术机器人领域具备自主知识产权的初创型企业，以交换初创企业前期股权，实现产业投资的良性循环。

关键词：手术机器人　技术转化　产业化

引　言

进入21世纪，手术机器人得到开发并迅速投入临床使用，被认为是外科手术发展史上的一次颠覆性革命。与以“减速器，电机，驱动器，控制器”为核心技术的通用工业机器人不同，手术机器人系统复杂、专用性强、技术难度高、没有工业化基础。手术机器人的全球专利申请，高校占比19.5%，远高于其他产业，而我国手术机器人领域的高校申请占比更是高达62.3%，可见其技术多起源于实验室。

统计全球手术机器人领域申请人随时间的变化如图1所示。在萌芽时期，其研发主体主要来源于高校，因此，在进入发展期之后，高校专利比例明显下降。随着产业发展，更多的科技成果从高校转移至产业，并且有更多外部的企业进入。本文专利数据来源于汤森路透WPI数据库，数据检索时间为2016年7月30日。

其中，美国的机器人技术实力和产业发展均处在全球的领先地位。美国在2005年之后，其高校作为发明人主体占比明显低于全球比例，并且具有继续下降的趋势，说明研究机构的技术成果向产业领域的转化更充分。

美国强大的产业创新能力与美国高校和研究所在技术转移方面的贡献密不可分。据美国大学技术经理人协会（AUTM）统计，1996～2010年，美国大学和非

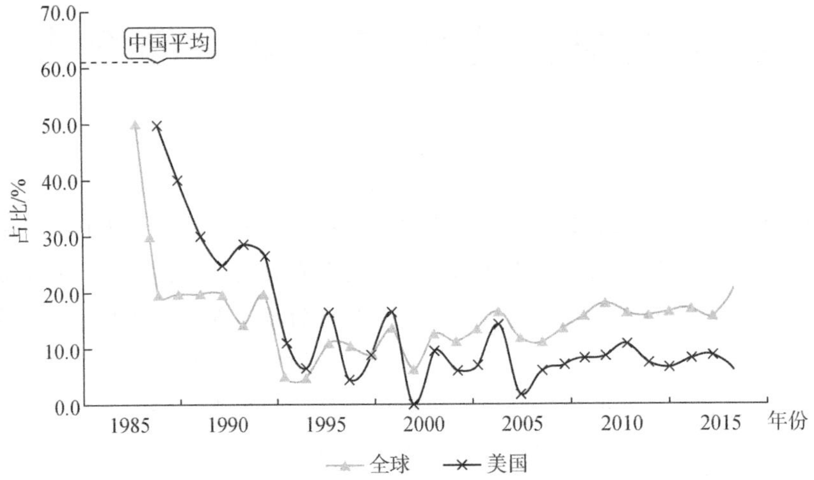

图 1　手术机器人高校专利申请量占比变化趋势

营利性技术转化对美国国内生产总值的贡献是 3880 亿美元，并创造了 300 万个就业机会[1]。

高校和研究所的技术是否有效转化是手术机器人产业发展程度的决定性因素。研究美国等先进国家高校技术产业化，对于尚处起步阶段的我国手术机器人领域具有重要借鉴意义。

一、技术初创型企业是高校技术转化的推动剂

手术机器人作为一个高度集成的系统，需要各领域的针对性研发，以及产业链中各个环节作为补充。其前期研究需要较大的资金支持，后期则需要针对产品进行商业化的运作以及知识产权策略对其产品进行保护，这些显然是停留在高校研究所中所不能支持的。

（一）直觉外科公司的成功范例

直觉外科手术公司的达芬奇手术机器人，是一个典型的由研究所技术转化为初创型企业的例子，继而成为医学手术机器人在商业上成功的范例。其技术起源于 20 世纪 80 年代，斯坦福研究所（SRI）在美国国立研究院的资助下研制出手术机器人的原型机，引起了美国国防部高级研究计划局（DARPA）的注意。为了实现在军方之外的应用，SRI 希望向很多风险投资机构引荐，但是没有得到金融资本的青睐。

Frederick Moll 博士在 1994 年关注到了 SRI 的手术机器人系统，与合伙人 John Freund 和技术合伙人 Roboert Younge 成立了直觉外科手术公司。1995 年，直

觉外科手术公司与 SRI 成功谈判，取得了技术许可，并且与 IBM 和 MIT 的后续技术许可谈判也顺利实施，得到了 Mayfield 和 Sierra 基金的 500 万美元的种子基金。1999 年，直觉外科手术公司，拿到了欧洲 CE 认证并主推欧洲市场，完成了其在纳斯达克的 IPO，市值 4600 万美元，且在 2001 年获得了美国 FDA 认证。在经过与 Computer Motion 的专利诉讼和兼并之后，直觉外科手术公司的达芬奇手术机器人成为领域当之无愧的龙头，并取得了商业上的巨大成功。

与其相对应的是德国宇航中心的 DLR 腹腔镜机器人 MIROSURGE。DLR 早在 2002 年就有了首次专利申请，它具有自己的核心技术，如末端执行器的 6 自由度触觉反馈装置。其手术机器人的水平在业内评价普遍很高。DLR 的 MIROSURGE 机器人一直由德国宇航中心进行开发研究，并未成立相关企业，也没有进行商业化；虽然曾经获得 2009 年工业设计的红点大奖，但在医疗应用方面并没有通过 CE 和 FDA 认证。

因此，成立初创公司将 SRI 的技术商用化，是商业上达芬奇手术机器人取得成功和依然停留在原型机的 MIROSURGE 之间差别的重要原因之一。

（二）部分手术机器人初创企业技术来源分析

直觉外科手术公司的成功不是个例。在手术机器人领域，具有一定规模的企业多遵循着类似的路径：高校技术来源，成立初创企业进行产业化，在美国尤为明显。表 1 列出了部分企业初始技术来源的情况。

对于高校和研究所的知识产权成果市场化转化途径，常见的有，向一定规模的公司实施转让或许可。比如研究性机构药物领域的新化合物，往往是大型制药集团竞相追逐的目标。复旦大学生命科学学院杨青教授将具有自主知识产权的用于肿瘤免疫治疗的 IDO 抑制剂有偿许可给美国 HUYA 公司，获得了 6500 美元的许可收益。

而手术机器人领域展现出了完全不同的特点，大都是依托高校和研究所的研究成果或核心技术直接创建企业，而非转移或许可给具有一定规模的企业或集团。其原因可能在于如下几点。

（1）手术机器人是前沿技术产品，不能够直接产生收益，其从技术到产品可能需要十年以上的时间，很难以两方均认可的价格许可给大型企业或集团。并且，大型企业或集团对研发的投入力度，对于资产收益率的追求无法与初创型企业比拟，其针对产品的研发和支持也受到集团本身策略的左右。

（2）初创型企业在发明进行的过程中，往往参与到发明者如教授、博士生的活动中，甚至初创型企业本身由高校或研究所做出发明的人所创建，初创型企业的研发人员参与发明进程的程度，将极大地促进发明的技术改进和商业化进程。

表 1　部分手术机器人初创企业技术来源

企业	国家	领域	产品	初始技术来源	创立年份	专利量/项	其他
直觉外科手术公司	美国	腹腔镜	达芬奇	斯坦福研究院 MIT	1994	943	
马佐尔	以色列	骨科	Renaissance	以色列理工学院	2001	25	
马科公司	美国	骨科	RIO	MIT 及 K－MAT 公司	2004	70	被史塞克收购
Medrobotics	美国	腔道介入	Flex	卡内基梅隆大学	2005	12	
Aruis	美国	腔道介入	ARES	——	2003	15	直觉外科手术公司的创始人创立
Transenterix	美国	腹腔镜	Sugibot	——	2006	10	被 FDA 否决，目前与伦敦帝国学院合作
Verb	美国	腹腔镜	——	斯坦福研究院（部分）	2015	0	谷歌 Verily 与伊西康联合
泰坦医疗	加拿大	腹腔镜	SPORT	——		14	
剑桥医疗机器人	英国	腹腔镜	——	——	2013	7	
韩商未来	韩国	腹腔镜	——	Rebo 集团研究所	2007	44	与先进技术研究院合作

经过手术机器人领域的历史经验表明，具有前沿性、系统复杂、初期研究发源于高校的技术领域，成立技术型初创企业可能是高校技术转化的最好推动剂。

二、技术转化的载体：知识产权和核心研发人才

高校研究所的研究成果向产业界的转化，在专利数据上主要表现为合作申请、专利权的转让以及专利许可。其中专利许可的公开数据较少，更多由企业自己披露。因此，对于手术机器人领域高校专利的合作和转让情况进行了以下研究。

（一）合作申请

在全球专利申请人中，高校申请人为655项，其中高校与其他申请人的合作申请为176项，如图2所示。上述合作申请中，公司与高校合作申请40项。美国作为最前沿的研究机构，其来源于高校的申请为262项。高校与其他申请人的合作申请为96项，其中属于公司与高校合作申请的为11项。韩国的高校研究所与企业合作申请的比例较高。

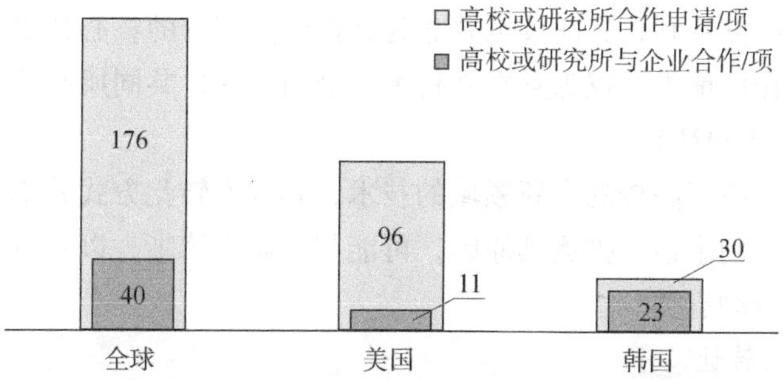

图2 手术机器人领域高校或研究所与企业合作的比例分布

可见，美国作为技术转化最成熟的区域，高校研究所与企业合作申请的比例并不高。专利转让的受让体大多为联邦政府机构或非营利性组织，这种情况的出现也与美国政治制度和联邦资助的部分高校性质有关。

对这些高校与企业的合作申请进行统计，如表2所示。其中列出了手术机器人领域中，申请量较高的申请人所参与的高校与企业合作申请情况。

表2 手术机器人领域高校与企业的合作申请汇总

公开号	合作企业	合作高校	申请年份	距企业首次申请/年	技术内容
US6309397B1	直觉外科	斯坦福研究中心	1999	3	末端执行器附件

续表

公开号	合作企业	合作高校	申请年份	距企业首次申请/年	技术内容
US20070021738A1	直觉外科	约翰霍普金斯大学	2006	10	内窥镜超声系统
US20090036902A1	直觉外科	约翰霍普金斯大学	2008	12	人机接口
WO2011044468A2	伊西康	得克萨斯州立大学	2010	16	机械臂适配接口磁结构
WO2011142398A1	日立	九州大学	2011	17	末端执行器：夹钳
US20130245375A1	直觉外科	约翰霍普金斯大学	2013	17	内窥镜视觉反馈
KR1301506B1	韩商未来	韩国先进技术研究院	2012	3	2 自由度内窥镜驱动
KR1480772B1	三星	MIT	2013	1	机械臂系统

如表 2 所示，除韩国的公司以外，企业与高校合作的专利申请距离企业首次申请大部分在 10 年以上，而且申请时，如达芬奇式的原生企业已经占领了垄断地位，具备了盈利能力；或者如伊西康、日立的大型医疗集团，在少数技术领域与高校进行合作研发。即使是在企业和高校研究所具有合作申请现象较多的韩国，具体研究细分专利，其高校也并非为其提供大部分的核心技术。在企业成立初期，通过合作申请方式仅为直觉外科手术公司和 SRI 共同所有的关于末端执行器的专利 US6309397B1。

可见，对于源于高校的全新领域的技术，其技术转化方式并不表现为合作研发，共同进行专利申请。推测其原因，可能与权属不清晰，以及对专利权产生的经济效益难以分割有关。

（二）专利转让

在手术机器人领域的专利转让行为中，针对公开数据较全的美国进行统计，其中受让人中，政府机构约占 80%，企业仅占 20%（见表 3）。2015 年，美国杨伯翰大学转让部分专利权给直觉外科手术公司（关于腕部机械结构的专利 2 件）；其他 4 件均不涉及重要的专利申请人或具有代表性产品的企业。值得一提的是，在其转让行为中，转让者中有接近 1/3 的比例为高校的技术转移平台。因此，专利技术转让也不是最重要的专利转移行为。

表 3　美国高校专利转让行为受让主体分布

受让者主体	政府机构	政府机构与高校共有	企业	企业与高校共有
转让数量/项	8	12	2	5

（三）技术许可

根据已公开的信息，在直觉外科手术公司成立的早期，公司的创始人 Freund

与 SRI 成功谈判取得了技术许可，并且与 IBM 和 MIT 的后续技术许可谈判也顺利实施，因此，达芬奇的机器在其基础专利的基础上得以不断研发发展。

通过侧面推断，类似手术机器人这样技术含量较高的领域中，其知识产权在技术转化中的行为，既不是高校或研究所与企业直接合作，也不是采用专利转让的方式。

因此，我们推断专利许可和其他未充分披露的方式可能是最主要的。这与其他领域中，美国大学以许可方式作为技术转移的主要方式相吻合。

（四）核心研发人才作为知识产权的载体

在专利运营行为以外，我们发现，在手术机器人领域从高校到技术产业化的过程中，其创始人和核心成员的作用都是举足轻重的。也就是说，高校研究所的研究成果可能并非仅通过知识产权资产，也通过无形的核心人才实现了高校/研究所向产业的转移。

下面以两位高校实验室教授作为初创型企业创始人为例进行分析：

（1）马佐尔公司（Mazor Robotics）

马佐尔公司（Mazor Robotics）是骨科手术机器人的代表公司，在骨科专利申请人中，位列申请量前 3 位。马佐尔公司是 Moshe Shoham 教授在 2001 年成立，技术脱胎于以色列理工学院机器人实验室。公司最早两年在以色列理工学院的孵化器中，在 7 轮融资中共募集了 700 万美元；2010 年在纳斯达克上市；2011 年获得了 CE 和 DFA 的认证。

在马佐尔公司的早期创立中，伴随着以色列理工学院机器人实验室向马佐尔公司的技术转移，其创始人——Moshe Shoham 教授正是实验室的主任。其中以 Moshe Shoham 作为发明人的发明近 100 项，包括骨科机器人和其他骨科相关的技术，其申请人分布如图 3 所示。

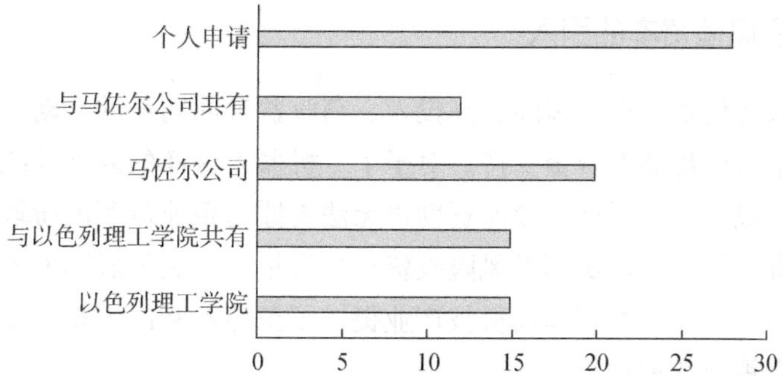

图 3　马佐尔公司创始人 Moshe Shoham 的相关专利权归属

可见，虽然以色列理工学院与马佐尔公司并没有合作申请，也没有在高校和公司直接进行技术转让的情况，但以创始人 Moshe Shoham 为线索，可以看到，企业与其发源的院校在技术上有着密不可分的关联。

其中马佐尔公司最早申请的专利为 2001 年的申请 US20020038118A1：一种小型骨科手术机器人。其在 2001 年 11 月具有转让记录，其权利人从 Moshe Shoham 变更为马佐尔公司。可见，通过 Moshe Shoham 所持有或与机构共同持有的专利权，也为日后可能的转让和许可行为打通更加方便的渠道。

（2）Medrobotics 公司

作为蛇形机器人的代表性产品之一，Medrobotics 公司由卡内基梅隆大学生物机器人实验室的 Howie Choset 等人于 2005 年共同创立。在前几轮融资中，他们共筹集了 7800 万美元，并且在 2014 年和 2015 年相继通过了 CE 和 FDA 认证。卡内基梅隆大学的蛇形机器人在柔性机器人领域中一直处于前沿地位，Howie 等人在卡内基梅隆大学的实验室中一直从事蛇形机器人的研究。

表 4 显示了卡内基梅隆大学和 Medrobotics 公司在蛇形机器人方向的专利布局。可见，除 Medrobotics 公司创始人的 Howie Choset 在卡内基梅隆大学是主要的研发力量之外，Zubiate Brett、Flaherty J 等从高校到企业一直作为主要的研发力量，保证了在技术转移过程中研发人员的连续性。

综上可知，在上述两家技术来源于高校和研究所的初创型企业中，尽管没有专利合作、专利转让的行为，也没有明确的专利许可信息披露。但是，其掌握高校和研究所核心技术的学科领军式人物的创业，或者其所带领的研究团队在初创型企业中的深度介入，对于技术产业化提供了更有力的保证。同时，核心技术人员作为发明人以及高校专利权和企业专利权的共有者，也为日后高校研究所和企业之间可能发生的专利权转让、许可的行为提供了更通畅的渠道。

三、社会风险资本的引入

科技成果转化是一项高风险、高投入、高收益且周期长的活动，难以从常规的商业活动中获取足够的资金支持。对于手术机器人这样的复杂系统，企业初始的注册资金，或者有时限性的政府资助也无法支撑起企业盈利的阶段。因此，需要其他社会资金的引入。美国是风险投资出现最早，发展最成熟的国家，风险投资为以信息产业为先导的美国高科技产业提供了源源不断的力量，在手术机器人的领域中占有重要的地位。

（一）风险投资

从表 5 中可见，发达国家，尤其是美国的风险资本热衷于新领域的科技创新，

表 4 卡内基梅隆大学和 Medrobotics 公司在蛇形机器人方向的专利布局

公开号	专利权人/申请人	发明人
US20080205980A1	Carnegie Mellon University	Zubiate Brett、Degani Amir、Choset Howie
WO2005046461A1	Carnegie Mellon University	Riviere Cameron N.、Patronik, Nicholas, A.、Zenati Marco A.、Stetten George D.
WO2010028371A1	Zubiate Brett、Choset Howard、Kolb Anthony、Degani Amir、Gilmartin Kevin P.、Flaherty J. Christopher、Carnegie Mellon University	Choset Howard、Kolb Anthony、Degani, Amir、Gilmartin Kevin P.、Flahety J. Christopher
US20120118096A1	Carnegie Mellon University Pittsburgh PA	Zubiate Brett、Choset Howie
WO2009146171A1	Carnegie Mellon University、Zubiate Brett、Choset Howie、Degani Amir、Skaff Sarjoun	Zubiate Brett、Choset Howie、Degani Amir + G35、Skaff Sarjoun
US20130319159A1	Carnegie Mellon University Pittsburgh PA、Carnegie Mellon University Pittsburgh PA	Zubiate Brett、Degani Amir、Choset Howie
US20130269466A1	Carnegie Mellon University、Pittsburgh, PA	Zubiate Brett、Choset Howie
US20160030240A1	The Johns Hopkins University Baltimore MD、Carnegie Mellon University Pittsburgh PA、The Johns Hopkins University Baltimore MD、Carnegie Mellon University Pittsburgh PA	Gonenc Berk、Iordachita Iulian、Taylor G21ussell H.、Riviere Cameron、Gehlbach Peter、Handa James
WO2012138834A2	Medrobotics Corporation、CASTRO Michael Salvatore、Flaherty J. Christopher	Castro Michael Salvatore、Flaherty J. Christopher
WO2013039999A2	Medrobotics Corporation、Oyola Arnold、Zubiate Brett、Whipple Dale、Stand Joseph A.、Didomenico Robert、Kennefick William H.、Flaherty J. Christopher	Oyola Arnold、Zubiate, Brett、Whipple Dale、Stand Joseph A.、Didomenico Robert、Kennefick William H.、Flaherty, J. Christopher
WO2012078309A2	Medrobotics Corporation、Darisse Ian J.、Oyola Arnold E.、Stand Joseph A.、Didomenico Robert A.、Straface Samuel F.、Flaherty J. Christopher	Darisse Ian J.、Oyola Arnold, E.、Stand, Joseph A.、Didomenico Robert, A.、Straface Samuel, F.、Flaherty, J. Christopher
WO2012054829A2	Medrobotics Corporation、Stand Joseph A.、Didomenico Robert A.、Zubiate Brett、Darisse Ian J.、Flaherty J. Christopher	Stand Joseph A.、Didomenico Robert A.、Zubiate Brett、Darisse Ian J.、Flaherty J. Christopher
WO2012167043A2	Medrobotics Corporation、Flaherty J. Christopher、Zubiate Brett、Wright Cornell III.、DARISSE Ian	Flaherty J. Christopher、Zubiate Brett、Wright Cornell III.、Darisse, Ian
US20130165855A1	Medrobotics Corporation, Raynham, MA、Medrobotics Corporation, Raynham, MA	Zubiate Brett、Degani Amir、Choset Howie
WO2013184560A1	Oyola Arnold、Castro Michael Salvatore、Flaherty J. Christopher、Medrobotics Corporation	Oyola Arnold、Castro Michael Salvatore、Flaherty J. Christopher
WO2014189876A1	Medrobotics Corporation	Castro Michael Salvatore

并将资金主要集中在企业的初创期和成长期，有力地推动了美国科技创新及科技成果的转化。在融资主体中，多数是进行生物医疗专业领域投资的风险基金，其中也不乏摩根士丹利这样专业的投资机构，也有少数如 ABB、强生等大集团的投资部门。

表 5　手术机器人初创企业融资情况

企业	国家	企业创立时间	产品	融资额度/万美元	轮次	部分投资方	上市
直觉外科手术公司	美国	1994	腹腔镜机器人达芬奇	500	种子	Mayfield 和 Sierra、摩根士丹利	是
马佐尔	以色列	2001	骨科机器人 renaissance	700	B 轮	Israel Healthcare Biocom Fund、ProSeed、强生发展中心	是
马科公司	美国	2004	骨科机器人 RIO	3000	C 轮	Aperture venture ivy capital MDS capital Todor venture 等	是
Medrobotics	美国	2005	腔道机器人 Flex	7800	E 轮	Ealgle venture、匹斯堡生命科学孵化器等	—
Aruis	美国	2003	腔道机器人 ARES	4900	B 轮	LuxCapital 和 Mithril venture 等	—
Transenterix	美国	2006	单孔机器人 sugibot 腹腔镜 ALF－x	2000	B 轮	Aisling Capital, Synergy Life Science Partners 等	是
剑桥医疗机器人	英国	2013	—	2000	A 轮	ABB technology, Escala venture 等	—

（二）社会资本募集

表 6 列出了几个已经成功进行 IPO 的手术机器人上市企业在二级市场上的表现。由表 6 可见其回报率都比较优异。其中，直觉外科手术公司作为投资回报率超过 Google 的公司之一，其表现在整个美股市场都属于非常抢眼。

尽管商业回报率影响因子非常复杂，企业的技术实力和拥有的知识产权只是一个方面，但一般来说，企业的投资回报率和年均专利申请量之间还是具有正相关的关系。可见，在该领域商业上取得成功的企业，其背后通常具有强大的技术实力支持和知识产权储备。

表 6 手术机器人上市公司投资回报情况

企业	成立时间	上市板块	IPO 年份	IPO 融资/万美元	目前市值/亿美元	投资回报比	年均专利申请量/项
直觉外科手术公司	1994	纳斯达克	2000	4600	259	563	39.2
马佐尔公司	2001	纳斯达克	2010	4700	5.4	115	1.7
马科公司	2004	纳斯达克	2008	8600	16.5（被收购价）	192	5.8
Transenterix	2006	纳斯达克	2014	5200	1.9	37	1.4

注：投资回收率 = 目前市值/IPO 融资额度。

（三）其他金融手段催化知识产权转化

美国在采用创新金融手段服务科技型企业方面也是典范。比如，美国硅谷科技银行专门为科技型中小企业提供借贷与股权相结合的融资服务。与一般商业银行相比，硅谷银行在运作方面有特殊的模式。一是与风险投资紧密结合，或直接作为投资机构；二是创新担保方式，允许以专利技术、知识产权作为抵押担保。

在手术机器人领域中，专利 US20150313677A1 的转让记录中出现了美国硅谷科技银行的身影，该申请是介入 Stereotaxis 公司 2015 年申请的一篇关于主从控制介入机器人的专利，后将申请人变更为 Stereotaxis 公司与美国硅谷科技银行共同拥有。可能是该公司在 2015 年向硅谷科技银行进行 1000 万美元贷款的过程中，将该专利进行了抵押或质押。

以发达国家，尤其是美国在手术机器人产业上的成功经验为借鉴，根据我国国情，对初创型企业进行更多渠道的社会资本引入，采用更多手段以募集资金支持科技成果转化，对于我国手术机器人产业的发展将大有帮助。

四、我国手术机器人产业化已站上起跑线

我国手术机器人在过去的研究中，存在研究与产业化脱节、产业和社会资本不足的现象，加上高性能医疗器械大量进口等原因，其研究和产业化均落后于发达国家。

图 4 显示了我国在手术机器人领域，高校申请人占比的发展趋势，虽然有一定下降，但相较高校占比在全球范围内的 16% 和在美国的 8%，中国产业化的程度还远远落后。中国的主要研发力量依然集中在高校。

其中，哈尔滨工业大学、天津大学在腹腔镜机器人领域，北京航空航天大学在骨科和神经外科机器人领域均是高校研究中的领先者，分别在其基础上产生了思哲睿、天智航、柏惠维康等技术型初创企业，也研发了如天玑、Remebot、妙

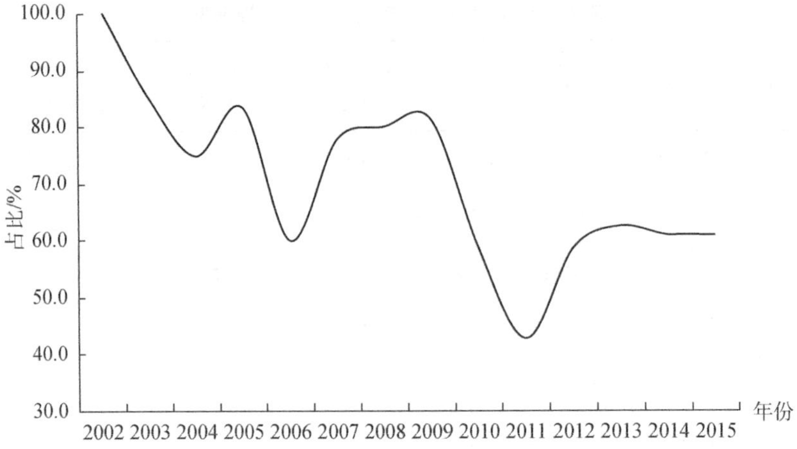

图4　手术机器人领域中国专利申请高校申请人占比变化趋势

手机器人的产品，如表7所示。

表7　中国主要手术机器人产业化成果

		哈尔滨工业大学 腹腔镜	天津大学 腹腔镜	北京航空航天大学 骨科	北京航空航天大学 神经外科
高校研究状况	项目起源	“863”项目	“863”项目	“863”项目	“863”项目
	验收时间	2013年	2010年	2001年	2000年
	学科带头人	杜志江	王树新	王田苗	王田苗 田伟
产品	产品	手持式机器人 多臂式机器人	妙手S	天玑（第三代）	Remebot
	CFDA认证	手持式 临床试用完成	临床试用	通过CFDA	绿色通道申报中
企业	企业名称	思哲睿	—	天智航	柏惠维康
	成立时间	2013年	—	2005年	2010年
	企业创始人	闫志江	—	张送根	刘达
资本运作	融资	2000万元	—	2000万元	数千万元
	融资时间	2015年	—	2010年	2015年
	投资类型	股权投资	—	股权投资	股权投资
	投资方	博实股份 （创业板）	—	北京市政府投资中关村发展集团代持	雅瑞天使、真格基金、海泉基金
	IPO	—	—	2015年挂牌新三板	—

续表

		哈尔滨工业大学 腹腔镜	天津大学 腹腔镜	北京航空航天大学 骨科	北京航空航天大学 神经外科
知识产权状况	专利申请量/项 *	35 + 18	40	16 + 41	19 + 32
	首次申请时间	2009 年	2005 年	2002 年	2002 年
	高校年均申请量/项	5	3.9	1.1	1.5
	企业年均申请量/项	9	—	3.8	5.3
	专利转让	—	—	王田苗转让 1 项	北航转让 4 项 江阴普适惠通转让 1 项 刘达等转让 1 项
	专利合作	—	—	各种合作 7 项	—
	专利许可	—	许可给威高集团	—	—
	专利质押	—	—	2011 年，质押中关村发展集团股份有限公司 1 项	—

* 高校技术成立企业的情况下，专利数量为产品相关的高校专利申请数量 + 企业申请数量

表 7 主要列出了我国在领先位置的研究机构进行产业化的状况，可以得到如下的结论。

①研究开展均源自国家“863”项目，均由领域内顶尖的学科带头人进行研究。企业的初创团队由高校的研发力量进行输送。

②天津大学的妙手机器人在腹腔镜领域的研究开展较早、名气较大，但在产业化方面明显落后于哈尔滨工业大学团队，其专利布局也在哈尔滨工业大学团队成立企业之后，丧失了初期的领先地位。成立企业能显著促进高校技术的转化、产品的开发、CFDA 的认证、后续的融资。

③高校的研发力量在成立企业之后，更加重视专利的申请、布局以及专利运营的行为。

④在天智航和柏惠维康成立的前期，均有 5 年的时间（2005 ~ 2010 年，2010 ~ 2015 年）处于产品零收入，影响技术研发和人才引进的状况。柏惠维康通过创始人个人资源和其他资本渠道的引入支持企业创新发展；天智航是在关键时刻由中关村发展集团代持的北京市政府对天智航进行了 2000 万元政府股权投

资而支持企业创新发展；而思哲睿集团是通过同出身于哈尔滨工业大学的博实股份的投资，2000万元收购20%的股权，从而得到团队的早期融资。

因此，在技术型初创企业的早期，风险投资的资金对企业是至关重要的。我国还没有形成成熟的技术转化风险投资机制。因此，通过相关企业或人员的渠道或者政府背景的投资而得到的投资资金可能目前还占有重要的地位。

⑤天智航相较于其他企业，企业成立时间早，更多的是运用社会资本和借助中关村产业联盟的力量。其推出了三代产品，是唯一通过了CFDA认证，第一个走上二级市场融资道路的企业。其专利布局相对更成熟，能熟练运用专利运营的各种手段。

由中国的手术机器人产业化状况可以看到，在我国，前沿技术的产业化与国外的规律是相同的，均是建立技术初创型企业，通过知识产权和核心人才实现技术转移，通过引入社会资本支持前期的研发。但我国在引入社会资本中的路径还不成熟，企业是否能够借助社会资本进行产品的成功开发，是否能成功盈利乃至走上独立IPO的道路，是否能够与行业内其他资源进行有效的整合，仍然是我国手术机器人产业需要探索的问题。

五、小　结

对于手术机器人，高校和研究所是最主要的技术来源阵地，高校和研究所的人员配套、资金支持、产业化运作、知识产权投入都无法支持手术机器人初期的发展，而直接转让或许可给大型公司或集团也困难重重。在高校研究所的成果基础上，成立技术型创业企业是高校技术转化的最好推动剂。

在高校技术成果的具体转移方式中，美国作为技术转移最成熟的区域，其较少采用合作申请或专利转让的方式，主要采用许可方式。更有效的技术转化载体是核心研发人才。以高校研究团队自行创业为最佳，或以其他方式深度介入技术创业型企业的研发。核心研发人才的介入，保证了高校研究所的研发力量在初创企业中的连续性和有效性，也为可能发生的知识产权运营行为提供了通畅渠道。

科技成果转化是一项高风险、高投入、高收益且周期长的活动，难以从常规的商业活动中获取足够的资金支持。时限性的政府资助无法支撑满足企业发展的需要，还需要社会资本的引入和支持。国外的手术机器人原创企业绝大部分在初期进行了多轮融资，其中最终上市的企业投资人在二级资本市场上均获得很高的回报率，并且企业的专利实力和二级市场的回报率呈正相关关系，实现了企业和投资方的双赢。

对于仍处于初期阶段的我国来说，政府可鼓励和引导社会上的风险资金进入手术机器人领域具备自主知识产权的初创型企业，以交换初创型企业前期股权。既为研发者提供了前期的资金，也为投资者提供了良好的投资渠道。政府的资助也可通过产业基金直接进行股权投资，在更有效地资助初创型企业的同时，也为政府提供了获取良好回报的可能，实现产业投资的良性循环。

技术前沿

“空间隧道”中的音速“胶囊”——超级高铁

王玉秀　孙晶晶　李小矛　田静怡　张　培　王志远　宋　洁

摘　要：随着科学技术的不断发展，铁路运输的速度也在不断提高，高铁技术是20世纪客运技术发展方面最重要的突破性进展之一。而超级高铁是一种以“真空管道运输”为理论核心的交通工具，2016年，超级高铁项目首次进行了户外测试并取得成功。按照设想，超级高铁的速度能达到1200km/h，对各种复杂天气免疫，可以在地面、地下甚至海底行进；它还能够借助太阳能自己补充能量，具有广大的市场前景。

关键词：超级高铁　高铁　高速铁路　胶囊高铁　专利

引　言

随着科学技术的不断发展，铁路运输的速度也在不断提高，而高铁技术是20世纪客运技术发展方面最重要的突破性进展之一。1964年10月1日，日本新干线的运营标志着高铁时代的来临。随后，世界各发达国家先后投入了高铁的建设，如法国、意大利、德国、西班牙、英国。进入21世纪之后，美国于2000年开通了北美第一条高铁；韩国于2004年投入运营KTC[1]；中国于2004年引进时速200km/h的高速列车技术。2008年，第一条具有自主知识产权的京津城际高速运营，时速为350km/h。2010年，时速380km/h的CRH380标志着我国在高速铁路领域领先世界平均水平[2]。

2013年，美国的埃隆·马斯克提出了超级高铁的计划，按照设想，超级高铁的速度能达到1200km/h，对各种复杂天气免疫，可以在地面、地下甚至海底行进，它还能够借助太阳能自己补充能量。

一、技术发展概述

超级高铁是一种以“真空管道运输”为理论核心的交通工具。“真空管道运输”的想法最初是由机械工程师达里尔·奥斯特在20世纪90年代提出来的，并于1997年获得了此项技术的专利。因其外形酷似胶囊，也被称为“胶囊高铁”[3]。

2013 年，马斯克宣布了一个激进的想法——设计一个高速交通工具，把乘客装进一个金属管子里面，然后用每小时 760 英里（1223km/h）的速度将乘客发射到目的地，简直就像子弹一样。他把这个交通工具称为 Hyperloop。从旧金山乘坐 Hyperloop 到洛杉矶只需要短短 35 分钟。马斯克的设想是：采用极低压真空系统，管道中的气压为火星大气层气压的 1/6，目前的商用抽气泵就可以实现这样的气压状态。此种气压能大大减少行驶仓运行的阻力，超级高铁通过空气垫悬浮在半真空管道之上，行驶仓下方有 28 个空气雪橇（air bearing skis），每个长 1.5 米，宽 0.9 米，通过压缩的空气垫来悬浮起整个行驶仓。最后，行驶仓的空气雪橇部分与管道的距离会保持在 0.5 ~ 1.3mm，呈现悬浮状态。

马斯克将这个愿景打造为一个开放性的开源项目，吸引初创公司和独立工程师团队加入其中并提出创新性解决方案，外界通常称之为超级高铁项目。

2016 年 5 月 11 日，初创公司 Hyperloop One 首次在拉斯维加斯北边的内华达沙漠进行了超级高铁推进系统户外测试并取得成功，3 米长的实验"滑车"在铺设好的轨道上运行了 2s，最终速度达到 400mile/h 后（约合 640km/h），撞击到 91 米外的沙堆减速停车。

此前，在洛杉矶，Hyperloop One 还测试了不同的悬浮方法，主要是基于被动磁悬浮技术。这种技术现在已经被应用于欧洲和亚洲的高速磁悬浮列车。其 CEO 罗布·劳埃德（Rob Lloyd）认为，如果这次测试获得的成果可以被复制和应用，2019 年就可以实现超级高铁装载货物，2021 年将实现运输乘客[4]。

除了 Hyperloop One，主要由美国国家航空航天局和波音公司员工组建的众筹公司 Hyperloop Transportation Technologies（HTT）同样也在进行超级高铁的研究。该公司于 2016 年 5 月 9 日宣布了一项新计划：公司准备使用美国劳伦斯利福摩尔国家实验室开发的被动磁悬浮系统实现超级高铁。

HTT 声称，该高速交通系统的基础技术是被动磁悬浮技术，该项技术最初是由美国劳伦斯利福摩尔国家实验室 Richard Post 博士和他的团队研发的。HTT 与该国家实验室合作了很多年，使用该项技术创建了测试系统。使用被动磁悬浮系统可以避免在超级高铁铁轨沿线使用发电站。

HTT 在 Hyperloop 列车"胶囊"中应用的被动磁悬浮系统原理最初是由直线电机推动"胶囊"，然后磁悬浮与轨道上包装的绝缘线圈发生作用，促使"胶囊"轻轻浮起，并加速到超高的巡航速度 1223km/h。从安全角度考虑，该系统很大的优势在于通过移动就可以漂浮，如果某种能量缺失，Hyperloop 列车胶囊会继续漂浮，只有速度最小时才会接触地面。

超级高铁理念的出现吸引了全世界的目光，各国的科技工作者都希望能在此领域有所突破，我国在超级高铁方面的研究也取得了一定的成果。

2004 年，西南交通大学教授、中国两院院士沈志云举办了一场“真空管道高速交通”院士研讨会。沈志云在会上提出超高速是 21 世纪地面高速交通的需求，真空（或低压）管道式地面交通是达到超高速的唯一途径。他认为，我国应将目标定位在发展 600 ~ 1000km/h 的超高速地面交通上。在研究人员的不断积累与探索下，2014 年，西南交通大学搭建了全球首个真空管道超高速磁悬浮列车原型试验平台。列车运行时，管道内的大气压相当于外界的 1/10。研究人员希望通过建造低压环境，减少空气对磁悬浮列车的阻力。在理想状态下，列车在低压管道中最终能实现时速大于 1000km/h 的行驶，并且能耗低，无噪声污染。这与 Hyperloop One 公司所采用的运输系统核心技术原理是一致的。西南交通大学超导与新能源研究开发中心的赵勇教授团队，目前研制出了第二代高速真空管道高温超导侧浮系统。这种将轨道铺在管壁上的“壁挂”磁悬浮列车，突破了环形轨道离心力的限制，大幅提高了高温超导自由悬浮系统的运行速度[5]。

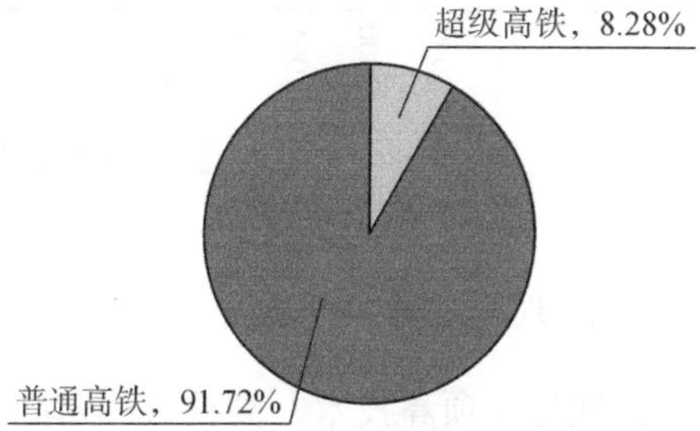

图 1 超级高铁和普通高铁全球专利申请对比

二、高铁技术专利分析[6~8]

普通高铁在我们的日常生活中必不可少，其市场化程度很高。图 1 显示了超级高铁和普通高铁之间专利申请量的对比。涉及普通高铁技术的发明专利已近万件，与之相比，超级高铁相关的发明专利则仅有 800 余件，在整个高铁技术的发明专利中占比不足 10%。可见，超级高铁作为高铁技术中的前沿科技，目前处于初步发展阶段。

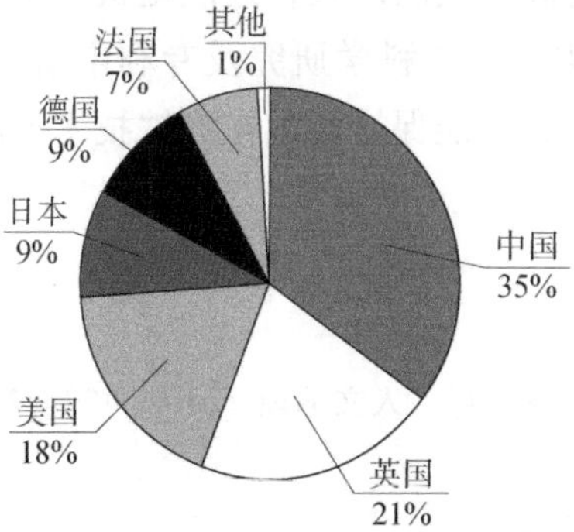

图 2 超级高铁目标申请国家专利申请分布

图 2 显示了关于超级高铁的目标申请国家的分布。其中，中国申请的专利数量最多，共有 310 件，约占总申请量的 1/3，其次为英国、美国，具体的，在英国申请了 191 件，在美国申请了 165 件，然后是日本、德国、法国，在这些国家一共申请了 228 件。由图 3 可以预测，未来超级高铁的发展和竞争将主要集中在上述几个国家，中国是未来超级高

铁的最重要市场。

图 3 显示了 1997 ~ 2014 年超级高铁领域全球专利申请量的变化趋势。

由图 3 可知，1997 ~ 2005 年，全球申请量一直处于较稳定的水平，处于每年 10 件左右，并在小幅波动中缓慢增长；2006 ~ 2009 年，全球申请量保持稳定增长，由 20 件升至 31 件，直至 2009 年之后出现了短期回落，降至 25 件，自 2010 年之后，除 2013 年出现过短期回落之外，全球申请量保持高速增长，于 2014 年增至 64 件，预计超级高铁领域将在未来几年迎来高速发展。

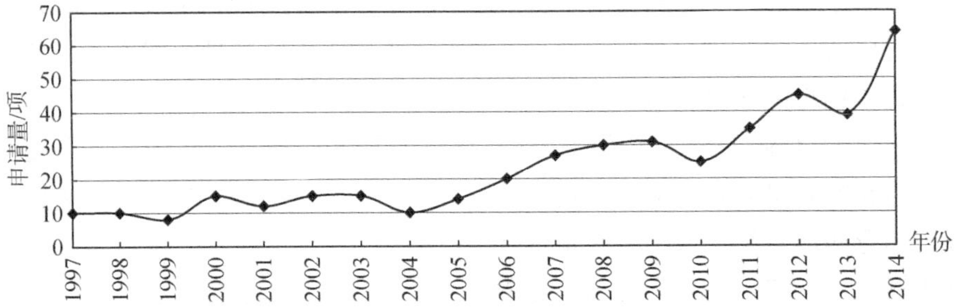

图 3　超级高铁全球专利申请量变化趋势

三、小　结

高铁是一项高技术、高投入的基础设施项目，而我国在调动资源、人才方面有着其他国家和国外企业不可比拟的优势，发展高速铁路、超高速铁路势在必行。尤其是当前我国倡导的“一带一路”计划，更是需要高铁帮助铺就锦绣丝绸之路。

目前，我国的高铁技术处于世界前列，但 Hyperloop 超级高铁取得关键性进展同样令人兴奋。未来几年很可能迎来该技术的高速发展阶段，这既是机遇也是挑战，应引起我国相关企业和研究机构的足够关注。在科学研究及专利申请中，布局未来前沿技术是十分必要的，只有不断探索，才能保持我国在高铁技术上的领先地位。

参考文献

[1] 贾善铭，覃成林. 国外高铁与区域经济发展研究动态 [J]. 人文地理，2014，129 (2)：7 - 12.

[2] 胥军，胥祥. 中国高铁发展概论 [J]. 硅谷，2014 (1)：8.

[3] 陈茜. 超级高铁引领未来新时速 [J]. 现代工业经济和信息化，2013 (17)：80 - 81.

[4] 美国 2016 年开建超级高铁：时速 700km/h 预计 8 年后盈利 [J]. 中国战略新兴产业，

2015（21）：44.
［5］路化普，李瑞敏．城市智能交通系统的发展现状与趋势［J］．工程研究（跨学科视野中的工程），2014，6（1）：6－19.
［6］黄晓莉，王莹．专利分析在产业研究中的应用［J］．产业与科技论坛，2011，10（5）：109－110.
［7］郭婕婷，肖国华．专利分析方法研究［J］．情报杂志，2008（1）：11－14.
［8］冬晶．技术创新中专利分析的应用研究［J］．科技创业月刊，2009（10）：23－25.

北斗：扬起中国卫星导航系统之帆

丁丽君　汤利容*　王　欣　郝玉兰　郭欣悦

摘　要： 北斗卫星导航系统是中国自行研制的、世界上第三个成熟的卫星导航系统，其市场应用广泛。本文从北斗芯片、高精度、高覆盖率和独特性上对其未来发展进行了介绍，同时对其专利信息进行了分析，给出了北斗卫星导航系统应加强国际专利申请布局的建议。

关键词： 北斗　卫星导航　专利信息

一、简　　介

北斗卫星导航系统（BeiDou navigation satellite system，BDS）是中国自行研制、独立运行并与世界其他卫星导航系统兼容共用的全球卫星导航系统，是继美国全球定位系统（GPS）、俄罗斯格洛纳斯卫星导航系统（GLONASS）之后第三个成熟的卫星导航系统。其与 GPS、GLONASS 以及欧盟伽利略卫星导航系统（GALILEO）合称全球四大卫星导航系统（见图 1）。其中，美国的 GPS 最早出现，且现阶段的技术最完善；近年来，北斗卫星导航系统在亚太地区的服务也在全面开启。

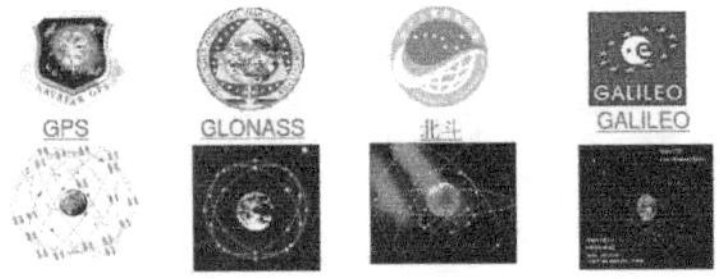

图 1　全球主要导航系统对比

1994 年，中国启动北斗卫星导航试验系统建设。2000 年，相继发射 2 颗北斗导航试验卫星，建成北斗卫星导航试验系统，成为世界上第三个拥有自主卫星导航系统的国家。至 2012 年，北斗系统已成功发射 16 颗卫星，并于 2012 年底组网运行，形成区域服务能力。到 2020 年，将共发射约 40 颗北斗导航卫星，完成覆盖全球的系统建设目标。

北斗卫星导航系统由空间星座、地面控制和用户终端三部分组成，其中，空间星座部分由 35 颗卫星组成，包括 5 颗静止轨道卫星、27 颗中地球轨道卫星、3 颗倾斜同步轨道卫星；地面控制系统由若干主控站、时间同步/注入站和监测站组成；用户终端部分是指各类“北斗”用户终端，包括与其他卫星导航系统兼

---

* 第二作者对本文的贡献等同于第一作者。

容的终端，以满足不同领域和行业的应用需求。其可在全球范围内全天候、全天时为各类用户提供高精度、高可靠定位、导航、授时服务，并具短报文通信能力，已经初步具备区域导航、定位和授时能力，定位精度为10m，测速精度为0.2m/s，授时精度为50ns。

二、市场应用

（一）军用

北斗卫星导航系统的军事功能主要体现在：运动目标的定位导航，如飞机、导弹、水面舰艇和潜艇。为缩短快速定位武器载具发射位置的反应时间，如弹道导弹机动发射车、自行火炮与多管火箭发射车等；人员搜救、水上排雷定位等。

（二）民用

1. 个人位置服务

当进入不熟悉的地方时，可以通过装有北斗卫星导航接收芯片的手机或车载卫星导航装置进行定位和导航，找到路线到达目的地。

2. 气象应用

北斗导航卫星气象应用的开展，可以促进天气分析和数值天气预报、气候变化监测和预测，提高空间天气预警业务水平，提升气象防灾减灾的能力，对推动北斗导航卫星创新应用和产业拓展具有重要的影响。

3. 交通管理

交通管理包括公路、铁路、水运以及航空。卫星导航将有利于提升交通管理水平。通过安装卫星导航接收机和数据发射机，位置信息就能在瞬间自动转发到中心站。这些位置信息可用于交通管理，使得交通更安全，更高效。

4. 海洋渔业

北斗卫星导航系统特有的短报文通信功能将支持组建海洋渔业综合信息服务网络，并且北斗卫星导航系统将在任何天气条件下，为水上渔船提供导航定位和安全保障。

5. 应急救援[1]

北斗卫星导航系统除导航定位外，还具备短报文通信功能，可实现沙漠、山区、海洋等人烟稀少地区的搜索救援，通过卫星导航终端设备及时报告所处位置和受灾情况，有效缩短救援搜寻时间，提高抢险救灾时效。

三、未来发展

（一）北斗芯片

从全球市场看，智能手机已经成为卫星导航定位系统最主要的应用领域之一。根据 GSA 预测，2010～2020 年，以智能手机、平板电脑等移动终端为载体的位置服务市场的卫星导航定位设备累积出货量将占到全球卫星导航定位设备累积出货量的 87.11%。我国的智能手机消费群体尤为庞大。因此，以智能手机为代表的消费电子市场是做大、做强北斗产业规模的最为关键的市场。2016 年，采用自主四合一高集成度北斗芯片的智能手机突破 2000 万部[2]，北斗将随智能手机真正走入广大民众中。

（二）高精度

北斗三频导航信号的载波相位整周模糊度解算时间仅 10s，而 GPS 目前双频信号约需 40s；北斗三频进行厘米级高精度实时测量的作业范围可达 100km，而传统 GPS 双频作业范围约 20km，如图 2 所示[3]。经过对比可见，北斗导航已经占据争夺高精度测量民用市场的更大份额。

此外，相对于 GPS 卫星来说，北斗卫星的类型比较多，全天可视卫星数为 9～14 颗，其中 GEO 卫星可以全天进行观测，IGSO 卫星也可以观测较长的时段。因此，服务可用性和定位精度相比，GPS、GLONASS 具有明显优势。

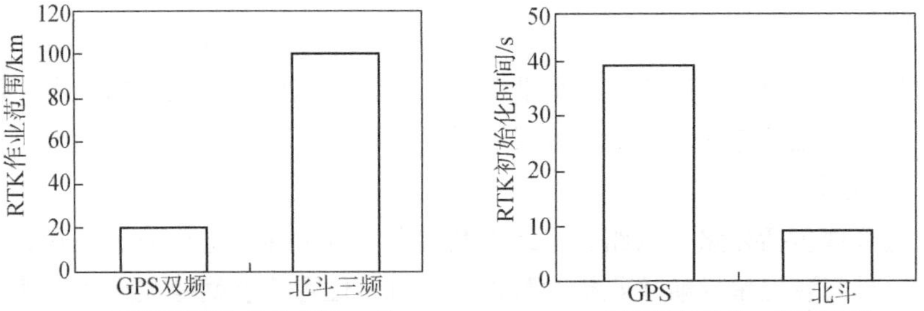

(a)GPS双频与北斗三频cm级高精度实时测量作业范围对比

(b)GPS与北斗cm级高精度实时测量初始化时间对比

图 2　GPS 双频与北斗三频精度对比

（三）高覆盖率

北斗卫星导航系统是全球第一个拥有三轨混合星座的卫星导航系统。北斗区域系统共 14 颗组网卫星，包括 5 颗 GEO、5 颗 IGSO 和 4 颗 MEO。三轨混合星座可以尽量提升星座效率值，也就是提高同样卫星数量条件下的地球覆盖率。其一大优势是在低纬度地区丛林遮蔽、城市峡谷等高遮蔽角环境下使用性能突出。在随后建设的日本的 QZSS 和印度的 IRNSS 也基本遵循了此种设计思路。

（四）独特性

连续导航与定位报告深度结合是世界卫星导航的发展潮流，也是当今社会信息化发展需要、数字地球建设的重大需求。在这种需求下，北斗卫星导航系统的特色之一便是定位报告，它是北斗与生俱来的功能，是区别于世界其他卫星导航系统的最大特点；另一特色则是短报文通信。利用这些独特功能进行各种新型服务的开发，是北斗卫星导航系统相较于其他导航系统的优势所在。

四、专利信息

由于我国的北斗卫星导航系统建设起步较晚，相应的专利申请起步也较晚，其知识产权布局与其他三大卫星导航定位系统相比，存在明显差距。美国自1996年就开始在中国进行卫星导航领域的专利布局，且申请量增长迅速，这显示出美国在卫星导航领域的传统优势。日本从2001年开始，加强在中国的卫星导航领域专利布局，并于2004年在国外申请人中跃居第一[4]。与国外申请人在我国专利布局如火如荼形成鲜明对比的是，我国与北斗相关的专利申请基本上从2005年开始，其专利申请量才呈现加速增长的态势[4]，申请人分布也逐渐广泛。其中以北京、广东等经济较发达地区的卫星导航产业发展呈现出较高的集中度；但我国的北斗定位系统只着眼于在国内布局，国外专利申请甚少，并且专利质量不甚高，使得企业从中受益有限，这与规划中的区域以至全球卫星导航也是不相匹配的。截至2014年，GPS在国内的专利申请量为7410件，在国外的专利申请量已经极其庞大，为16360件；北斗卫星导航系统在国内的专利申请量为1270件，而在国外的专利申请量仅有20件[5]。GPS的全球申请总量约为北斗卫星导航系统的20倍，如图3所示。可见GPS相对于北斗卫星导航系统而言，在国外市场早已进行了更为充分的专利布局。因此，目前亟待解决的问题是做好北斗卫星导航系统的国际专利申请布局。

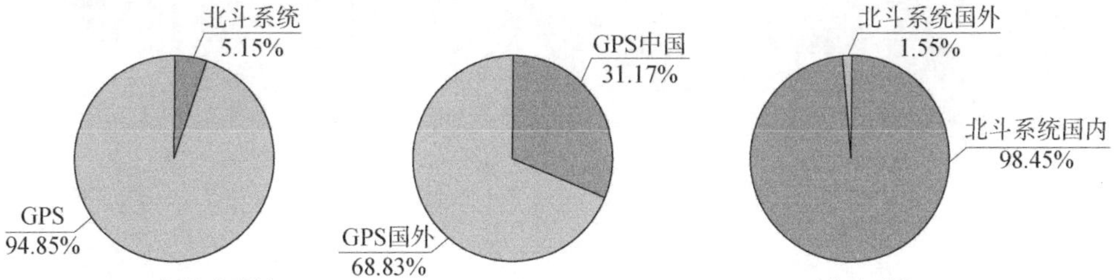

图3 GPS和北斗系统全球和中国专利申请分布

要做好“北斗”的国际专利申请布局，一方面要摸清卫星导航产业的专利布局态势，对GPS、GLONASS等系统的专利分布情况，如全球布局情况、主要专利申请人分布、主要技术点分布等方面进行细致研究。建立卫星导航专题数据库，根据这些数据预测国内卫星导航产业化面临的专利风险，运用知识产权保护制度，研究相应的战略遏制 GPS、GLONASS 等竞争对手，使北斗卫星导航产业充分发挥其竞争优势。另一方面，我国应加大北斗卫星导航相关技术领域的知识产权投入，重点围绕核心专利进行国际专利布局；同时，对国外核心专利进行分析预警，针对可能发生的专利纠纷，尽早储备相关证据，并倡导建立卫星导航产业联盟，通过联盟内部的企业实现专利交叉许可，共同抵御国外竞争对手预设的专利壁垒。

北斗卫星全球导航系统将于 2020 年全面建成，伴随这一重大目标的实现，北斗卫星导航系统的全球应用及相关系统的建设也应逐步展开。放眼各行各业，在进入目标市场前，应开展专利布局和专利申请，为进入和争取目标市场发挥重要的保驾护航作用。综合考虑我国北斗卫星导航系统目前的国际专利申请量，今后应在综合分析目标市场的基础上，重视专利布局，逐步开展国际专利申请研究和实务工作，提高专利数量、质量和市场的融合，以期在激烈的国际市场竞争中占据有利地位。

参考文献

[1] 董有．北斗高精度技术在抗震救灾中的应用价值［J］．建设科技，2016（6）：31－32.

[2] 张曼倩．北斗移动通信一体化芯片发布会在京召开［J］．卫星应用，2015（8）：60－62.

[3] 周兵．北斗卫星导航系统发展现状与建设构想［J］．无线电工程，2016，46（4）：1－4.

[4] 薛培元．从专利视角纵观北斗发展［J］．卫星应用，2015（2）：69－73.

[5] 李芳，赵哲．对我国北斗导航芯片技术专利现状的分析与思考［J］．电子知识产权，2014（9）：91－95.

激光投影——开启身边的美丽新视界

王乐妍　安　晶　周永恒　范　伟

摘　要：激光投影作为新一代的显示技术，具有广泛的应用前景。本文在介绍激光投影的各种应用的基础上，讲述了激光投影的三种技术分支及其工作原理，进而对激光电视领域的全球专利状况进行分析。从分析结果可以发现，中国是激光电视技术发展的重点地区，中国企业光峰光电是全球申请量排名第一的企业；同时，结合市场价格和尺寸性能来看，激光电视也具有极大的发展潜力。

关键词：激光　投影　显示　电视　专利分析

一、前　　言

你还在用传统的液晶显示面板电视吗？当显示逐渐进入高清、轻薄、大型化后，制造大型液晶显示面板需要更高的生产成本，并且在亮度及厚度上均已接近产品的设计极限，很难有大的突破。有没有想过你的下一台电视会是什么样子？它不仅图像更清晰，色彩更艳丽，而且屏幕本身不发光，通过一个盒子大小的激光投影机将图像投影到屏幕上，仅需要很低的能耗。投影技术广泛应用于电影行业，但是传统的投影机清晰度较差，无法与液晶电视相比。新型的激光投影技术，将获得比液晶显示更高的清晰度，从而将投影技术从电影放映延伸应用到电视技术上。

二、应用介绍

在人们通常的印象中，激光往往与杀伤力联系在一起，随着应用范围的不断扩展，近年来，激光也以舞台影像灯光等形式实现辅助显示功能，直到激光投影机的出现，使激光显示加入大屏幕显示技术的阵营中。激光投影机因高亮度、短焦距的优势，广泛应用于大型会议室、教室等多种场合。而屏幕更大、色彩要求更高的电影放映机更是激光投影技术大显身手的舞台，目前越来越多的影院采用激光电影放映机，“全激光”影城也不断涌现。

激光电视是激光投影显示带来的最具颠覆性的产品，也意味着激光显示正式加入了家电领域。激光电视主要由两大部件构成，一块尺寸可达100英寸或更大的冷屏幕以及置于屏幕下方的激光主机，采用激光冷光源发射+冷屏反射的成像模式，主机发射出的电视画面采用超短距离投射方式，投射至超薄屏幕上，经冷屏幕反射后供人眼观看。屏幕本身不发光，通过反射投影光源的光使用户看到画面，因此显示画面时屏幕本身不耗电，同时光线对于眼睛的辐射远远小于液晶电视，即使长时间观看也不容易出现眼睛疲劳和干涩的症状，并且屏幕的厚度可以做到1～3cm，相对于室内空间，其厚度可以忽略。激光显示用的反射冷屏幕通过形成多层光学结构层，能够有效降低环境光对成像画面的影响，使投影屏幕不受环境光的干扰。即使在高亮环境光的照射下，同样能呈现出清晰的投影[1]。

在激光电视中，反射冷屏幕只是画面的载体，激光主机才是整个电视的核心部件。激光光源与其他光源相比拥有诸多优势，首先在于它的超高亮度，传统投影机中的氙灯光源亮度在900lm左右，双灯模式下也仅能达到1600lm，LED光源的亮度也仅为1000lm，而激光光源亮度可达6000lm以上，在亮度指标上实现了质的飞跃；同时，激光光源寿命也更长，传统氙灯光源的平均寿命仅为3000h，频繁更换光源导致投影机运行成本升高，而激光光源寿命可达40000～60000小时，大大降低了更换光源的频率；此外，激光光源在色彩方面也有明显优势，传统氙灯光源色域通常在NTSC的70%～80%，而激光光源的色域可高达NTSC的150%，色彩表现更加饱和逼真，而LED光源虽然色域较广，但出现色彩漂移的时间更早，平均在3000小时已出现超出人们接受范围外的色彩漂移，而激光光源可持续至5000小时，从而延长工作时间，降低成本。由于激光光源的高亮度和超宽色域，同时冷屏幕能够轻易实现尺寸上的突破，因而激光电视真正为人们带来了大屏、真彩、环保、无辐射的视觉享受。

三、技术原理

基于激光光源的诸多优势，将其应用于大屏幕显示领域一直是技术人员追求的目标。激光显示技术经历了由三基色激光投影技术到混合光源投影技术再到先进激光荧光体显示技术（ALPD）的发展过程。

三基色激光投影技术，分别利用红、绿、蓝三色激光，即将红、绿、蓝三色激光制成模组，激光在机器内经过相应的光学元件和处理芯片的扩束后再透射到X棱镜将三束激光整合，然后再由投影物镜将整合后的激光透射到投影幕布上，完成整个激光投影机显示过程[2]。三基色激光投影技术在色彩鲜艳度和功耗方面具有明显优势，但受到三色激光模组的光路形式的限制，体积较为庞大，通常应用在大型设备上，价格也较为昂贵。

顾名思义，混合光源投影技术是采用激光光源与其他光源相混合的投影显示技术，混合光源的常规方式是将红（高亮度红色LED）、绿（蓝色激光通过荧光体转换为绿色）、蓝（高亮度蓝色LED）三色，通过DLP芯片调节反射光实现投射图像，光学结构简单，可以实现更小的体积和更轻的重量，同时与三基色激光投影技术相比，分辨率也可以做到更高[3]。

先进的激光荧光显示技术（Advanced Laser Phosphor Display，ALPD）是完全采用激光光源的投影技术，单色激光激发位于荧光粉色轮上的荧光材料，产生多色光，该多色光通过 DLP 芯片产生图像，最终通过投影光学系统在目标屏幕上形成投影画面[4]。由此可见，ALPD 技术采用单色激光激发荧光粉产生的光作为光源。它不再是激光，但保留了激光高强度的特点。激光打在荧光粉上的面积特别小，但是激光很亮，打在荧光粉上虽然有能量损耗，但是依然很强，荧光粉会被烧掉。通过旋转荧光粉色轮引进脉冲的概念解决了这个问题，激光点很小，发光一瞬间光斑直径大约有 0.5 毫米，旋转中的荧光粉可以稀释激光的能量而不被激光烧毁。

四、专利分析

新型的激光电视主要基于激光荧光技术，即 ALPD 技术或混合光源投影技术。随着激光电视等新型产品的不断推出，激光荧光投影领域的专利申请也在不断增加。通过对全球专利的公开趋势分析可以发现（见图 1，数据来自 DWPI 数据库，截至 2016 年 6 月），在中国公开的专利申请占到全球专利的 50%，其次依次为日本和美国，上述国家均为激光电视技术的重点发展地区。

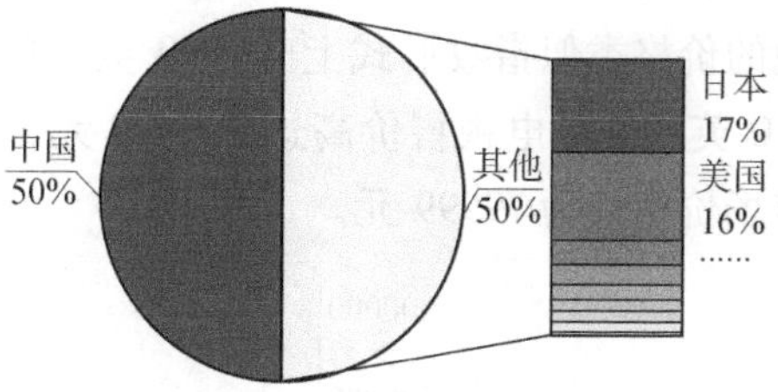

图 1 激光荧光投影领域全球专利公开分布

进一步对激光电视领域的专利申请人进行分析（见图 2），可以看到光峰光电是全球专利申请量排名第一位的企业。光峰光电作为 ALPD 技术的创始人，在 2007 年成功研发 ALPD 技术后，一直致力于该技术在投影显示领域的应用，并于 2013 年与韩国 LG 公司合作推出 100 英寸激光电视，共申请涉及激光荧光投影显示技术的全球专利量 192 件，也是其技术实力的体现。卡西欧计算机株式会社以 155 件全球专利申请量排名第二位，该公司在混合光源投影领域拥有大量自主知识产权，开发的激光 + LED 混合式高亮混合光源投影仪具有世界先进水平。海信在激光色轮投影光源领域的专利储备量居第三位，但是其专利申请量与光峰光电和卡西欧仍有较大差距，与位居其后的台达电子、欧司朗等基本位于同一水平。海信的激光投影光源技术与光峰光电类似，主要集中在纯激光光源加色轮领域，并且也已经推出了激光投影电视的产品，包括一个激光投影机和一块抗反射屏幕。此外，中强光电

(奥图码)、爱普生的激光投影电视在市面上也已经开始销售，价格从几万到十几万不等。欧司朗作为德国专业的光源提供商，主要给其他生产厂家提供专业的光源。日本除了卡西欧之外，松下、NEC 和爱普生在专业的激光投影光源领域也均有一定的专利储备量。

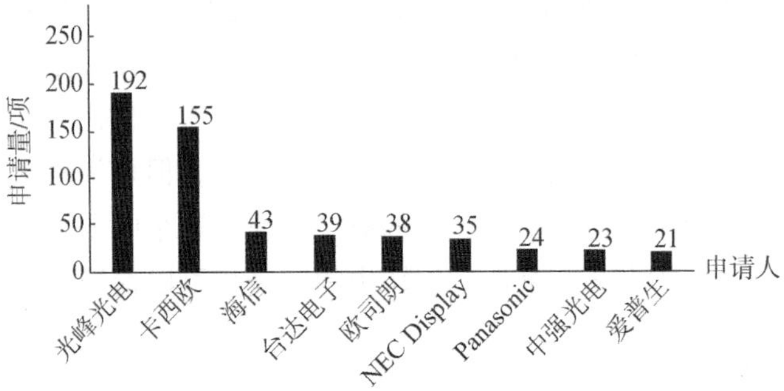

图 2　激光电视领域重要申请人专利申请分布

在以上分析结果中值得注意的是，以海信为代表的电视机制造企业已经加入到激光投影技术的专利申请队伍。此外，还有长虹、上海仪电等国内电视厂商也通过购买相关技术或购买投影光源的形式，陆续推出了自己的激光电视产品。与目前市场上占据主流地位的液晶电视相比，激光电视不但在画质和能耗方面优势明显，而且在同尺寸的情况下，价格也更低。通过图 3 可以看出，大尺寸液晶电视的价格类似指数形式上升，90 英寸的液晶电视售价约 86599 元，而某品牌的 110 英寸液晶电视售价高达 399000 元，而以海信推出的 100 英寸激光电视为例，市场价格仅为 79999 元。

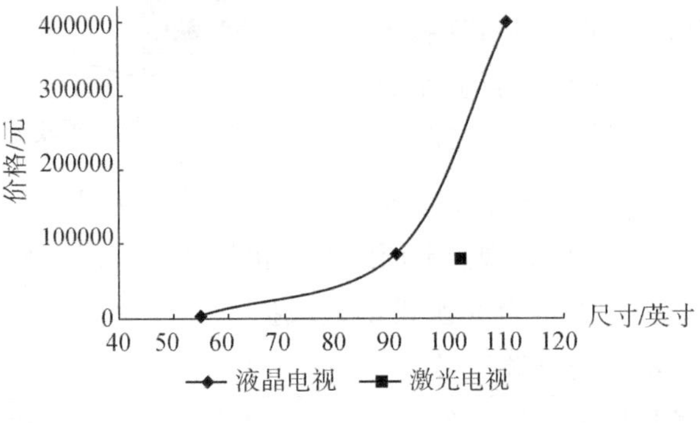

图 3　大尺寸激光电视与液晶电视价格—尺寸关系

五、小　结

激光投影技术以亮度高、色彩艳丽、节能环保等诸多优势，在大屏幕显示领域极具发展前景，其中激光电视作为颠覆性产品，在高端市场的优势已经十分明显，我国相关企业拥有自主研发的激光投影技术，在技术和市场方面已经抢得先机。相信随着技术的不断进步，未来激光电视在尺寸上能够实现更多选择，在成本上也能够进一步降低。也许在不久的将来，激光电视将成为更多消费者的首选。

参考文献

［1］徐美芳，等. 激光投影显示屏表面粗糙度的测量［J］. 中国激光，2014（1）：1-6.
［2］刘红. 激光显示消散斑技术与三片式 LCOS 激光投影系统的研究与实现［D］. 上海：华东师范大学，2012.
［3］吕伟振，等. 激光与 LED 混合投影光源色度学特性分析［J］. 液晶与显示，2015（2）：369-373.
［4］门斌. 一种全新的视频显示技术——激光荧光体 LPD-Laser Phosphor Display［J］. 数字技术与应用，88.

专利视角看卫星遥感

范 伟 杨世兴 周璐璐 李苏宁 褚晓慧

摘 要： 卫星遥感已经是一个国家综合国力、科技水平和工业能力的重要标志。目前卫星遥感技术目前正朝着高智能、全天候、高精度的方向发展；各国在这几个发展方向上的技术不断更新进步。本文通过对相关技术的专利布局进行分析，洞察各国及主要申请人的专利布局特点。通过上述专利分析，指出我国在该产业发展面临的机遇和挑战，对于了解该领域发展现状，认清我国与他国差距，找准发展方向，具有重要意义。

关键词： 卫星遥感 专利申请

引 言

卫星遥感是以人造地球卫星作为遥感平台的各种遥感技术系统的统称，其主要是利用卫星对地球和大气层进行光学和电子观测。卫星遥感是航天技术的重要组成部分，是许多国家重点发展的一项高新技术。卫星遥感是遥感的重要组成部分和主要方式，是卫星应用的三大重要方面（卫星通信、卫星遥感及卫星定位与导航）之一，也是目前“数字地球”战略及信息工程的一个重要组成部分。

在国外早已有利用遥感卫星开展数据的业务。2013 年 11 月，美国 Skybox Imaging 发射的第一颗小型卫星 SkySat－1 除了能拍摄图片外，还能进行视频的实时显示。例如 SkySat－1 卫星可以得到全球各地的实时视频画面，包括有日本东京和美国拉斯维加斯的街景、澳大利亚某处的一座矿山和美国马里兰地区的一个电厂等[1]。我国近年来也越来越多地将卫星遥感技术应用于生产生活各领域。例如 2015 年 12 月 29 日，高分四号卫星的成功发射入轨开启了我国高轨遥感卫星的“星光大道”。利用该高分辨率遥感卫星可为各行业提供高质量遥感数据信息。图 1 显示了利用高分四号卫星得到的北京地区遥感卫星影像，通过该图可实时地监控地区雾霾情况。

一、卫星遥感应用领域概况

卫星遥感可以将数据中的信息应用于各个领域，其中包括：

（1）多光谱应用——RGB 影像地理底图。经过预处理的图像可以作为地图，

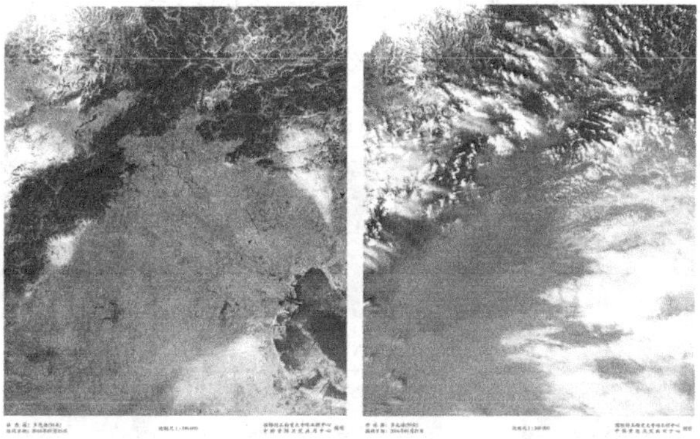

图 1　北京多光谱图像

由于影像是没有符号化的地图，而且更新速度快，所以比较直观，能够吸引大众眼球。

（2）高光谱影像的应用——物质识别。不同的人工建材拥有不同的波谱，不同波谱的颜色能无损方便地识别物质组成，进而能跟踪到该物质的原产国。

（3）热红外影像应用——城市热岛监测。城市热岛现象已是世界各大中城市的主要城市问题。城市热岛的长期存在会引发区域气候异常、空气质量下降等生态环境问题，已成为城市生态规划的重要研究课题。利用卫星遥感中的高性能热红外仪可以得到热红外影像，从而可以快速获取城市温度的空间分布[2]。

二、卫星遥感未来发展

（1）高智能。美国时间 2016 年 3 月 8 日，Google 宣布将旗下的卫星图像子公司 Skybox Imaging 更名为 Terra Bella，并透露目前公司正在研发 10 多颗卫星，拟在未来数年内发射升空。Terra Bella 的使命，也将超越卫星图片，拓展到探索物理世界的改变模式上面，Terra Bella 将利用地理空间数据来源、机器学习能力以及专家知识将裸图像转化为提供知情决策的数据。

（2）全天候。在遥感卫星方面，雷达卫星因其主动成像特性，具有全天时、全天候获取能力，能够弥补光学卫星的不足，即便是在外界干扰（例如恶劣天气）下也能传输回稳定的数据信息，使遥感可靠性大大增强，在突发自然灾害监控领域将有极大的应用潜力。

（3）高精度。在遥感数据的获取方面，数据获取趋向于三多（多平台、多传感器、多角度）和三高（高空间分辨率、高光谱分辨率和高时间分辨率）。在国际市场上，商业遥感卫星的空间分辨率由 WorldView－2 的 0.45m 提高到 WorldView－3 的 0.3m，在未来空间分辨率还将进一步提高。我国高分辨率遥感卫星也已从数米提高到1m的水平。随着分辨率的提高，图像更清晰，使其在影像地理、物质辨别领域能提供更准确的数据信息。

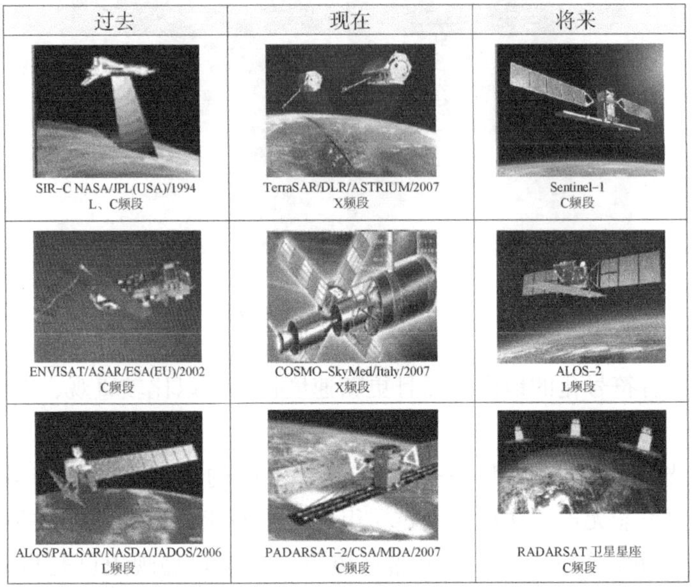

图2　雷达遥感卫星的发展

三、卫星遥感领域专利布局分析

根据图3的专利数据统计可以得出从1970年至2015年（截至2015年8月，数据来源：DWPI数据库）的每年专利申请数量。卫星遥感的全球申请量经历了三个阶段。第一个阶段是1979年以前，年申请量非常少，此阶段业界对卫星遥感的研究一直集中在俄罗斯、欧洲、美国等地区，主要是依托于这些国家在这段时间发射了若干遥感卫星。第二阶段是1980～1998年，美国、法国等国家发射了更多的卫星，包括ERTS－1、Landsat－4、SPOT－1等。在这一阶段，卫星遥感技术已经取得了一定的进展，从而推动了卫星遥感技术的稳步增长。从1999年开始，卫星遥感专利的申请量进入了第三阶段，呈迅速增长态势，到2013年达到最大值1465件。在这一阶段，世界各国加大了对卫星遥感技术的研发投入，空间分辨率不断提高，其中1999年美国发射IKNOS空间分辨率提高到1m。目前，美国民用和军用卫星分辨率已分别达到0.41m和0.1m。

但繁荣的背后也隐藏着危机。图4示出了中国、美国、欧洲、日本、韩国原创技术的输出情况，纵轴代表技术原创地，横轴代表技术输出地，气泡的大小代表相应专利量的多少。可以看出，各个国家或地区均以本国为技术输出目的地的

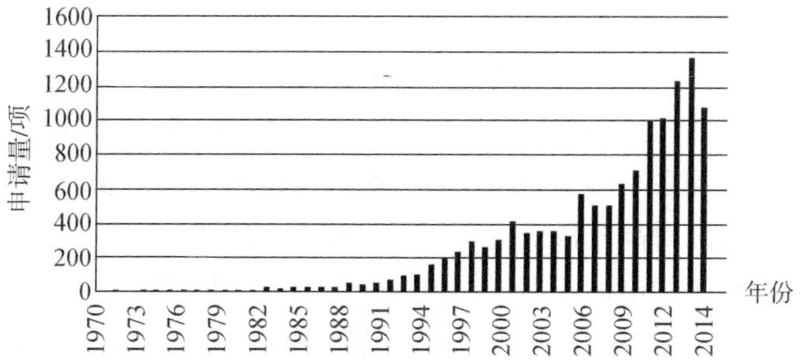

(a) 申请趋势

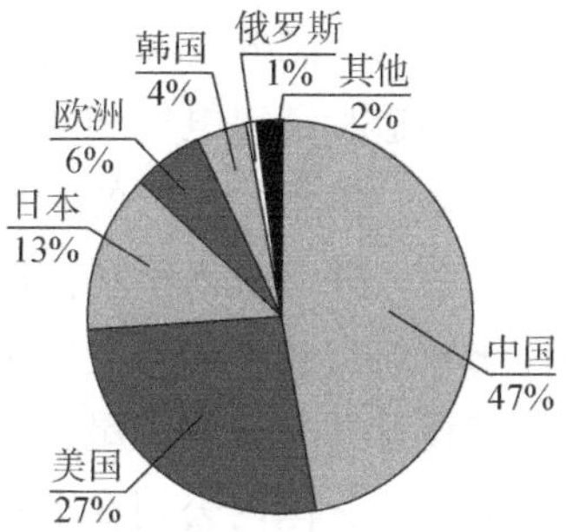

(b) 申请分布

图3　卫星遥感专利全球申请量分布情况及变化趋势

专利申请量为最多，除了本国外的其他技术原创国家或地区向美国的技术输出基本上最多，欧洲居第二位，向韩国技术输出的最少，向日本与中国输出的申请量相当。由此可以看出，美国和欧洲是卫星遥感领域技术输出的重要市场，而中国的原创技术大多只在本国进行专利申请，向其他国家或地区的技术输出申请量则很少。国内申请人绝大部分专利只在国内布局，占比达到了97%。只有3%的专利进行了国外布局。

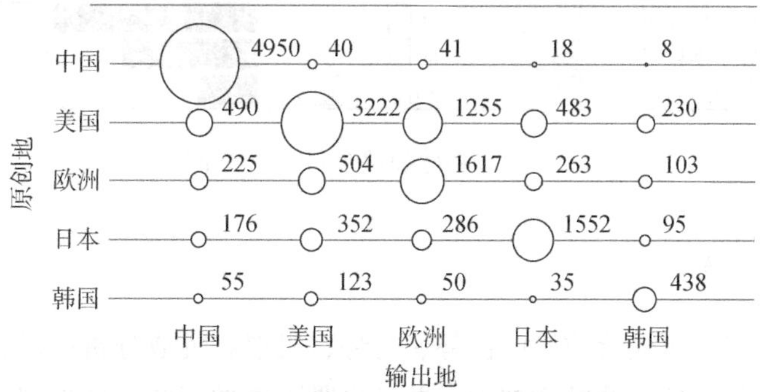

图4　卫星遥感领域各国家或地区原创技术输出情况

注：图中数据表示申请量，单位为项。

下面从专利申请人的角度分析本领域的专利布局（见图5）。该领域的主要申请人集中在国内，而且主要是高校等科研机构在进行研究，这也与我国国情相一致。卫星遥感产业特别是卫星技术涉及技术含量高，所需投入研发成本也高，另外遥感数据采集等在军事上通用，这些都造成国内一般企业主体难以主导遥感产业。这一实际情况对高校科研院所的影响较小，造成中国申请人多以科研院所为主。这些科研院所的申请量不仅在国内处于前列，即便是放在全球排名中依然排在前列。这从另一个侧面反映出卫星遥感产业与其他产业在专利申请上很大的不同：申请主体以科研院所为主。国外申请人无论是申请人数量还是申请人申请量都远小于国内申请人。排名中的两家国外公司分别为日本的三菱电机集团和美国的波音公司。三菱电机集团是制造和销售电气和电子产品和系统的世界领先品牌企业之一，其产品涉及领域众多，该集团生产的大型图像显示设备、卫星通信系统以及光器件等均已申请了专利，并已投入市场使用；美国波音公司是全球航空航天业的领袖公司，是美国国家航空航天局的主要服务提供商。波音公司还运营着航天飞机和国际空间站，其设计并制造的卫星及其发射装置以及先进的信息和通信系统早已投入使用。与此相比，国内公司在卫星遥感领域目前还未能进入该领域的前列，说明我国在卫星遥感领域的技术虽然发展很快，但还不够成熟，目前能投入市场使用的相关产品还不多。

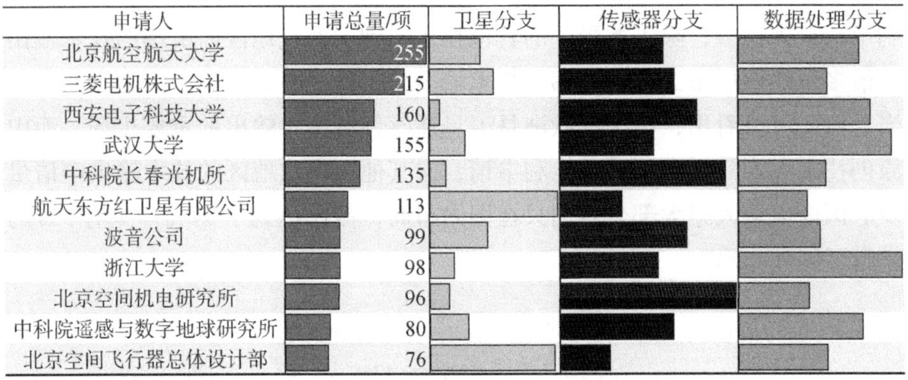

图5 卫星遥感领域专利申请量布局

四、小　结

从中国发展卫星遥感技术的优势、劣势、机遇和挑战分析可以看出：中国申请人掌握了本领域的一些核心技术，并且也紧跟该领域的发展方向；另外，中国申请人对专利的应用水平与国外还有差距，造成这些高水平的技术没有得到充分的利用。排名靠前的申请人都是高校科研院所，它们拥有一批相关领域的顶级技术专家，从专利布局来看，现在既是机遇，也是挑战，本文从专利布局角度进行分析，希望给国内企业在未来激烈的市场竞争中提供帮助。

参考文献

[1] 李忠宝. 遥感卫星系统及其应用的发展与思考［J］. 卫星应用，2014（11）：23－28.

[2] 邹波，徐辉，柏林. 国外遥感政策发展及对我国的启示［J］. 卫星应用，2013（3）：21－24.

自平衡汽车技术热点分析

郑　睿　徐秋杰　贾晶晶　孙建强　邢明浩　杨　敏

摘　要：随着社会的发展和科技的进步，自平衡汽车逐步进入了人们的视野，并且正在改变着人们的出行方式。而陀螺仪作为汽车平衡与稳定的核心部件也成为自平衡汽车的关键技术。本文从陀螺仪稳定车身的专利技术发展趋势出发，就当今社会热点的两轮自平衡汽车，阐述其核心技术以及发展现状，并对我国在该领域的发展提出了建议。

关键词：自平衡汽车　陀螺仪　专利分析

引　　言

汽车的驾驶安全性是人们最重视的性能指标，保持汽车平衡是保证驾驶安全的关键技术。从汽车产生之初，人们就已着力研究保持汽车驾驶过程中平衡稳定的方法，其主要涉及两个方面：一是从车型整体设计角度，结合空气动力学理论优化车身结构和风翼设计；二是采用机械活动质量块或稳定控制系统为车身提供平衡力矩。

由于传感器、多信息融合等基础学科的蓬勃发展，以及智能汽车、自动驾驶等新汽车技术的兴起，人们对汽车的智能化、小型化、实用化等的关注度也越来越高，由此出现了自平衡汽车这一小型智能车型。自平衡汽车的关键技术是通过车体内部的陀螺仪及控制系统使其仅依靠两个车轮就能够维持运行中的稳定平衡。本文从陀螺仪稳定车身技术的专利数据分析出发，详细介绍了该领域的技术热点——自平衡汽车的关键技术和发展现状。

一、陀螺仪稳定车身技术的专利数据分析

在 Patentics 数据库中对陀螺仪稳定车身技术进行检索（检索日期截至 2016 年 12 月 10 日），检索中使用的 CPC 分类号为 B62D37/06，检索关键词为陀螺仪、平衡。经统计分析，得到以下结果。

（一）申请量发展趋势

图 1 显示了相关领域的专利申请量年份分布，从中可以看出陀螺仪稳定车身技术发展较早，1908 年已经有相关专利申请，其中在 1970 年和 1980 年前后以及

2010 年出现了三个小高峰。

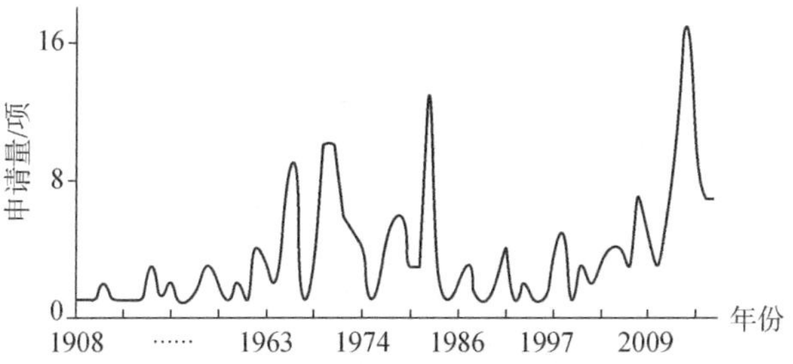

图 1　自平衡汽车技术全球专利申请年度趋势

前两个发展高峰均是针对四轮汽车的平衡稳定提出的，其中第一个发展高峰的代表性专利为托马斯·奥斯蒙德（THOMAS）于 1967 年 3 月 14 日提出的一种包含陀螺仪的车辆平衡稳定系统，该系统使用了一个具有侧向旋转轴和垂直框架轴的力矩陀螺，安装在前轮下，以针对汽车的滚动偏差提供平衡力（US3465840A）；第二个发展高峰的代表性专利为东洋公司（TOYO）于 1982 年 3 月 5 日提出的一种汽车平衡控制系统，通过测量车体的重心位置、质量等静态参数和转角、车速等动态参数得到平衡控制量，以反馈控制车体的稳定平衡（JP 昭 58－152793A）。虽然上述技术应用于四轮汽车，但其也为控制车身平衡提供了基本思路和方法。

2010 年以后，LIT 公司针对当前的热点技术——两轮自平衡汽车的自平衡方式提出了大量专利申请，并在多个国家进行了专利布局，促成了上述第三个发展高峰。其中的核心专利为 LIT 公司分别于 2013 年 2 月 26 日和 2013 年 8 月 23 日提出的两件专利申请（US2013/0233100A1 和 US2014/0054867A1）。US2013/0233100A1 公开了一种应用于自平衡汽车中的陀螺仪稳定装置及其工作方法，而 US2014/0054867A1 则对自平衡汽车的整体结构以及陀螺仪系统与车辆其他部件的配合方式进行了介绍。

（二）主要申请人情况

从申请人的角度来看，首先，由对世界范围内的重要申请人排名（见图 2）可以看出，该领域中欧洲、美国、日本的汽车企业占据了主要的位置，如东洋、菲亚特、丰田等传统汽车企业，其申请主要是针对四轮汽车的稳定系统；LIT 公司这一新兴公司则是着力于两轮自平衡汽车的研究，罗伯特博世公司凭借其精密机械加工方面的优势在陀螺仪系统的设计与应用上颇有建树，不仅涉及传统汽车中的相关产品，对新兴的自平衡汽车也有涉足。

其次，对国内重要申请人进行排名，如图 3 所示，总体来看，我国的著名汽

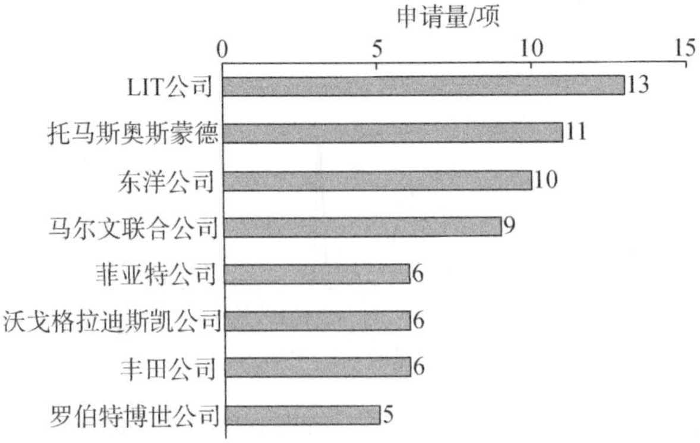

图2　自平衡汽车技术全球重要申请人专利申请排名

车企业在该领域申请的专利较少，多数申请人为研究机构和学校，其研究也是以陀螺仪本身的性能为主，且多处在实验室验证阶段，在汽车的整车应用方面还存在欠缺。

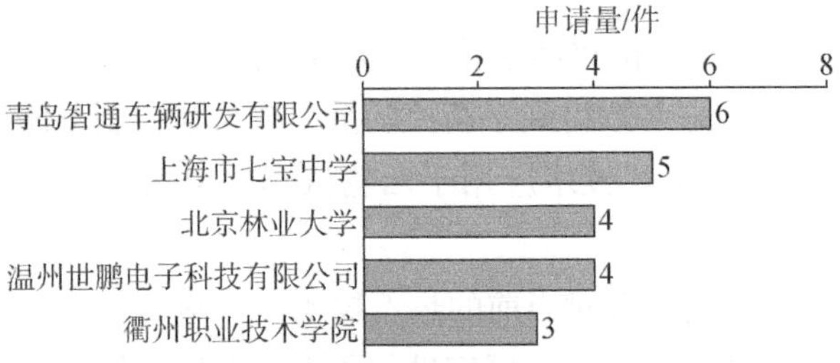

图3　自平衡汽车技术中国国内排名前5位申请人的专利申请分布

（三）主要原创国与目标国情况

主要原创国与目标国专利申请情况如图4所示。美国作为原创国和目标国均占据首位，是该技术的主要技术产出国，又是重要的市场目标；另外，美国、日本的原创比例均高于被进入比例，这就说明从总体数量上看，美国、日本均处于技术输出的地位，其在占领本国市场的同时还瞄准了其他国家；我国位居目标国的次席，但是作为原创国仅占9%，也就是说，我国在该领域具有不错的市场前景，但本土技术的原创能力尚显不足，处于被输入地位。

此外，目标国也从侧面体现了全球陀螺仪稳定车身技术的市场分布状况，美国和中国作为汽车销售量和保有量的大国（2016年美国汽车销售量为1775万辆，保有量为2.2亿辆；中国汽车销售量为2802万辆，保有量为1.2亿辆）占据了重要的市场地位，也促使其成为相关企业进行专利申请的重要布局市场。

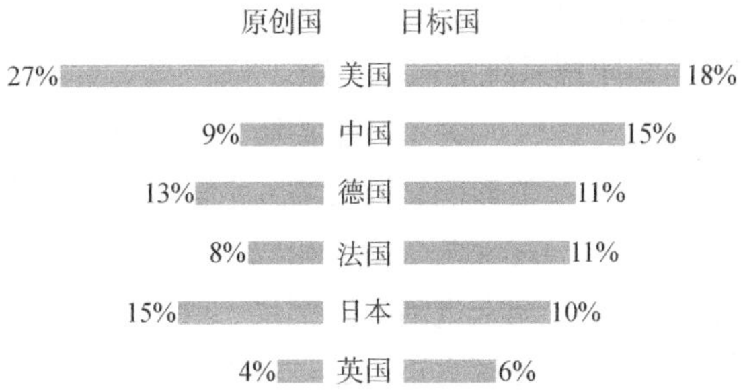

图 4　自平衡汽车技术原创国与目标国专利申请分布

注：图中数字表示申请量，单位为项。

二、自平衡汽车的关键技术

自平衡汽车能够保持稳定的关键包括三个方面：陀螺仪硬件系统、软件控制系统以及能量供给系统。通过陀螺仪硬件系统为车体提供平衡力矩，软件控制系统计算上述平衡力矩的大小和方向，能量供给系统确保汽车具备足够的能量为大耗电量的陀螺仪硬件系统提供电能。

（一）陀螺仪硬件系统

由于自平衡汽车只有两个车轮，需要的平衡力矩较四轮汽车更大，因此多采用精度高、力矩大的控制力矩陀螺（Control Moment Gyroscope，CMG）。控制力矩陀螺[1]由具有一定角动量的飞轮（以恒定的角速度旋转）和框架伺服系统组成，在框架轴上装配力矩电机和传感器，飞轮由飞轮轴承支承，通过高速电动机进行驱动，如图 5 所示。

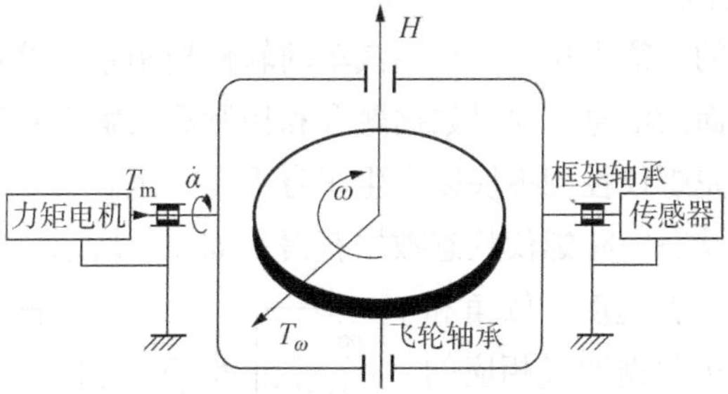

图 5　控制力矩陀螺系统的组成

控制力矩陀螺的核心是一个自旋飞轮，其理论基础是牛顿力学定律，通过框架伺服系统驱动框架轴旋转，改变飞轮角动量的方向使飞轮进动，输出陀螺力矩。输出力矩可表示为：

$\dot{\tau} = \dot{\sigma}(g \times h)$，式中，$h$ 为飞轮转子的角动量；$\dot{\sigma}$ 表示框架伺服系统的框架角速率；$\dot{\tau}$ 表示控制力矩陀螺系统的输出力矩。

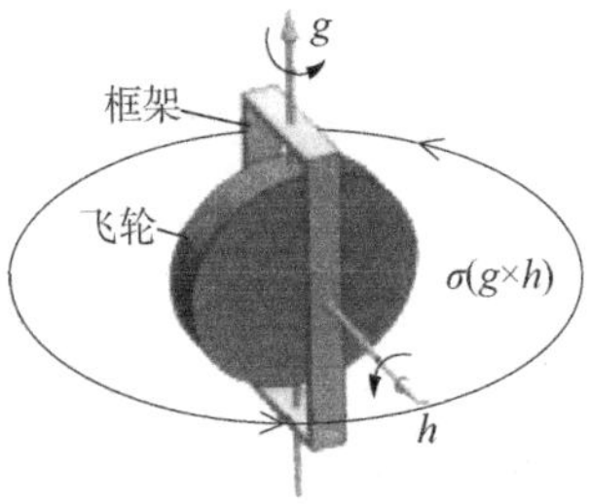

图 6 控制力矩陀螺工作原理

为了减小控制力矩陀螺的安装精度对平衡效果的影响，同时增大平衡力矩，在自平衡汽车的底部配置两个完全相同、在相反方向上自旋且在相反方向上进动的陀螺仪。通过陀螺仪的两个旋进轴产生侧倾力矩，通过转盘转轴产生俯仰力矩；而在车身垂直时两个陀螺仪产生的摇摆合力为零。实际工作中，这两个陀螺仪不断地以 5000～12000r/min 的转速快速旋转，以提供足以保持车身直立和自我平衡稳定的扭转力（见图 6 和图 7）。

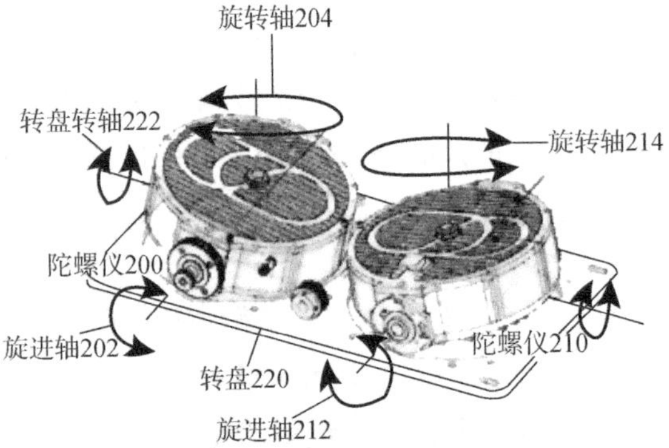

图 7 自平衡汽车的陀螺仪系统

（二）软件控制系统

为了产生准确的平衡力矩，自平衡汽车的软件控制系统综合了陀螺仪状态和车辆状态数据两方面的信息，通过数据融合和控制算法解算获得相应的陀螺仪控制力矩，并输出到陀螺仪控制模块以产生车身平衡力矩。

其中，陀螺仪状态由陀螺仪状态数据获得，如图 8 所示，陀螺仪状态数据包括了陀螺仪部件的倾斜速度、倾角和飞轮转速；车辆状态数据通过相应的传感器获取。传感器获得车辆的绝对状态（如重心）、运动状态（如车轮转速）以及惯性状态（如倾角），在车载计算机中进行控制算法的运算，确定陀螺仪下一时刻的角度、速度和

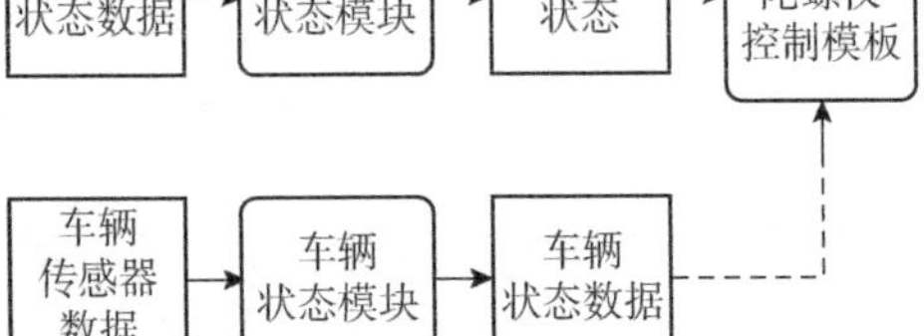

图 8 软件控制系统结构

转矩，输出给飞轮电动发动机和框架旋进发动机，以得到期望的反力矩，从而使车辆在各种驾驶状态下均能达到稳定性标准，并能够进行精确的转弯角度控制和在外力干扰下的自平衡控制。

（三）能量供给系统

由于自平衡汽车采用了两个控制力矩陀螺，且为了增大平衡力矩需要使用大飞轮质量的陀螺仪，因此，自平衡汽车需提供较一般电动汽车更大的能量才能保持稳定驾驶和常规续航能力。为此，LIT公司的自平衡汽车提供了一种解决方案：能量回收系统。利用再生制动原理把车辆的制动能量和陀螺的动能转化为电能并存储起来，回收能量（见图9）。

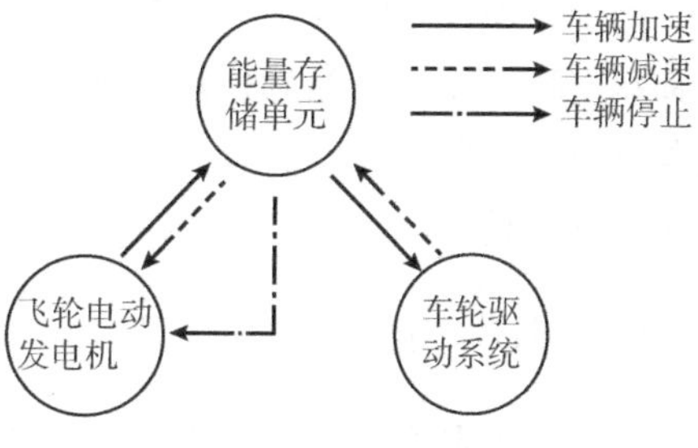

图9 自平衡汽车能量流动图

当车辆加速时，车轮驱动系统工作于驱动模式，而由于飞轮旋转速度下降，飞轮电动发电机处于发电模式，飞轮电动发电机产生的电流自能量存储单元流入到车轮驱动系统；当车辆减速时，车轮驱动系统切换至发电模式，其制动能量回收至能量存储单元，而飞轮电动发动机切换至驱动模式、汲取电流用于飞轮的增速；当车辆停止时，飞轮增速至高旋转速率，车辆稳定性完全取决于两个陀螺仪进动产生的反扭矩，由能量存储单元单独为飞轮电动发电机提供电流。

三、自平衡汽车的发展现状

自平衡汽车的研究开始于20世纪50年代的德国，当时就有人提出了将两轮摩托车改进成两轮自平衡机动车的建议[2]。目前国内外的发展现状如下：

（一）国外发展现状

国外目前具有两款比较成熟的产品：LIT公司的Lit Motors C1和瑞士的全封闭电动摩托车Zerotracer。Lit Motors C1的行驶稳定性基本可以达到普通四轮汽车的稳定性标准，最高时速100英里，时速从0到60英里提速只需6秒，充满电可行驶200英里，完全满足人们的日常生活使用。Zerotracer仅仅在一定程度上达到了自平衡，它没有完全依靠陀螺仪实现车身平衡，只在高速行驶时通过内置的陀螺仪保持稳定，而在低速行驶时需要依靠两侧各配置的一个辅助车轮来保持平衡，这两个车轮可以通过类似于飞机起落架的方式折叠收回。

（二）国内发展现状

国内也有企业和高校涉足了自平衡汽车领域，其中比较成熟的是北京凌云智能科技有限公司的 V0.5 版双轮电动汽车。该公司解决了两轮汽车的核心技术，并成功进行了载人验证；其当前的研究重点是着力细化结构设计，而今后的研发将以软件和网络作为驱动力，融入和整合自动驾驶、车联网应用、云以及大数据等前沿科技。从该公司申请的核心专利（CN105365914A）可知，其自平衡控制的关键也是通过一个或两个带有飞轮的陀螺装置提供平衡力矩，从而保持车体在各种驾驶状态以及受外力干扰时的平衡；同时，它采用两个辅助车轮在车辆未启动时辅助平衡。经检索，该公司目前发明专利申请较少，有多个外观设计专利申请，对自平衡汽车的核心技术的专利保护还存在欠缺，且相关专利申请只涉及国内，并没有在其他国家进行专利布局。

另外，浙江大学提出了一种包含单轴双陀螺稳定器的自平衡汽车，其需要在单轴双陀螺稳定器先达到设定转速后再启动车辆行驶；湖北工业大学也对自平衡汽车进行了一些实验室研究，主要着重于传感器的布局和控制算法的实现，并无相关专利申请[3]。

四、小　结

本文以专利数据为基础介绍了陀螺仪稳定车身技术的发展情况，重点阐述了目前新兴的自平衡汽车的关键技术及国内外发展现状。伴随着自平衡汽车的核心技术——陀螺仪的小型化和高精度程度不断提升、自动控制算法逐渐完善，自平衡汽车的发展空间也越来越广阔。由于自平衡汽车具备体积小、灵活、节能和安全等优点，其普及指日可待。而我国对该领域的核心技术掌握尚不充足，企业与研究机构之间缺少有效的沟通机制，无法对理论技术进行有效的实车验证，专利申请和布局有待进一步提升和完善。

参考文献

[1] 王中宇，等. 精密仪器设计原理［M］. 北京：北京航空航天出版社，2013：335－336.
[2] 徐晗. 自平衡式两轮电动车运动控制技术研究［D］. 大连：大连理工大学，2016：7－8.
[3] 郑理芹. 两轮自平衡智能车的设计与实现［D］. 武汉：湖北工业大学，2016：5－12.

让科技为你代驾——自动驾驶汽车技术

何 琛 金伟华 杨 星 王 珏

摘 要：近年来，随着科技的发展，自动驾驶汽车技术逐渐走入人们的生活。本文从基本概念、关键技术、领军企业的研究现状以及专利概况这几个方面对自动驾驶技术进行了简要的介绍与分析。本文的内容将自动驾驶技术全面且系统地呈现在人们面前，供人们对自动驾驶技术进行较为深入的了解。

关键词：自动驾驶 关键技术 领军企业 专利

引 言

2017年2月的柏林国际电影节上，在记者和影迷翘首期盼的明星红毯环节，一辆自动驾驶的奥迪 A8L W12 成功地吸引了大家的眼球，它将著名演员丹尼尔·布尔和他的女友从酒店直接载到了电影节现场，奥迪 A8L W12 利用车身搭载的定位系统，通过将行驶沿线的建筑与提前创建的地图相比较，完成了这段自动驾驶汽车红毯秀。

看到上面的新闻，我们不禁感叹自动驾驶汽车不再是只出现在科幻动作大片中的幻想情节，随着科技的发展，它已迅速从梦想照进现实，切切实实地走进了我们的生活中。

一、自动驾驶技术的基本概念

自动驾驶汽车技术（以下简称“自动驾驶技术”）顾名思义就是不需要人来对汽车进行操纵驾驶，所有或部分的驾驶操作由车辆计算机完成。目前自动驾驶技术的涵盖范围较广，但根据自动化程度不同，美国汽车工程协会（SAE）对自动驾驶进行了分级，将其分为0－5共六级，其中，0级属于传统驾驶，1、2级属于辅助驾驶，3、4、5级属于自动驾驶（也就是本文所具体探讨的自动驾驶技术），更为具体地，3级为有条件自动化、4级为高度自动化、5级为完全自动化，而只有完全自动化才是真正意义上的无人驾驶，也是自动驾驶技术的终极目标。

二、自动驾驶的关键技术

自动驾驶技术集自动控制、体系结构、人工智能、视觉计算等众多技术于一体，是计算机科学、模式识别和智能控制技术高度发展的产物，利用车载传感器来感知车辆周围环境，并根据感知所获得的道路、车辆位置和障碍物信息，控制车辆的转向和速度，从而使车辆能够安全、可靠地在道路上行驶。对自动驾驶技术进行解析，其主要构成部分如图1所示，主要涉及环境感知、定位导航、路径规划、规划决策、运动控制、辅助驾驶等关键技术。

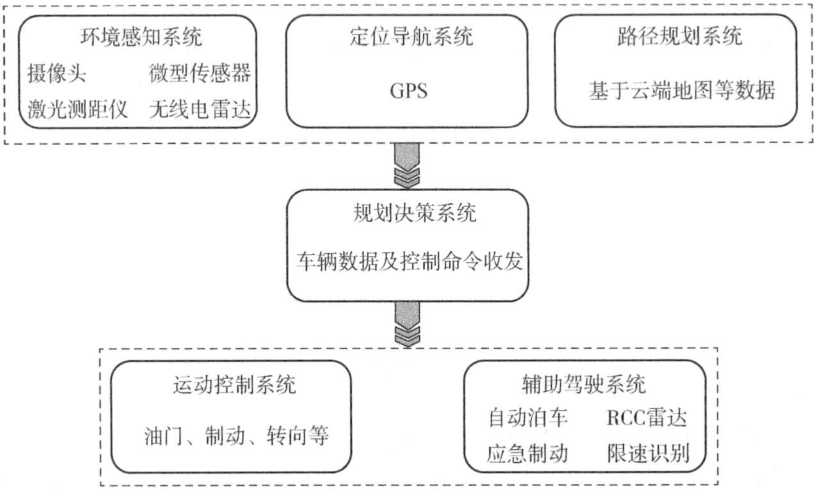

图1 汽车自动驾驶技术解析

（一）环境感知系统

环境感知系统相当于自动驾驶汽车的“眼睛”，通常包括安装在驾驶室内的摄像头（VIDEO CAMERA）、轮胎附近的微型传感器（POSITION ESTIMATOR）、激光测距仪（LIDAR）以及无线电雷达探测器（DISTANCE SENSORS）。其中，摄像头利用计算机视觉让自动驾驶汽车能够实时识别交通信号灯、交通标志、车道线、近距离低速障碍物等。微型传感器可以根据速度和方位推算出汽车当前所在位置。激光测距仪是整个系统的核心，该设备在高速旋转时向周围发射多束激光，激光碰到周围的物体并返回，便可计算出车体与周围物体的距离；计算机系统再根据这些距离数据描绘出精细的3D地形图，然后跟高分辨率地图相结合，生成不同的数据模型供车载计算机系统使用。通过环境感知系统，汽车可以清晰“看到”周围物体，清楚地掌握它们的大小、距离，能判断出周围物体将可能对车辆的运动和路线造成什么影响，并作出相应的反应，进行正常行驶。

（二）定位导航系统

GPS系统可以将道路网上的车辆实时位置、运行轨迹准确地反映在控制中心的电子地图上，犹如一双千里眼，实时监视着道路网上的车辆流向、流量、流速、密度、路网负荷程度等各种交通信息。GPS 系统与城市交通信号控制系统、交通地理信息系统、交通情报信息系统相连接可以进行实时的交通信号控制、交通诱导和交通流组织优化。

（三）路径规划系统

对单独一辆或是全部车辆进行实时记录行驶路线功能，为车辆定制行驶路线，建立起所选路径的 3D 模型，可以包含交通标志、限速和实时交通状况等信息，而且随着汽车的行驶，车载软件还可以按照捕捉到的信息不断对地图进行更新。

（四）规划决策系统

规划决策系统相当于自动驾驶汽车的“大脑”，它接收以上三个系统的输入信息，并输出相应的决策控制信息。规划决策系统的行为分为反应式、反射式和综合式：反应式控制是一个反馈控制的过程，根据车辆当前位置与期望路径的偏差，不断地调节，直到到达目的地；反射式控制是一种低级行为，用于对行进过程中的突发事件进行判断并做出反应；综合式控制是在反应层中加入机器学习模块，将部分决策层的行为转化为基于传感器的反应层行为，从而提高系统反应速度。

（五）运动控制系统

车辆稳定性控制系统 VSC（Vehicle Stability Control）通过四轮独立地自动加压的制动控制和发动机扭矩控制，以抑制急转向操作或路面状况突变等突发事态时后轮的侧滑（自转现象）、前轮的侧滑（漂移现象）以及牵引车的制动折叠现象的发生，达到确保汽车行驶的稳定性。它由轮速传感器、监测汽车动态的横摆传感器、横向及前后加速度传感器、转向角传感器、液压传感器等各类传感器以及可以对四轮进行主动制动液压加压的液压促动器构成。

（六）辅助驾驶系统

1. 自动泊车系统

可以使汽车自动地以正确的停靠位泊车，该系统包括环境数据采集系统、中央处理器和车辆策略控制系统。环境数据采集系统包括图像采集系统和车载距离探测系统，可采集图像数据及周围物体距车身的距离数据，并通过数据线传输给中央处理器。中央处理器可将采集到的数据分析处理后，得出汽车的当前位置、目标位置以及周围的环境参数，依据上述参数作出自动泊车策略，并将其转换成电信号。车辆策略控制系统接受电信号后，依据指令作出汽车的行驶如角度、方向及动力支援方面的操控。

2. RCC 雷达安全预警系统

RCC 雷达安全预警系统采用毫米波雷达，能够克服红外、激光、摄像头全天候工作效果不好、超声波受天气状态影响大、探测距离短等技术缺陷，具有稳定的探测性能和良好的环境适应性。它不仅可测量目标距离，还可测量目标物体的相对速度及方位角参数，是无人自动驾驶的必备传感器。RCC 雷达安全预警系统提供前后多车道同时侦测，任何道路下都可以对车辆前方所有车道上行驶的车辆或障碍物等进行侦测，并逐个跟踪，分析判断每台车辆的动态，在出现紧急情况时预警提示。

三、自动驾驶领军企业的研究现状

（一）谷　歌

Google Driverless Car 是谷歌公司的 GoogleX 实验室研发中的全自动驾驶汽车，不需要驾驶者就能启动、行驶以及停止。其利用车顶上的扫描器发射 64 束激光射线，然后激光碰到车辆周围的物体，又反射回来，这样就计算出了物体的距离。另一套在底部的系统测量出车辆在三个方向上的加速度、角速度等数据，然后再结合 GPS 数据计算出车辆的位置，所有这些数据与车载摄像机捕获的图像一起输入计算机，软件以极高的速度处理这些数据。这样，系统可以非常迅速地做出判断。

（二）特斯拉

高级驾驶辅助系统（ADAS）是特斯拉实现汽车全自动驾驶的关键核心技术之一，即 Autopilot 技术能使车辆在车道中自动行驶，保持一定的速度，司机不必操作油门、刹车和掌握方向。Autopilot 系统具有包括自动泊出车库、自动保持跟车、自动更换车道与自动泊入车位在内的四项功能。与谷歌无人驾驶所不同的是，特斯拉并不是真正意义上的无人驾驶，而是高级自动驾驶（属于有条件自动化），Autopilot 系统的使用守则指出，即便开启了自动驾驶功能，驾驶人员也必须随时准备好接管车辆。谷歌的解决方案更多是依靠高精度雷达、高精度传感器和高精度地图，而特斯拉的高级自动驾驶则更多地依赖摄像头，依靠机器视觉进行车道保持、变道等功能。

（三）百　度

百度无人驾驶车项目于 2013 年起步，由百度研究院主导研发，可自动识别交通指示牌和行车信息，具备雷达、相机、全球卫星导航等电子设施，并安装了同步传感器，其技术核心是“百度汽车大脑”，包括高精度地图、定位、感知、智能决策和控制四大模块。其中，百度自主采集和制作的高精度地图记录完整的三维道路信息，能在厘米级精度实现车辆定位。百度在高精度地图的生产中利用图像和点云技术，自动识别了上百种目标，包括：交通标志、地面标志、车道线、信号灯、路沿、桥梁、灯柱、护栏等，准确率达90%以上。同时，百度无人驾驶车依托国际领先的交通场景物体识别技术和环境感知技术，实现高精度车辆探测识别、跟踪、距离和速度估计、路面分割、车道线检测，为自动驾驶的智能决策提供依据。

四、自动驾驶领域的专利概况

为了进一步从专利视角剖析自动驾驶技术，针对自动驾驶领域的相关专利申请进行了检索及简要分析，检索截止日为2016年9月30日。图2示出了自动驾驶领域全球和中国的专利申请量逐年分布趋势，申请年份截取1997～2015年区间段。从图2来看，自2011年开始，自动驾驶技术逐渐兴起，并在近两年呈现更为迅猛的增长势头。而谷歌的自动驾驶汽车项目于2010年正式发布，从这个时间节点来看，被奉为自动驾驶之父的谷歌在自动驾驶领域的影响可见一斑。此外，中国的自动驾驶技术的发展与全球基本同步，并且近两年来的增速甚至超越全球。

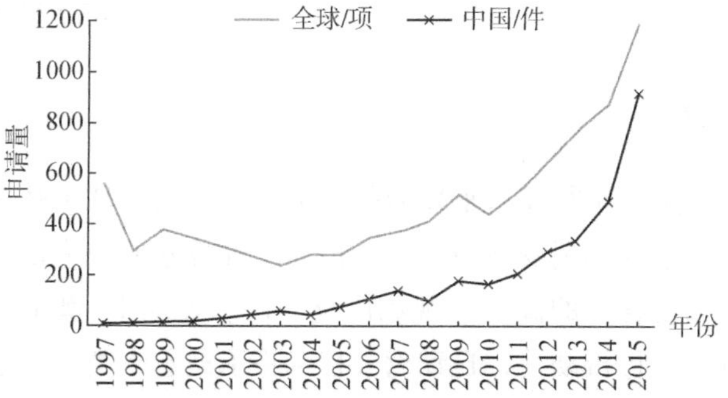

图2　自动驾驶领域全球和中国专利申请量年度趋势

接下来对自动驾驶领域的专利申请人进行分析，图3给出了自动驾驶领域的全球专利申请人排名。经常出现在新闻头条的上述业界大佬在专利申请数量上居然名落孙山，排位前3位的分别是丰田、现代和三菱，更为夸张的是，前9位全被传统汽车厂商包揽，仅有谷歌勉强跻身第十位，特斯拉和百度均未上榜。可见从专利数量来看，传统汽车厂商与科技公司的PK大获全胜。究其原因，应该是传统汽车厂商经过多年的商界血战后更加懂得以专利为武器进行布局，此外，相比而言，科技公司的专利质量比传统汽车厂商更胜一筹。

进一步对无人驾驶领域的专利申请人进行分析，图4进一步给出了无人驾驶领域的全球专利申请人排名。谷歌终于以绝对优势坐上首席，实力领航无人驾驶领域，起步较晚的百度仍未能上榜，紧随谷歌之后的仍然全部是传统汽车厂商，可见传统汽车厂商在无人驾驶领域也不甘落后、及时跟进。此外，无人驾驶领域的专利申请整体来看数量较少，如前所述，无人驾驶技术是自动驾驶技术的终极目标，由于其相关研发代表自动驾驶最为先进的技术方向、具有相当高的技术门槛，无人驾驶技术专利仍是一片蓝海。

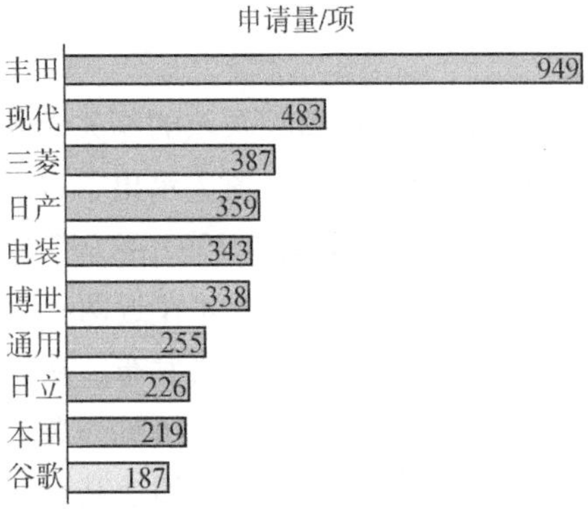

图 3　自动驾驶领域全球前 10 位专利申请人排名

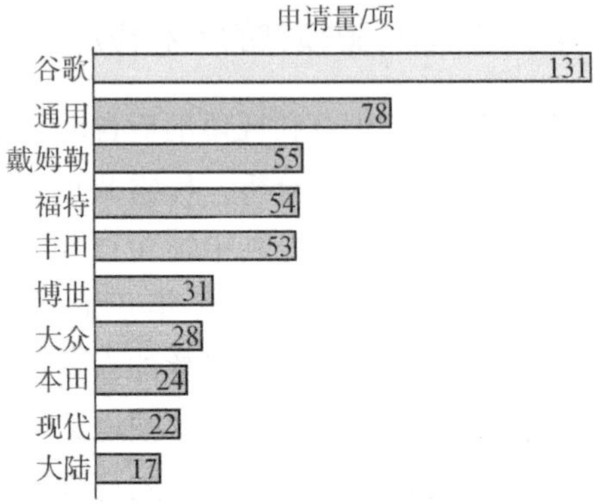

图 4　无人驾驶领域全球前 10 位专利申请人排名

五、结　　语

自动驾驶技术是汽车行业未来发展的一个重要分支，从上述各项介绍也可以看出，随着相关技术的不断发展与完善，自动驾驶技术所带来的社会价值、经济价值已经得到了社会各界的高度重视和广泛关注。如同 19 世纪末汽车诞生所带给人类前所未有的出行机动性，自动驾驶技术将承载着人类科技继续向前奔驶。

裸眼3D显示技术——全息

李 闻

摘 要： 全息技术能够实现真正的裸眼3D显示。全息3D显示技术被广泛应用到防伪安全、展览展示、存储、医疗、动态显示等领域。本文从全息的基本概念和原理出发，首先简要概括了目前全息3D显示技术的应用情况，接着从专利数据的角度分析了全息3D显示技术的发展情况，最后根据专利数据简要分析了SEEREAL的全息显示技术研究思路以及研究成果。

关键词： 全息 裸眼3D显示 SEEREAL

引 言

全息的英文是holo-graphy，前缀holo来源于希腊语“*holos*”，意思是“整体的”“完整的”，国内译为“全息”，即“完全的信息”的意思。

全息能够记录物体的全部信息，且能够实现真正的裸眼3D显示，因此，现在很多产品的宣传用语都借用“全息”两字，例如“全息手机”“全息眼镜”等，其实“全息手机”“全息眼镜”并非采用了全息技术，它们声称的“全息”更多的是想表达能够显示完整的三维立体图像。例如“全息手机”是采用利用视线追踪的双目视差3D显示技术；“全息眼镜”是采用了虚拟现实的增强现实技术。

之所以媒体和大众往往将3D显示技术与全息混为一谈，是因为全息技术的确是很有前景的3D显示技术，而且也是科普资料中着重提到的“未来”科技，让大家印象深刻。实质上，3D显示只是全息技术的一部分应用（见图1）。全息3D显示是一种真正的裸眼3D显示技术，不需要借助任何外部设备（例如眼镜）就可以观看到3D图像，是一种真正的3D显示技术。

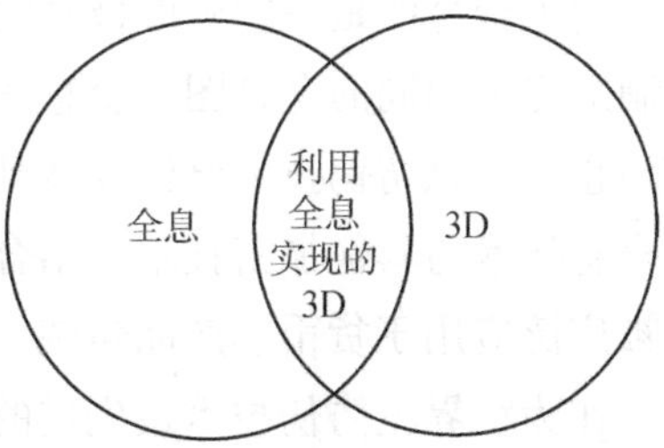

图1 全息和3D显示的关系

一、全息原理

全息技术是英国科学家Dennis Gabor于1948年发明的，其利用光的干涉原理，同时记录物光波的振幅和位相，由于光波的位相反映了物体的深度信息，因此重建记录的物光波时，物体的深度信息也被重建，从而能够呈现三维物体的像。全息技术包括两步，一是记录过程，二是再现过程，其原理图如图 2 所示。

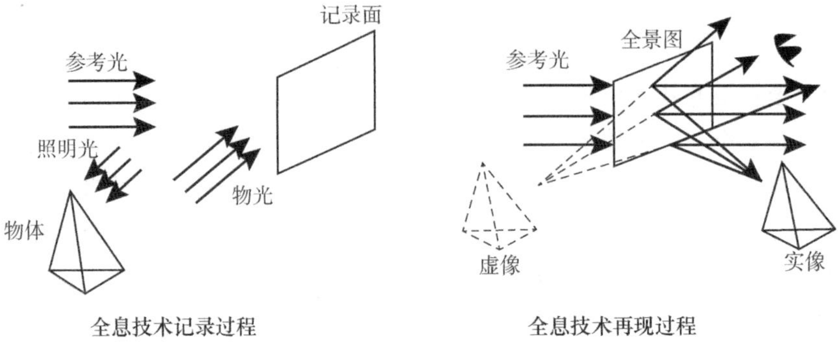

图 2　全息技术工作原理

在全息技术的记录过程中，携带物体信息的物光波和参考光波在记录面干涉，记录面记录的是干涉条纹，该干涉条纹就是我们通常的全息图，这张全息图中包含了三维物体的振幅和相位信息。在全息技术的再现（重建）过程，采用再现光波（一般采用与参考光波相同的光波）照射全息图，人眼在某个视角就能够看到与真实物体相同的再现三维物体。

全息技术具有高冗余度记录物体信息、空间波前再现以及重建物体深度信息的特点。基于全息技术的这些特点，全息技术逐渐发展为全息显示、全息存储、全息测量等不同的技术分支。能够再现立体的三维图像是全息显示的重要特征。

二、全息 3D 显示技术的应用领域

全息技术能够再现裸眼 3D 图像，被广泛应用于防伪安全、展览展示、存储、医疗、动态显示等领域。

（一）防伪安全

由于全息图是一些密度极高的光栅，仿制比较困难，即使同一个人两次也无法制造完全相同的全息图。全息图的这种特性决定了其能够起到防伪作用。到目前为止，全息防伪技术已经发展到第四代，从最初的仅能激光再现的全息防伪图到全息技术与其他加密技术的结合的新型加密图像全息防伪技术，全息防伪技术已被广泛应用于货币、产品包装、机要证券等领域。

作为世界上防伪技术最先进的欧元，其中也采用了全息标识作为防伪特征之一。5 欧元、10 欧元、20 欧元正面右边贴有全息薄膜条，变换角度观察可以看

到明亮的欧元符号和面额数字；50 欧元、100 欧元、200 欧元、500 欧元正面的右下角贴有全息薄膜块，变换角度观察可以看到明亮的主景图案和面额数字。

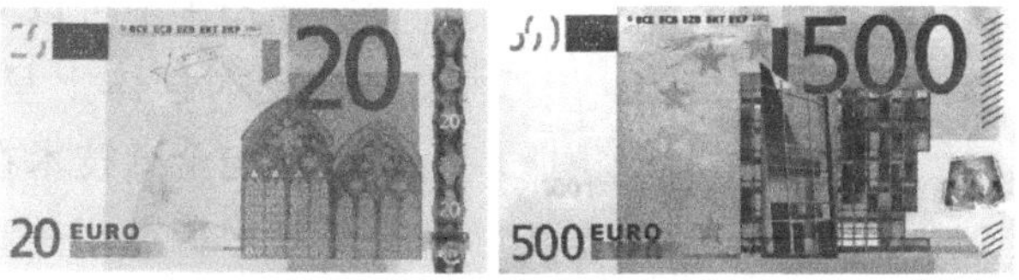

图3 运用全息标识的欧元

（二）展览展示

全息图由于能够显示 3D 图像，被广泛应用于展品展示、军事地图等领域。美国 Zebra Imaging 公司为 Ford 汽车制作的全息展示图亮相底特律车展时，惊艳了世界。

另外，美国 Zebra Imaging 公司还开发了静态全息地图，从 2006 年以来，Zebra Imaging 已为美军提供了 13000 张全息地图。全息显示技术能够提供更加精密、包含更多细节、实时的地图信息，其在现代战争的情报数据分析、战场态势显示、战役战术规划与决策等领域将得到更多应用。

（三）医疗

利用全息技术与医疗诊断手术相结合能够使“平淡无奇”的医学成像变得“凹凸有致”。大多数生物医学成像技术需要医生通过 CT 扫描仪、核磁共振成像仪、超声仪或其他装置收集 2D 图像数据才能创建 3D 可视图。过程烦琐、耗时，精确度差强人意，不能如实反映病患的器官或组织状态，从而影响医生的诊断。全息技术是实现真实的三维图像的记录和再现的技术，好像有个真实的物体在那里一样。运用全息技术，病患身体部位或器官的完整 3D 图像能够实时创建，医生可以对其移动、放大、操控。

（四）全息电视

早在 2007 年，美国的麻省理工学院和德国的 SEEREAL 公司分别发布了全息视频显示器样机，分别是美国麻省理工学院的全息视频显示器 MarkIII 和德国 SEEREAL 的使用三维全息摄影技术的立体显示器。这种全息显示器由于具有裸眼 3D 的特点而备受瞩目，被看作未来电视的发展方向。

三、从专利数据看全息 3D 显示技术的发展

全息技术在防伪、展览展示、医疗、电视上的应用都是属于全息显示技术的具体应用。虽然全息技术发明于 20 世纪 40 年代，但是直到 20 世纪 60 年代激光

光源的出现，全息技术才得以真正发展。激光是一种单色的强光，是制作全息图的理想光源。图 4 显示了全息显示技术全球专利申请量变化。

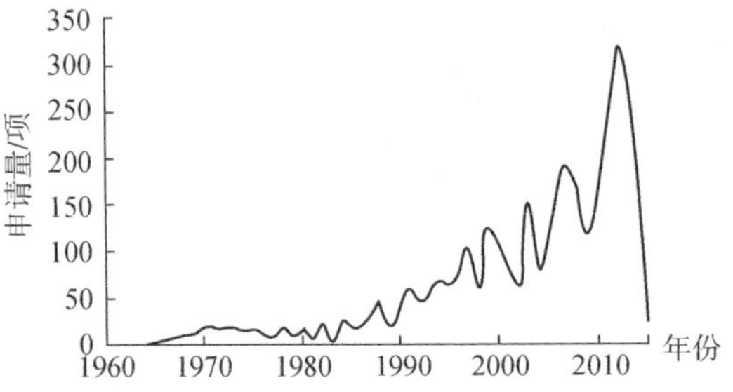

图 4　全息显示技术全球专利申请年度趋势

从图 4 中可以明显看出，全息显示技术总体上呈震荡上升的趋势，这与全息技术在探索中不断成熟的技术特点相关。在全息技术发展史上有两个里程碑的事件：1969 年，S. A. Benton 发明了彩虹全息术；1994 年 Schnars 和 Jüptner 利用 CCD 直接记录并用计算机数值再现菲涅尔全息图。彩虹全息术最大的特点是能够白光再现，不管是在自然光或者白炽灯下都能够再现全息图。彩虹全息术的这种特点突破了全息术再现光源的局限性，使得全息图的再现条件更加自由，从而扩展了全息技术的应用空间，特别是在安全、显示等领域的应用。计算机再现全息术实现了全息术与数字技术的完美结合，也使人们看到了数字时代全息术应用的广阔前景。

目前，德国的 SEEREAL 作为全球最领先的全息显示技术企业有一整套全息显示的理念，图 5 显示了 SEEREAL 的总体设计思路[1]。

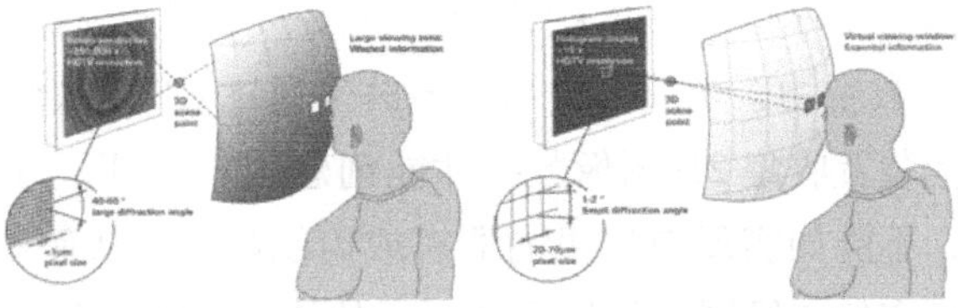

(a)　　　　(b)

图 5　SEEREAL 全息显示技术设计思路

传统意义上的全息再现如图 5（a）所示，可以形成较大的观察区域，而 SEEREAL 发现，在这个大的观察区域中，除了进入瞳孔的两个视窗之外的区域，其余区域均不能被观测到，属于被浪费的信息。基于此，SEEREAL 提出，仅计算对两眼视窗区域有贡献的全息图信息，并藉由眼球追踪技术追踪眼球位置，从而使观看者享受真正的全息立体图像，如图 5（b）所示。这样做一方面减少了运算的数据量，另一方面对空间光调制器像素的衍射角要求减少，使得全息图像的大小不仅依赖于像素间距，使像素面积得以适当扩大。SEEREAL 的这种设计思路很巧妙地克服了目前空间调制器分辨率和数据处理能力对全息显示发展的制约。

SEEREAL 基于自己独特的设计思路，对整套全息显示设备进行了全方位的专利保护。图 6 仅示例性地说明了 SEEREAL 对全息显示设备各部件进行的专利布局。

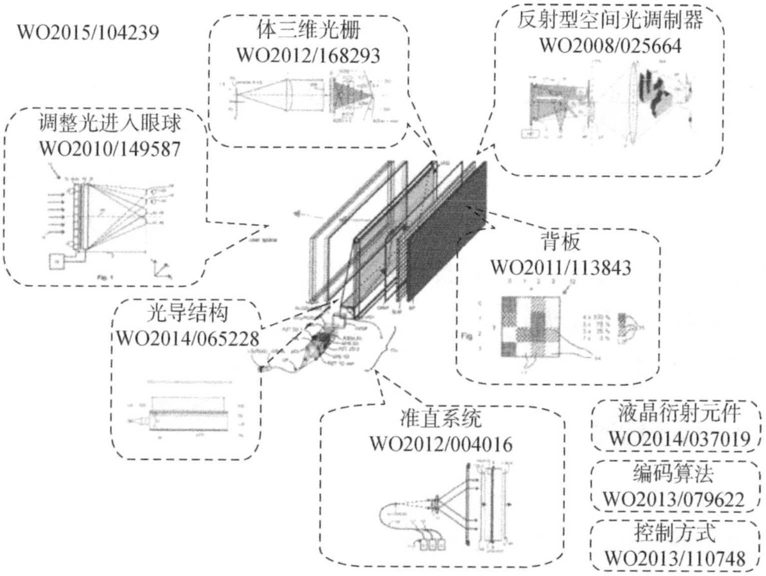

图 6　SEEREAL 全息显示技术专利布局

除了 SEEREAL 的研发思路，目前很多国际著名研究机构例如美国的麻省理工学院、英国的剑桥大学等都致力于对作为全息显示器的空间光调制器本身进行改进，希望从根本上解决制约全息显示技术发展的最根本的技术障碍。

我们期待这些技术能够尽快走出实验室，为我们带来最为舒适、愉悦的 3D 观感。

参考文献

[1] Enrico Zschau, Robert Missbach, Alexander Schwerdtner, Hagen Stolle. Generation, encoding and presentation of content on holographic displays in real time [C] // Proc. Of SPIE. Vol. 7690 76900E-1.

令人脑洞大开的 AR 技术专利分析

张超然

摘　要： AR 技术已成为当前科技发展的重要方向，国内外的多家企业纷纷加大了研发投入并积极开展专利布局，AR 市场竞争日趋激烈。因此，本文首先对 AR 技术国内外专利申请态势进行了统计分析，研究了该领域全球以及中国专利申请趋势，并从主要申请人、主要技术输出地两个维度进行了研究和分析。同时，介绍了 AR 领域的领头羊——微软公司的专利布局情况，为国内科研人员的研究和专利布局提供了参考。

关键词： AR 技术

一、AR 技术综述

（一）AR 技术

2016 年夏天，由任天堂最新出品的游戏 Pokémon Go 火爆全球。这是一款将现实世界变成宠物小精灵世界的交互类游戏。玩家可以在现实世界里搜索出现在手机屏幕上的虚拟宠物小精灵，小精灵可通过使用单独的蓝牙设备 Pokémon GO-Plus 来搜索。该蓝牙设备跟宠物精灵球类似，当有宠物小精灵在附近出现时，Pokémon GO Plus 就会通过振动并闪光提示。Pokémon Go 游戏的成功在于虚拟与现实的成功结合，玩家能够借助地图寻找宠物小精灵，观看小精灵对战，也可以跟其他玩家一起收服小精灵交换精灵球。该款游戏的核心技术即为 AR 技术。AR 技术的原理主要是通过追踪真实环境中的物体，并利用三维空间注册技术来计算虚拟物体在真实环境中的三维坐标，以实现虚拟信息与真实环境实时融合展现。

（二）AR 与 VR 的异同

增强现实（AR）与虚拟现实（VR）都是科技发展的新产物，二者都与虚拟相关，且应用领域基本相同，这就导致很多人对 AR 与 VR 的概念产生了混淆。

简单来说，判断是 VR 还是 AR，主要在于判断看到事物的真假程度。在 VR 中，人们看到的场景和人物全是假的；而在 AR 中，人们看到的场景和人物一部分是真一部分是假。

从技术原理来看，VR 是利用计算机模拟出一个 3D 的虚拟世界，通过听觉、视觉、触觉等感官的模拟，让使用者沉浸在这个虚拟的世界当中，获得如同身临其境一般的逼真体验；而 AR 是利用计算机将虚拟的信息应用到真实世界并进行互动。形象地说，AR 就是将虚拟世界“叠加”到了现实世界，用户看到的是叠加在现实场景中的 3D 图像，并且可以与之进行互动。可以说，VR 让你走进了梦境中的世界，而 AR 是将梦境带到了你的现实世界。

从技术实现来看，AR 是“虚拟和实际的结合 + 即时互动 + 3D”；而 VR 则是一个完全的虚拟世界，并且是全封闭显示，其技术的关键点在于虚拟与现实的无缝对接以及实时交互。对 VR 来说，使用者越能够沉浸到虚拟世界当中，甚至完全摆脱现实世界，技术上就越成功。而 AR 则强调使用者在现实场景中与虚拟世界的互动。

毫无疑问，不论是 AR 还是 VR 都已经成为国内外的重要发展方向。一旦 AR 或 VR 技术发展成熟，所有我们曾经熟悉的事情，包括社交媒体、视频会议、项目合作、页面浏览、电视观看等都将发生翻天覆地的变革。电影中的科幻场景将借助科技发展的强势力量从到人们的面前。

（三）AR 技术的趣味应用

友好的交互性使得 AR 技术在一出场就受到了人们的广泛关注。目前，除了开篇介绍的 Pokémon Go 游戏，还有很多已经投产的 AR 产品被广泛应用，覆盖游戏、购物、医疗保健等多个领域。

1. 宜家《家居指南》

《家居指南》是一款智能手机 APP。在这款 APP 中，AR 技术主要用于演示视频，主要是 3D 技术和扩增实境技术。视频中主要的概念有两个，一个是用户可以通过宜家的官方杂志作为识别卡，展示此杂志中的宜家家居产品，并将这些产品通过增强现实技术摆放到家中的各个角落。由于 AR 技术是由虚拟现实演变而来的，所以 AR 呈现出来的物品都是 3D 的，通过用户拿着手机旋转角度，可以看清虚拟物品的全貌。

2. Anatomy 4D

Anatomy 4D 是一款解剖教学应用。据媒体报道，有了它，你可以随时随地观察复杂的人体结构，以一种新的方式学习解剖学。

3. 星巴克魔术杯

星巴克推出了一款专为圣诞咖啡杯量身定做的 Starbucks Cup Magic 增强现实 APP。目前推出了 iOS 和 Android 手机版，用户可以在当地星巴克将手机摄像头对准圣诞节特别版马克杯以及其他近 50 种相关产品，屏幕上就会显示出丰富、活泼又可爱的圣诞节日动画主题，如松鼠、小狗、狐狸、溜冰手和雪橇男孩儿等虚假角色供玩家选择并与现实中的星巴克圣诞产品进行互动。用户还可以把增强现实画面保存。

二、AR 技术专利分析

（一）申请趋势分析

图 1 显示了 AR 技术全球专利申请量与中国专利申请量对比情况。从图 4 可以看出，虽然 AR 技术本身在 1990 年就已被提出，但是由于技术上的制约，20 世纪 90 年代初期的 AR 技术仅仅停留在概念层面。直到 1997 年，AR 技术终于出现了量的突破。由韩国电子通信研究所引领的第一波 AR 技术相关专利就此诞生，率先打响了 AR 技术在知识产权界的第一炮。

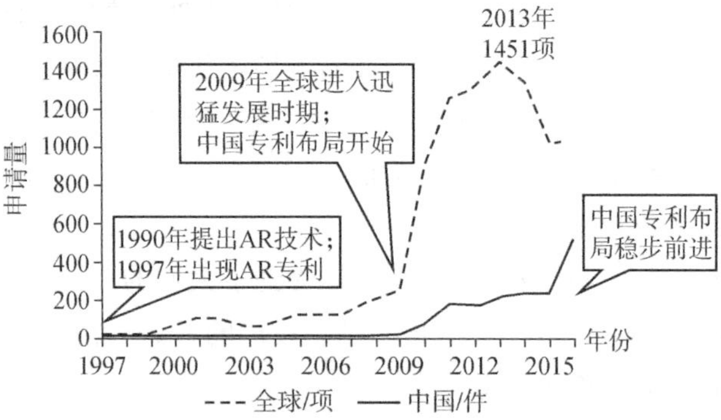

图 1　AR 技术全球与中国专利申请量对比

1997 ~ 2009 年，AR 技术在全球范围内广泛发展。不少电子通信行业的公司预知到 AR 技术的广阔市场和发展前景，纷纷踏入 AR 技术的门槛，AR 技术的专利申请逐年增加。受到国外新科技发展浪潮的影响，北京理工大学于 2005 年提出了第一件 AR 技术相关专利 CN200510105577，其涉及一种用于现场数字三维重建的增强现实定点观察系统，可以实现物体的三维数字重建和定点观看，使用者通过系统后方的望远式双路光学目镜可以浏览到在当前的视场角范围内，系统在该场景区域内实时显示的虚实结合的“增强”场景图像及相关的多媒体信息。

与此同时，一些国外企业（例如西门子）也开始在中国进行布局。中国企业在技术发展和企业竞争的双重推动下，加紧了 AR 技术的研发脚步，从 2009 年后，中国企业逐渐加入 AR 技术专利布局，中国专利申请量稳步上升。

此外，从图 1 可以看出，在 2013 年，全球 AR 技术相关专利的申请量高达 1451 项，充分说明近年来 AR 技术正处于蓬勃发展的时期。此处需要说明的是，由于部分 2016 年申请的专利尚未公开，此处检索到的 2016 年数据不完全，仅供参考。

（二）申请人排名

图2显示了AR技术相关专利的申请人分布情况，其中图2（a）为中国申请人排名情况，图2（b）为全球申请人排名情况。

从图2可以看出，不论是在全球还是中国国内，微软和高通都占据了举足轻重的地位，彰显了美国作为原创大国的强劲研发实力。而韩国和日本也并不示弱。韩国的三星和泛泰公司在全球都拥有200余件专利申请，分别排在全球第三位、第四位。而日本的索尼公司也同样拿下了全球第五位、中国第九位的重要位置。不难看出，美国、韩国、日本所拥有的专利数量占据了全球专利数量的60%以上，呈现了三足鼎立的格局。

(a)在华申请人排名　　(b)全球申请人排名

图2　AR技术全球与在华主要申请人专利申请对比

值得一提的是，韩国电子通信研究所虽然是AR专利技术的元老级人物，但在微软、高通、三星等一系列巨头公司的发展浪潮下却逐渐失去了锋芒，仅仅排在全球第11位，无缘上榜。而中国的英派尔科技公司（EMPIRE TECHNOLOGY DEVELOPMENT）则凭借自身过硬的技术基础，自2009年起先后向WIPO国际局、美国、韩国、日本提出100余件专利申请，为中国AR专利技术抓住了一定的先机。此外，随着AR技术的普及，国内的一些公司和高校也开始重视AR技术的研发和国内专利的布局，在中国国内申请人排名中名列前茅。

（三）技术产出地分布

图3为AR技术的产出国分布情况。由图3可以看出，美国作为技术发达国家仍然高居榜首，是AR技术最主要的技术产出地，其专利

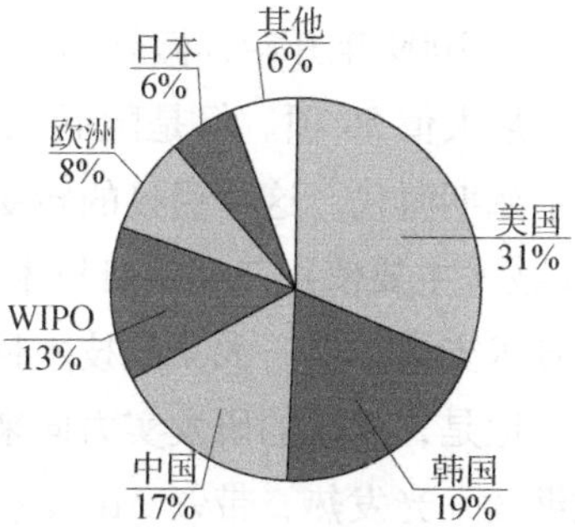

图3　AR技术全球专利产出地分布

申请量所占比例达到31%，这与其拥有微软和高通两大主要申请人密切相关。

中国居第三位，达到了17%。很大程度上反映出AR技术在我国的市场扩张力度较大。与之前的全球申请人排名结合分析后可以发现，虽然中国拥有较大的市场份额，但是中国本土的研发在全球范围内处于明显弱势，即中国本体的研发实力无法满足现有的国内市场需求。中国本土企业和科研机构应当抓紧机遇、增强实力，避免在AR领域被国外企业抢夺先机。

三、微软AR技术专利分析

微软作为国内外申请量最多的公司，在技术、市场等方面必然占据一定的地位。本节将微软作为主要研究对象，从专利的视角对专利申请趋势和专利技术产出国进行分析，为国内科研人员提供参考依据。

（一）微软的专利申请趋势

图4显示了微软AR技术相关专利的申请趋势。由图4可以看出，微软的第一项AR相关专利（申请号为US20050290135A）诞生于2005年，该专利涉及一种把实时追踪三维物体的姿态运用到HCI和AR中的技术。这为微软日后的AR技术专利申请奠定了一定基础。

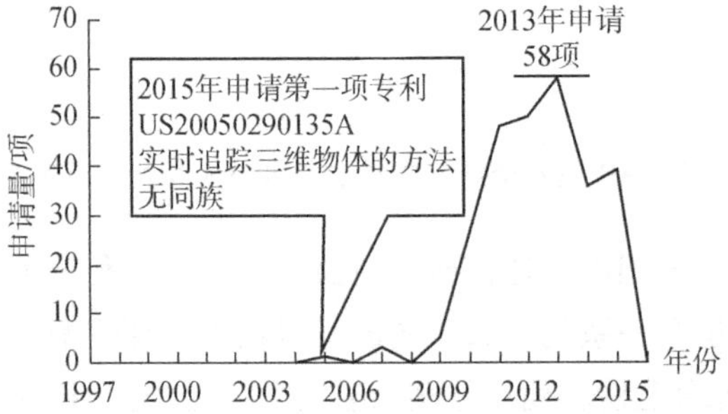

图4　微软AR技术相关专利申请趋势

从2009年开始，微软的专利申请量开始逐年增加，2013年的申请量更是达到了最大值58项。但是随后几年，微软对于AR的研发热情逐渐减弱，甚至进入了冰期时代。这种明显的转变可能是由于AR技术本身的开发瓶颈所致。由于AR技术主要依靠三维注册技术、虚实融合显示技术和自然人机交互技术三大关键技术支撑，但三大关键技术目前都尚不成熟，使得AR技术的进步举步维艰。

但是，微软的研发实力向来不容小觑。我们也应当期待作为行业领头羊的微软继续发光发热，带领AR技术走出冰期。

此处需要说明的是，由于部分2016年申请的专利尚未公开，因此，此处检索到的 2016 年数据并不完整，仅供参考。

（二）微软的专利技术产出地分布

图 5 显示了微软 AR 技术产出地的分布情况。由图 5 可以看出，首先，微软非常重视美国本土市场的保护，所有专利申请的原创地均为美国，在美国的申请量更是高达其专利申请总量的 49%。其次，微软同样注重在其他国家的专利布局，未进行富有针对性的单一国家或地区的独立战略布局。欧洲国家、中国、韩国、日本等其他国家都印上了微软的专利足迹。同时，根据图 5 可以看出，中国是微软非常重视的专利布局区域，在申请数量上仅次于美国和欧洲。

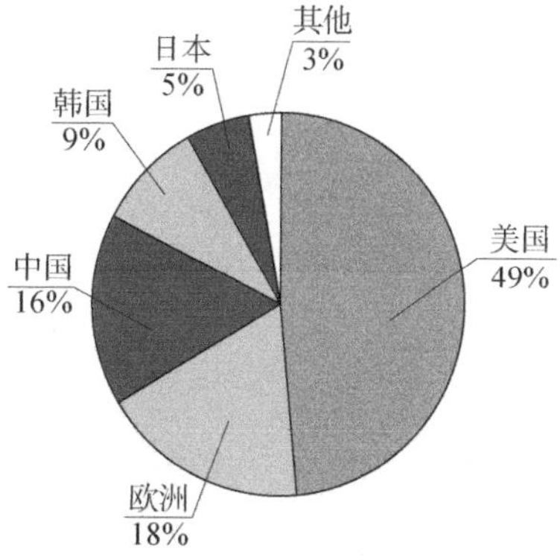

图 5　微软 AR 技术专利产出地分布

四、小　结

科技的发展日新月异，而 AR 技术毫无疑问还具有很大的研发空间。随着国外领头企业的不断突破，以及国内外其他巨头企业的纷纷涌入，AR 产业终将突破目前的尴尬局面，未来的市场竞争也将日趋激烈。

通过对目前 AR 技术的专利分析可以看出，从专利申请来看，由于技术突破上的阻碍，2016 年，AR 技术的海外申请量已经趋于稳定，并没有大幅度的增长。相反，中国的研发脚步却并未停留，而是依旧维持着快速增长的态势。但由于国内的 AR 技术起步比较晚，目前的发展情况与美国、日本、韩国相比还有一定的差距。这对于国内研发人员而言是挑战也是机遇。国内企业应当把握时机，加强研发力度，努力寻求技术突破点，积极开展专利布局，及时占领国内市场。